中国文艺评论 精选集

创作卷

《中国文艺评论》编辑部 编

中国文联出版社

图书在版编目（CIP）数据

〈中国文艺评论〉精选集. 创作卷 /《中国文艺评论》编辑部编. -- 北京：中国文联出版社，2021.1
ISBN 978-7-5190-4540-1

Ⅰ. ①中… Ⅱ. ①中… Ⅲ. ①文艺评论－中国－当代－文集 Ⅳ. ①I206.7-53

中国版本图书馆 CIP 数据核字(2021)第 015466 号

编　　者	《中国文艺评论》编辑部
责任编辑	阴奕璇
责任校对	祖国红
装帧设计	吉辰

出版发行	中国文联出版社有限公司
社　　址	北京市朝阳区农展馆南里 10 号　　邮编　100125
电　　话	010-85923025（发行部）　　010-85923091（总编室）
经　　销	全国新华书店等
印　　刷	北京地大彩印有限公司
开　　本	710 毫米×1000 毫米　　1/16
印　　张	25.5
字　　数	404 千字
版　　次	2021 年 1 月第 1 版第 1 次印刷
定　　价	63.50 元

版权所有·侵权必究
如有印装质量问题，请与本社发行部联系调换

目　　录

傅庚辰　经典音乐永远是人民之声、时代之声 …………………… 1
　　　　——访音乐家傅庚辰

李雪健　在人民中间生根开花 …………………………………… 12
　　　　——访表演艺术家李雪健

袁毅平　中国摄影要走民族化的美学道路 ……………………… 25
　　　　——访摄影家袁毅平

郑　榕　在现实主义视野中重审"话剧民族化" ………………… 34
　　　　——访话剧表演艺术家郑榕

王文娟　中国戏曲如何永葆魅力与活力 ………………………… 47
　　　　——访越剧表演艺术家王文娟

杨鸿年　合唱唱的是文化、哲学与信仰 ………………………… 61
　　　　——访指挥家杨鸿年

秦　怡　电影人的天职是传递真善美 …………………………… 75
　　　　——访表演艺术家秦怡

翟俊杰　重大革命历史题材影视创作如何增强感染力 ………… 90
　　　　——访影视导演翟俊杰

王立平	雅俗共赏的奥秘是求得最大公约数	103
	——访作曲家王立平	
周韶华	返本开新，追寻大美	118
	——访画家周韶华	
刘文西	把人民画活	132
	——访画家刘文西	
刘国松	探索中国水墨现代"画"之路	143
	——访画家刘国松	
马识途	当代中国文学的来路与走向	155
	——访作家马识途	
郭启宏	在"流转"中追求艺术创作的自由	167
	——访剧作家郭启宏	
蓝天野	万里归来年愈少，此心安处是吾乡	185
	——访话剧艺术家蓝天野	
冯骥才	非虚构的力量	198
	——访文化名家冯骥才	
常沙娜	存真至善　大美不言	217
	——访艺术设计教育家常沙娜	
孙其峰	传道解惑　永不知足	229
	——访书画家、美术教育家孙其峰	
杜鸣心	曲之鸣心者方能铭心	245
	——访作曲家杜鸣心	
胡　可	保护、扶持文艺创作的独立思考和探索精神	259
	——访剧作家胡可	

叶少兰　京剧是一门"讲究"的艺术 ⋯⋯⋯⋯⋯⋯⋯⋯⋯⋯⋯⋯⋯ 275
　　　　——访京剧表演艺术家叶少兰

何占豪　艺术性和大众性的和谐统一是音乐创作的核心 ⋯⋯⋯ 288
　　　　——访音乐家何占豪

李前宽　"银幕大将军"的共和国情结 ⋯⋯⋯⋯⋯⋯⋯⋯⋯⋯⋯ 305
　　　　——访电影艺术家李前宽

罗锦鳞　开掘戏剧艺术超越时代的精神价值 ⋯⋯⋯⋯⋯⋯⋯⋯ 325
　　　　——访戏剧导演艺术家罗锦鳞

郭淑珍　歌声飘四海　大爱育英才 ⋯⋯⋯⋯⋯⋯⋯⋯⋯⋯⋯⋯ 341
　　　　——访女高音歌唱家、声乐教育家郭淑珍

赵季平　用中国音乐的母语和世界对话 ⋯⋯⋯⋯⋯⋯⋯⋯⋯⋯ 355
　　　　——访作曲家赵季平

靳尚谊　用西方油画语言为中国人造像 ⋯⋯⋯⋯⋯⋯⋯⋯⋯⋯ 366
　　　　——访画家靳尚谊

尚长荣　做艺术上的"叛逆者"和"稳健者" ⋯⋯⋯⋯⋯⋯⋯⋯ 386
　　　　——访京剧表演艺术家尚长荣

创
作
卷

经典音乐永远是人民之声、时代之声
——访音乐家傅庚辰

娄文利*

1935年11月14日生于黑龙江省双城县。国家一级作曲、正军级少将。曾任中国人民解放军总政歌舞团团长，解放军艺术学院院长兼党委书记，中国音乐家协会主席，八、九、十届全国政协教科文卫体委员会副主任。现任第八届中国音协名誉主席、中国文联全国委员会荣誉委员、中国文艺评论家协会顾问、中俄友好协会顾问、联合国世界音乐理事会终身荣誉会员等。

傅庚辰的音乐创作具有极为鲜明的时代性，他的创作几乎伴随着中国革命、建设和改革开放的各个历史时期：电影音乐《闪闪的红星》《地道战》《挺进中原》《打击侵略者》等分别表现了第二次国内革命战争、抗日战争、解放战争和抗美援朝；"文革"后，他以一个艺术家的历史责任感创作了反映"文革"的电影音乐《枫》，并在党的十一届三中全会前为否定"文革"的歌剧《星光啊星光》作曲；1991年建党70周年之际出版了革命家诗词歌曲专辑《大江歌》；2003年神舟五号载人飞船发射前写了大型声乐套曲《航天之歌》；2004年为邓小平同志百年诞辰写了声乐套曲《小平之歌》；2005年为纪念中国人民抗日战争暨世界反法西斯战争胜利60周年写了交响组曲《地道战留给后世的故事》、交响诗《红星颂》；2006年为党风廉政建设写了《纪检之歌》；2008年"5·12"汶川大地震后写了歌曲《你我一起走》《真爱在人间》，北京奥运会前夕写了歌曲《奥运之火》；2013年为纪念毛泽东为雷锋同志题词50周年创作了交响组曲《雷锋之歌》；2014年7月自己作词创作了歌曲《中国梦》；2015年为纪念中国人民抗日战争暨世界反法西斯战争胜利70周年，把1989年创作的电视剧《卢沟桥》音乐整理为《卢沟桥组歌》，还创作了歌曲《清平乐·太行古道》《黄河纤夫》等。

---

* 采访人单位：国防大学军事文化学院。

傅庚辰先生1948年3月入伍，参加东北音乐工作团，此后曾亲历辽沈战役、抗美援朝和对越自卫反击战三次战争，他用自己的作品见证了新中国的成立、建设和改革开放新时代，他是中国红色革命文化的代表性人物，是共和国主旋律的书写者。在六十七年的艺术生涯中，他用深入浅出、通俗易懂的音乐语言讴歌时代、服务人民，体现出朴素的革命浪漫主义美学精神，他以自己的创作实践继承并发扬了人民音乐家聂耳、冼星海的革命音乐传统。

应《中国文艺评论》编辑部之约，近期，笔者访问了傅庚辰。

娄文利（以下简称"娄"）：习近平总书记在文艺工作座谈会上的讲话中指出，文艺是时代前进的号角，最能代表一个时代的风貌，最能引领一个时代的风气。您创作的《地道战》《红星照我去战斗》《红星歌》《映山红》《毛主席的话儿记心上》《雷锋，我们的战友》等作品堪称时代经典，充分体现了艺术的时代性。"与时代同呼吸，与人民共命运"始终是您选取创作题材的自觉追求，在您看来，文艺创作的时代性是什么？当下中国文艺的时代之声是什么？作者应该怎样抓住其要义？

傅庚辰（以下简称"傅"）：我认为，中国文艺创作的时代性就是反映人民的愿望，唱出人民的心声，说出人民的心里话。

衡量文艺作品的历史价值就看其能否真实地反映生活和时代、反映人民的呼声。那些能够经受住历史考验的、受到群众喜爱的优秀作品，不仅有重要的艺术价值，更是时代的文化标志。这样的作品之所以能产生，就是因为作者与时代同呼吸、与人民共命运。拿群众歌曲来说，在中国革命、建设和改革开放的各个时期都产生过这样的优秀作品。

比如抗日救亡歌咏运动，这是中国共产党90余年历史上产生作品最多、质量最高、流传最广、影响最大的一次群众歌咏运动，可以说是"有人的地方就有抗战的歌声"。为什么抗战歌曲有那么强的生命力？这是时代和生活的选择。中华民族曾长期遭受侵略，1840年鸦片战争，1860年英法联军火烧圆明园，1895年甲午海战，1904年日俄战争，1931年"九一八"事变，到1937年卢沟桥事变，中华民族遭受了多么深重的苦难！中国共产党诞生，高举中华民族独立的大旗，领导中国人民进行了艰苦卓绝的长期英勇斗争，建立了新中国。中华民族同仇敌忾的抗日战争是民族的要求、人民的愿望，救亡歌曲是时代的呼声。身处火热时代生活中的音乐家们高唱出人民的呼唤：《义勇军进行曲》《救亡进行曲》《大刀进行曲》《救国军歌》《在太行山上》《松花江上》《嘉陵江上》《延安颂》《五月的鲜花》《九一八小调》《歌唱二小放牛郎》《铁蹄下的歌女》《黄河大合唱》等抗战歌曲燃烧着民族的怒火，沸腾着人民的热血，唱出了时代的强音，至今还焕发着强大的生命力！

新中国成立之后寄托人民爱国情怀的《歌唱祖国》、表现粉碎"四人帮"举国上下欢欣鼓舞的《祝酒歌》、歌唱党的十一届三中全会后中华民族进入崭新历史时期的《在希望的田野上》、歌颂改革开放伟大时代的《春天的故事》《走进新时代》等作品不仅是艺术佳作，更具有划时代的意义。所以说，作品是时代的产物，时代选择了作品。

抗日战争的胜利是中华民族伟大复兴的起点。2015年是中国人民抗日战争暨世界反法西斯战争胜利70周年，在这一重要的历史时刻，再唱抗战歌曲，汲取抗日救亡歌咏活动的光荣传统和宝贵经验，具有重要的历史价值和时代意义。每个时代都有每个时代的精神，好的作品必将与时代碰撞出灿烂的火花，留下深刻的印记。当前，我们正身处一个伟大的时代，以习近平同志为核心的党中央，鲜明提出实现中华民族伟大复兴的中国梦的战略决策，大力提倡以爱国主义为核心的民族精神和以改革创新为核心的时代精神。中国文艺当下的时代之声就是谱写国家富强、民族振兴、人民幸福的中国梦，因为这代表人民的心声，是中华民族几千年的愿望。新一代文艺工作者应当自觉以中国梦为主题，用具有鲜明时代气息的艺术语言和人民群众喜爱的艺术形式，创作出文质兼美、雅俗共赏的优秀作品。

娄： 您曾经说过，"一个作曲家要想掩饰他对生活、对时代、对信仰的情感是不可能的。"习总书记在文艺工作座谈会上明确指出，扎根人民、扎根生活是文艺创作最根本、最关键、最牢靠的办法。请您结合自己的创作实践谈谈艺术与生活的关系。

傅： 生活对艺术的影响是极其深刻的，这里我用亲身经历来说明。

1953年的3月至8月，我曾到朝鲜的西海地区慰问中国人民志愿军。所到部队我们都会听取战斗英雄事迹的报告和战况介绍，一天演出两三场，要翻山越岭、过封锁线、睡坑道，这半年的战场生活对我的人生观、世界观和创作思想产生了深刻的影响。

1957年我调到志愿军文工团。1958年2月中朝政府签署联合声明，志愿军开始撤军归国，中朝双方开展了热烈的友好活动。为了反映中朝友谊，我们创作小组下部队体验生活，首先来到上甘岭阵地。当年，在这场鏖战43天的著名战役中，美军调集兵力6万人、大炮300余门、坦克170多辆、飞机3000架次，对这块3.7平方公里的阵地狂轰滥炸了190余万发炮弹，投下5000余枚炸弹，阵地的山头被削低了2米。6年后我们踏上这块曾经的战场时，破钢盔、破皮鞋、碎弹片以及废弃的坦克、大炮仍然随处可见，山坡上的石头都是碎的，踩一下，脚会陷下去，可见当年战事的惨烈！我被深深地震撼了。在接下来的一段时间里，我亲眼见证了志愿军撤离时中朝人民的伟大友谊。平壤市民倾城出动，人山人海，夹道欢送，握不完的手，跳不完的舞，唱不完的歌，呼不完的口号，当这些都不足以表达他们的感情时，就把我们抬起来扛到肩头上……当我踏上告别列车时才发现因为无数次与平壤群众用力握手，手指缝间竟然起了水泡！火车上下，中朝两国的军民都流下惜别的热泪，火车多次鸣笛都无法开动。火热的场景引起我的强烈共鸣，激发了我的创作热情，很快就写出了歌曲《告别朝鲜》，这首歌成为撤军活动中必唱的保留曲目。1985年，胡耀邦总书记访问朝鲜时，把这首歌作为礼物送给朝鲜，为此重新录音并改名为《中朝友谊之歌》。所以说，艺术家扎根生活才能激发创作的热情和灵感。

另一方面，为了艺术创作去实地体验生活，会直接影响作曲家对作品主题思想和艺术风格的定位。1963年底，我带着极大的热情接受了为电影《雷锋》写音乐的任务。我请词作家写了名为《高岩之松》的主题歌歌词："高岩之上长青松，青松昂首望长空……"这也是当时我和人们对雷锋的普遍认识。但是，当我带着写好的歌曲到雷锋部队体验生活之后，我对雷锋的认识发生了质的变化。我五次采访雷锋生前的指导员高士祥，两次采访雷锋的战友乔安山，参加雷锋班班会，听战士们介绍雷锋的情况，到雷锋生前担任过校外辅导员的抚顺市望花区希望小学访问……，与战士们同吃、同住、同训练、同劳动的过程中我对雷锋的认识发生了变化，特别是多次参观"雷锋事迹陈列室"之后，我对雷锋和他赋予我们时代的意义有了新的认识：雷锋是把崇高的理想和坚定的信念融入一点一滴的日常生活和平凡事务中，并长期坚持不懈。他在日记里写道："人的生命是有限的，可是为人民服务是无限的，要把有限的生命投入到无限的为人民服务当中去。"这个深入浅出的哲学概括对一个身处和平年代的年轻战士是非常难能可贵的，所以雷锋精神不是"高大全"，而是"伟大寓于平凡"。于是我否定了已经写好的《高岩之松》，反复斟酌、深入思考之后，自己作词写出了主题歌《雷锋，我们的战友》："雷锋，我们的战友，我们亲爱的弟兄；雷锋，我们的榜样，我们青年的标兵。"电影上映后，这首歌在当时产生了极大的社会反响，一方面是旋律朗朗上口，另一方面把"战友"与"榜样"、"弟兄"与"标兵"统一起来体现"伟大寓于平凡"，使得雷锋的形象更真实更贴切。

所以说，对艺术家来说，"扎根人民、扎根生活"不是空洞的口号，而是创作的需要。

娄：作品是艺术家的立身之本。艺术家的历史地位取决于他作品的时代价值和历史高度。近年来专业音乐界"有高原、缺高峰"，不是作品数量不够多，也不是写作技术不够精，而是缺乏有时代精神和历史高度的、能够代表中华民族精神风貌的经典之作。拿交响乐来说，老百姓心目中仍然是《梁祝》《黄河》《红旗颂》，国内交响乐比赛的获奖曲目也很难走出专业圈子而常驻舞台。您认为应该如何走出这个困境？

傅：关于这个问题，我主张三句话：现代技法中国化，音乐语言民族化，音乐结构科学化。

"现代技法中国化"是需要从创作思想上解决的问题。我们搞改革开放就是要学习、借鉴世界上一切优秀的文化成果，但这种学习、借鉴绝不是生搬硬套，必须结合中国的实际。1942年延安整风时期毛泽东同志就提出"要学习马克思主义，要把马克思主义中国化"。马列主义与中国革命实践相结合产生了毛泽东思想，指导中国革命取得了胜利，建立了新中国；马列主义与中国改革开放的实践相结合产生了邓小平理论，指导了改革开放，取得了中国特色社会主义建设的伟大胜利；习近平总书记针对中国国情治国理政的一系列重要讲话，必将深刻地影响中国历史的发展进程。音乐创作同样不能脱离中国的国情。一个时期以来，我们在学习西方现代作曲技法的问题上发生了误解，走了弯路，留下了一些经验教训。那时，人们在课堂上讲的、在会议上说的、在作品中用的非现代技法莫属，谁不如此就不够时尚，就有保守之嫌，甚至怕被人说成"左"。曾经有一位外国专家听了某音乐学院作曲系学生的新作品音乐会后评论说："这些作品的写作技巧很现代，一点也不比外国人的差，但听不出来是中国人写的。"这很说明问题。很多专业作曲家完全用西方现代技法创作出的交响乐不被听众接受，完成之后就束之高阁，令人痛心。2001年第一届中国音乐金钟奖参评的交响乐作品有121部，现在14年过去了，又有几百部作品问世，但在一些重大的庆祝活动或对外交流演出时竟然很难选出代表新时期中国交响乐创作的"高峰"作品，不得不还是演奏《梁祝》《黄河》《红旗颂》，这不能不说是非常遗憾的事情。形式要为内容服务，技术要为思想服务，技术和形式不是创作的目的。我们应当辩证地看待西方的现代文艺思潮，有选择地运用西方现代作曲技法。要在中国化的前提下，用这些技法写出中国风格、中国气魄的作品，才能受到听众的欢迎，也才能诞生真正走向世界的高峰之作。

所谓"音乐语言民族化"是指必须结合中国的传统审美习惯，用中国人民熟悉和喜爱的、民族化的音乐语言进行创作。中国化的音乐语言不单是中国风格的旋律，还可以是五声性的和声语言，是强调横向线性发展的织体形态，是运用中国民歌、戏曲音调构建主题，或是借鉴中国传统音乐结构方式的发展逻辑等。古今中外音乐史上能真正留下来的作品，都是具有鲜明艺术个性和民族特色的，例如肖邦的玛祖卡、波兰舞曲，李斯特的匈牙利狂想曲，西贝柳斯的《芬兰颂》，格里格的《培尔·金特组曲》，斯美塔娜的《沃尔塔瓦河》，格什温的《蓝色狂想曲》等。中国的小提琴协奏曲《梁祝》和钢琴协奏曲《黄河》也是因为用中国的音乐语言讲述了中国的故事才传遍全世界。最近，爱乐乐团的"2015丝绸之路巡演"，出访丝绸之路经济带上几个国家的六座城市，演奏的中国作品也还是《梁祝》。专业音乐工作者必须认识到音乐语言的重要性，扑下身子学习中国传统文化和民族艺术中的精华，创造出既有中国个性又有21世纪风范的音乐语言。

所谓"音乐结构科学化"是指要根据音乐内容选择恰当的体裁和结构。结构的力量是无穷的，对结构的把握能力如何，也是对作曲家功力的检验。体裁结构是音乐的表现形式，对音乐作品思想内容的表达具有十分重要的意义，要遵循音乐结构的科学规律加以运用。比如奏鸣曲式，从主题、调性的矛盾出发，经过大幅度的矛盾冲突和展开最终走向调性统一，实现调性回归，体现了对立统一的思辨过程，因而适合表现深刻、重大、复杂的题材内容，尤其是交响乐或奏鸣套曲的第一乐章基本上都要采用这种充满逻辑美的结构形式。结构不科学会削弱作品的艺术表现力，在创作中要遵循音乐结构自身的规律，为作品思想内容提供恰当的形式、完美的表达和无尽的空间。

总之，技法是手段，语言是桥梁，结构是载体，三者必须有机统一。现代技法中国化、音乐语言民族化、音乐结构科学化是中国音乐作品从"高原"走上"高峰"的必经之路。

娄：但是，目前专业音乐界还普遍存在着"去旋律化"的创作倾向，从艺术院校师生作品音乐会，到一些委约作品，都很难听到完整的旋律（更不要说优美了）。作曲系的学生从避免写"能听"的旋律，到写不出"好听"的旋律，最终只写技术很好但不知所云的作品，而这些作品与社会音乐文化需求的差距是巨大的。您如何看待这个问题？怎样解决当下专业音乐创作自说自话的问题？您认为中国的音乐教育和专业音乐创作到底应该向何处发展？

傅：这是个创作思想问题，是在创作思想上脱离生活、脱离群众、脱离实际的结果。这种情况在音乐院校尤为突出，存在的时间已经很长了，应当引起有关领导和部门的高度重视。当然情况正在发生变化，已经有一些好作品崭露头角，我相信找准创作视角之后必将出现优秀作品。我们必须面向人民，面向时代，面向实际。

音乐的美体现在各个方面，旋律、和声、节奏、音色、织体、结构都各美其美，这些因素综合起来又构成复合的综合美。但对一般听众来说，音乐的美首先体现在旋律上，旋律是音乐的灵魂，是塑造艺术形象的重要手段，也是一部作品的标识性特征所在。人们说起一部作品，首先就会哼唱它的主题旋律。西方20世纪的那些音乐流派让人目不暇接，但大多数都是转瞬即逝，即使是序列音乐、十二音音乐这些曾经维持了较长时间的流派，也只有极少的作品能留存在舞台上，跟这些现代派作品没有清晰的旋律，没有能辨别、能记住的主题有很大关系。

"去旋律化"在中国尤其不合适。我们汉语语调的四声有很强的旋律感，而音乐与语言关系密切，我国的民族民间音乐和戏曲都有特征鲜明的旋律，单声部的线性进行就是中国传统音乐的基础。中国人注重旋律美胜过其他音乐元素，我们不能丢掉本民族千百年来形成的审美习惯，去迎合西方的趣味，何况那种摆脱调性、不要旋律的潮流在西方也已经成为历史，现在西方音乐舞台上演奏的多是古典和浪漫主义时期的经典作品。因为音乐的本质是美，它要给人以鼓舞，给人以力量，给人以陶冶，给人以欢乐，给人以美的享受。"美"是音乐的本质，只有符合这一本质的音乐作品才能经得住历史的考验，成为经典。而这种美，首先来自旋律。

应该说，在西方现代思潮影响下出现的"85新潮"是改革开放在文化艺术领域的副产品，现在这股思潮已过去了30年，专业音乐界和音乐教育界应该冷静下来，客观、理性地反思一下，怎样辩证地对待外来文化，中国的专业音乐创作应该怎样走出自己的道路。

中国专业音乐教育的奠基人和开拓者萧友梅在90多年前就曾经深思过这个问题。他在德国系统地学习了西方的作曲理论，但并没有因此而"唯西方""唯技术"，而是把西方的作曲技术和中国的民族语言结合起来，创作了一些优秀的、具有中国风味的新音乐作品。在他任校长的上海国立音乐专科学校的教学中，也是始终贯彻这样因地制宜、实事求是的办学理念。同时，他在对待艺术与社会生活的关系上也有非常明确的态度，认为学校不应该是与社会隔绝的"象牙塔"，相反应该与时代精神和爱国思想紧密联系。所以，在举国抗战的大时代背景下，他提出音乐教育必须成为精神上的国防建设者，音乐应该有意识地为国家利益服务，向教育部申请建立合唱班和军乐班，以适应战时的文化需要。在"九一八"事变"一·二八"事变后，国立音专的师生们创作了大量的抗日救亡歌曲，还搞了很多救亡歌曲演唱会，这些都是专业音乐教育与时代、与国家民族命运紧密联系的优良传统。

西方的作曲技术理论经过几百年的发展，已经形成了比较完整的体系，依照这套体系对学生进行严格的技术训练是很有必要的。但是，如果不解决好"为谁写""写什么"的问题，必然会使我们的专业教育、音乐创作与社会需求相脱节，以至形成自说自话的尴尬局面。音乐作品写出来就是要给人听，要有传播的价值和文化的意义，否则，你接受了那么多年的专业教育，何以回报社会？

今年（2015年），纪念抗战胜利70周年和"一带一路"是举国上下的主题，音乐界围绕这两个主题创作了许多作品，有很多音乐学院举行了抗战歌曲音乐会，中央音乐学院出版社出版了《我们万众一心：抗战歌曲七十首》简谱版及钢琴伴奏版，同时与网络传媒合作，让这些红色经典歌曲在群众中广泛传唱。这些都是艺术院校主动引领社会先进文化的可喜现象。

音乐不可能脱离社会生活，我们专业音乐教育培养出来的人才不但要有过硬的基本功、一流的技术和必备的艺术知识，更要热爱祖国、热爱人民、热爱改革开放的新时代，要加强在政治思想、历史文化等方面的学习，不要满足于只写一己悲欢、杯水风波，要积极投身到伟大的改革开放新时代的火热生活中，去陶冶，去搏击，去放声歌唱。

娄：追求真善美是文艺的永恒价值。优秀文艺作品反映着一个国家、一个民族的文化创造能力和水平。请您结合创作实践，谈谈如何在当今时代创作出"有筋骨、有道德、有温度"，能"彰显信仰之美、崇高之美"，无愧于民族、无愧于时代的优秀文艺作品。

傅：首先要扎根人民、扎根生活，以人民为导向进行创作。同时在创作中要有两个"吃透"。一是要吃透作品的主题思想，这决定作品的方向；二是要吃透作品的艺术风格，这决定作品的成败。后者尤为重要，只有找到合适的、特定的艺术风格和表现形式，才有可能创作出有独特风格的、有鲜明个性的作品。

电影《地道战》的分镜头剧本中有这样的描写："清晨，一轮红日冉冉升起。潮水般的音乐涌起。画外，太行山上响起了抗日歌声。"看到这里，我在分镜头剧本上写下"此处用《在太行山上》"，但后来发现这首现成的抗战名曲和影片中唱歌时的场景在艺术分寸上不够吻合，于是否定了这个方案。第二方案是取《在太行山上》的头一句"红日照遍了东方"的立意，并把原来的小调式改为大调式，使之从深沉改为明朗，写成一首气势雄伟的合唱曲《红日出东方》，绝大多数人都反映好，只有一位老同志提出不同意见，他说："此歌虽好，也可在音乐厅里演唱，但它不符合电影《地道战》这个农村故事的主人公高传宝的农民身份。"他的话触动了我，于是我又否定了第二方案。最后几经思考修改，自己作词写成了第三方案《毛主席的话儿记心上》。还有前面提过的《雷锋，我们的战友》都经历了这样一个反复推敲找准风格的过程。

艺术创作是一项艰苦的劳动，要有"衣带渐宽终不悔，为伊消得人憔悴"的精神，要选准切入点，反复推敲，锲而不舍，而不能"为山九仞，功亏一篑"。

70多年前，在延安成立了鲁迅艺术学院，以冼星海为主任的音乐系产生了《黄河大合唱》、歌剧《白毛女》、秧歌剧《兄妹开荒》、歌曲《八路军进行曲》（现在的《中国人民解放军军歌》）、《抗日军政大学校歌》《游击队歌》《延安颂》《歌唱南泥湾》等伟大的作品，培养出了李焕之、安波、马可、郑律成、刘炽、王欣、时乐濛等一批在中国近现代音乐史上留下光辉名字的作曲家。为什么？归根结底是因为延安"鲁艺"的教学思想是扎根人民、扎根生活。当代的音乐工作者要继承、发扬"鲁艺"的光荣传统，要紧跟时代步伐，向着人民的方向，弘扬民族精神和时代精神，弘扬艺术的真善美，为实现我国文化大发展大繁荣、建设社会主义文化强国，为实现中华民族伟大复兴的中国梦，创作出无愧于民族、无愧于时代的优秀音乐作品。

访后跋语：

从 2013 年应《音乐创作》杂志之约撰写傅庚辰专题开始，两年里我多次与他接触，发现他不但头脑清晰、思维缜密、语言精练，而且有着独特的人格魅力——既有作曲家的敏感多思，又有实干家的脚踏实地，既有艺术家的丰沛才情，又有坚持不懈的执着精神，感性和理性在他身上平衡、融合着。印象深刻的是他的勤奋执着，这次也不例外。初稿完成之后，我们在一周内修改了五次，每一稿他都用铅笔认真修改，连标点和脚注都不放过，严谨程度丝毫不亚于一位资深编辑，只有那微颤的笔触才让我想起他已年届八旬。交稿后他又多次打来电话，就一些细节做最后的修改、调整。我想，认真一时易，认真一世难，也许这就是傅庚辰能在中国音乐史、文化史上用作品留名的重要原因吧。

原载于《中国文艺评论》2015 年第 1 期。

在人民中间生根开花
——访表演艺术家李雪健

宋展翎　何　美[*]

李雪健，中国当代著名影、视、剧表演艺术家，现任中国文学艺术界联合会副主席、中国电影家协会主席，国家话剧院一级演员。他在近40年的演艺之路上成功饰演了近百个人物，塑造了众多荧幕经典形象。1980年，在话剧《"九一三"事件》中扮演林彪，获得首届戏剧梅花奖。1991年，在电视剧《渴望》中饰演好人宋大成，获得第十一届飞天奖最佳男配角奖和第九届金鹰奖最佳男主角奖。1991年，主演电影《焦裕禄》，获得第十一届中国电影金鸡奖最佳男主角奖和第十四届大众电影百花奖最佳男演员奖。2000年，在电影《横空出世》中饰演冯石将军，获中国电影华表奖优秀男演员奖。2011年，主演电影《杨善洲》，获得第十四届中国电影华表奖优秀男演员奖和第十九届北京大学生电影节最佳男演员奖。2012年，主演电影《一九四二》，获得第五十届台湾电影金马奖最佳男配角奖。2013年，获得中央电视台2012中国电视剧年度明星盛典年度终身成就奖。

---

[*] 采访人单位：中国电影家协会；中国文联文艺评论中心。

2014年10月15日，习近平总书记在北京主持召开文艺工作座谈会并发表重要讲话。中国文联副主席、中国电影家协会主席、国家话剧院一级演员李雪健参加会议并发言。"作为演员，要做有情怀的作品，塑造有生命力的人物，这是我的追求。"李雪健的发言赢得全场热烈掌声。他以自己在影视作品中塑造焦裕禄、杨善洲两位典型人物的体会，说明文艺工作者须臾离不开人民、离不开生活。习近平称赞李雪健将焦裕禄、杨善洲两个人物刻画得特别好，人生如戏，戏如人生，"你那句话说得也好：从焦裕禄、杨善洲身上，人们看到了共产党人的'职业病'——自找苦吃，中国共产党没有个人的私利"。在习近平总书记文艺工作座谈会重要讲话发表一周年之际，《中国文艺评论》编辑部专访李雪健，围绕"人生如戏，戏如人生"的演艺之路、"创作是中心任务，作品是立身之本"的创作体会、文艺评论作为方向盘和过滤器的重要作用，深入畅谈近三个小时。

一、人生如戏，锲而不舍，敬业爱业

宋展翎、何美（以下简称"宋、何"）：您曾是当年万人空巷的电视剧《渴望》里的好人宋大成，是《水浒传》里的"及时雨"宋江，是赵树理、焦裕禄、杨善洲，是邻家"老头"……，您在近40年的演艺之路上成功饰演了古今中外上百个人物，是业内外公认"德艺双馨"的演员，更成为中国电影家协会有史以来第一位演员出身的主席。您是从小就喜欢表演吗？您是怎样从业余爱好走上专业职业演员之路的？您有哪些心得和经验？

李雪健：我也没有想到我能够有今天。我的人生之路让我从心底里喜欢演员这个职业。我不是天生喜欢表演，而是因为偶然的机会走上职业和专业的演艺道路。在成为职业演员之前，我只有初中文化程度，没受过科班训练，在学校、工厂和部队都只是业余文艺宣传队的业余爱好者，自己不知道有表演的天赋，能够给大家带来更多欢乐，但人生历程中有两个重要因素帮助我进步。

一个是职业成就感。我出生在山东菏泽的一个小镇上，11岁随支边的父母来到贵州，刚要读初中就开始"文革"，所有一切都改变了。我16岁那年，初中毕业就当了车工。那时宣传队很受人尊敬，我会说山东快书，于是进了工厂宣传队。我在宣传队什么都演，快板、相声、山东快书、小舞蹈、小话剧、独幕戏、样板戏……。在贵州大山里山东话挺稀罕，上台不演节目说点山东话都是节目，里头有语言文化，有审美价值。1973年我19岁应征入伍在云南当兵，又进了部队宣传队。以前我被人瞧不起，现在受尊重，我感觉到有尊严，也很喜欢这种感觉。1976年全军会演，我从云南部队业余宣传队借调到中国人民解放军二炮文工团话剧队，排演话剧《千秋大业》，打杂、跑龙套、演"匪兵乙"都很卖力。那一年，"四人帮"被粉碎，各部队文工团都在招人，鲁威导演就把我推荐到空政话剧团，推荐理由是：这孩子不当演员，也可当美工、木工，搞道具干杂活，因为他肯干、认真。我1976年调入二炮文工团，1977年考入空政话剧团，从此开始职业演员生涯。演员职业带给我巨大的成就感和满足感。

另一个是观众喜爱度。我也不是从小喜欢表演，当时加入宣传队是有条件的，像我当时的家庭情况，其实是不够格的。我就觉得自己可以在任何一个岗位都能干出点名堂，再加上我的普通话说得还行，就被选进宣传队了。其实那时候也是为了偷懒，车工一站就是8个小时，挺累的，宣传队却能到处跑，这样我就是在工作岗位上站半年，在外面演出跑半年。但是因为演员这项工作，我受到观众欢迎。贵州边远山区观众对文艺演出真心欢迎，我们演《沙家浜》《白毛女》，在《沙家浜》里面我演刁小三，在《白毛女》里演黄世仁的走狗穆仁智。老百姓、工厂师傅和同行们都不知道我叫什么，所以都管我叫"小穆"，我的外号是"穆仁智"。我从观众的喜爱程度里深深体会到了艺术的魅力、意义和作用。金杯银杯不如老百姓口碑。

当时部队跟外界没有任何接触，我们文艺队去深山老林演出，战士们欢天喜地就像是过大年。我就觉得要完完整整地把晚会演好，他们太不容易了，条件非常艰苦。有一次，昆明军区杂技团来我们部队给战士们慰问演出。在云南建水的山沟里，部队打好背包当板凳，坐在一个土篮球场上，拿出自己种的花生来吃，嗑着瓜子看着演出，真是过年了。篮球场旁边是一条小河，河旁边临时用石头堆起坡，搭了个简陋的舞台。这里正好是风口，风很大。有个节目叫"高台定车"，演着演着一股山风吹过来，条件很艰苦，咔嚓就把表演的这个大姐吹下来了。虽说也有保险绳，但毕竟条件有限，还是把这个大姐摔得不轻。我们在侧台服务，赶快就上去，大伙的意思是让她去卫生队看一看。她让弄了个脸盆洗洗，拿个盛水缸子把嘴漱了漱。我们就在旁边，看见她吐了两口血，摔得挺厉害的。但她把人推开，又上台了，坚持把这个节目演完。因为那个临时舞台简陋，演出台和侧台全暴露在观众的视线里，摔下来、洗手、漱口、吐血，大家全都看见了。等她演出完了，急忙用吉普车往卫生队送，全体战士们起立鼓掌。我不敢说都在流着眼泪，但是我敢说没有流泪的人心也在流泪。之后我们有时候回家探亲路过昆明，或者去昆明演出，我们两三个、三五个业余的文艺战士都会去昆明军区杂技团大门口走一走、转一转。这是一种什么心理？粉丝。明知道见不到她，但真想见一面，有一种情感的释放，有一种寄托，那是我第一次当粉丝。这位演员给我震动很大，我以前只是觉得演员是一个挺风光、有面子的职业，可以偷偷懒，可以去各地走走转转，但是没想到演员也能够牺牲自己，点亮别人。那位演员影响了我一辈子，但我至今仍不知道大姐叫什么名字。这种故事很多。有了很多经历以后，我对演员这个职业的认识，从偷懒、从愿意得到大家的喜爱尊重这些因素，产生了对这个职业锲而不舍的追求，从偶然变成了必然，所以我就这么一直走下来，先是舞台，后头又接触了电视剧、电影等。

演员创作要体验生活。我出演《赵树理》，去体验生活，很受启发。赵树理是曲艺家协会的创始人，也是文联的创始人。他下乡时想把先进的文化带到农村，提高农村的素质。他去的时候带着鲁迅的作品，在村里地头给老百姓念鲁迅的文章。大家起哄，脑子转不过来，文化程度决定了他们听不懂。赵树理就琢磨，文坛太高，老百姓"爬"不上去。我们的作品要让老百姓看得懂、买得起，不能脱离人民群众，不能脱离现实。什么样的作品当地老百姓才能懂？因此才诞生了《小二黑结婚》《李有才板话》等作品，都是"农字头"，在当年大受老百姓欢迎。虽然时代变了，生活全变了，但是我们现在回头再来看这些作品，除非你对中国文化不关心、无所谓，凡是热爱中国文化的人都能够从中感觉到这些还是好作品，在形式语言和主题思想等方方面面都体现了中华美学。2006年，在纪念赵树理诞辰100周年之际，央视一套黄金档播出了电视剧《赵树理》。

演员要接地气，就像习总书记说的，艺术可以放飞想象的翅膀，但一定要脚踩坚实的大地。我希望多留下一些人物形象，生命力越强，越久远，越有价值。我们说表演有两大要素，就是形体和语言，再说深一点就是风格流派。以苏联斯坦尼斯拉夫斯基、德国布莱希特、中国梅兰芳为代表的三种表演体系，称为世界三大表演流派，现代银幕还有卓别林等，都有不同的风格。我也喜欢很多演员，包括电影《教父》里的马龙·白兰度、阿尔·帕西诺，佩服他们对于艺术创作的态度，对于艺术创作的付出、能力；喜欢中国的梅兰芳，他是无实物的表演，长于人物的创作，各种细节非常细腻。有些流派风格是跟自己的生活很熟，是感性的，有些可能陌生一些，但是条条大路通北京，总是要让表演有生命，有血有肉，不概念化，不是一张脸。人物都要有生命力，包括演反派。你要是演一个反面人物，你是一个草包那突出不了英雄，英雄面对这个草包玩什么。反面人物也好，正面人物也好，我都是当一个活人来看待。

我们赶上一个好时代，要珍惜"演员"这个名号。在旧社会，演员是戏子，让人瞧不起。新中国把演戏变成职业，优秀的演员还能成为艺术家。"文艺工作者是灵魂的工程师"，这是对我们最大的认可和鼓励。要对自己的工作有充分的认识，文艺在整个社会发展当中是不可缺的，是有分量的，是有责任的，它还是有意义的，对社会发展、对人类发展都是有意义的。我们要有责任感，我们所从事的行业不是闹着玩的，不是纯游戏、纯娱乐。电影《杨善洲》开机仪式那天，我还没开演，当地老百姓就热烈鼓掌，因为他们认可你来出演这样善良可敬的人物。演员的底线不能破，别让人瞧不起这个职业。我没有能力去改变整个世界，但我是十几岁从农村出来的，能有今天也不容易，我非常珍惜这份职业。我有能力做到自我实现，尽量不给这个职业抹黑，这也是一种责任。所以要把握住自己，更要感谢时代造就了我们，是观众把对好人的情感转到了我这个创作者身上。习总书记讲我们文艺工作者应该成为时代风气的先觉者、先行者、先倡者。中国文联倡导弘扬"爱国、为民、崇德、尚艺"的文艺界核心价值观，大力加强行风建设，我都非常赞同。我们应该互相影响、严格要求。

二、学习精神，重在落实，根在创作

宋、何： 2014年10月15日，您参加了文艺工作座谈会并发言，在电影界引起了很大反响。您对习近平总书记重要讲话精神的领会是否渗透到您的新作《嘿，老头》《少帅》等？一年的沉淀之后，您回头再想文艺工作座谈会，有哪些新的感受？

李雪健： 一年前，我有幸参加了文艺工作座谈会。习近平总书记讲话涉及很多方面，需要系统学习。作为一线文艺工作者，我会根据我的职业有重点地学习。特别是在一周年的时候，我会思考，学习以后理解得怎么样，理解以后落实得怎么样，要回顾总结这一年以来的工作、创作情况。一线工作者关键是落实，要落实到行动之中，体现在创作之中。

习近平总书记在文艺工作座谈会上的讲话中提到，文艺工作者应该牢记，创作是自己的中心任务，作品是自己的立身之本。要静下心来，精益求精搞创作，把最好的精神食粮奉献给人民。喜欢这句话吗？喜欢。做得怎么样？要总结思考。当然，自己的能力有大小，作品出来有区别，但是你的态度怎么样？是不是遵照做的？习总书记读了很多名著，真的是读书破万卷。在文艺工作座谈会两个多小时的讲话中，他不但对当前文艺现状发表看法和评论，还回忆了自己少年和知青时期的文艺生活，谈到了文艺对自己成长的影响。文艺不是风花雪月的事儿，而是实现中国梦的重要力量。我觉得一线工作者主要是落实，这一年来起码我是按照习总书记讲话去努力的。比如电视剧《嘿，老头》，播出后和社会观众产生了共鸣。这部电视剧讲述了儿子照料患老年痴呆症的父亲的故事，和整个时代结合得很紧。养老问题是我们普通老百姓、劳动者正在面临而且还将继续面临的问题。这其中包括以前没有的

新问题新情况。随着生活水平的提高，人会越来越长寿，过去60岁算长寿，现在80岁都打不住。但是同样，雾霾产生了，怪病产生了，老年痴呆产生了。过去老年痴呆的并不多，现在阿尔茨海默症老年患者有一个庞大的群体。这个病还恰恰反映了大多数老百姓的生活。普通老人看了以后都会关心：我怎么预防，我万一得了怎么办？年轻人则会思考怎么对待家里的老人，我也会老，独生子女家庭如何养老？我们和观众和社会一起探讨，怎么解决这些问题。这些问题解决得好，肯定将有助于社会和国家发展。《嘿，老头》得到了观众的认可，我们的心里还是很愉快的。因为整个剧组还是很努力的，起码有一个非常正确的态度搞艺术创作，大家的劲儿没有使在别处，希望静下心来，精益求精，把最好的精神食粮奉献给观众。我们国家现在发展得不错，老百姓日子越过越好。没有饭吃不行，有了饭吃，精神世界没有，也不行。往大处谈就是物质文明和精神文明。精神文明包括艺术、文学等。我就想，起码我们应该用实际行动来落实习总书记对于艺术方面的要求、期待、期望，起码我们要做到"两个结合"，这都是习总书记对我们的指示，把服务群众同教育引导群众结合起来，把适应需求与提高素养结合起来。

　　文艺与意识形态不是没有关系，而是太有关系了。梅兰芳有很高的艺术成就，他更有人格魅力，他那个时候也赚大钱了，赚得很多，但他蓄须明志，坚决不给日寇唱戏，这是有生命危险的，不是开玩笑的，但他经得起考验。这都是老前辈，是人类在文化艺术界的财富。包括画家毕加索。都说艺术和政治没关系，毕加索那种抽象画怎么没关系？他反映战争给人类带来的灾难，怎么不是政治？只不过是经历不一样，表现的形式和表现的内容不一样。尽管文学艺术在走向市场，但是不管你承认不承认，文学艺术具有意识形态这个功能，你不能完全钻到钱眼儿里。文学艺术和别的事物不太一样，它是一种独特、审美的意识形态。

　　习总书记强调，一部好的作品，应该是把社会效益放在首位，同时也应该是社会效益和经济效益相统一的作品。文艺不能当市场的奴隶，不要沾满了铜臭气。优秀的文艺作品，最好是既能在思想上、艺术上取得成功，又能在市场上受到欢迎。所以，好的艺术作品要保证社会效益和经济效益相统一。我们这一年真是把艺术作品提到了一个更高的层次来对待，不只是娱乐作品，虽然已经市场化了，但还是要保证它的两个效益，一个是社会效益，另一个就是经济效益。艺术创作要有艺术追求。我们要用实际行动落实和回应总书记的期待和要求。

今年我们都在纪念中国人民抗日战争暨世界反法西斯战争胜利70周年。所以我接下来的一部戏是配合70周年纪念活动，参演反映反法西斯战争、抗日题材的电视剧《少帅》，导演是张黎。我在这部戏中演张作霖，马匪出身，乱世枭雄。老奸巨滑的大军阀也有父子情，儿子张学良第一次上前线，他不顾寒冬腊月冰雪天坚持去火车站送儿子。北京郊区有一个地方就是老车站，我们就在那里拍的"送行"一场戏，现场拍摄时非常冷。大家尽量减轻我的负担，最后说就是一场戏，放一放，找个暖和一点的天气或者在棚里头搭个景。因为那天风也很大，吹得人感觉特别冷，最后就没拍。后来在棚里头搭了一个景，车站里头有个大炉子，都准备好了，特意安排了一天准备拍，但是通知不拍了，导演说他对景不满意，有可能还要回到实景去拍。天越来越冷，后来又在别处搭了一个景，还是不满意，又没拍。最后在另一个棚里搭了一个景拍了。就是单单一场戏啊，剧组前后筹备了三四个景。我到了现场一看，最后那个景几乎把外景搬进棚里了。这就是导演，为了减轻我的负担，拍得更好一点，一场戏的布景就弄了三四回，真是把我感动了，最后那个景就像把实景搬进来了，在棚里搭建出来。还有一场戏，张作霖见段祺瑞，段祺瑞部下想捉住张作霖，张作霖最后通过下水道跑了。导演考虑我年事已高不想让我在真的下水道里拍，就在影棚里搭建了一条将近30米长，还有拐弯的地下管道。剧组对艺术的追求真可谓精益求精。

我们不能只是把习总书记文艺工作重要讲话精神挂在嘴边，而要真正去干。说和做是两回事。不同职业的社会分工不同，文艺工作者就是要讲好故事、塑造好形象。这是本职工作性质决定的。作为演员，我不善言辞，我的追求是用角色与观众交朋友，并且我创作的角色是集体的智慧。劳动成果不是我一个人的，是我们这个行当里大家的。在文艺工作座谈会召开一年之际，对自己这一年工作进行总结、回顾，是为了在来年更好做好本职工作，争取做一个称职的文艺工作者。年轻的时候总认为演戏机会越多越好，什么角色都想尝试，希望表演尽量不落入程式化，用不同的表演方式表现不同的人物形象。现在要有所选择，选择有情怀的作品，选择有生命力的人物。

三、文艺评论是方向盘，是过滤器

宋、何：新形势下，文艺评论工作正在加强。中国文艺评论家协会于2014年5月30日成立。中国文联文艺评论中心于2014年9月16日在中国文艺家之家正式揭牌。《中国文艺评论》杂志也于2015年金秋十月创刊。您对文艺评论工作有哪些意见和建议？

李雪健：文艺评论工作太重要了，《中国文艺评论》创刊太有意义了。我很愿意配合，但对评论是外行，我不擅于写和说。我的本职工作是表演，有时候说说这个还有点底气。你们就根据我和理论家不同的情况，侧重一线演员的具体实际，就采用访谈的形式就可以，不是什么发言的整理稿，原汁原味大白话就可以，是一篇真正的访谈。我一直关注文艺评论工作，看到首届全国文艺评论骨干专题研讨班开班等报道，仲呈祥老师有授课。我很赞同他的思想和观点："文艺评论是文艺事业的方向盘。"

文艺评论在我们这一辈人心目当中分量真是太重了。1982年，我参演了第一部银幕作品《天山行》，没有演过电影，第一次上大银幕，懵的。演完了以后在影协放映，我们年轻的时候电影能够在影协放映是太不容易了，这种机会对于创作者来说那真是喜出望外。我从电影确定放映到看评论文章，心一直在扑腾：放映效果怎么样？评论文章怎么说？我是个配角，但是评论文章上能提到这个人物，我都把文章当宝贝保存起来。

我在电视连续剧《李大钊》中扮演李大钊。那个时候有一种说法是，领袖人物也是人，不是神，要把他人化，这都是理论家提的。李大钊是唐山乐亭人，我在表演中就加了点方言的味道。但是大家意见不一样：有人对我这种尝试给予肯定，认为人化了；也有人否定和批评，认为把他土化了，变得没学问了，不能体现知识分子的高度。两方评论都有道理，这说明我自身能力有限，对人物的认识还停留在表层。但是对于我演李大钊，大家还是给予肯定的。评论的角度不一样，但是对一个创作者来说，我从中得到了启发。

后来演《渴望》，观众见了我就喊"宋大哥"。评论家总结说：呼唤真情。评论家的文章对我思想认识境界的提高有很大帮助。电影《焦裕禄》受到老百姓欢迎，我去机关单位，同志们见了我就喊"焦书记"。为什么《焦裕禄》这部电影会受到老百姓的欢迎，为什么？还是评论家总结出来的：呼唤公仆。我们改革发展搞经济建设，先进的技术来了，西方的文化同时也跟着进来了，会有一些影响，但我们还是需要真情。我们这个国家、我们这个民族还是需要有好的领导带头，老百姓还是希望有好的领导带着走。火车跑得快，全凭车头带。评论家是站在经历者和旁观者的角度，运用感性和理性的思维，经过了非常严谨、非常深层次的思考，他们的评论与社会发展的过去、现在和未来密切联系。

多年来，我们表演的人物如果出现在李准、仲呈祥、童庆炳、黄会林和尹鸿等评论家的文章中，我们都觉得是莫大光荣。影视作品，请到他们观看并评论，主创人员觉得是无上荣耀。他们是真能够指导我们的创作。评论家的评论值钱，那确实对你的发展、对你的提高、对你的思想认识和境界起了方向盘的作用。所以我不仅关注评论家对我的评价，也关注评论家对其他演员的中肯评价和对外国作品的评价。好东西我都要保存，我存了好多，时不时都要拿出来看看，不是看完就扔了，隔一段时间要学一学。

但是社会发展这么快，我们没想到。文艺市场化、商业化、产业化，我们没经历过。老革命遇到了新问题，我们正在面临很多从没有过的新问题。例如最早大家都爱去电影院，后来影院变酒吧、歌厅、游戏厅了，那个更来钱。近几年电影发展特别快，年轻人那么需要，所以又变回来了。但变回来以后有很多影院姓私了，是独资也好，合资也好，大部分有些变化，这种变化我们没遇到过，这是一个新问题。过去拍戏有评议委员会，专门请专家和各方代表来看这个剧本，拍还是不拍，进行探讨以后才能定。我相信有好些老的评论家，你问问他，过去会收到很多剧本请他看，看完以后对我讲一下拍好还是不拍好。这是创作的基本态度。现在谁出钱谁定，没剧本也能拍。以前进剧组得交粮票、出伙食费，拍完才可能有补助。以前的名家是一步一个台阶走上来，没有"直升机"。现在文学艺术发展产生了直升机的效应，很多明星一夜成名。发展得快，当然有好的一面。但是发展这么快，如果没有坐过"直升机"，肯定会"晕机"，会冒出新问题。过去齐白石60多岁卖画，谁能想到他的画现在上亿元？但是我们有一些经验和教训要引起注意和警惕。

现在专业的文艺评论很少见到。我们还有一个途径，就是观众的评价。《杨善洲》在北京放映的时候，一家有八个放映厅的影院，全天只安排了一个厅，只放映了一场，还选在中午12点。结果只有两个观众，其中一个还是我爱人。三天之后，一个繁华地段的电影院19时放映，三个观众，其中一个是我儿子，这一场比他妈妈看的时候有进步。我挺伤心的，我有点不明白，我只是个演员，别的我不太清楚，我也没有能力把这个事闹懂。后来组织集体观影，一个朋友的孩子起先不想看，但是他去电影院看完后给我发信息：李大大，我看了您的电影，我流泪了。我给孩子回信息时也流泪了。好电影不是没人看。2011年，我凭借电影《杨善洲》在第十九届北京大学生电影节上获得"最佳男演员奖"。这是我很在意的奖项，得到这个提名我就特别高兴。儿子还提醒我："你这样的演员在年轻人中人气不高，要有思想准备，也别太在意。"后来《杨善洲》得了奖，我上台说获奖感言时把儿子"出卖"了，说"最高兴的肯定是我儿子，感谢大学生们把奖给了杨善洲老人"。大学生为什么发这个奖给我？他们是把这个奖给了杨善洲这位老人家。为什么能给老人家？他们确实都认认真真看了电影，被这位老人感动了。在这个年代，杨善洲得到孩子们的认可，很珍贵。后来，我把因塑造杨善洲前前后后得到的四个奖杯都送到了云南大凉山林场杨善洲纪念馆。老百姓的评论和真正评论家的评论，我都看得很重很重。评论家的评论是我创作的方向盘，老百姓的评论给我精神上的鼓励。创作和评论应该互动，互相鼓励。好的评论对于创作者而言，就像喝了一杯美酒。

现在有些评论，明明是黑的，非得说是白的，那种评论都不是专业评论工作者所为，评论得不称职，都是一些商业炒作。因为有这种东西，所以我就说为什么文艺评论家协会成立重要。有些我也挺不明白的，闹不懂，挺无奈的，有些作品一片骂声但还赚大钱。怎么骂声越多，看的人越多？真正评论家写的文章谁登？登了谁关注、谁看？文学艺术要有方向盘，文艺评论起到了方向盘的作用。所以，中国文艺评论家协会的成立太重要了。但我们的工作艰难，任重道远。可不能一直沉默下去了。文艺评论对中国现在的文学艺术创作太重要了！现在国家给予了重视、百姓也提出了渴望，我作为一个演员，也希望政府多给这些"宝贝"一些支持，给文艺评论工作者说话的平台和权利，让评论家的文章有平台刊登和发声，有社会关注和掌声。评论家好的文章要上头条！有的演员演了好多戏还没上头条，干见不得人的事反而上头条了。能不能把头条让给这些"宝贝"评论文章，把这个平台给他们？不能再让真正的评论见不着、边缘化了！要给予评论家尊重，给他们多一些关注、多一些热情。一定要充分发挥评论家的作用，让他们从边缘走向前台，从没人关注走向有指导意义。不能再让文艺评论工作者伤心无奈了！演戏是我们的饭碗，文艺评论是他们的饭碗，是他们的枪杆，是他们对于我们国家、对于人民的爱！

雾霾怎么产生的？不是一天两天就产生了。它有多种因素、多种原因。现在精神世界可别出现雾霾，出现了雾霾可不好，你收拾都很艰难。精神雾霾可能会比自然界的雾霾产生更严重的后果。文艺评论是过滤器，是我们现如今社会需要的，是防止精神雾霾必不可缺的保障。

理论文章我写不了，但是《中国文艺评论》创刊是件大好事，我能做点事是我的荣幸。文艺评论媒体的路是艰难的，就像《大众电影》。《大众电影》过去好，20世纪80年代它的最高发行量达960万份，演员能上杂志、能被评论，是非常难的事情。后来杂志慢慢差点没死了，没办法，也开始要尝试转型市场。能生存就是胜利。所以咱们月刊办刊的路还很艰难，一定要坚持。

你们问我："你演了焦裕禄、杨善洲，你最大的感受是什么？"我说我最大的感触就是这样的人越多越好。我想说的话，都表现在了人物的身上、角色的身上。因为我是61岁的人了，我也有我的人生道路，我还是共产党员。我1975年入的党，党龄40年了。我一提起这两个人，就想到我年轻的时候学唱的那首歌，是毛主席的话："我们共产党人好比种子，人民好比土地。我们到了一个地方，就要同那里的人民结合起来，在人民中间生根、开花。"在人民中间生根、开花，就是学习焦裕禄和杨善洲，生根了，开花了，结果了。我不会理论，但我会讲实话，可不是种子吗？你不能当"毒品"，你不能参与"熬制地沟油"，你得当开花结果的种子。

访后跋语：

　　本次专访李雪健先生之前，考虑到时间关系，只预约了一个小时。但是那个阳光灿烂、绿意静雅的下午，雪健老师畅谈影视创作与文艺评论，娓娓道来近三个小时，时而憨厚微笑，时而皱眉忧虑，时而挥着手势，时而陷入沉思，非常实在，给我们留下深刻难忘的印象。最后雪健老师依依不舍同我们一一握手道别，背上朴素的军用挎包，伴着火红的夕阳健步离去。

　　　　　　　　　　　　　　原载于《中国文艺评论》2015年第1期。

中国摄影要走民族化的美学道路

——访摄影家袁毅平

杨静媛[*]

1926年10月出生于江苏常熟鹿苑（现于张家港境内）。1939~1949年在上海百乐摄影室从事人像摄影。1949年7月参加中国人民解放军西南服务团。1950~1954年任重庆《新华日报》摄影记者。1954~1958年任《人民日报》摄影记者。1958~1960年，任《大众摄影》杂志编辑组长。1960~1966年任《中国摄影》杂志编辑组长，副主编。1966年始在"文革"和五七干校期间接受"教育"。1972年在新华社摄影部任全国影展办和《中国摄影》杂志副主任，1979年后先后任中国摄影家协会副秘书长、副主席兼《中国摄影》杂志主编，中国摄影家协会理论研究部主任，全国摄影理论评论委员会副主任委员。1990年离休。中国文艺评论家协会顾问、中国摄影家协会顾问。

---

* 采访人单位：中国文联文艺评论中心。

袁毅平从影70年来，积极探求摄影艺术与其他艺术之间的共性与个性，深入研究摄影美学，既立足中国，又面向世界，展现中华审美精神，提倡摄影作品鲜明的民族特色，表现中国气派和民族精神。近日，《中国文艺评论》就如何将中华优秀文化同摄影这一外来的艺术形式相结合，促进摄影理论评论创新发展等话题，专访了袁老。

一、加强摄影评论是繁荣摄影艺术的重要途径

杨静媛（以下简称"杨"）：您觉得，当前有哪些摄影理论问题需要重点研究和探讨？

袁毅平（以下简称"袁"）：第一，应加强摄影美学的研究。摄影艺术既然是一门独立的艺术，就应该从美学的角度来研究它，也就是研究摄影艺术的美学特征，研究摄影艺术美的创作和来源、摄影艺术创作和摄影艺术欣赏的关系、摄影艺术的社会功能等问题。摄影美应包括心灵的美、意趣的美、形式的美。什么是摄影美？有的学者认为不能把审美这个词单纯理解为美感或形式美，艺术以审美的方式认识世界、反映世界，但不能把审美仅仅作为形式的美，否则会把审美当成唯美主义。审美需要的不光是形式的美感，而且也需要激昂的精神。也有学者认为摄影美的特征，要充分估计到时代的变化、人民欣赏习惯的变化等。我认为这些说法都很有道理。

第二，要总结我国摄影艺术发展和摄影工作的基本经验，包括：怎样理解和贯彻文艺要反映好人民心声，坚持为人民服务、为社会主义服务这个根本方向和坚持百花齐放、百家争鸣的方针；怎样继承摄影工作的优良传统

并随着时代生活创新，发扬创新精神；等。我们要研究和总结摄影艺术的独特规律，分析摄影艺术和其他文艺门类的共性和个性，以及摄影艺术本身范围内各类体裁和品种之间的共性和个性等问题。还要按照古为今用、洋为中用的原则，研究整个摄影史的发展概况，包括外国的摄影史和现状，国际上各种主要的流派与风格，特别要注意研究我们自己的摄影艺术发展史、我国摄影艺术的民族风格以及优秀摄影家的艺术风格。在此基础上，才能批判地学习、借鉴和继承古今中外有益的各类艺术的精华，特别是我国传统艺术的精华。

第三，还要研究和探讨各种摄影技术包括摄影新器材的性能和效用等，以及摄影的各种造型艺术技巧和表现方法等问题。

杨： 有的专家提出当前摄影理论和摄影创作两条腿不平衡，摄影理论比较薄弱，请您谈谈您对这个问题的看法。

袁： 大家都有一个共同的感觉，我们的摄影理论研究长期以来确实比较薄弱。本来理论工作是应该走在前面，可是现在落后于创作实际。造成这种落后状况的原因是多方面的。比如摄影艺术比起其他文艺门类来说还太年轻，经验不够丰富。再如有些同志对摄影理论重要性的认识不足，他们以为理论研究解决不了实际问题，有的甚至说，我不懂理论，也照样拍照片。殊不知，实践若不以理论为指导，就会变成盲目的实践。我们应该逐步建立自己的摄影艺术理论。

理论虽然指导实践，但它来源于实践。理论问题的解决也必须依赖于实践。我国广大的摄影工作者和摄影爱好者，都有不少的实践经验和体会，需要加以认真总结。那些摄影战线上的老同志、老摄影家有很丰富的经验，但由于各种原因，很多经验都缺乏深入的总结，无法变成指导创作实践的理论。从某种意义上讲这是一种浪费。对这些年迈体弱或者工作繁忙的老同志、老摄影家的经验，最好组织专人帮助整理，"抢救"这笔宝贵的文化财富。

杨： 现在，摄影艺术评论的重要性越来越受到重视，我们应该如何加强这方面工作？

袁： 摄影艺术被称为"时代的镜子"。习近平总书记在文艺工作座谈会上的讲话中特别强调，文艺评论是文艺创作的一面镜子。摄影创作肩负着反映当前时代的重任，而摄影评论则是引导这种创作的重要力量。

我觉得，加强摄影评论，应该积极开展群众性摄影评论，活跃摄影理论的探讨和争鸣。

摄影评论的学术讨论，是繁荣摄影艺术的重要方法，也是摄影理论建设的重要途径。各种摄影刊物应该多开展摄影评论学术讨论，同时也要经常刊登一些有感而发、短小精悍的评论。哪怕从一幅照片、一组照片评起，从点滴评起，从小作品评起，把具有艺术创造性的东西提炼出来，写成千字文就很有意义。另外，要加强对摄影评奖的评论。现在，摄影队伍越来越庞大，摄影界很热闹，也评了不少奖。但得奖的作品能让大家时时刻在脑中的少了，或者说缺少"纪念碑式"的作品。为什么会这样呢？与作品本身的含金量不足有关，和评论缺乏也很有关系。我们应该经常举行摄影报告会和学术讨论会等活动，使研究和探讨的风气活跃起来。应该利用展览、杂志包括互联网在内的各种渠道，对好作品展开广泛评论，可以从作品的思想性、艺术性谈，也可以请创作者谈自己的拍摄经过，为什么而拍，怎么拍的。这对推动摄影评论都具有重要意义。开展摄影评论和学术讨论，必须坚决贯彻"百家争鸣"的方针，提倡自由讨论，既反对吹毛求疵、无限上纲，也反对胡乱拔高、庸俗捧场。讨论问题以理服人，做到在真理面前人人平等。

摄影评论家队伍建设也很重要。中华人民共和国成立前摄影师大多是照相馆学徒。现在，摄影师队伍结构变了，文化水平高了，有条件加强摄影评论的队伍建设了。要当好"伯乐"，善于发现人才，逐步组成专业和业余的摄影评论和理论工作的坚强队伍。同时，要鼓励和组织摄影评论和理论工作者认真学习马克思主义文艺理论和党的文艺方针，不断提高自己的马列主义水平和美学思想水平；还要鼓励和组织他们经常深入实际，进行艺术实践，逐步丰富自己的生活积累和摄影艺术知识，使摄影评论和理论工作紧密联系实际，有效地指导创作实践。

中国摄影家是有志气的。我相信，只要广大摄影工作者和摄影爱好者共同努力，在摄影理论研究方面，在繁荣摄影创作为人民服务方面，在建立我国自己的摄影理论方面，一定能做出令人满意的成绩来。

二、摄影艺术如何传承弘扬中华美学精神

杨： 近年来摄影趋向全民化、普泛化，您怎么看待这种趋势及其对摄影艺术发展有何影响？

袁： 摄影是依赖于照相机的纪实功能来再现客观事物的，尤其是现代的全自动数码相机，一按快门就可将所要拍摄的外界景象逼真地记录下来。从单纯记录客观事物的技术手段上说，确实带来了许多方便，但也往往给人一种错觉，似乎摄影就是这么简单，因而忽视它的"创造性"。当然，如果不做艺术创作，那倒无须苛求；但作为艺术创作，如果到此为止，拍出的照片就很容易成为客观景物的"翻版"，没有多少艺术内涵。

目前，上述这类作品恐怕还不能说是个别。尤其是有些风景摄影作品，看上去确实很美，但有的主要是自然景色本身的美，有的是光、影、色、线、形等构成的形式美，或是某种特殊技巧的美，缺少富有深度的艺术内涵，缺乏独特的意境，还有不少是重复和雷同的。

杨： 摄影艺术如何融合我国传统艺术的精华，传承和弘扬中华美学精神？

袁： 大约在2006年，我正式提出"摄影意境论"。意境是我国独创的古典美学范畴。情与景，是意境内在的基本结构，是构成意境的重要因素。如果要创作富有意境的摄影作品，就不能把仅仅再现客观景物作为创作的终点，而是要有意境创造的自觉意识，这样才能做到化景为情、融情于景，使作品中的形象超越原生态自然物象。

从哲学意义上讲，情景二元是意境内在的主要矛盾，它们相互对立又相互依存。我们创造摄影意境，就是要协调好情与景的矛盾关系。协调得好，景中寓情，情中含景，则意境生；协调不好，情与景格格不入，两相抵牾，则无意境可言。然而，要真正做到情与景水乳交融，浑然天成，并不是一件容易的事。首先须要对"情"进行提炼与升华，就是要对"日常生活情感"进行过滤、提炼、净化，从而升华为"审美情感"。所谓"日常生活情感"，是人们在日常生活中由于某种感性现象所引起的情感或情绪冲动。这是一种偏于狭隘、琐细和世俗的情感，或者说是一种低级形态的情感。这类情

感一般是不宜进入艺术审美领域的,需要把这种日常生活情感升华为审美情感。正如苏珊·朗格在《艺术问题》一书中所说,一个艺术家表现的是情感,但并不是像一个大发牢骚的政治家或是一个正在大哭大笑的儿童所表现出来的情感。

杨: 那么何谓"审美情感"?如何让作品体现出这种"审美情感"呢?

袁: 这种情感是从日常生活情感提炼、升华而来的,或者说是对日常生活情感的概括和普遍化。它是大多数人所认同的具有社会普遍性的情感。艺术创作,尤其是意境创造所需要的,正是这种高级形态的审美情感。这里不妨举个拍摄"中秋月夜"的例子。当中秋夜晚万里无云,万籁无声,清风徐徐、皓月当空的时候,这般美景,谁不为之激动?但如果拍摄者的情感仅仅局限于"花好月圆""家庭团圆"之类个人赏月感受上,那么拍出照片的意蕴和境界就未免浅显狭窄。已故风景摄影家黄翔以中秋月夜为对象拍摄的《海上明月共潮生》,不仅景色迷人,而且意境深邃。1980年的一个中秋之夜,一轮圆盘大的朗月悬挂在北戴河低低的海空,这时月光恋着海水,海水恋着月光,海面上映起了粼粼波光,卷卷后浪推逐着前浪,不时响起哗哗的涛声。此情此景,使黄老的心潮与海潮完全交融在一起,唤起了他对居住在台湾的当年的老同学和亲友的眷恋和缅怀之情,禁不住借唐代诗人张若虚的《春江花月夜》中"春江潮水连海平,海上明月共潮生"的诗境,摄下了这个不平常的"镜头",表达他对一水之隔的亲友"此时相望不相闻""不知亲人几时归"的感叹。这里,他既抒发了个人的情感,同时更表达了全国人民盼望海峡两岸所有亲人骨肉团圆、祖国早日统一的共同心愿。这个实例充分说明,用上述两种不同情感所摄取同一题材作品的高低文野之分。所以,情感的提炼和升华,对意境创造的重要性是不言而喻的。

杨: 您对情与景关系的理解具有浓郁的哲学色彩,能再详细谈一谈吗?

袁: 我用两个词来概括摄影中情与景的关系,一个是"融情入景",另一个是"触景生情"。"融情入景"之所以重要,一方面是因为创作主体头脑里的情思未经呈现之前,谁也无法把握和感受,只有把它对象化,投射到客体的景物上,才能借景而把抽象的情思形象地表露出来,人们也才能具体地感受和体会。另一方面,客体景物如果没有主体的情感附丽于上,那么反映在作品上的就是一堆"无情之物",令人观之索然无味。所以只有经过迁想与情化之后,才会使本无情感生命的景物鲜活起来,成为作品中生动鲜明的艺术形象,从而深化为作品的意境。

所谓"触景生情",是因为主体本来已在心中储存的某种思想情感,突然遇到能激发这种思想情感的客观景物,于是就即景会心,心物交感,从而借景抒情。正因为主体心中储有特定的思想情感,才会"登山则情满于山,观海则意溢于海"。否则,见了某种"景",也不会激发与此相应的"情"。

杨: 您提到要"融情入景""触景生情"。那么,有意境的摄影是依赖于好"景"而产生的吗?

袁: 有意境的摄影离不开景,但并不是全依赖于景。我认为,"境生象外"对摄影创作尤为重要,因为摄影画面的空间仅在方寸之间,而所表现的实象也只是在它发展过程中极为短暂的一个瞬间状态,不论在时间上或空间上,都受到许多的局限。要突破这种时空的局限,就要求摄影画面上具体可感的实象实景具有一定的包蕴性和召唤力,能够引发人们由此及彼,去想象和领悟画面以外更丰富、更深层的意蕴。尤其是风景摄影创作,面对的是真实的空间景象,比如一座山,它的高度、宽度及形貌等,从物理上说,都是恒定不变的(除非发生地壳活动)。但如被摄成艺术作品,由于渗入了作者一定的审美情感和审美理想,又借用"横看成岭侧成峰,远近高低各不同"的道理,对拍摄角度进行了调度,再加上烟岚云雾的渲染,那么画面上的这座山,就不完全是原封不动的纯物理性的那座山了,而在人们心理上转化为或奇特、或雄伟、或峻险、或飘逸等的意境美的形态;而这种美的形态,在不同的观者心目中,又会产生不同的心理现象,从而使作品"咫尺无边""瞬间永恒"。因此,摄影艺术体现"意境"要注意把握"象外之象、景外之景"。在这里,"象外之象"和"景外之景"句中的第一个"象"和"景",是指艺术作品中所呈现的具体实在的景象,而第二个"象"和"景",则是指实景实象之外的虚境——想象中的艺术世界。象内的"实景"是确定的和有限的物理空间,而象外的"虚境"是不确定的、无限的心理空间。创造艺术意境,就是要将有限的物理空间转换为无限的心理空间,以拓展象外之境的"宽容度"。

杨: 您刚才提到的优秀作品都不局限于直白地展示美景,在表达上都很含蓄，但是又特别有吸引力，这就是意境要带给我们的感受吗？

袁："象外之境"是人们想象中的"虚境"，它无质无形，无法量化。观念形态对摄影来说，是无法用视觉形象直接表现的。因此只能借助画面中某些可视的具体景象作为媒介，去象征、暗示或隐喻某些象外之意。以摄影大师陈复礼的名作《搏斗》为例，画面上一叶孤舟被汹涌的浪涛高高托起，船身几乎成直立状态，几位船工正在浪尖上与之奋力搏斗，那惊心动魄的场面和力挽狂澜的情景扣人心弦。这一情状，"象"内固然有意，但它的深层意蕴更在"象"外。陈先生幼年家境贫寒，为了生计，他早年背井离乡，只身闯荡泰国、越南以及香港等地谋生，当学徒、做店员、跑生意，过着颠沛流离的艰苦生活。这幅作品是作者早年同磨难生活艰苦奋斗的形象记忆，也是他多年蕴积于心的一种深沉情感的外化。然而，这幅作品还有一层更深的社会意义，这就是喻示人们：在人生的旅途上，难免会遇到这样那样的坎坷和磨难，强者自会去拼搏、超越，弱者只能后退、屈从。这是两种完全不同的人生精神境界，而这种抽象的思想境界，就是依据"搏斗"的具体情景来象征显现的。

大凡用象征、隐喻等手法表现意境的作品，一般都是比较含蓄的。含蓄既是表现意境的创作手法，也是意境美的一种形态，是意境创造必要的美学追求。在中国传统文论、诗论中谈含蓄问题的实在不少，如"凡诗忌浅露而贵含蓄""高不言高，意中含其高；远不言远，意中含其远"等。诗文如此，创造意境的摄影又何尝不是如此。如果说诗文作品不宜一语道破，而须反复缠绵，令人再三吟嚼其中意味；那么意境摄影作品也不宜让人一眼看尽，而须曲径通幽，让人细细琢磨，慢慢回味。这也就是我们常说的"有味道""有看头"。比如鲍昆和凌飞拍摄《国魂》，他们用色灯按光谱序列把八达岭一段长城照得灿烂辉煌。然而这不是单纯表现色彩构成的形式美，作者的构思是：红色象征血与火的历史，黄色象征悠久灿烂的文化，绿色象征勤劳与和平，蓝色喻示对未来的遐想……。在这富有意味的形式后面，含蓄着特定的深意，象征着我们具有自强不息、不屈不挠精神和灿烂历史文化的伟大中华民族之魂。这里，是从创作手法上来谈含蓄的；如从审美的角度看，含蓄也可以说是意境的一个重要美学特征。

另外我想特别强调，摄影家还应不断发现和创造新的时代意境，并到生活中去寻找艺术之源。生活是艺术之源。意境当然是源于生活的。"意境"是个动态的概念，随着时代的前进，艺术意境也须随之而不断丰富、充实新的因素。我们的社会生活正在不断发生新的变化，人与自然的关系也正处于新的变化之中。摄影家也应不断发现和创造新的时代意境。

访后跋语：

  盛夏的清晨，我们如约来到袁老家，在袁老的书房开始了这次摄影艺术的精神之旅。这是一间只有几平方米的小屋，靠墙而立的书柜里满满全是书，写字台上是厚厚的摄影资料和文稿。袁老从自己的摄影艺术经历谈起，平易近人，娓娓道来。他的摄影历程饱含了太多财富，除了《东方红》等我们所熟悉的摄影作品之外，袁老的艺术成就和对中国摄影事业的贡献更在于他在摄影理论评论方面的精到见解，而这也是本期专访希望和读者分享的。

           原载于《中国文艺评论》2015 年第 2 期。

在现实主义视野中重审"话剧民族化"
——访话剧表演艺术家郑榕

陶璐*

郑榕

北京人民艺术剧院演员,著名戏剧表演艺术家。中国戏剧家协会会员,北京市文联理事,北京人艺艺术委员会顾问。自1943年从事戏剧工作以来,先后在北京人艺的舞台上塑造了众多脍炙人口的人物形象。如《胆剑篇》中的伍子胥、《武则天》中的裴炎、《明朗的天》中的赵树德、《耶戈尔·布雷乔夫》中的耶戈尔·布雷乔夫、《丹心谱》中的方凌轩等。特别是在北京人艺保留剧目《茶馆》《雷雨》当中饰演的常四爷和周朴园形象,堪称话剧舞台上人物塑造的经典。在舞台实践不断丰富的同时,郑榕还写了不少表演方面的研究论文,如《〈茶馆〉的艺术感染力》《焦菊隐导演艺术点滴》等。

---

* 采访人单位:中国文联文艺评论中心。

在现实主义视野中重审"话剧民族化"——访话剧表演艺术家郑榕

一、舞台是另一个天地

陶璐（以下简称"陶"）：您从艺的70多个年头里，在舞台上创造了许多经典人物形象，如《龙须沟》里的赵大爷、《雷雨》中的周朴园、《虎符》中的侯嬴、《茶馆》中的常四爷等。您对这些角色的诠释，已成为话剧表演艺术中的典范，但您并不是科班出身的演员，青年时期就读于北平国立艺术专科学校西画系，而您最初进入北京人民艺术剧院的时候，也是从事舞美制景工作，您能谈谈是如何走上演员之路的吗？

郑榕（以下简称"郑"）：我没上过小学，原来寄居在大伯父家，家里请了一位老师教我们兄妹四个古文，老师中文底子特别好，书画、医学等都懂。我记得当初在我大伯父家的时候，院子很大，有一座大铁门，一般不让孩子走出铁门。只有外出看戏的时候，才有机会坐车去戏院。这就给了我一个深刻的印象：舞台是另一个天地。除此之外，对于外界的其他事情，我可以说是全然无知。后来我们兄妹几个渐渐长大，寄居在人家家中也不方便，就出来到了北京上中学。那时候的我，又胖又笨，什么都不会。当时学校里面兴演戏，年底同乐会每个班都得演个节目。我们班就排了一个《刘三爷》，并且让我演刘三爷。结果审查的时候被人家说我演得不像个老头儿，又临时改演《请医》，扮演一个病人的太太，没有台词，就在床边坐着不说话。这就是我第一次演戏，也就是从这次开始，我跟戏剧结了缘。

七七事变爆发后，大伯父召我们回到天津租界，我在天津租界里上志达中学。学校有个青年会话剧团，由于环境太乱，三番两次想排戏都未成功。后来因故又回到了北京上高中。当时有个北京剧社，我去看了他们演的

35

《日出》,就此迷上了话剧。后来又有了四一剧社,我就去投考,并且被录取了。当时他们在排话剧《北京人》,让我演最后出场的警察,这是我第一次正式登台演出。之后,剧社组织暑期小剧场演出,演出《日出》《原野》《天罗地网》等剧目。有时我们会在剧场前厅等卖票,等到卖够20张,才去后台化妆准备上台演出。1942年,我出演了《日出》里的黑三儿,这是我担任的第一个正式角色,他们觉得我演的还挺好,就准备继续让我出演几个主要角色,但还没来得及上演,我就决定离家去后方。1942年,太平洋战争爆发。我的家境也一落千丈,为了减少家庭负担,我和我的弟弟先后离家,走入社会,开始了个人奋斗的闯荡生活。

1943年,我离家出走到了后方,在西安参加了战干团,这是一个专门收拢沦陷区来的学生、青年的组织。在这里我组织了一个剧团,演了几个戏,其中就有于伶的《长夜行》,我自导自演,里面有一句台词:"人生好比黑夜行路,可失不得足啊!"这成为我的人生座右铭,时时刻刻警惕自己。从战干团毕业后,我被分配到国民党78师去工作,在那里的所见所闻让我心存的一点希望全部破灭,决计要离开,却不被放行,于是我决定以后只排戏,不干别的。我在辅导处(一个属于学校性质的部门,专门收拢沦陷区来的学生)组织起了一个剧团排戏。没到一年,遇到改组,辅导处被改成了学校编制,非教职员工被裁减,因此我失了业,开始另谋生计。当时剧社里有位辅仁大学的女老师,和白杨是小学同学,愿意为我写一封信介绍我去重庆见白杨。

1945年,就在日本投降前夕,我拿着遣散费当路费,拿着介绍信到了重庆,见到了白杨。但白杨说重庆演剧的人太多,不容易找到工作。于是没有工作的我只好在街上徘徊,这样过了三天,遇上一个曾和我一起分配在78师的人,他告诉我有一个剧社叫胜利剧社,是私营的,就一个老板,演了很多大戏,借到钱就演出。剧社在一个小楼上,有三间屋,当时正在排一个戏叫《密支那风云》,为了解决温饱,我就参与到了排演中,并因此进入了中国胜利剧社。在剧社的一年多时间里,一直担任剧务的工作,期间也认识了正排演《草莽英雄》的项堃、沈浮等人。我在中国胜利剧社的后期演了几个戏,第一个是陈白尘的《升官图》,我扮演卫生局长,演了没几场被成都警察局封了。之后又演出曹禺的《原野》,由于仇虎没人演,一直让作为剧务的我代排戏。之后也没找着人，就让我正式出演，演完之后大家还挺满意。这之后又出演了《风雪夜归人》《清宫外史》。

日本投降后，为了凑够路费回北京，我在重庆加入了演剧十二队，由于演剧队有公家经费支持，所以演出次数较多。第一个公演的剧目是《家》，我演冯乐山，之后又演了《上海屋檐下》的林志成，《大雷雨》的库力金，《夜店》的警察，《清宫外史》一、二部等。但由于新中国成立前夕气氛比较紧张，不到三年，演剧队停止了活动，队里的人也都各奔东西。我由于无事可干，在新中国成立前两年到各学校排戏，先去了重庆市女中给他们排演了《娜拉》，后又去清华中学排演了《夜店》《日出》《海啸》。

就在这样的情况下，我在重庆迎接了新中国成立。解放军把演剧十二队和南京投降时收编的一个杂技团和两个电影放映队组织起来，在电影厂的旧址办了一个学习班。我参与了这次培训，在这里的生活、工作和学习都使我感到兴奋和愉快，我还当导演排演《李自成》。但学习班提前结束，我被分配到重庆市话剧团。话剧团里都是南方的青年，有南京剧专毕业的，也有南京解放后组成的南下工作团的成员。团里让我出演小歌剧《二毛立功记》中的王二毛。由于我不懂音乐，对工人这一角色也不了解，费了好大劲也演不好，还被人数落，于是就有了情绪，想回家。正在这时，我在报纸上看见了关于"遣返还乡"的政策条文，我想这是回北京的唯一机会，于是拿着报纸去找领导，经过多次请求，队上最终批准了我的回乡请求。我回到家那年是1950年。

回家后，我开始找工作。先到了青年艺术剧院，但那儿已满员，他们让我去北京人艺看看。在北京人艺，我遇到了李乃忱，他曾在重庆育才学校任教，我在演剧十二队时与他相识。经他介绍，在舞台部门给了我一个名额，于是我就进入了北京人艺，并开始从事舞美制景工作。进入剧院后，我为《王贵与李香香》一剧绘制大海报，并且拿着速写本到处画速写。1950年，剧院决定排演李伯钊等编剧的歌剧《长征》，特地聘请了当时还是北京师范大学的教授焦菊隐来担任导演。

之后，老舍写出了剧本《龙须沟》。剧院演员叶子受院长李伯钊的嘱咐，拿着剧本《龙须沟》找到了焦菊隐。焦菊隐开始有些犹豫，考虑了一夜：这一生要不要再转变一次？小时候贫苦生活的一幕幕浮现于焦菊隐的脑海。他父亲拖家带口，借住在亲戚家，靠亲戚接济生活。最后，他终于发现了剧本里的"黄金"——活生生的人物！他动了心，认为这是一个机会，一个可以实现毕生志愿的机会，于是就答应排演《龙须沟》。共同的经历（北京劳动人民的生活）将老舍、焦菊隐、于是之凝聚在了《龙须沟》一剧中，创造了话剧舞台上的经典。焦菊隐这一次的加入，让老北京人艺发生了翻天覆地的变化，我的命运也从此发生了转变。

当时老人艺的话剧演员少，群众演员全是歌剧队的；而且焦菊隐更愿意用年轻演员，因为年轻的更能配合他的话剧试验。因此，我也有幸加入了演出队伍。《龙须沟》首演十分成功，轰动一时，它深刻地展现了劳动人民的现实生活，被认为是"在新话剧艺术的实践里迈进了一大步，奠定了坚实的现实主义艺术风格基石"，最后被推荐到中南海为毛主席演出了一场。作者老舍先生因此获得了"人民艺术家"的光荣称号，焦菊隐也在剧院中确立了自己的位置。1952年，中央戏剧学院话剧团和老北京人艺话剧队合并，组成了北京人民艺术剧院，任曹禺为院长，焦菊隐为副院长。

二、正确理解焦菊隐的"话剧民族化"

陶：您曾提到焦菊隐先生是您的引路人，是他的指导让您走上了一条正确的演剧之路，您也是北京人艺里和他合作最多的演员，是他"话剧民族化"探索试验的亲历者。那这一探索的前因后果是怎样的呢？

郑：焦菊隐曾在初创的北平戏曲专科学校任校长三年，其间他拜许多戏曲界的前辈艺人为师，学到很多，受到很大影响，也激发了他对民族戏曲的热爱。之后他离开戏校，留学法国，学习外文，其毕业论文却是谈中国戏曲的。毕业后，焦菊隐回国，在重庆期间，对莫斯科艺术剧院及丹·钦科（剧院的组织者）产生了浓厚的兴趣，翻译了许多书和剧本，其中包括丹·钦科的自传、斯坦尼斯拉夫斯基的《演员的自我修养》等。从中他感到，这是一场戏剧界的大革命，"如何建成一个像莫斯科艺术剧院那样的剧院？""如何在艺术上完全发挥自主权？"这是焦菊隐在国统区一直都在思考的问题。中华人民共和国成立前，焦菊隐在北京搞过一个北京艺术馆，成立了一个话剧组、一个京剧组，同时演话剧和京剧，话剧也排戏曲中的古装戏，京剧也学话剧的表演，他希望能将话剧与戏曲融合。后来因为赔了钱，艺术馆没办下去。

中华人民共和国成立初期，进步界人士的话剧圈人都崇拜斯坦尼斯拉夫斯基，其著作《演员的自我修养》成为他们人手一册的经典，但真正能够领会其中要义的人却寥寥无几。焦菊隐进入人艺后发现一个很严重的问题，就是大伙在排戏时否定外部形象，只谈人物思想。一到排练，大伙就开始做桌面工作，分析剧中人物的思想、阶级、背景，认为过去注重话剧表演中的形象创造是形式主义，一律加以批判。这就造成了舞台上出现了"表演情绪"，角色没有性格，没有行动，没有目的，只在一味地情绪化地慷慨激昂地说台词，并且演员说一句话，在脑袋里想半天，全是在表演情绪。焦菊隐认为这恰恰违背了斯坦尼斯拉夫斯基的理论：过去的技巧必要，但又要培植内心依据。这不是在否定外形，所以焦菊隐进入人艺后就想把这个扭转过来，不搞桌面工作，而是提出要深入体验生活。体验生活时光看人物的思想是不行的，一定得观察这个人的外部形象及动作。因此排戏时，焦菊隐就会让演员根据角色情况去体验生活两个月，并给每人发两本演员日记，演员将自己体验生活所得的收获感想写在日记上，交给导演，导演看后也将自己的想法写在日记上再返回给演员，平时就通过这样的日记传递与演员沟通，必要时才会找来演员面对面沟通一次。这样的做法就是完全把演员扔进生活中去真切地体验生活中的点点滴滴。《龙须沟》的排演正是采取了这样一种做法，并且在当时取得了很大的成功。

我在《龙须沟》中饰演赵大爷，刚开始我在生活中一直找不到像剧本中赵大爷那样的人——一个思想积极的泥瓦匠。这时焦菊隐就在演员日记中批给我说：首先你得找到泥瓦匠的职业特点。你不要想一下子找到一个跟剧本角色完全一样的人。你得先了解他们这一类人，比如泥瓦匠的生活特点是什么？性格是什么？他们总拿砖，所以你观察他们的手指是并不拢的。泥瓦匠过去都是单干户，虽说整天和泥、水打交道，但十分讲究的是，他们的身上是不能见一个泥点的。要是有一个泥点，就会被人说不会干活，就没人雇用你了。所以泥瓦匠的打扮比别人都整齐干净。因此后来我演的赵大爷第一次出场时，就是拿着扫帚，先坐到椅子上，把鞋子上的土磕下来，然后用扫帚、簸箕把土收起来。以上这些行动上的细节、人物的职业特点，都是焦菊隐教我观察、教我在生活中去寻找到的。

这其中，于是之获得的成就是最大的。首先，于是之熟悉《龙须沟》中角色人物的生活。因此他在扮演程疯子时，决定要唱单弦儿，这在老舍先生的剧本中并未限定。因为当时唱单弦儿的大多是由上层没落下来的艺人，过去都是少爷。于是之找了几个唱单弦儿的，给每个人都做了详细的人物笔记，从中体会到这些人物的特点、情感以及遭遇。所以于是之是最早成熟起来的。还有一个就是叶子大姐比较早体会到人物形象。她找到了剧本中所写的人物——丁四嫂，就是那种大嗓门、男人脾气、被生活压迫着、整天骂骂咧咧、不修边幅的这样一种劳动妇女。我是体悟得比较慢的，所以总挨批，下生活两个月都未得到启发。于是焦菊隐就告诫我说："你这样不行，不能老想着演思想，你必须将这个丢开。"初步排演后，我又重新下去体验生活，去补课。那时候早晨9点排戏，我7点钟就去菜市场，在集会上看到劳动人民一样的老头，我就跟在他屁股后面，不管他干什么我都跟着，跟着进茶馆，盯一个小时后再去排戏。在焦菊隐的指导下，最终我找到了"赵大爷"。《龙须沟》彩排那天，我在后台化好妆一看，自己都吓了一跳，原来赵大爷是这样的。虽然排演过程有很多波折，遇到很多困难，但没想到最后还让我"碰"对了。我演的赵大爷受到了大家的肯定，就这样，我在剧院中由一个不知名的成员成为一个专业演员，导演焦菊隐引导我走上了一条新的演剧之路——从生活出发，创造人物形象。

陶：听说《龙须沟》排成时在社会上引起了轰动，是吗？

郑：的确。中央领导都给予了肯定。为什么？因为在这之前，他们看到的大多是"表演情绪"，突然看到焦菊隐用一种新方式——体验生活的方式——排出了《龙须沟》，很新鲜，也很好。第一，在题材内容上，《龙须沟》演的是劳动人民，符合中华人民共和国成立后文艺表现劳动人民的要求。第二，反映了真实的生活。这是十分难得的，以前演劳动人民，大多是做样子，而这个戏真正把劳动人民演活了。

陶：那么，焦菊隐先生的话剧民族化试验之路就是从这里发端，然后一步步发展的吗？

在现实主义视野中重审"话剧民族化"——访话剧表演艺术家郑榕

郑：话剧民族化试验这条道路其实走得并不顺畅。《龙须沟》的成功，使得有一段时间我们在遵从"体验生活"这条艺术法则道路上越走越偏，于是出现了一些问题。焦菊隐在排曹禺剧本《明朗的天》时，认为自己对剧中的知识分子形象十分了解，就要求演员完全按照他自己熟悉的形象来演，这时候不仅演员烦了，观众对此也不感兴趣了。许多演员本来就对"体验生活"不信服，加上焦菊隐对他们的外形要求严格，所以很多人就对此反感起来。其实人艺自从建院后，有两次大争论：演员角色究竟是从生活出发，还是从自我出发？那会儿大家都尊崇的斯坦尼斯拉夫斯基提出演员要从自我出发，于是之反对这个说法，他认为：从自我出发怎么能成人物？演员表演的是人物，所以必须从生活出发。就好比我要演程疯子，我就在生活里找和程疯子相近的人，所以我演的是生活，怎么可能是在演我自己呢？如果演自己，上台后就变不成剧中的人物了。所以说，剧院里一部分人认为演员角色应该从生活出发，即体验生活。而另外一部分认为应该从自我出发。这一争论使得剧院内部思想产生了一些分歧。

当年《龙须沟》的副导演金犁曾说，焦先生要求演员在排演场里"生活起来"，体验生活以后再进排练场。他体会焦先生要求的"生活起来"也就是"行动起来"。另外，焦先生在总结里曾说过一段话：有了思想才产生意志（愿望），有了愿望才产生行动，随着行动而来的是情感和更多的愿望，接着便产生新的行动，新的行动又引起更浓厚的新情感和新愿望。这个发现让我在晚年有新的感触。苏联专家的到来教给我们斯坦尼拉夫斯基晚年提的"形体动作方法"。这最早是斯坦尼斯拉夫斯基的徒弟瓦赫坦戈夫提出来的，跟早先的"从自我出发"不一样。瓦赫坦戈夫不主张演员在台上完全进入人物体验，因为这是不可能实现的，那如何才能掌握人物的内心活动呢？这有一个重要定律，就是"行动＝愿望＋目的"。演员在台上演戏是一个行动接着一个行动，在"我要干什么"的时候得动脑，这时就获得了角色的内心体验。等到了具体的干法上，就是舞台表演，就得注重形式，得演出来，只在脑中想是不行的。实际上就是把表演形式作为舞台演出的重要部分。这个理论和斯坦尼斯拉夫斯基提出的"完全陷入角色中，忘掉舞台，忘掉观众"是背道而驰的。斯坦尼拉夫斯基后来也同意了这个观点，并在晚年时提了这个方法。

焦菊隐在排演《龙须沟》时就试验了这个"形体动作方法"。当时，他把表现派大师科格兰的"心象说"介绍给我们。"心象说"主张当演员化为角色在舞台上活动的时候，千万不能失去自己，千万不能失去冷静的控制。演员要清醒、自如地掌握着全部表演。在中国，石挥是实践"心象说"的代表人物。石挥是于是之的舅舅，所以于是之受石挥的影响很深，《龙须沟》的成功让于是之更迷"心象说"这一理论并不断推广，以致有人认为"心象说"就是焦菊隐的学说，是人艺表演学派的代表。其实这是一个误区。焦菊隐介绍"心象说"给我们，是让我们作为参考，尤其是在创造角色的初期阶段，拿表现派的方法来克服轻视表演形式的毛病。但并不是说舞台上完全按照"心象说"来创造人物。《龙须沟》中的于是之之所以能够获得成功，并不完全是因为"心象说"，其中很重要的一点是于是之对劳动人民生活的熟悉，他不是单纯地在模仿，外部形象动作中饱含着他生活体验的感悟。所以说，焦菊隐试验的是"形体动作方法"，成功的也是"形体动作方法"，而非"心象说"。但由于当时不被人接受，这一不成熟的想法就这样默默无闻地被压在了箱底。

一直到1956年，又请来了另一个苏联戏剧专家库里涅夫来华办表演训练班，库里涅夫曾是瓦赫坦戈夫戏剧学校的校长，他主张的理论就是"形体动作方法"，这样，这一套理论才得以重见天日。在向苏联专家学习期间，焦菊隐十分认真，天天拿着笔记本上课拼命记，全体演员深受感动。此次的学习让焦菊隐掌握了真正的"形体动作方法"，并弄清楚了一个问题：心理动作和生理动作的区别。"生理动作"指的是一个人的外部特征，比如这个人走路有点瘸，这个人看人喜欢眯缝着眼，这些动作都和人物的内在思想没有关系。而"心理动作"与一个人的思想息息相关，比如这个人喜欢嫉妒别人，这个人心里不满要报复。生理动作有时是下意识的，不受人物意志的支配。舞台上的角色，是不断行动着的，行动则必定有心理动作的存在，因为有了意志、思想、愿望，在抓住这种心理动作的时候，找角色的动作愿望时，演员就进入了内心体验。这跟斯坦尼斯拉夫斯基的"从自我出发"不一样。比如演程疯子，按照斯氏的理论，那就是整个人完全进入程疯子的状态——"我就是程疯子"，忘掉演员自己是谁。而"形体动作方法"不是，如程疯子为什么骂街？为什么要离开龙须沟？后来为什么又要修自来水龙头？为什么又觉得他生活变好了？只有在角色进行到"我要干什么"时，演员才获得角色的内心活动，进入内心体验。这是很大的一个分别。

焦菊隐正是将"形体动作方法"作为主要的理论依据，提出了"话剧民族化"，提出了中国戏曲的进步性，认为话剧要向戏曲学习。他认为，中国戏曲在形体动作方法的实践上，比斯氏还要彻底。用焦先生的话来说："戏曲给我思想上引了路，帮我认识体会了一些斯氏所阐明的形体动作和内心动作的一致性。"符合规定情境的外部动作，可以诱导正确的内心动作，在这一点上，我们的戏曲比斯氏的要求更为严格。

之前，大家总认为中国的戏曲表演是形式主义的，演员通过练功学会戏曲表演的程式动作，不会功夫演不了戏曲。但焦菊隐说："中国戏曲表演是现实主义的。"戏曲艺术中的表演艺术家都能演出角色人物的思想，因为他在人物关键时刻，即"我要干什么"的时候不自觉地进入角色人物的内心体验。好演员的表演为什么能打动人，秘诀就在此。你看侯喜瑞饰演的曹操，演出了曹操这一角色性格的多变，马连良饰演的诸葛亮，他的不同之处就在于他有内心活动。戏曲演员张火丁为什么能够受到大家的肯定和那么多人的喜爱、追捧？最主要的特点也在此。张火丁在演出《白蛇传》时，每一场都带着人物的思想在演，在有了内心体验后，再通过外在的形式表现出来，而不是光想着我这一句的唱腔如何，我下一个水袖动作如何。

这就是焦菊隐对戏曲着迷的原因，也是他在人艺进行话剧民族化试验的内容：将体验与体现糅合在一起，在抓每一个动作愿望的时候进入角色人物的内心体验，动作思想，在表演人物态度的时候用外在形式的表演，即体现，比如耍水袖、翻跟头等。与戏曲相比，焦菊隐认为当时的话剧舞台太死气沉沉，根本就没办法表演，动辄就进入表演情绪。演员在台上拼命"挤"情绪，台下观众却看不懂。比如当时我刚开始演出《龙须沟》时，开幕前半小时我就钻进台上布景搭的小屋里憋情绪，想象着剧中描写的昨日大雨涨沟、脏水灌屋的情况，我饰演的人物一连好几天都没活儿干、没饭吃的感觉……该我上场时，推开门来到台上，没想到把第一句台词都忘了！焦菊隐让我们学习戏曲艺术，学习瓦赫坦戈夫的"形体动作方法"就是要解决这个弊病。这也是焦菊隐的导演理论，但很多人对此并不清楚，焦菊隐本人也没有搞得很明确，虽然在艺术实践上一直往这个方向走，但他想达到的目的最终都没有完全实现。

排演《蔡文姬》时，焦菊隐为了表现角色人物的思想，在舞台表现上使用了多种方法，但在人物表现上，除了朱琳演出了角色人物的眼光跟步态外，其他角色都没有达到理想状态，都显得过火，表演形式不自然。观众就会觉得这哪是话剧呀，这不成了京剧了嘛！所以排演《武则天》时又再试验，尝试"无言的动作""无声的动作"，用小的动作来代替人物语言，语言里面充满了动作，这是焦菊隐后期试验的重点，也是话剧民族化的重点。这跟斯坦尼拉夫斯基的理论不同，斯坦尼斯拉夫斯基认为演员在表演时，只能想我要干什么和为什么干，至于怎么干绝不能想，要通过人的下意识来实现，叫"自我抒发"。这跟中国的戏曲艺术是完全相反的，中国戏曲艺术讲究通过试验各种方法和技巧，找到一种最好的方式来表达人物的思想意志、内心活动。

排演《茶馆》是焦菊隐话剧民族化试验的一个过渡作品。其花费力气最多的就是在剧目开场时主要人物的登场和开始的群众场面。焦菊隐用的就是京剧表演中的"亮相"，把每个主要人物的出场气氛都做足了，王爷如何上场，太监如何上场，乞丐如何上场等，每个人物的上场都带着鲜明的身份、地位以及人物特征等，让人印象深刻，一开幕就被引进了绘声绘色的大茶馆中。后来《茶馆》被重排，却运用了大量西方现代主义中的象征手法，这和焦菊隐当初的想法和追求是背道而驰、截然相反的。

三、继承传统，勿忘人民

陶：您看我们现在都在说中国话剧是舶来品，我们没有自己的理论，我们要创造真正属于中国的话剧，形成自己的理论，但您刚才提到焦菊隐的话剧民族化试验并没有完成，既然这套理论在早期的探索是成功的，为什么没有延续和发扬呢？

郑：这个问题和整个社会的发展是分不开的。在当下话剧艺术的发展中，我们总是在崇拜西方，一提到西方，一提到现代的，认为全是好的、高级的，认为现实主义过时了，西方早就从现实主义走向了现代主义，又走向了后现代主义，我们没有跟上西方的步伐。

1988年冬天，应《文汇报》和上海对外文协的邀请，北京人艺带着剧目

《茶馆》《天下第一楼》《推销员之死》等来上海演出，在座谈会上引起了大争论，其矛头指向中国话剧走过的现实主义道路。20世纪80年代，正是西方戏剧流派大量被引入中国的时期，北京人艺的风格、路线也随之改变了。到了90年代，转入对市民生活、日常生活的关注。2011年，北京市委宣传部领导同志前往北京人艺调研时提出了"勿忘人民"四个字。2012年，为了纪念北京人艺60岁"甲子"生日，全院上下倾力创作排演了话剧《甲子园》，剧作以"原创、当代、北京"为主题，以一种精神的坚守呼唤人性的复归。

近几年，北京人艺的风格又在慢慢地往回转，但步伐不够快，"话剧民族化"也始终没有得到正确、全面的认识和弘扬。关键问题是缺乏人才。如今我们国家发展，经济增长，网络普及，许多人盲目崇拜西方，尤其是在艺术上，追求个人自由意志的发挥、个性的凸显，认为这才叫艺术，而对于传统文化、现实主义不感冒，对"话剧民族化"不感兴趣，更不用说谈到具体的表演问题了。他们追求的是个人的艺术自由路线，看重的是西方那套理论，或追求影视剧的演出，讲求经济效益。但你要知道，影视剧表演与舞台表演是不同的，影视剧讲求本色演出，人物越自然越好，有的影视名演员演话剧时，观众根本听不到他们在说什么，这些人连最起码的台词都没有过关。

盲目崇拜西方，说明缺乏自信，总把西方那套理论当作普遍真理来看待、接受，认为西方的是最好的，其实这是错误的。我们是需要借鉴西方，但在向西方借鉴时，不能滥用外来的理念，要在切实考量中国国情的基础上，整合进我们自身的价值追求。例如现代西方的戏剧潮流，由"再现"向"体现"嬗变，由"写实"向"写意"倾斜，这些和我们自己的戏曲艺术有异曲同工之妙。我们要善于发现我们自己民族艺术中的宝藏，在传统继承中创新发展。

从这个意义上，我觉得继续研究试验"话剧民族化"很有必要。当前，我们提倡在新的时代条件下传承和弘扬中华优秀传统文化，传承和弘扬中华美学精神，这是一个好的开始，在这方面，文艺评论应该起到作用。我们无法硬逼着一个人走某一条艺术道路，但通过评论的推介引导，让话剧艺术积极反映人民群众所关心的切身问题，才能得到观众的共鸣和喜爱。我希望能有更多人愿意担起这一重任，将前人留下的宝贵的艺术传统传承下去，发扬开来。

访后跋语：

  那是一个明媚的午后，我和同事如约来到郑榕先生家中。先生已91岁高龄，但依旧精神健硕，目光有神，讲到动情之处，总会情不自禁地说上几句台词，比画几个动作，宛如一场好戏马上上演。与先生促膝长谈，真是一段温暖的时光。虽只是一次简单的采访，但先生却为此准备了许多材料以备谈到时有据可查，如此一丝不苟的态度让我们敬佩不已。戏剧给予先生无限的、多样的生命形态，他也把生命里的热情和好时光全都回馈给了中国话剧的舞台，用实际行动证明着中国话剧曾经的辉煌和未来的希望。老一辈戏剧艺术家的辛勤耕耘和无私奉献启迪青年人，繁荣发展中国话剧艺术责任在肩、任重道远！

原载于《中国文艺评论》2016年第6期。

中国戏曲如何永葆魅力与活力
——访越剧表演艺术家王文娟

胡凌虹*

王文娟

著名越剧表演艺术家，国家一级演员。"王派"唱腔创始人，其演唱风格清丽柔美、韵味醇厚，于平和中见华彩。曾出色地塑造了《红楼梦》中的林黛玉、《追鱼》中的鲤鱼精、《孟丽君》中的孟丽君、《则天皇帝》中的武则天等众多舞台形象。1926年12月出生于浙江省嵊县。1938年到上海师从表姐——越剧小生竺素娥，正式开始舞台生涯。拜师后不久，由竺素娥指定改习花旦。1942年歇夏时起，开始以"小小素娥"的艺名，组班在上海近郊、杭嘉湖一带演出。1947年与陆锦花合作，成立少壮剧团。1948年加入玉兰剧团，开始与徐玉兰长达40多年的合作。1952年参加中央军委总政治部文工团越剧队。1954年随团加入华东戏曲研究院越剧实验剧团，后为上海越剧院二团主要演员。1985年，与徐玉兰一起自建改革性剧团——红楼剧团，任副团长。1986年任红楼剧团团长。2006年，"王文娟舞台艺术回顾展演"在上海举行。2016年，举办"千里共婵娟——全明星版王派越剧专场"。

---
* 采访人单位：上海市文艺期刊中心。

越剧是中国五大戏曲剧种之一，发源于浙江，发祥于上海，繁荣于全国，流传于世界，至今已诞生110周年。"王派"是越剧表演艺术家王文娟创立的越剧旦角艺术流派。在长期艺术实践中，王文娟博采众长，融会贯通，形成了自己的唱腔风格，她演技精湛、个性突出，留下了很多经典的舞台形象，其艺术魅力和成就得到了广泛肯定。2016年，王文娟老师已经90岁高龄，本可以颐养天年，但她依然延续着对艺术的追求，辅导学生、举办专场，忙得不亦乐乎。至今"王派"弟子传人众多，既有不少已成名成家的资深越剧演员，也有一批新生代青年演员，生生不息。除了一直关注越剧外，王文娟老师对戏曲整体的发展也有着很深入的思考。受《中国文艺评论》杂志委托，我在王文娟老师家中对其进行了专访，倾听其对戏曲发展问题的真知灼见。

每个剧种都要保持鲜明特色，传承与创新并行

胡凌虹（以下简称"胡"）：在戏曲艺术发展进程中，传承与创新是一直在探讨的重要话题，请谈谈您的看法。

王文娟（以下简称"王"）：这个问题是要好好研究的。每个剧种都是先辈一代代传下来的，越剧跟其他剧种一样，都是传承的艺术。过去没有固定的剧本，老的戏都在老师的脑子里，然后口传身教，动作也是老师手把手传教的。传承对戏曲来讲很重要，我们老师一辈创造了"手眼身法步"，具体到老年人怎么走路，青年人怎么走路，中年人怎么走路，都专门有一套程式动作，这是老一辈经过许多年的生活观察和表演实践总结出来的，这些都是我们戏曲的宝贝，必须传承下来。就我们越剧来讲，所谓的"第一传统"是

《盘夫索夫》《碧玉簪》《梁祝》等,这些经典剧目过去每个阶段都会上演,主要演员必须要演,像旦角一定要演严兰贞、祝英台,小生一定要演曾荣、梁山伯。

值得注意的是,传承并不是守旧。老剧目中并非什么都是好的,会受到当时的环境、思想的局限,我们要善于取其精华、去其糟粕,创造、发展。比如《梁祝》,传到我们手里时,还留有一些封建迷信的东西,等到新中国成立前后我们演的时候就把迷信的内容都去掉了。其实经典作品从来就不是一蹴而就的,一出好戏并非从诞生起就那么完善和成熟的,而是有一个逐渐修改提高的过程。

至于戏曲程式化的动作,也不是一成不变的,可以根据每个剧目的情况、根据实际需要加以变通。我出道那会儿,市场竞争很激烈,要想坐稳头肩位置,不仅要会演众多的老戏,还要有属于自己的拿手戏。起初在学艺的阶段,我只是简单地模仿老师们的唱念做打,后来戏演得多了,逐渐悟到表演中的一些道理,能够举一反三,融入自己的体验和设计,也有了几出自己比较拿手的戏。其实演员演出时,可以随时抓住迸发的灵感,根据现场反应,及时调整自己的表演,让老戏能够常演常新,这也是舞台艺术的魅力所在。

戏曲舞台上,原来都是"一桌二椅",后来有了布景,编剧、导演、音乐方面的人才以及新文艺工作者纷纷加入,服装等各方面也进行了美化,丰富了戏曲。越剧过去也是从"一桌二椅"开始的,为何之后观众越来越多,剧团也越来越多,使越剧成为全国第二大剧种,这是需要我们去研究思考的。很多剧目都是经过一代代地传承、一代代地改进、一代代地创造,最后成为经典保留剧目,接下来我们还是要继续传承这些宝贝,若不幸遗失了,还要去重新捡回来。

戏曲是传承的艺术,现在大形势比较好,作为戏曲工作者,我也要做点力所能及的工作,一方面接受前辈给我们的遗产、精华,另一方面我要整理自己所演过的剧目,给下一代做一个参考,提供一份可借鉴的资料。因此,前不久举办的"千里共婵娟——全明星版王派越剧专场",不光是我个人艺术的总结,也是对越剧剧目的一个梳理。

胡: 您的从艺道路上,不仅很注重传承上一辈的精华,还善于博采众长、追求创新,能否再具体谈谈您在声腔、表演、选择剧目等方面的创新经验?

王: 创新是个很重要的问题。要革什么旧,要创什么新,先要清楚剧种本身的优点在什么地方,缺点在什么地方,要清楚观众喜欢我们什么,越剧的观众跟沪剧、京剧的观众还是有不同的。我们越剧有鲜明的特点,同时也曾向昆曲、话剧等学习,博采众长,我们必须在了解并保持越剧特点、特色的基础上进行创新,避免一创新就变得不是越剧了。

先说说唱腔设计。唱腔设计与单纯的音乐创作不同,应该以准确传递人物感情为最高目的。在实践中,我们常常发现,有些旋律看似平淡无奇,却是经过反复斟酌后找到的表达感情最有效最准确的方式,往往也是这样的唱段能够长期流传下来。现在有些新戏的唱腔,观众常常觉得听起来很好听,听完后却难以留下深刻印象,就是因为没有传递好情感,不动人,不入心。学生们排新戏,请我给唱腔提意见,我常常建议她们删掉很多设计好的小腔。我对学生说:"句句都是腔(装饰性的小腔),反而没有腔了。"这是一个简单的道理,好比女孩子化妆打扮,如果从头到脚每个地方都浓妆艳抹、穿金挂银,走出来一定不会好看的。复杂的旋律、华美的小腔加以适当运用,可以增强音乐的丰富性,但如果一味堆砌,反而会喧宾夺主,影响人物感情的流畅表达。其次,唱段应注意整体性和自然衔接。我们在创作唱腔时,要把唱段作为一个整体来考虑,做到有头有尾,详略得当,而不是仅仅考虑某一句是否好听,某一个小腔是否会博得掌声。有些新戏的唱腔,把流派的特征音调一句句挑出来,然后进行"组装",结果唱段往往支离破碎,难以达到气韵流畅、一气呵成的效果。

不仅是唱腔,表演方面也要考虑整体、考虑人物。我们学艺时要多学技巧,所谓"艺多不压身",但用的时候则要小心,"宁可不动,不可乱动"。以前正式排练前,我会准备很多动作,每天练习,让导演挑选,有的动作大家看了觉得好,就保留下来,有些动作虽然好看,却损害了人物的性格表现,就必须舍弃。我觉得技巧和唱腔一样,都应该是服务于人物的,脱离了人物就成了纯粹的炫技,再好再漂亮的技巧都应该舍弃。举个例子,《梁祝》中梁山伯与祝英台两个人物的性格是非常鲜明的,梁山伯非常厚道真诚,只知道做学问,非礼之想是没有的,所以最后会吐血为祝英台死,所以祝英台会爱他。因此，扮演梁山伯时不能演得比祝英台还活络，这样两个人的性格就不符了。

再说说如何选择剧目。越剧长于抒情，比较诗情画意，所以体现儿女情长的题材比较多。像表现钢铁工人之类慷慨激昂的斗争的戏可以演，但总归不是我们擅长的。我们的戏应该是比较柔软的，当然柔里也可以带刚。比如《春香传》是朝鲜家喻户晓的民间传奇故事，我们选择用越剧的方式来演绎。《春香传》这个故事是比较柔的，比较接近越剧，而且春香和中国古代女子在价值观、情操观上也是比较一致的，她很像祝英台，外柔内刚，忠于爱情，向往自由，敢于反抗。所以我们演这个"舶来"的戏，也不觉得很难。此外，越剧也可以排现代戏。比如：我演过杨开慧等现代人物，反响也不错；我们创作的现代剧《瓜园曲》曾在第三届上海戏剧节上获得多项大奖。现代戏还是可以演的，但需要注意的是，不要过于写实，未必真的在舞台上搭一个房子，其实只要在戏里弄个窗、弄个沙发，弄个典型的事物把所在的地方"点"出来就可以了。另外，我们以前演现代戏时，下了不少功夫，但很多剧目都有情节生硬粗糙、人物"高大全"脱离实际等问题，演出上座率不太理想，这背后的问题也是需要思考研究的。

每个剧种有每个剧种的特色。不同剧种间，唱腔、表演、服装、化妆、舞美等具体方面，也都各有特色。这好比一家商店要在众多商店中生存下去，必须有自己的特色，各个剧种也是如此，要有属于自己的鲜明特点。应该音乐一起，演员一亮相，从音乐、化妆、服装等方面就能感受到各剧种的不同，若只有等到演员开口唱才知道是什么剧种，这是不行的。

总之，传承不是复旧，不能一成不变，创新也不要新得脱离剧种。要传什么东西，要创什么东西，要搞清楚。传承与创新这两个问题是很关键很重要的，而且这不是一个演员清楚就行的，编、导、演、音、美各个领域的从业者，都要清清楚楚。

出"人"才能出"戏"，出"戏"才能出"人"

胡：您一直不遗余力地发掘人才、提掖后辈，为何如此耗费心力地去挖掘培养人才？

王：20 世纪 80 年代，我与徐玉兰一起自建了改革性剧团——红楼剧团，虽然看起来形势喜人，但事实上当时红楼剧团面临演员老龄化的问题，对此我们心里是存有隐忧的。对于一个剧团来说，效益只是保证剧团生存的第一步，要向前发展，"人"是第一位的，出"人"才能出"戏"。剧团要兴旺发达，必须依靠新鲜血液的战斗力。当时，经历了"文革"，上海的越剧人才出现断层，而浙江这方面起步早，已培养了不少好苗子，比如钱惠丽、王志萍、单仰萍。这三位先后来上海进修过，我们觉得团里需要这样的新秀，就希望她们能留下来，她们也非常愿意。

20 世纪 80 年代，人才流动还不是那么常见，所以引进她们时，轰动了浙江，引起轩然大波。但我们不顾争议，想尽办法引进了人才。平心而论，三人的离开对原先的剧团而言，确实损失不小，但我们觉得，一个演员只要有实力，她有权利要求一个更大的舞台。而且让更多演员有更多机会在更大的平台上展示自己，最终也是有利于越剧事业的。

至于如何培养人才，这也是一门学问。每个人个性特质、艺术潜力都不一样，需要因材施教，帮助她们发挥自己的长处，同时又要想办法弥补不足，尽可能让她们全面发展。此外，每个学生的性格不一样：有的学生自信不足，需要以鼓励为主；有的学生爱面子，不足的地方要私下委婉地说。总之，身为老师，要想各种办法帮助学生。

胡：您已经成功培养了一批成熟的接班人，现在新一批青年演员又成长起来了，对这些更年轻的后辈，您有怎样的建议？

王：首先，演员学戏时方法很重要，不能靠一味模仿，应该多思考，多问为什么这么演，掌握了方法后，还要举一反三，才能真正学会创作角色。其次，一个演员要有扎实的基本功，要多练习，多实践。现在有些青年演员平时都不太练功的，尤其是武功，更不练。我曾问过一个青年演员，为什么不练功？她回答说："老师，别人都不练，我一个人练，多难为情。"哪能有这种事情？小青年哪能有这种思想？不管怎样，要成为一个好演员，必须要多练功，多实践。演员是比较特殊的，与其他工作不同，演员身上都是工具，手、腿、嗓子、眼睛等都是工具，每个"工具"都是要训练的，否则表演各方面的能力会很快掉下来。过去，我常常演日夜场都不觉得辛苦，现在有的小青年连续演个十来天就觉得累了。为啥？因为演得太少。

胡： 在培养后继人才方面，有一种观点是"让台论"，认为老演员应该全体退出，把舞台让给青年演员。据说您不赞成这种做法？

王： 我觉得这个观念太荒谬了，好像只有观众彻底忘记我们这批老演员了，才说明培养青年是成功的。艺术是竞争出来的，怎么能是"让"出来的呢？"让"出来的角色势必像温室里的花朵，经不起风吹雨打。对青年演员大力扶持，给予充分的舞台实践锻炼机会是应该的，我们的成长过程中也得到过前辈老师的提携和扶助，这向来是戏曲界的优良传统，但是角儿真正"出来"，还是要靠艺术上的真本事。

我认为，戏曲人才的更新交替有自身的运行规律，只要有观众，演员在台上就有存在的价值。演员是比较特殊的，从事这个行当，要有一定的形象，要有点嗓子，还要训练一身的"工具"，训得好才能成为一个好演员，若训得不好，比如眼睛的神情好，但嗓子不好，就只能是一般演员。其实要培养一个演员确实蛮难的。要成为一个好演员，还需要丰富的生活阅历和舞台经验，所以演员的成长规律与其他行业不同，一些演员到退休年龄时，正好处于演出巅峰状态，身体蛮好，演戏也积极，就可以考虑继续让她在舞台上演。等到哪天艺术创造力和表现力上跟不上了，你不叫她退，她也会自动离开的。至于青年演员，有实力可以上去，我们自然欢迎她上去，一时不能上去，老演员还是要在那里。如果让这个舞台"空"着，没有可挑大梁的角色支撑，观众就会流失，市场就会萎缩，这是对整个剧种的不负责任。

戏曲片不能失去戏曲的特色和韵味

胡： 戏曲电影作为一种新的艺术一直颇受关注。您也参与拍过很多的戏曲电影以及戏曲电视剧，包括您与您先生孙道临老师合作拍摄了戏曲电视连续剧《孟丽君》。但对于戏曲电影、戏曲电视剧这种形式，业界也有不同看法，您对此怎么看？

王： 电影和舞台各有所长。从戏曲表演艺术的角度来说，舞台效果上的一些优点是电影无法呈现的。戏曲表演时，台上台下互动，演员面对现场观众时那种直接的情感互动，是其他的艺术门类无法比拟的。但是电影也有优势，电影特效可以突破舞台限制。比如1961年11月电影《红楼梦》正式投入拍摄，历时八个多月。导演岑范颇有才气，对戏曲也比较内行。拍摄时，岑范运用了多种电影表现手段，比如黛玉题帕时的特写镜头，黛玉之死与宝玉新婚场景的交替，这些都是舞台上无法表现的，对于《红楼梦》这样一部感情细腻的戏来说，这些处理都起到了"加分"的作用。另外，电影所表现的贾府"钟鸣鼎食"的豪华场景以及大观园落英缤纷的意境等，也是舞台空间所不能企及的。从影响力和艺术传播的角度，舞台剧也远不如电影。影片《红楼梦》完成后，在香港放映时受到极为热烈的欢迎，打破了当时国语片的卖座纪录。"文革"后，电影《红楼梦》解禁上映时，在全国出现了万人空巷的热烈场面，许多地区不分昼夜24小时连续放映，看过十次以上的观众大有人在，"天上掉下个林妹妹"等唱词，也成为全国观众耳熟能详的流行语。

对于戏曲演员来说，演戏曲电影也很有挑战。与舞台版相比，电影是"减法"做得多，很多表演都用特技取代了，但对演员来说，也有做"加法"的。记得刚开始"触电"时，我们很不习惯，无所适从。比如在舞台上上演《追鱼》时，动作幅度一般比较大。一到电影镜头里，处处都受限制，多走一步或少退一步，就可能出了镜头。再如鲤鱼精变成牡丹小姐那个镜头，电影运用了特技，我不需要像舞台上那样去表演，但并不轻松。当鲤鱼精唱完"且把真身暂隐藏，变作牡丹俏模样"时，有个下蹲的身段，再站起来就是牡丹小姐了，看起来简单，但两个镜头对接处要求严丝密缝、高度合拍。刚开始时，我总是差一点，要么快了要么慢了，最后我想了个办法总算完成了镜头，当时我心想，拍一个镜头比台上演一出戏还累啊。

《红楼梦》中林黛玉这个人物大幅度动作比较少，表演上走内心的路子多一些，更贴近电影生活化的要求，但正因为这点，对我感情表现上的要求就更加严格，每个镜头的表情都要做到精确细腻，还要给人艺术上的美感。比如"焚稿"一场，要做到"形神兼备"是比较难的。首先是"形"，电影对人物形象的要求比较高，为了贴近原著中黛玉纤弱的体态，开拍前我就开始节食，还在服饰、妆容上动脑筋。其次是"神"，舞台上我是坐着表演的，但是拍电影就不行了，为了达到更加写实的效果，我必须躺着演，动作尽量弱化简化。为了将林黛玉当时所有的感情都通过眼神和面部表情来体现，事先我做了很多功课，为人物寻找丰富的潜台词并设计了多个表情转折点。从另一个角度说，电影拍摄的细致要求对于我后来在舞台上更迅速地把握人物感情、体验角色内心，很有益处。

我跟我先生道临唯一一次正式合作，是拍戏曲电视剧《孟丽君》，他担任这部戏的总导演，并参与剧本改编。戏曲电视剧是一种新兴的艺术样式，它到底应该更像"戏曲"，还是应该更像"电视剧"，是比较难把握的问题。拍摄中，我和道临会就一些表演上的问题发生争执，道临认为电视表演应该生活化一点，而我总觉得太过生活化会显得平淡，失去戏曲的特色和韵味。有时候，我们相持不下，就各拍一条，让事实来说话。

拍戏曲片其实对导演要求很高，电影导演要懂戏曲，要知道哪些戏曲动作拍出来对剧中人物的塑造、对这个戏有帮助，这些部分就要保留。导演还要清楚哪些电影技术可以填充戏曲不能表现的部分，并把它填充完整，使戏曲更加突出。我觉得《追鱼》这个戏曲片拍得不错，保留了主要特色，比如"拔鳞"一场：当拔下第一片鱼鳞时，我做了一个"戳柴"的身段，倒地后挣扎起身；拔第二片鱼鳞时，我用连续的"鹞子翻身"表现鲤鱼承受的痛苦越来越强烈；拔第三片鱼鳞时，我用"抢背"接连续的"乌龙绞柱"表现鲤鱼的极致痛苦。这些戏曲表演方式呈现在屏幕上时可能会松掉，导演用电影技术把这些动作集中起来，更突出了精华部分，处理得很好。总之，戏曲片既要保留戏曲中精彩的部分，又要补充戏剧不能表现的方面，这样人物也能更凸显出来。

戏曲创作与评论，既要关注大问题也要重视小细节

胡：在您的艺术生涯中，是否有某些评论家对您的创作有过比较大的影响？您怎么看待艺术创作与评论之间的关系？

王：说实话，在我的创作过程中，学者、评论家的评论对我的影响不是很大。现在研讨会也比较多，不少专家讲了很多表扬的话，批评却往往点到为止。其实好的地方要讲出来，不好的地方更要指出来，帮助剧团、演员找到可以改进的地方。我作为演员是蛮希望听到建议的，尤其是不足之处。希望评论者可以真实地提出问题，严厉尖锐一点不要紧，要点中要害，不要害

怕讲出来得罪人。

评论对于创作是很重要的。过去我们的编导会分散坐在剧场里和观众一起看戏，把演出中的问题记下来。演出结束后，编导还会"混"在散场的观众中间，"偷听"他们看戏后的感受、意见，这些意见往往是最真实最难得的。随后，导演召集全体演职人员开讲评会。舞台监督、琴师、演员等都会提出自己的疑问或意见。最后，导演对当天演出做总结，哪些地方有进步，哪些地方的表演感情不够。这样的讲评制度是非常行之有效的艺术监督机制，能及时发现并解决问题，让我们的演出每天都有进步。可惜如今很少有剧组这样做的。我发现，现在很多戏上演后，要么就不改，要么就大改，有可能改好，也有可能越改越糟。其实小细节是很重要的，好戏是一点点改出来、一点点磨出来的。而且改一个细节可能会牵涉演员、作曲、琴师等好几个部门的人，因此我觉得以前的讲评制度很好，可以及时发现问题，大家一起修改，不用再另找时间开大会小会。

此外，以前媒体上有不少直接提建议的好文章，我们会把这些文章找来，剧组人员轮流看，并组织集中讨论。可惜现在这样的文章也少了。另外，以前全国各地院团交流比较频繁，不同地方的专业人员间相互观摩讨论很有益处，但现在交流也少了，这可能跟戏的布景越来越大、去外地演出交流的成本太高有关。

常年来，倒是有一批戏迷会坦率地给我提意见，我觉得很好。我的身边大致有两批戏迷，一批是广大的普通观众，一批是文化程度更高、知识更丰富一点的观众。演出后，我会倾听观众的意见，有时还会主动打电话给一些水平比较高的戏迷，征询他们的看法。这些戏迷很真实，直话直说，他们提的意见中，有些也很对。比如，我曾演过一个小戏，有戏迷就直接跟我说，这个戏你演得不是很好，演得很"呆"，你不适合这个角色。我觉得她讲得有道理，就不再演了。再比如，前不久举行的专场演出，演出前戏迷们也给我提了不少建议。有些戏迷觉得安排演出的剧目都是苦戏，不好，我感觉他们说得很对，便改了。演出完后，有个戏迷还专门给我写了一封信，提出很多看法。她认为专场的主题不是很明确，演出应该让下一代看到我是怎么一步步走过来的，使得青年人不要以为学个流派，会一些唱腔就行了。她还建议：

专场上《西厢记·红娘叫门》演出前，不要只是鼓励一下演员，而是应该解释一下这个戏是什么年代演的，当时张生是谁演的，崔小姐是谁演的，让观众有一个了解；上演《珍珠塔·哭塔》时，不要只是让一个学生演员冷冷清清的唱，而是带着她一起出来，展示一下以前是怎么说戏的，怎么引导她的，这样专场演出的意义可能会更大一点。她还说，我的老的唱腔，她每句都会唱，为何要改，她都在研究，她觉得有几场改得不好，为什么不好也讲得很清楚。这些戏迷的研究真是比很多专业演员还要仔细，很有价值。

总之，创作要持续发展是需要评论支持的。要搞好创作，同行、研究者、评论家、观众、媒体等各方面人士的意见建议都很重要。也希望我们的领导单位、戏曲研究机构就戏曲的继承与发展、各个剧种的特色等问题，组织老中青有想法的人坐下来一起仔细研究、深入探讨。

胡：对于戏曲艺术未来的发展，您怎么看？有什么好的建议？

王：中国戏曲真是源远流长、博大精深，我们有故事、有人物、有歌唱、有舞蹈、有武打。我们戏曲剧团之多、人员之广，没有其他哪个国家可比。我们的剧种种类也多，一个地区都有好几个剧种，每个剧种有很多剧团、很多演员。比如越剧一直在发展，过去新疆、四川等地也有越剧团，后来因为"文革"的关系，人才接不上了，有的地方的越剧团就没有了。但我们越剧这支队伍依然很庞大，一直深入农村。现在单单在浙江的农村就有好多越剧团。在上海，除了专业的越剧院团外，还有很多业余越剧演出组织，经常搞活动，很活跃。

过去很多妇女都不识字、不念书的，她们对历史的了解、对是非曲直价值观的认识，都是从戏中学来的。现在人们的知识水平普遍提高了，但是戏曲的作用依然很大，可以弘扬我们的传统文化，传递正确的价值观。所以要好好重视戏曲的这股力量。如今，形势大好，习总书记非常支持文化事业，希望我们挖掘传统。作为戏曲工作者，我们要把握住时机。对于戏曲如何更好地发展，我也有一些思考。

首先是编制问题。以上海越剧院来说，1957年时院里总共200多人，后来发展到400多人。虽然20世纪80年代，越剧的演出市场还比较兴旺，但全院几百号人仅靠两个团的收入无法养活自己，只能靠国家多贴钱，这好比是"捧着金饭碗讨饭"。那时我们常说,越剧院就像一个大块头的小脚女人,庞大的"躯干"全靠底下一双"小脚"支撑。一个团里好几个台柱子,班底却只有一套,人人抱怨没戏演。比如一两个台柱演6个月,其他的台柱就得歇着,但演员不像其他工作轮流值班不要紧,演员不演戏,功夫要掉的呀。有的演员常年演不到几场戏,等到真要演出了,业务已荒废了不少。这就像稻田里面密植,稻子是长不好的。长期以来"粥少僧多"的局面,人为造成了剧团内部的矛盾,其实追根溯源还是体制的问题。当时凭借以往的戏班经历,我和一些老姐妹就觉得,"大锅饭"这么吃下去,把人的积极性都吃光了,剧团活力都没有了。我们觉得剧团要有独立性,特别是艺术上的独立性。艺术必须民主,这样剧团才有蓬勃的生命力。硬把不同艺术观点和不同风格的演员捆在一起,结果好比是程派的胡琴托梅派的腔,演花旦的去扮丑角,我这边缺人你那里怠工,表面上一团和气,实则内耗摩擦不断,人为制造矛盾。

因此,1983年,上面号召文艺团体要"打破大锅饭",改变长期人浮于事的局面时,我与玉兰大姐商量后,很快向院里提出率先改革的想法。后来在上海市文化局和新一届上海越剧院领导的支持下,成立了改革团——红楼剧团,自负盈亏、艺术独立、人事权独立。我们团人虽少,但比较简单,大家同心同力搞创作、搞演出,我们去过香港、广东、深圳等很多地方,还去生产队演出过,下雪天没有暖气,非常冷,条件非常艰苦,但很开心,因为大家手头都有工作。那时我们演出的场次比全院其他团都多,演出多了,收入自然也提高了,大家积极性就更高了,进一步促进艺术质量的提高,形成良性循环。那时,我们团是自负盈亏,越剧院停止拨经费,市文化局按照剧团创作、演出情况给予一部分政策性补贴,主要还是靠剧团自己积累资金。凡剧团创作剧目及编导音舞美在各级文艺评奖活动中获奖,文化局给予一定数额的奖金。我觉得这样的方式还是蛮科学的。其实对于剧团而言,上面到底拨多少款合适,这是需要根据具体实际情况仔细研究的。

现在国家对于戏曲院团补贴蛮多,但戏曲工作者拿的钱少,这是什么原因?我以为跟编制有关系。比如一个院团原本60人就够了,现在有90个人,每个人拿到的钱当然少了,更严重的是,人员堆积是很大的人才浪费,青年演员更是起不来。

所以，我认为，戏曲团体的编制问题是很重要的。这也是个传承问题。一个戏曲团体应该多少人合适，需要几个花旦，几个小生，几个花脸，都是需要研究的，也可以参考以前的剧团。我初到上海时跟着老师的"越吟舞台"，当时戏班只有38人，其中演员22人，到了"姐妹班"时，总共大约60人。我认为，一个成熟的剧团，理想的人数应控制在60至70人左右，有一套基础班底，行当配备齐全，以一至两套主要演员为核心，这样便于轻装上阵，灵活机动地安排演出。

那么，在剧团人员已经很多的情况下该怎么办呢？我认为，可以进行优化配置，在保证团里大戏的基础上，让不参加演出的一些演员组成一个分队，到外面演出、挣钱。如果乐队、舞美队人员不够，可以临时聘用外边的人员。过了一段时间，团里又要排新戏了，人员可以重新配置，以保证演员们都有戏可演、有钱可挣。

其次是办公的问题。过去我们团规定演员早上9点上班。我一般8点就去了，先练练功，然后是排戏、演戏。但是现在呢，很多演员都不上班的，而且演员也没有办公室。我认为，演员不排戏也应该上班，他们可以交流对戏的看法、切磋技艺。还有个问题，现在很多院团是两套人：一套是业务人员，晚上上班；一套是行政人员，白天上班。这两套人员是否可以合起来，以节约时间、节约资源？现在一些院团的科室名目繁多，一些科室是否可以放到上级单位，使院团结构更精简？这些问题，我觉得也可以探讨一下。

最后，我感觉现在一些戏的布景越来越大、越来越奢华，这也是个问题。当然必须要华丽的时候还是要华丽，但不要每个戏都这样。我搞的这次专场演出，布景都是比较简练的，节约了好多资金、物品。我们过去很多戏服都是重复利用的。有的戏服在这出戏里穿，之后稍许改一下，加一些佩饰，又可以在另一出戏里穿了。现在是演一出戏做一身戏服，演完后就不穿了，压箱底了，那些丝绸、那手工、那设计，都是资源浪费啊，仓库都要堆满了。此外，布景太华丽，会把演员的感情压住。以前只有"一桌二椅"，为何观众越来越多，主要是因为演员把人物塑造好了，一个场景可以演三刻钟，感情多细致啊。所以我们做戏，既要美丽又要节约。

访后跋语：

在很多观众印象中，一提到王文娟，想到的就是《红楼梦》中的"林妹妹"。其实，"林妹妹"只是王文娟塑造的经典舞台形象之一。她还塑造过晴雯、祝英台、红娘、武则天、鲤鱼精、孟丽君等性格迥异的各式人物，呈现其极其全面的艺术功底和人物塑造能力。在《追鱼》中，王文娟老师塑造的鲤鱼精在戏中与天兵天将有大段的打斗，一系列戏曲武功动作的娴熟运用，让人惊叹。至今王老师还能背出武则天的台词，因为当年她还参与了该剧的剧本创作，可谓多才多艺。

舞台上的王文娟老师光彩照人，而生活中的她丝毫没有架子，平易近人。在王老师的家中专访她时，她亲自给我倒咖啡，拿出很多茶点蜜饯给我吃，非常亲切。她还非常真诚，回忆其曲折的传奇人生经历时，谦逊而坦诚；畅谈戏曲的发展问题时，条分缕析，娓娓道来，显然经过深思熟虑。她不仅是一个执着于舞台的好演员，还是一个忧心戏曲发展的思考者。

2016年3月"千里共婵娟——全明星版王派越剧专场"在上海举办，5月王文娟又带着专场演出回到绍兴，让家乡戏迷一饱眼福。以90岁的高龄办专场并亲自登台，其决心令人钦佩；演出特地挑选了当年最受追捧、最有代表性的剧目，不仅回顾了她个人的艺术生涯，也对越剧传统节目进行了整理，可谓用心良苦。近三个小时的采访中，王老师一直侃侃而谈，思路极其清晰，神采奕奕，尤其是说到兴致处，起身示范时，那眼波流转、体态轻盈，让人完全忘记了她的年龄。为何王文娟老师能一直保持着青春与活力呢？我想，这是因为她一直抱有一颗赤子之心，从未停止过对艺术的执着追求吧！

原载于《中国文艺评论》2016年第8期。

合唱唱的是文化、哲学与信仰

——访指挥家杨鸿年

赖嘉静[*]

中国著名指挥家，音乐教育家，中央音乐学院终身学术委员、指挥系教授，中国合唱协会及中国合唱联盟艺术顾问。他于1983年创建了中国交响乐团附属少年及女子合唱团，并担任该团艺术指导及首席指挥。20多年来，杨鸿年率领中国交响乐团附属少年及女子合唱团足迹遍及欧、美、亚等国家和地区，合唱团在国内外重要比赛中获得35项大奖。杨鸿年编写的《合唱训练学》《童声合唱训练学》《乐队训练学》等专著为我国指挥学的学术建设做出重要贡献。2013年，中国合唱协会授予他"中国合唱终身成就奖"，2014年，中华文化促进会颁授他"2013中华文化人物"称号。2014年，杨鸿年担任"世界音乐教育促进会"（奥地利）副主席和"世界华人合唱联合总会"主席；2015年，担任"世界合唱理事会学术委员会"（德国）主席。杨鸿年独具一格的指挥艺术以及他在合唱训练方面的造诣，深受国内外专家的钦佩，被国际上赞誉为"真正掌握合唱艺术奥秘的大师"。

---

* 采访人单位：中央音乐学院交响乐团。

合唱的奥秘在哪里？

赖嘉静（以下简称"赖"）：杨老师您好！您刚从索契回来，谢谢您接受《中国文艺评论》的采访。您可否就这次世界合唱比赛[①]以及中国团队在世界合唱比赛的表现谈谈您的观察和想法？

杨鸿年（以下简称"杨"）：索契这次比赛规模比较大，中国去了好几十个团队。这项活动已经举办到第九届了，我参加了多次，不管是在中国举办还是在国外举办。参加的目的有两个：一个是了解世界的合唱文化；另一个是让世界了解中国的合唱文化，找到彼此之间的差距，吸取新的营养，规划中国的合唱事业。

合唱这门艺术最大的特点是靠人发声。只要能说话你就能唱歌，所以它的受众面很广。另外，合唱解决"谐和"和"平衡"，唱合唱的人不单是听自己，还要听前后左右各个声部，从中也可以培养参与者的修养。所以，合唱最后唱的是文化，唱的是哲学，唱的是信仰，不管任何社会都是如此。

当今世界上各种问题比较多，国内也有不同的问题。我是世界合唱比赛主席团的终身成员，每次去都有不同的感受。在中国厦门和绍兴举办的时候，中国团队的数目多于外国团队，参与的人比较多，但水准参差不齐；到两年前在拉脱维亚里加举办比赛的时候，中国团队的数量已经相当大了；而这次在索契的则更多。其中：有的团体是竞技性地展示自己；有的是学习，看看人家有什么优点；还有一种带有新奇的态度，比赛完了可以出去转转看看。

[①] 由总部设在德国的国际文化交流基金会所组织的国际性大规模合唱比赛。

每次，我都会感觉到状态的一次次变化：在中国举办的那两届工作坊内容比较少，比较平淡，好像任务一样；而到了里加那一届工作坊的质量有了较大变化；这次索契更有变化。起初我很坚定，感觉在中国和在拉脱维亚比赛的时候，中国确实是合唱大国。本次比赛之前，俄罗斯人还私下议论，如果因政治因素世界上团体参与数量不够的话，只要有中国和俄罗斯就没问题。可见，在世界合唱范围内，中国无论从人口比例、团队数量上来看，确实是大国，没有一个国家可比拟，但我们应该看到，中国还不是合唱强国。

中国合唱发展的速度非常惊人，数量和质量也非常惊人。很多中国团体都拿过金奖，但这并不能说明我们是真正的合唱强国，只是已经步入世界合唱强国之列了。像韩国、日本、南非、印度尼西亚、菲律宾，还有波罗的海三国、俄罗斯确实实力不得了。我们要抱着谦逊的态度，我国合唱的发展才100年，而欧洲合唱已有1500年的历史。中国的合唱团出去，要吸收多元的营养，我们进展的速度才会领先。过去，欧洲人认为合唱是他们的东西，从里加那一届比赛开始邀请中国合唱团队去表演和介绍体系，但不是比赛。其实，我们有些因素是吸收了他们的，他们丢掉了，就会奇怪怎么中国人接过去比我们自己还好呢？以前在国际学术活动中的国人身影并不多，但现在脱离了中国评委就不行，这也充分说明了国际上对中国合唱的认同和期待。得奖的中国团体几乎都在唱我创作改编的不同作品，他们对中国的合唱创作也感到惊讶，很超前，一听却又很中国的声音。

赖：有中国的味道在，使用的手法又是西方音乐技法。

杨：对！其他国家的人对中国的合唱有了逐步的了解，并进行深层次的研究，这让我觉得特别地开心！

赖：两年前，您带着30年前创立的中国交响乐团附属少年及女子合唱团，在第八届世界合唱比赛期间的杨鸿年工作坊上展演，惊艳了里加，尤其是您的合唱训练体系，让海内外合唱圈的同行大为惊叹。您可以向我们介绍一下杨鸿年合唱训练体系的系统吗？

杨：这个合唱训练体系不是一蹴而就的，它有将近60年的积累。合唱对我的一生都产生了深远影响。我的指挥生涯开始得很早，但真正让我开始从事合唱指挥的时间其实并不那么早。严格来说，从1950年我才真正介入。那时，我受西方宗教音乐的影响较大，唱过36部康塔塔①，对我有些影响；同时我从小也在农村住过，听过很好听的田歌。所以，在我的头脑当中逐渐形成，民族音乐是我的"源"，西洋音乐的接受是我的"流"，呈现一种"源"和"流"的关系。我对西方音乐极有兴趣，有时候感叹为什么他们写得那么好？我就想要探索他们是怎么写的，这就使得我对西方的哲学、文学产生了浓厚兴趣，融入我对音乐的理解当中。一直以来，我最遗憾的是，没有机会接受最严格、最完整的教育，但这也给我带来另一个好处，就是没有现成的东西，什么都要去琢磨。

谈到这个合唱训练体系，它涵盖了几个内容。首先是合唱的指挥学。它和乐队指挥一样，而且实际上合唱指挥比乐队指挥细致得多，因为合唱队员的眼睛是看着指挥唱，而乐队队员是余光跟着指挥感觉走。乐队指挥的图示极其清楚，合唱指挥如果都像乐队指挥这样图示的点太多，一定会把音乐破坏。指挥的表现手段基本一致但也不完全一致，学乐队指挥的人学了合唱指挥以后表现力会更丰富。

过去，在我从事指挥教学的时候，要求乐队指挥必须指挥几部合唱作品，主攻合唱作品的指挥也必须学几部经典的乐队作品，将两者融为一体。可在中国的实际情况是指挥分成了高和低，乐队指挥地位最高，合唱指挥最低。这种概念不是嘴巴说出来，而是表现出来的。日本著名指挥小泽征尔第一次到访中国是秘密访问，接待他的有外交家王炳南、指挥家李德伦，还有黄飞立老师和我，韩中杰好像没有去，我也记不清了。小泽说他生在沈阳，对中国很有感情，如果有机会的话很愿意来中国开音乐会。李德伦老师就说，你想指挥什么作品？小泽回答，中央乐团是非常好的交响乐团，特别是我看到你们还有一支强大的合唱队，如果他能来一定要指挥交响乐队带合唱队，因为他在西方没有机会指挥专业的合唱团。事实证明，一年之后举办的音乐会非常成功！

座谈的时候我问过他一句，"小泽先生，你为什么要指挥带合唱的作品？"他说，中国的合唱团很有特点，有句古话，"丝不如竹，竹不如肉"。伟大的音乐家都很重视声乐，乐队与合唱之间没有高低之分，但在这个问题

---

① 西方宗教音乐中的一种大型体裁。

上我们的看法跟现在国际上还存在差距。我还记得以前有件事让我哭笑不得,中央音乐学院歌剧系有一批毕业生非常有成就,都在国外。有一年,歌剧系身在海外的艺术家们回来参加系庆,在保利剧院开音乐会。这些人都在我手上唱过合唱,他们要求能不能让杨老师指挥。那次音乐会完了之后,就有很多熟人突然问,杨老师,您还会指挥混声合唱?在他们印象中都当我是和小孩儿打交道的,甚至有人惊讶地说,杨老师,你还会指挥乐队呢!当时,我非但没有生气,反而特别高兴。只会指挥小孩合唱也很有意义,培养下一代,提升孩子的声乐水平未来的音乐就有希望。其实我是学乐队指挥出身的,我一直提醒自己做人要低调,但对自己的工作要高调,不是做给别人看,而是心里就应该这样想,这样,一个人才有出息。

相反,有的指挥是这样的:如果你问他过去是否学过合唱,那就像挖他祖坟一样生气,脸一拉,他认为你不尊重他。我希望以后可以走上正常道路,平时辅导合唱团很有意义,因为这些孩子有待引导。"我要演奏,我要演唱"和"要我演,要我唱",一个主动一个被动,出来的艺术效果完全不一样。现在,我身体也不好,八十几岁了,但是一有机会我就要学,这没有什么丢人的。有时候,我听到别的小孩儿随便唱点什么,突然觉得他唱的方法很好,我就会问他怎么唱的。当学生是一辈子的事,当不好学生就当不好老师,要当好老师就要学无止境的。中国人一直都很有智慧,认为艺无止境。

近几年,我和国际上同行、组织的交往都很多,他们给了我很多头衔,但我在国内不提这些东西,没有什么意义。我们自己的合唱团从不找媒体报道,这样对孩子对整个团体都好,永远保持低调。这次从索契回来后,我更是加深了这种观念,培训上多尽自己的一点力量,把中国的合唱水平更快速地提高,但不要急功近利,要按艺术规律办,这对整个民族都有好处。

赖: 在您身边工作很多年,我有一个很深的印象,就是大家称您为"真正掌握合唱艺术奥秘的大师"。这个形容我觉得非常贴切,因为在我的观察中,无论是在中央音乐学院校内的合唱选修课上,还是您跟武警男声或者是中国国家交响乐团合唱团等国家顶尖的专业性合唱团合作时,您的绝招都特别多!无论是指挥上,还是声音音色的调和、融合和琢磨上,我们作为后辈都非常好奇您是如何做到的,这些绝招和您的合唱教学体系有着怎样的联系？

杨：体系是别人那么叫，我对此始终画问号。一个体系不是一个人的事情，是大家在做、大家在摸索的事情。我只不过抓到几个方面把它进行了整理和充实。搞艺术的人需要形象思维和逻辑思维，大部分搞表演和指挥的人是形象思维比重特别大，逻辑思维有所欠缺。但是深度地表现一个作品必须以逻辑思维为依据，才能把形象思维表达得感人，这就是中国所讲的声情并茂。我是教书的，有什么体会我就写下来，哪怕给小孩排练我自己创作的作品，每次有什么感受我都写下来，到了一定的时候量变就会产生质变。所以一名艺术家、一名教育家，或是一名老师都要时时刻刻地积累，积累到一定的时候再上升到理论，也就是以实践为基础的上升为理论。

不管教也好学也好，公开表演也好课堂授课也好，我比较注意把每一个音符赋予它以灵魂。赋予灵魂就必须要动脑子，每天都要琢磨。我们近来排了一首作品《卓鲁》，其中有一个长音，没有写任何渐强渐弱记号，但是不要将这一平静的长音看成死水一潭，它还是在动，勾人心弦。最近在意大利的一次比赛中，有一个合唱团因为演唱我改编的《阳关曲》感动得哭了，国外的人也哭了。说明不了什么，这就是音乐本身的魅力。昨天，他们给我来电，说非常感动。所以说，作曲的人也要给音乐以灵魂，唱不出灵魂的作品是怎么也传不开的。

赖：从刚刚的聊天中感受到了您热爱学习的可贵精神。每年6月份，我去您的小白楼看到撂成山一样的论文，不仅有作曲指挥学科的论文，您还认真翻阅每一篇民乐系的论文。这让我非常惊讶！

杨：首先，一名老师要放下架子向学生学习。只要学生的论文不是抄的，那么真正写论文的人总是在他能力范围内努力地写，尤其中央音乐学院在论文方面把得比较紧，还是不错的，你从中总能学到东西，也能发现问题。例如，民乐论文最早主要关注演奏法，中期是学派，我看流派溯源的也挖掘得差不多了，因此现在就向多元化的学术发展脉络发展。要当好一名老师也得与时俱进。教学相长一词太精准了，学生和老师实际上是学和教的轮替。我喜欢教书，在教的过程中总结自己、总结别人。有些中青年老师就不明白这个道理，做得不够。到了一定的学位或者职称学习就放慢了，这和追求有关系，和社会大环境也有关系，他要改善生活、要买房子，诸如此类。不像我们在"平均主义"的年代，大家够吃就行了。

用恰当的手段创作与训练

赖：我们知道在第七届全国音乐作品评奖中您的《引子与托卡塔》荣获了唯一的一等奖，不仅如此，您还改编了上千首合唱曲目，创作了非常多的合唱曲目，在意大利乃至全世界，大家都在唱您的曲目。您能就现在的创作谈谈吗？

杨：我不是专业学作曲的，但在作曲四大件（和声、曲式、配器和复调）方面有一点功底。我想学这些东西得用，不仅分享给别人，自己也得用。有时候，创作中并没有什么技法，写出来后别人一分析，把技巧的东西嚼碎了，想怎么写就怎么写，必然符合逻辑，而不是在写的过程中找逻辑。表演也好，作曲也好，都需要逻辑。

逻辑决定风格，风格也体现逻辑，包括一个小的音乐作品都是这样的。16世纪以前，没有交替节拍（若干种节拍组合而成），但现在的交替节拍就特别多。打乱节拍中的规整律动，推动音乐前进，这当然是一种新的逻辑，可是很多指挥乐谱拿到手上却找不到逻辑。为什么会产生切分？是打破重音关系，节奏的重音关系变了音乐就动起来了。变节奏、复节奏、节奏交错、节拍交替等手法，让很多特点都出来了。如何将之应用到训练里面，这本身就形成了表演艺术技巧的风格和技能。合唱指挥学和乐队指挥学在技术上是相同的，然而由于表演的题材、形式不一样，合唱指挥考虑得会更细一些，方位的应用有所区别，乐队必须要给到指示。合唱队就在你面前，第一拍打到这儿，第二拍打到那儿。如果人家不知道怎么回事，音乐也就散掉了。把这些经验和规律总结起来便会补充乐队指挥的技能。

此外，还有训练学。在初级合唱团，常将练声当成例行公事，中国人叫开嗓子，如京戏中的吊嗓子。还可以与多声部的训练结合，与听觉结合，元音的变化等等，利用这些东西形成自己的特点，这也属于训练体系的一部分。另外，你还要研究音乐的力度，维也纳古典乐派时期的作品结合了开放排列法和混合排列法①，很少是单纯的密集排列法，而现在都是密集排列法为主。谱子摆在这儿，你得总结它，音响噪声的形成、不同时期的风格、很多观念的打破等等。过去帮老师处理一首作品，教人做和声分析，如果不从艺术出发，这些工作容易变成死板的东西。在我看来，和声特别简单，它就是三个方面——稳定不稳定、协和不协和、功能和色彩。我第一次上课就会给学生讲这个观念，排练中也用得上，当你碰到不协和的时候究竟是强还是弱？应该是不协和的力度强，所以才会形成阳性终止和阴性终止。把四大件综合起来，将之贯穿在日常的排练、训练，通过上课、排练渗透到演唱者的灵魂里，即使是练习都不能脱离感情。作品中合唱声部的语言和独唱声部的语言大约有60%是一致的，而其余40%是不一致的。要找到一些特殊规律，比如这个合唱团声音特别亮的话，就绝对要少练唱e母音，在训练阶段要多唱u母音，效果就好了。把这些细节渗透到各种练习和排练当中，就逐步形成了体系。大家可以接受，也行之有效。

赖：这是您60多年教学的体会，培养学生是一种综合能力的培养，而不是刻板的技巧性的培养。

杨：有两位老师给我留下很深印象，一位是钱仁康先生，一个是丁善德先生，他们都能将诸多知识融会贯通。现在分工越来越细，结构越拉越散。其实作曲系的老师们都是专家，好的老师综合能力都强，但人为地把这种综合能力分解了。

对音乐专业教育我有自己的看法。过去，我们的学习并没有分得这么细。现在，分工越来越细，比如：教和声的老师，连钢琴伴奏都不配，也不创作；复调老师一定要创作复调的东西；曲式的老师也可以创作，但曲式老师只讲作品结构；配器不就是音响、音色吗？有不同的组合方法，要教大的概念，告诉学生怎样去写、去改编。我没有系统地学过和声，主要是自学。我当过钱仁康老师的助教，帮他给学生改题，学到了很多。相对系统学过的就是两门课：一门是丁善德老师的配器，他本身是作曲家，实践经验多，就几个字，"你去听吧""你去写吧"；另一门是赋格写作，最让我受益匪浅的就是丁先生的赋格写作技术纲要，后来我渐渐觉得赋格写作本身是图示——主题、对题、

---

① 和声排列法的疏密关系构成的音响厚度不同。

答题等。如果强调音色对比且简便，就可以是SATB（即女高音、女中音、男高音、男低音）四声部。音乐要求激动的时候，可以让答题①早出来，结构紧凑一些；在表达深情性主题时，答题进入时可以缓一下，拉长间距……这都是技术，即使是图示也是有灵魂的。比如，田丰创作了《娄山关》，把这种强调对比的手法用进去了，同时强调靠近内声部进行，他这个图示就是有灵魂的。在和声的学习中，我们常说，中间声部不允许平行，可是音乐总有平行、同行、反行、斜行，不准平行就会丢掉很多手段。所以，我们要打破很多条条框框。

我个人认为，最好教和声的人兼教曲式，教配器的人也兼教复调。我感觉复调的配器最难，主调的最好配，都是一大块的。过去，我教他们配器的时候先教铜管，调号、音响都搞得非常熟了以后把木管贴上去，之后再配弦乐。有的老师则是先教弦乐，后教铜管。所以，每个人的实践和体会不一样，教法也不一样。我们现在缺乏的是知识的融合，一般老师也不这么教。

中国要成为合唱强国，作品是第一位的

赖：今年（2016年）5月份，由国家艺术基金支持的青年合唱指挥人才培养在您的牵头和推动下，在中央音乐学院成功举办，业界的反响非常热烈。您能给我们介绍一下这次的培养计划和您当时的初衷与展望吗？

杨：讲实话，是学校推动我，而不是我推动。院里找了我几次，我一直谢绝。谢绝的原因有三：第一，我本人不具备这样的能力，这一项目需要水平更高的人来做，而且我年纪也大了；第二，我们学校没有专业合唱团；第三，我们没有合唱指挥专业的学生，但是其他各地的音乐学院都有，上海、沈阳、武汉音乐学院都有，还有一些高等学校里的合唱指挥博士生，可我们这儿连本科生都没有。我怕在兄弟院校面前丢人，所以拒绝了好几次。后来院领导说这个项目有意义，你还是做吧，经过再三动员，我比较被动地答应了。我嘛，要么不答应，要答应我就要尽可能地做好。答应了以后经过了将近一年的筹备，给他们选的作品是从一千几百首里选出来最有用、最实际的

---

① 对位中的一种专业术语，在属调上重复主题。

作品，并整理出来。其实，合唱培训、合唱专业的建设一直有很多方向不甚明确，一是对象不明确，二是合唱指挥教学不明确。合唱专业要学习什么知识？没有具体的内容，没有完整的大纲。实际上，要学的课很多：一是合唱指挥学；二是合唱训练学；三是合唱风格学；四是合唱语言学；五是合唱创编学；六是合唱美学。这要求我们要接触各种文字，古英语、古德语、古拉丁语……都要知道，中国的音乐部分就更不用说了。中国要成为合唱强国，作品是第一位的。中国目前只要一听说有好歌出来了，全国各地都在抢。国外的文献多得浩瀚如海，过去我们在编创上做得不足。

另外，中外的合唱美学与合唱史学的学习也是浩大的工程，学歌唱的都需要懂。但是，有六七种专业基础教材没有现成的，我也写不过来。所以，我们就采取了外聘老师的方式：请田晓宝来讲中国语言的发音，请作曲家刘晓耕、徐坚强来写合唱的编创，还有作曲家唐建平等。尽量发挥中央音乐学院的优势和关系。另外，再请两位外国专家：第一阶段请的拉脱维亚里加音乐学院的院长，他非常棒；第三阶段请美国专门讲发声的专家，让学员来了以后可以学到真正的知识，而不只是完成一个基金项目，拿了证书就回去了。如果没有可学的课程我不做。参与的学员很辛苦，早中晚马不停蹄，当然辛苦不要紧，但要值得！如果我站在那里干讲，底下的学生也会觉得无聊。所以，我把他们组成了合唱团，因为请外面的合唱团恐怕训练也未必达到要求，而且还要花钱；如果他们在学校还要上课，识谱又一塌糊涂，那还不如业余合唱团，所以我才想了这个办法。课程开始后我很感动，有好几个都是国外留学、水平很不错的专业人员，有很多副教授和教授，甚至还有一个指挥系的系主任、音乐学院的院长，他们也来参与，我就特别感动！师生同堂的学习需求初见成效。

第二阶段的课程，我们采取远程教学的方式。例如，我布置了好多节奏练习，每人要改编一到两首合唱曲，8月底前必须交作品，有一个半月的时间可供准备，好的作品我们可以在10月份音乐会上演出。因为我觉得不具备这个能力就不能当合唱指挥，这和搞乐队指挥的不太一样。第一阶段的特点是高压式、高密度、高层次的灌输知识；第二阶段则是消化、完成作业；第三阶段是举办音乐会、继续讲课展演，包括大家创作的作品，这样可以为今后中央音乐学院指挥系的合唱指挥专业打下基础。我主持是名义上的，实际上是学院推动的，希望新一任院长继续推动这件事。

音乐评论要引导人用严肃的态度欣赏作品

赖：杨老师，您从业这么多年，有没有一些音乐评论和评论家对您有所影响？

杨：我觉得中国的音乐评论在"文革"以后进步非常大。首先，评论的思路和"文革"前不一样了，比较开阔。其次，涉及的音乐评论领域比较宽。如果要说存在的问题，那么我觉得目前来说中国的音乐评论主要是深度问题。我看过"文革"之前的评论，那会儿主要是靠《人民音乐》，有时候我还会翻一翻过去的文章，老一辈的深度很好，音乐批评和讨论都很正常。一篇文章出来可以有不同意见，不会因为你是权威就不敢进行评论，看这种文章就很开心！现在的音乐评论在广度和活跃度上确实很开放了，但致命的问题是深度——理论的水平。有的文章准确度不高，要知道写文章本身不是完全靠速度，而是靠思考的深度，这就牵涉评论家的自身修养了。

至于音乐评论对我有什么影响，我一般看到有关合唱和我个人的会比较关注，发现对我的赞誉之词过多，我觉得大可不必。我们应该多扶持年轻人，把他们扶持起来。年轻的指挥家、作曲家如果能够得到有资历的作曲家、指挥家等专家的尊重爱护，在学术上多严肃、大胆地指出一些倾向性的问题，才能真正地推动进步。过去的人常常在骂声中成长，这样不好，要严格没错，但是人无完人，不代表每位评论家什么都懂，但一定要指出要害。现在，包括电视台做节目，总是赞美多于批评，不像国外做学术那样开放，好的方面分析透彻，不足的地方指出来。评论的作用是什么？发掘好的东西，同时引导大家使用学术严肃的态度。所以，电视台最近邀请我们做节目，我们都谢绝了。我也不主张兴趣化、猎奇的东西。

杭州有一位作者用非常严肃的态度写了一篇评论，细致地分析了我创作的《引子与托卡塔》每个音之间的关系，也指出一些不足。我专门看了不足的地方，对于这种专门研讨的问题要予以支持。比如，中国第一部合唱训练学的著作是我写的，早期老一辈的马革顺也写过一本《合唱学》，从"法"过渡到"学",当中有很多变化,我很想以这两本书的比较来看看有何发展,这方面学术性研究做得较少。改革开放以后,中国出了一些新鲜的东西,对我的七册教材每一本都有评论和分析,说我编辑的合唱教材省掉了查找曲目背景的时间,在学术上指明了一条道路,应该怎么备课,怎么做案头工作,或者指出我写错的地方。这都很正常,我就希望听到反面的意见!现在,有关音乐评论的杂志还不太丰富,要参考国外相关的权威音乐杂志。我刚才举的都是自己的例子,但我说的讨论学术远远宽泛于此。

赖:您在指挥艺术上给我们开了一扇窗,为我们引出了一条路。您有一句话给我留下非常深刻的印象:"心到则手到,知心者晓声。"都与心灵有关。您之前说过音乐的语言是心灵的语言,您与音乐一起生活了这么多年,对此还有什么感悟吗?

杨:你讲的那些我其实做的还不够多。有的时候是主观原因,年纪大了,体弱多病,学校还有科研工作。但我也有个优点,中央音乐学院的优点我继承了,对学术采取严肃的态度,哪怕是首小儿歌我也下功夫。小作品大音乐,保持这个严肃性。

过去,我一直在寻找两位听众。好多年前,有一位家长突然给我打了个电话,可是没有留下名字。他说,我们是工薪阶层,家境不太好,但是每年给孩子的新年礼物就是买一张你们合唱团的演出票。今年,我们发现票价很贵,买不起了,因此失去了观看的机会。这个电话不是手机,所以我就找不到人了,后来我也在音乐会上找。你们如果能知道这位是谁,请告诉我,我一定请他的孩子去听音乐会。我也有自己的难处,演出的组织者或者剧场给固定的报酬,比如一场过去只给15000元,我们要整整排练一个月,排练成本消耗非常大。还有听众写信说,我们知道你们团很困难,我们唯一的帮助形式就是每年买票听,他其实不知道那个票价与我们无关。这说明市场和艺术价值高低不平衡,但谁也管不了,市场决定一切,不好的东西可能卖更好的价。都弄成分成了,对此我很内疚。

还有一位听众我也很想找到,他听我们合唱音乐会十几年了,很多作品他都会背,也很严厉。他有主观的一面,但他听得很认真,场场不落。对于每一场的新作品、新招,他都是长篇大论。他听得很用心,批评得也最多,所以我也想找他。听众关注你，指出很多毛病以后还继续听，这是对我们的支持。我不能找借口说因为更新换代了，新的跟不上了，我们水平降低就情有可原。既然要开音乐会就得负责，听众批评我们的意见多我得跟踪，这也是大众的音乐评论。

也会碰到很多没法给听众说的困难。办一个团很难，实在是太难了！这和大环境也有关系。我的愿望是希望有朝一日，中央音乐学院应该成立一个合唱学院！现在的音乐教育学院在合唱方面做得很好，但它不能概括合唱艺术的所有方面，因为他们的目标是培养中小学老师。欧洲有一所合唱研究院，在卢森堡旁边，属德国管辖，院长到中国来讲过课，我还和他联合办了中德合唱大师班。他们的做法就很灵活，研究院里有博士、硕士，既可以在那儿上课，也可以提交论文。中国是合唱大国，要加快、缩短走向合唱强国的时间，我们应该成立合唱研究院或者合唱学院。合唱学院就不一样了，可以培养合唱老师，从小学、中学、大学一直到博士，既可以专门搞合唱学术研究，也可以专门研究合唱风格，既可以建立合唱资料库，也可以配备助教做史论。我不知道该给谁提要求，到今天也是如此，年纪摆在这儿了，我也不是带头人，得真正有一个相关的研究院和学院去推动。

全国大约有二十几万所中小学和十几万所大学，都可以成立合唱团。需求量太大了！靠谁培养？中央音乐学院即使将来可以恢复招收合唱指挥专业，最多一年招一个两个，主体还是招乐队指挥，怎么办？唯有合唱指挥可以大批量生产，乐队指挥不可能大批量生产。对我这个年纪来说，把我放在这儿教几节课不如多带几个研究生水平的老师，由他们再去一步步辐射！

访后跋语：

我与杨老师相识要追溯到 2009 年入读中央音乐学院指挥系，一年以后作为钢琴伴奏加入杨老师创立的中国交响乐团附属少年及女子合唱团，2013 年开始任教合唱团的预备一队。在与杨老师一起工作、学习的几年时光里，杨老师所教授的知识、对待工作的态度、对音乐内涵的理解、对新鲜事物的捕捉与消化都给我留下了深刻的印象。众所周知，杨老师是中国童声合唱界的泰斗级人物，却鲜有人知道杨老师最早是学乐队指挥出身，有丰富的乐队指挥经验，他写作的《乐队训练学》是国内第一本有关乐队训练的专著。他的四大件（和声、曲式、复调、配器）功底也十分深厚，"文革"后中央音乐学院恢复建制，杨老师最早是在作曲系任教"四大件"课程，后受黄飞立先生邀请来到指挥课教授乐队指挥。在"小白楼"（中央音乐学院合唱研究中心）的二楼办公室里，挂着严良堃先生写的一小幅字，最后一句是"操千曲而后晓声"。几十年来，杨老师指挥演出过的曲目早过千曲，可他依旧每夜学习工作，他的勤奋、执着、不断追求也是我等青年学子时常觉得望而生愧的。我记得有人开玩笑说，让杨老师来教小孩简直就是"大炮打蚊子"，可他并不这么认为，反倒强调应该让最好的老师来教孩子的最初学习阶段，这样孩子们学起来从起跑线上就不会输。多年以来，杨老师"谦卑舍己"的态度与他时常对孩子们强调的"爱与奉献"早已经深深地融入了他的音乐里。

原载于《中国文艺评论》2016年第10期。

电影人的天职是传递真善美

——访表演艺术家秦怡

胡凌虹[*]

秦怡

著名表演艺术家。1922年2月4日出生于上海，16岁时为参加革命离家出走，辗转来到重庆，先后进入中国电影制片厂、中华剧艺社。在动荡的时局中，她参演了一系列话剧：《中国万岁》《大地回春》《天国春秋》《钦差大臣》《野玫瑰》《清宫外史》《董小宛》《结婚进行曲》等。当年她与白杨、舒绣文、张瑞芳一起被称为抗战大后方重庆影剧舞台上的"四大名旦"。抗战胜利后，秦怡于1946年回到上海，后进入上海电影制片厂，参演了一系列影片，塑造了很多经典角色，比如《母亲》中的主角母亲，从20多岁演到70多岁，《马兰花开》中的推土机手马兰，《女篮五号》中的母亲林洁，《铁道游击队》中的抗日妇女芳林嫂，《青春之歌》中的女革命者林红，《林则徐》中的渔民阿宽嫂，电视剧《上海屋檐下》里的主角杨彩玉等。对生活的无比向往和热爱，让秦怡经受住了磨难，并把这种人生体验化在了表演艺术中，形成了炉火纯青的演技，受到了大众的喜欢，并获得了众多荣誉，如首届大众电视金鹰奖最佳女主角奖、中国电影终身成就奖、世界华语电影终身成就奖、中国十大女杰奖、纪念中国电影诞生100周年国家突出贡献电影艺术家奖、上海文艺家终身荣誉奖、第18届金鸡百花电影节终身成就奖等。

---

* 采访人单位：上海市文艺期刊中心。

从小就喜欢电影的秦怡，曾被先生金焰笑称为"电影疯子"。她对电影有着一腔热忱，即便是跑龙套也跑得心甘情愿，并享受着创作的愉悦。从艺70多年来，秦怡塑造了70多个不同年龄、身份的角色。即便到了耄耋之年，她依然追逐着自己的理想，参演电影，积极参与各种纪念、庆典、慈善、义演等活动。1997年秦怡为自己的《跑龙套》一书作自序时写道："一生都在追求中，活得越老，追求越多。由于时日无多，也就更加急急匆匆。"这十几年来她确实是这么做的。对于电影艺术的发展现状，她有很多思考，有不满，但是很少抱怨或指责。这两年更是以高龄出品、编剧、主演了电影《青海湖畔》，用实际行动给日渐单一化商业化的影视圈增添一抹正能量的色彩。最近又参演了陈凯歌导演的一部电影。

受《中国文艺评论》杂志委托，我在秦怡老师家中采访了她。一袭粉红色的长裙衬托得这位"95后"分外年轻，银发矍铄、红唇印染，秦老师依然是那么优雅与美丽。谈及自己的艺术生涯、表演体悟，秦老师思路清晰，滔滔不绝，回忆了自己当年如何在大量的"跑龙套"中受益，如何在导演的巧妙引导下"开窍"，如何从"为谋生"工作到"为理想"工作。如今虽已是高龄，但秦老师依然关注国家大事、社会的发展，对电影行业的一些问题，比如国内部分明星的高片酬问题、文艺片难进院线的问题等，她都有中肯理性的看法；对于文艺评论如何更好地发挥作用，创作者如何真正地深入生活，电影艺术如何更好地发展，她都有深入的思考。

一、即便跑龙套也要把自己作为戏的"重要一部分"

胡凌虹（以下简称"胡"）：您出生于一个动荡的时代，最初您是如何走上演员这条道路的呢？

秦怡（以下简称"秦"）：16岁的时候，我为革命离家出走，逃离沦陷后的上海。当时的想法和大多数时代青年一样，就是不做亡国奴，要抗战。我和同学一商量，认为武汉肯定是抗战前线，于是瞒着家里人去了武汉。我们先是考上了驻守武汉战区的第二十二集团军，第二天就和士兵一样背着背包跟着部队行军了。过了几个月，我们越来越感到这个队伍风气不好，当官的喝酒吃肉，当兵的半饥不饱，我们三个女文书觉得不能长久待下去，于是策划逃了出来。辗转逃到了武汉，我的钱也用光了，工作也没有，我就去教育部刻蜡版，但很快又没了工作。幸而我住在女青年会，大家都很帮我。一天，和我住同房间的人请我去看话剧，看完后，我在剧场大厅出口处等同伴，正巧应云卫、史东山两位导演路过，看我站在那，就问我，你住在哪里？你愿不愿意演戏啊？我忙说，不行不行，我没演过戏。他们说，不要怕，慢慢学，日子长了就会演戏了，而且你的外形条件很好。后来中国电影制片厂的人让我填了张表，就这样我进了中国电影制片厂。

胡：据说您一开始当演员时并不顺利，再加上婚姻的不如意，您几乎认为自己不是当演员的料。

秦：刚开始时，我像个傀儡似的，导演叫我干什么我就干什么，机械地表现喜怒哀乐，让我悲哀，我就皱紧了眉头，让我害怕，我就瞪大眼睛、张大嘴，这段时间我对自己的工作失去了信心，断定自己走错了路，绝对不是当演员的料。另外，我的第一段婚姻也不如意。因此我把一切都归咎于进了中国电影制片厂。生完孩子后，我决定：第一离婚，第二离厂。趁前夫出去拍戏，我逃到了成都，但是前夫拍完戏回重庆路过成都，知道了此事，大闹了一场，加上朋友也劝我，我只好又回到了重庆。那段时间我患了恶性疟疾，虽然离开了中国电影制片厂，但生活没着落，暂住在中国电影制片厂的家庭宿舍的后楼里。就在我心灰意冷、对一切失去信心时，我发现51号这幢房子里经常有文化艺术界的精英来往，有吴祖光、陆志祥、黄苗子、徐迟、金山、叶浅予、戴爱莲等。我没想到前楼是如此精彩，我不甘心就这样生活下去，所以每当自己高烧退下一点时，就爬起来到前楼和他们一起谈话，听他们议论，并向他们借阅一本又一本的文学著作。小的时候，我就看了很多俄国作家的作品，如托尔斯泰、屠格涅夫、契诃夫、陀思妥耶夫斯基等，在51号我又更多地看了高尔基、谢德林的作品以及普希金、莱蒙托夫等的诗集，之后的几十年里我还能滚瓜烂熟地背诵许多诗。这些文艺作品锻炼了我的思维能力，让我逐渐懂得了怎样去选择、取舍，懂得了善和恶、爱与恨，甚至形成了我的人生观、世界观。所以说看书、周围的环境对我的影响非常大。住在51号那段日子的生活积累，成为我日后当演员最需要的情感宝库。后来我的疟疾病慢慢好起来了。1941年夏天，应云卫导演来找我，他当时是中国电影制片厂的导演，正在筹备"中艺"（即中国共产党领导的中华剧艺社），来邀请我加入。就这样我到了"中艺"。

胡： 在"中艺"的开锣戏《大地回春》中，您凭扮演资本家的女儿黄树惠一角而一炮走红。您是如何在表演方面"开窍"的？之后您在舞台上、银幕上塑造了70多个性格各异的人物，现在回顾总结一下，有怎样的表演感悟？

秦：《大地回春》是中华剧艺社成立后第一部公演的大戏，导演应云卫让我演主角黄树惠。当时我还是无名小卒，有人劝应云卫，不要冒险，应选大明星增加号召力，但是他不以为然。他还找了顾而已、施超、项堃等当时蜚声艺坛的名演员来担任配角。那么多名演员为我这位名不见经传的新人当绿叶，可见应云卫扶植年轻人的魄力。首演时，全场满座，但我自我感觉并不好。应云卫老师碰到我，说："啊呀，秦怡，你一炮打响了。"我说："什么一炮打响，我穿了一件纱旗袍，胳膊都不知道往哪里放，穿着高跟鞋走路也不会走了。平时我哪里会穿纱旗袍、高跟鞋。"我跟应导说："我这个角色，请你再考虑一下，我实在演不好。"不料，应导说："我看挺好的嘛，你再演一天试试，我告诉你啊，这个地方嘛，可以这样一点……"应导真的很会鼓励人。我说自己不是做演员的料，结果他说，你就是最好的演员材料。他看我穿高跟鞋不会走路，就叫道具师把高跟皮鞋给我，让我平时生活里一直穿着。他还让我去外面店里帮忙买东西，他就在后头悄悄看我走，因为没有了舞台上的压力，我走路就很自然了。随后他就说，这样走很好啊，不要想着不会不会，像平时一样就行。我是上海人，在学校里都讲上海话，又没学过国语，所以我的普通话讲不好。应导说，这都不要紧，只要你认识人物，了解这个人物处在什么环境里头，理解她的遭遇、她的心情，把人物的内在呈现出来，这是最重要的，外在的东西都是次要的。我就听他的话，努力去理解人物，半夜里醒来还在背词，把词背得滚瓜烂熟，这样演戏就不担心了。

除了遇到很会教年轻人的导演外，实践对我而言也很重要。"中艺"的那段生活，物质上非常穷困而精神上极其丰富。那时我曾在成都待了一年，这一年我演了280场戏，得到了很大的锻炼，成都的一年可以算是我以后能从事几十年演剧生涯的关键。因为在成都演戏时我能非常自如了，对人物也有了创造，上了台，这个人物整体是怎么样的，细微动作是怎样的，有了自己的感觉，表演是从自己内心出发的，而在重庆更多的是从外部学来的。我记得在成都有一次演《结婚进行曲》中夫妻吵架要搬铺盖的一场，我完全忘记了原来导演和我自己设计的地位和动作，是人物推动我自然地感到应该怎么说怎么动，就这样我体会到了那种熟能生巧的感觉，懂得了什么叫"生活"。我站在观众面前，可以感受到有人又可以感到旁若无人。

抗战胜利后，我回到上海，之后进了上海电影制片厂，拍了很多电影。不少导演对我表演方面的提高也很有帮助。比如导演徐韬。在拍《摩雅傣》时，阿韬要我扮演女儿依莱汗时穿无袖的筒裙，把肩全部露出来，傣族妇女在劳动时，因太阳底下太热，确实有许多人这么穿，但是我自己知道我的臂膀特别粗圆，露出来会破坏人物形象，傣族姑娘都很纤细，所以不同意。当时我们吵得像小朋友一样缺乏理智，阿韬板起脸，说他是导演，一切由他决定。我也上来了牛劲，说："你的决定是叫我拍黄色影片，我坚决抵制。"最后协商成穿坎肩拍。那次吵架过后，我们到浙江缙云拍戏时，徐韬给我写了一封信，提到我作为一个演员是有许多优越条件的，但常常被自己困扰，一会儿怕胖了，一会儿怕活泼不起来。他觉得我应该把思想从框框中解放出来，把自己认为的缺点变成自己的优点，毫无顾忌地塑造一些别有风格的角色。作为一个导演，他提醒我这一点是有道理的，年轻的时候我是有些冲不出去，觉得自己太胖，条件不够，苗条淑女不能演，利索的也不能演，于是总是演大嫂。徐韬提醒我这一点,我很感谢他。他谈到了深层次的问题,对我后来的演戏有帮助。

胡:您很早就成为大明星,但一直很谦逊,不论什么角色都在演,而且经常去跑龙套,您是如何考虑的呢?

秦:许多演员都希望有好的机遇,戏越多越好,这是非常自然的,可是我在很长一段时间内有一种与人相反的想法,总是希望戏越少越好。一开始这是因为我没找到演戏的诀窍,害怕演戏,一上舞台就手足无措,可当我静静地在一旁观察时,却能感受到一切的真谛,所以我喜欢跑龙套,它可以让我在无拘无束、无人注意我的情况下,使我时时刻刻处在艺术氛围中。后来我发现当我用心演绎时,我的"跑龙套"的角色也能发出光彩,我也同样感受到了创作的愉快。早期演话剧时,我什么角色都演,后来在很多影片中,我也常演只有两三个镜头的戏,比如《春催桃李》中的老校长,《苦恼人的笑》中的老演员,《张衡》中的老妇人等,但这些角色我至今难忘。在《青春之歌》中,林红这个人物比较关键,但是从全剧上下两集、播映三个小时的篇幅来说,她所占的分量是极小的。但这个人物的影响却很大,甚至遍及日本的观众。对我自己来说,在那拍摄的短短几天中,我体会到,如果艺术家能将发自内心的情感真切地体现到银幕上,是非常幸福的。我也意识到,龙套当得不好,也会影响主角的戏或者还会影响节奏,所以在与戏里的主要人物搭配沟通时,我从来不疏怠。我想,如果每出戏的群众演员都很认真地把自己作为"重要一部分"的话,那么这出戏的整体质量肯定是能提高的。

二、电影和电影人的天生使命是传播真善美

胡:听说您从"为谋生"工作到"为理想"工作也经历了一个过程,其中周总理的点拨也起了很关键的作用。

秦:是的。第一次见周总理时,我大概19岁。一天,我去一个朋友家里吃饭。周总理也在,但一开始我并不知道他是谁。一块吃饭的时候他就问我:"你在哪里工作啊,还是在学习呀?"我说:"我在工作了。"他说:"噢,你那么小就工作了?"我说:"是的。"他问:"你做什么工作啊?"我说:"我在做实习演员,有时还在合唱团里唱唱歌。没什么意思,我在那里混混。"他

就问："啊，你唱什么歌？"我很理直气壮地说："我唱的当然是抗战歌曲了。"他就说："那还混混啊，你想想看，多少人，千千万万的人都在你们这个歌声之下，鼓舞着走上了前线了，这个工作多重要啊！"我听了觉得有道理。回家以后我就想，这是谁呀？他怎么会这样和我谈话呢？我就打电话给那个请我吃饭的同事，才知道原来是周恩来同志。后来周总理知道我这个小妹妹无处可去，也不知道工作的重要性，光想着去打仗，就叫秘书送了一些书给我，这些书对我之后的演戏有很大的帮助，不过最有帮助的是，在抗日战争时期，我不再东撞西撞，明确了自己的目标。

后来，我演了越来越多的戏，也越来越感受到自身所从事的这份职业的价值。比如演《结婚进行曲》时，因为生活条件差，加上劳累，我的嗓子出了毛病，哑到几乎只有气音，甚至没有声音了。在导演的鼓励下，我用气音演完了三幕五场，那天观众席非常安静，连咳嗽也不敢咳出声，到谢幕时，掌声比往常更加热烈。这也是我当演员以后得到的最高的奖赏和最大的尊重。观众对艺术的热爱也使我从狭小的自我中跳出来。本来嘛，如果是为了"活命"何必搞文艺，文艺是需要一种内在的强大精神力量的，而且这种力量始终来自观众。所以我们终身追求的理想应该是把自己从文艺中得到的一切感人的精神力量，再通过自己的演出给予别人。这一点，我也是经过很多的实践，受周围各种环境的影响，慢慢感受到的。其实我对演员的理解也是从一开始的"为谋生"逐渐变成"为理想"的，以后就一直沿着这条路走下来了。

胡：即便离休以后，您也一直非常忙碌，除了始终关注着我国电影事业的发展外，还非常关注公益事业。比如：一手策划并成功举办了首届上海中外无声影片展；汶川特大地震后，先后捐款21万元；青海玉树地震后，又捐款3万元；2010年，您出任上海世博会上海馆祝福大使和荣誉馆长，积极为世博会奉献力量；您还被授予"上海市慈善之星"称号。您如何看待作为公众人物的社会责任？

秦：我离休后，一直在工作。我一直受到各种活动的邀请，人家需要我，我又抽得出时间，我就尽量满足大家的要求，个人辛苦点没关系。人家老说我，自己老说累累累，你自己要去做，你活该。我觉得，人活着要有所追求，多做一些有益于大家和社会的事情。人人都这样做，社会就更和谐了。等到有一天我觉得自己做不动了，我就歇下来。我是觉得，参加各种会议和活动，对我也有好处，可以为我接触现实、了解社会、加强学习创造条件。现在我还是经常看电视、看报纸，从中了解国家大事、社会现象，人老了，学习不能断，否则会跟不上形势。

胡：2014年，您以92岁的高龄赴青藏高原取景拍戏。2015年，您出品、编剧、主演的电影《青海湖畔》上映。众所周知，筹拍电影是非常麻烦的事情，您是如何考虑的？

秦：我认为电影故事有很多种，现在有很多打打杀杀的戏，拍得也不容易，但是老看这些不行。于是，我写了一个关于科学家的剧本，有苦难，有爱情，有人与人之间的关系。虽然编剧方面我没有什么才华，写出来的东西也许不怎么样，但是我会坚持下去。剧本创作的灵感来自十多年前我听到的一个真实故事：20世纪80年代，一位外籍专家偕夫人赴青海协助进行人工降雨科研项目，专家夫人不幸遭遇车祸身亡，永远留在了青藏高原上。这个故事感动了我，我觉得，描写科技工作者工作和生活状态的作品不能少，特别在今天这个时代，技术那么发达了，大家更不能忘记那些曾经为国家、为人类奉献的科学家。有段时间，我也怀疑是否还有观众愿意看这类题材的电影，并想过放弃。但后来我想，这些年大家都在谈创新，如果拍一种新形式的电影，还是应该努力尝试的。电影和电影人的天生使命是传播真善美，讲述美的人、美的思想、美的感情、美的工作。

三、创作生涯与生活道路不能分割

胡：近年来，国内一些明星的高片酬引发了不小的争议，动不动就分走一大半制作费，遭到了各界的批评。对此，您怎么看？

秦：现在一些演员片酬太高，动辄上千万元。一共这点制作费，如果演员拿了大半的钱，就只能压低前期创作、后期制作等环节的费用，那作品水准势必要降低。当然，一些演员付出很大，也可以多拿一点报酬，但要有一个度。同时，我们也要看到，还有不少演员并不计较报酬，比如《青海湖畔》拍得比较艰苦，很缺钱，我没有拿酬劳，唱主题曲的毛阿敏、主演佟瑞欣听说后，也都表示不要报酬。我们以前拍电影是没有酬金的，就拿工资，加工资大家一起加，不加都不加。我们不会纯粹为了挣钱去拍电影。除了演员的片酬问题外，我觉得还有一些细节需要注意，比如置办服装、装饰这些小环节。准备服装的人如果不是很内行的话，可能会买了很多衣服，结果演员一试都不合适，这就会造成浪费。我拍《青海湖畔》的时候，我穿的所有的服装都是我自己的，虽然戏中要上雪山，但我说，不用买皮大衣，戏里我扮演的是工程师，穿棉袄就可以了。所以我觉得服装等小细节上也要注意，加强管理，要更加细致一点。

胡： 现在有的人气演员过多使用替身，或者在剧组里耍大牌，这种现象也被诟病。您怎么看？

秦： 以前剧组就有替身，但是演员们往往自己可以做就自己做，比如往火里钻，水里跳，骑马跳过山头。你要做演员，这些都要学起来。那个时候，我拍《梦非梦》，在剧中饰演一个歌剧演员，因为她的丈夫突然在车祸中丧生，女儿接受不了而患上了精神分裂症。一天女儿跑到了高楼的天台上，她就赶到天台追女儿，一边唱一边追，试图用歌声呼唤女儿回来。当时我走在天台边的一个石条上，导演很紧张，怕我一不小心从高楼上掉下去，一会儿让我系个绳子，一会儿让我系个钢丝，我说都不要，我会掌握好。他们还是不放心，在石条下边搭了个台，让我脑袋稍微往里面侧一点，这样如果掉下来就掉在防护设施上。后来《梦非梦》在北京放映过一次，观众们看到我走到石条上呼唤女儿时，全场起立拼命鼓掌，让我很意外。我忙说："谢谢，谢谢，大家先坐下来看电影。"之后有人问我，拍到这样的戏，演员可以拒绝吗？我回答"不可以"。记得以前有一次拍电影时，导演要求演员骑马向前跑，有一刹那马尾巴碰到了火车。那时我们用了军马，虽然更好指挥一些，但是火车一启动，已经在前面跑的马听到火车声被惊吓到了，立刻往前冲，最后马尾巴和火车真的碰上一点点，我们大家站在旁边看，都吓坏了，幸好这场戏拍得很成功。很多时候，导演提出了很难的要求，我们作为演员都尽力去完成。比如拍《铁道游击队》时，导演让我把手榴弹丢到陈述扮演的角色的脚后跟上，他一直在前面跑，在动，这怎么扔啊，太难了。怎么办呢？后来我就很自然地一天到晚盯着他的脚后跟，盯了好几天。等到拍戏的时候，真的扔到他的脚后跟上，而且一次就成功了。参演《铁道游击队》时，非常辛苦，大太阳底下，我得穿着大棉袄，围着围巾，于是得了痱子，从头长到脚，还要去陪外宾。日本名演员乙羽信子看到我喊了起来，怎么会长那么多痱子，她说他们绝对不会让演员弄成这样。20世纪60年代，我们去过日本，待了一个半月，看他们拍戏，发现他们是很重视很照顾演员的。一般他们会准备一个房间，演员可以在里面吃饭、休息，也可以在里面为戏做准备，没有外人干扰。他们的拍戏条件好，演员们也不带助理进组，摄制组里的人都很照顾演员。我觉得我们其实也可以考虑借鉴这种方式。现在很多明星都带助理进组，有些一带五六个，我曾看到一个助理趴在地上给一位明星弄裙子，让人有些看不下去。因此不妨像国外那样，演员进组不要带助理，需要帮忙的，剧组里的工作人员自然会提供帮助，这样剧组既节省了开支，关系也比较融洽，工作人员并不比明星低一等，大家一样都是为了工作。记得1941年时，在日军飞机整日轰炸的情况下，应云卫、陈白尘曾带领我们十几个青年住在南岸黄桷垭一间破木板房里，我们既是编剧、导演、演员，又是炊事员、采购员，还要兼管化妆、服装、道具。经过三个多月的苦战，陈白尘编剧的《大地回春》终于在重庆演出。虽然条件艰苦，但是剧组的氛围很好，不管是演员还是剧务人员，大家都相互帮忙。

胡： 现在的影视界，很多戏都在赶进度，拍摄时间越来越短，有的演员一人同时接几部戏，忙着到处串场，连剧本都来不及好好阅读，被观众诟病，演来演去都是一个人，一张面孔。您演过一系列话剧、电影，您如何演绎出不同年龄、个性的人物？现在很多剧组拍戏都不会下生活了，当年你们是如何深入生活的呢？

秦： 在演戏过程中，我们碰到很多的角色，都不太熟悉，对人物所处的生活氛围也是陌生的，那就要深入生活，在生活中寻找创作的灵感。我们到过山东莱阳革命老区、张北农村、水利建设工地等地方，在那里住过一段时间。一到农村，我们就从打水、挑水做起，一举一动都要是那么回事，不只是像就行。所以体验生活是最重要的，有了生活，演起戏来就很自然。我曾去西康矿山体验生活。锌矿、铜矿、煤矿我都去过，受到了很大的教育。在来去的路上，各种无奇不有的事情和无法描述的险情时时刻刻发生，不知有多少次我都可能死于非命，幸运的是，我活下来了。这四个月离奇艰苦的生活对我影响很大，我饱尝了人间的酸甜苦辣，内心也变得更加坚强。还有一年，寒冬腊月，我跟着摄制组为拍《农家乐》奔赴胶东莱阳深入生活。我们住在堆牛粪的草屋，牛粪加暖炕，把鼻子堵得透不过气来。尽管条件十分艰苦，但我们都咬紧牙关去战胜困难。我们每天都要结合生活谈人物形象塑造。当时我们摄制组人员的关系都很融洽，纪律有素，真有点像部队。接下来，我们还要根据角色需要各自进一步深入寻找学习的对象。我被分配到崭头村，住在一位农民家中。她非常年轻，我俩每天形影不离。在劳动中，我向她学了不少干农活的本领，也从她身上捕捉到一种淳朴的气质。我一下子感到角色离我近了。那时，她要掏家里的粪坑，我也跳下去帮她，她就大叫着让我上去，因为她觉得城里的女人不能做这些事，但我觉得自己就是要去吃苦的。那个时候农民多苦啊，到镇上买东西要骑马、骑毛驴，早上4点不到就要走很远的路去挑水。我做了这些农活后，才真正体会到一个农民每天的生活。那时，没有拍戏任务的时候，我们也去体验各种各样的生活，了解各个工种。做演员就需要有多方面的知识、经历，体会越多越好，这样无论拍哪种职业的角色，都能很快进入状态，不用临时抱佛脚。

  如果遇到特色的人物，很难去体验她的生活，那我就更多地从阅读中获取灵感。比如《青春之歌》中，我要扮演的林红对主人公林道静的成长起着决定性的作用，但林红的镜头不多，主要的戏都在监狱中，而且大部分通过自述性的对话来表达人物情感和性格。刚开始时，我感到要表现她的光辉一生比想象中还困难。为此，我白天阅读有关《青春之歌》小说的材料，晚上阅读剧本和许多革命斗争史、英雄烈士的生平事迹。拍摄前几天，我完全沉浸在那些材料中，并产生了一种愿望，一种激动。同时，我还把这种愿望与现代生活密切联系起来。我发现在现代，我们周围同样有着为社会主义建设而忘我奉献的优秀人物，这帮助我产生了许多联想。就这样，越理解人物，我就越能感受林红的精神世界的实质。

  回顾我的人生道路，我在一个动荡的年代出生、成长，创作生涯与生活道路是不能分割的。而且我觉得：一个人只要自己的心是大的，那么事情就没有大小之分；只要自己的心是重的，那么事情就没有轻重之分；只要自己的心是诚的，那么即使事情成败有别，也多少有些安慰了。

四、老百姓看得起电影、能选择类型多样的电影，电影市场才算成熟

胡：回顾以前的一些老电影，依然觉得很好看，没有过时。可惜现在的电影数量多，被吐槽的多，能留下来的少，您觉得是什么原因？

秦：我们那个时候，剧本中人物是第一位的。无论是哪个电影风格、哪个电影流派，总离不开人物。其实每个人物在生活里都是很复杂的。写人物前，要先去了解一下，这个人物性格是怎样的，在哪里工作，是什么身份，以及他原来是怎样的，后来是怎样的，怎么会变成现在这样，周围的环境如何，这就是人物的发展。有了人物才有思想意识的发展，想好了人物以后，就有了事件，故事就出来了。但是后来变调了，现在的戏，编剧觉得只要故事吸引人就好了，往往故事先有，比如抢钱啊、家庭不和啊，等等。定好了故事，再把人物"装"上去，这样对于影片很多地方，观众看了就感到不真实，因为人物的塑造太简单，反映的生活很肤浅。而且演的不知道是谁，只晓得演员是谁。我们演员塑造角色，就要把人物的发展过程演出来。不管是电影还是话剧，要有人物，要有故事，要有思想，这样戏才会动人。

我们以前演话剧，演戏前，搭档经常会在一起对词，如果扮演的是夫妻，就必须是夫妻间的讲话，如果扮演的是兄妹，就必须是兄妹间的话，这样，戏容易出来。在话剧中语言是很重要的。而电影艺术要考虑的东西更多，电影可以通过蒙太奇的手法体现内在的东西，不一定是大镜头，你的手、你的脚等各处都可以表演。比如倒开水时颤抖的手，可以表现出内心的焦虑；再比如，主人公碰到一件非常令人气愤的事情，一下子解决了，电影镜头就可以转到晴朗的天空，虽然拍的不是人物，但是体现了他海阔天空的心情。电影中的蒙太奇手法是很重要的，能传达很多东西，但是现在中国电影在这方面的运用还有待提高。电影是全世界的，可以跨越时空，像新中国成立以前拍的《母亲》，到现在看还是很感动。我看过很多外国的影片，像苏联、意大利以及一些很小的国家的影片，拍得都很好，因为他们是从电影技术入手，把人物的内在思想拍出来了。

胡：现在都在呼吁要重视文艺评论，对此您怎么看？

电影人的天职是传递真善美——访表演艺术家秦怡

秦：应该要有评论，评论得对，对你有好处，就虚心接受，评论得不对，你也可以不听，没有人强迫你。评论是很重要的。拍了《青海湖畔》后，我也希望大家都来提意见，哪怕批评得很严厉也没有关系。现在社会上还有很多颁奖活动，要评奖总要有评委，评委不是那么好做的，他过来只看一次，觉得这个地方不合适，但平常你们拍电影很久了，习惯了，没有觉得不合适，这就会有不同的观点。另外，每个评委本身的审美趣味、思想意识各有不同，这对评价电影也有影响。此外，我觉得，一个评奖活动，如果每年老是这五个评委，十年里都是这五个人，并不太合适。因为这五个人各有自己的长处和短处，擅长的那一类影片，看起来特别懂，不太擅长的那一类影片，评价起来就可能不够到位，因此建议评奖活动每年的评委也可以换。以前我做过国外一个国家的电影节评委。只有我一个评委。因为那个国家比较小，他们的电影历史不长，而且他们比较穷，请的人不可能来齐，参赛电影也不多，所以最后没有评委会，评委只有我一个。但是我觉得，有些影片拍得很好，戏很真实，呈现了那个国家人民的生活状态。对于那些影片，我做了评价，后来创作者、主要演员们听到我的评价，很高兴，他们觉得讲得很对，就是这样子。

胡：对于电影艺术未来的发展，您有什么好的建议？

秦：首先类型要多样化一些。现在家长里短的、武打的电影有很多，也很吸引观众，但是影院里老是放映这类影片也不行。还有一些爱情片，讲爱讲得简单极了。电影一定要反映现实，紧跟时代。我十几岁时看的电影大多是反封建的。之后抗日战争爆发，迅速产生一大批反映现实、反映抗战的电影，进一步宣传抗战，比如《故都春梦》《浪淘沙》《一剪梅》《壮志凌云》等。后来我进了中华剧艺社，演的基本都是抗战题材，或者是配合抗战的戏，不仅主题好，艺术上也站得住脚。中华人民共和国成立后一段时间，涌现了一批优秀影片，都跟现实联系得非常紧密。我出身封建家庭，之所以从小树立了反抗意识，16岁高中没毕业就离家出走，一心想到前线去，就是因为看了大量反封建的电影，看了许多宣传民族危亡、宣传抗战的电影。好的电影能激励人。

近十几年来，社会上都在说要发展电影产业，因为拍电影钱花得多，同

87

时也可以挣很多钱。我觉得，产业是要发展的，但是电影艺术不能在电影产业下面。因为电影是很高级的艺术，电影可以通过各种故事体现很多意义，容易感动人，所以应该更加重视电影事业。现在电影产业抓得比较多，电影票房上升了，但其中一些影片一味强调娱乐性，张扬的是拜金主义或者消极颓废的意识，这样的影片会误导观众，降低他们的审美水平。作为电影人应该多拍一些能提高观众审美水平的影片，哪怕写谈恋爱也要提高了写，不能一味迎合观众，而是要培养观众。与此同时，电影行业的从业者也应该加强思想素养的提升，包括演员不光要漂亮，还要多了解各方面的知识。

近些年，国内每年生产的电影越来越多，电影的票房也是越来越高，但是不要听着这些数字就以为中国电影繁荣了。我们算算看，每年生产的几百部国产电影中能有多少部和观众见面？之前我参演的《我坚强的小船》是一部优秀影片，在美国洛杉矶获得第四届好莱坞 AOF 国际电影节最佳外语片奖，但是国内放映的场次很少，好多人反映看不到。也许发行方、影院也有苦衷，要考虑票房，考虑经营成本，压力比较大。但我觉得总这样不行，不同的影片有不同的观众群，有不同的价值和市场，发行放映应该尽量满足多方面的需求。这个产业需要改变的地方还有很多，商业化运作下，老百姓也应该能看得起电影，能选择类型多样的电影，等到这一天，咱们的电影市场才算成熟了。

访后跋语：

近些年，就不同的话题，我曾采访过秦怡老师多次，其中印象尤深的是，五年前，她告诉我，她写了个剧本，想拍成电影。闻此，我既佩服、感动，又暗叹此想法实现之艰巨。不料，2015 年在秦怡老师的不懈努力下，由她出品、编剧、主演的《青海湖畔》上映，梦想终于实现了。蒙《中国文艺评论》杂志厚爱与重托，我再次专访了秦怡老师。秦老师像跟亲友聊天一样，亲切地向我述说她的近况。她告诉我，《青海湖畔》拍摄完后，她走路时腿总是不太舒服，没力气，去医院一查患了腔梗，是青藏高原拍戏太累留下的后遗症，现在腿正在慢慢康复中。虽然因戏得病，但是秦老师并没有丝毫后悔，因为电影是她的挚爱。也正因为这份对艺术的挚爱让她承受住了生活中绵长的苦楚。出生于动荡的年代，秦怡经历了太多磨难，家庭生活也并不幸福。2007年，秦怡最心爱的儿子"小弟"金捷因病去世了，秦怡忍受着白发人送黑发人的巨大悲痛。那么美丽轻盈的身姿却拖着那么沉重的生活尾巴，但是秦怡却坚强地走了过来，充满了乐观的心态。年轻时，对生活的热爱，让她挣脱了现实的噩梦，并找到了艺术的理想，对艺术的热爱又让她感受到观众的爱、祖国的爱，而这份大爱又帮她抚平了生活的巨大伤痛，有了更高的人生追求。此次专访更能感受到这一点，秦怡老师的表演道路与人生经历已经融合在了一起，她对电影行业存在的问题以及电影未来发展的思考，中肯而客观，说明她从未因高龄而离开过电影艺术。

很多人感叹，已是满头银发的秦怡老师越来越美。虽然她早期流光溢彩的银幕形象定格在胶片中、泛黄的老电影杂志上，但是她对艺术永不停歇的追求，她的那份活力与激情，一直延续着，她的步履匆匆的身姿是那么坚韧而美丽，完美诠释了什么是真正的演员，什么是真正的艺术家。

原载于《中国文艺评论》2016年第11期。

重大革命历史题材影视创作如何增强感染力

——访影视导演翟俊杰

杨静媛[*]

1941年生于河南开封；1958年参加工作，1959年参军，在西藏军区文工团当演员；1963年考入解放军艺术学院戏剧系，后入解放军报社当编辑，1976年调入八一电影制片厂任文学部编剧，1982年进北京电影学院编导进修班学习。1986年，执导影片《血战台儿庄》，这是中国大陆拍摄的首部表现国民党军队在正面战场上抗击日本侵略者的影片。1989年，中国电影史上有史以来最大的摄制组——《大决战》摄制组——在八一电影制片厂成立，奉命担任第五摄制组"国民党统帅部"的导演。主要作品有电影《共和国不会忘记》《金沙水拍》《长征》《我的长征》《惊涛骇浪》《我的法兰西岁月》《一号目标》，电视剧《七战七捷》《西藏风云》《赵丹》《冰糖葫芦》等，获得中国电影金鸡奖、中国电影华表奖、中宣部"五个一工程"奖、大众电影百花奖、解放军文艺大奖、中国电视飞天奖、中国电视金鹰奖等。2005年12月，获国家人事部和广电总局授予的"国家有突出贡献电影艺术家"称号。

---

[*] 采访人单位：中国文联文艺评论中心。

经历是最好的创作素材

杨静媛（以下简称"杨"）翟导您好，您拍摄了一大批革命历史题材作品，对革命、军事题材有独到的把握，这是否和您丰富的人生阅历有关呢？

翟俊杰（以下简称"翟"）是的，有很大的关系。我父亲在抗日战争时期是抗日救亡演剧十队的成员，和《白毛女》的作曲之一马可是战友。我4岁时就会唱"风在吼，马在叫，黄河在咆哮"。我姑母19岁时也成为抗日救亡演剧队的成员。我二舅如果活着也一百多岁了，当年他打日本鬼子牺牲在太行山。在我拍《血战台儿庄》时，我脑子里面总想到从来没有见过面但是又非常熟悉的二舅，他当时拉人力车，临走的时候用木炭在门上写了"爹娘下辈子见"，就走了，从此杳无音信，后来才知道他牺牲了。我对红军、八路军、新四军、解放军的感情从小就很深，所以我在17岁的时候就当兵了。那是在西藏军区，原来是十八军，军长张国华就是江西永新人，和贺子珍大姐是老乡。我参加了1959年平息叛乱战役和1962年中印边界自卫反击战。掩埋烈士、押送俘虏、站岗放哨我都干过。那个时候掩埋烈士没有棺材就用一件军用雨衣铺在地上，把烈士裹进去，然后把雨帽盖在脸上，挖一个长方形的坑，两根粗毛绳，四位同志把烈士抬到挖好的地方掩埋，烈士就长眠在那儿了。当时有一位班长21岁就牺牲了，连媳妇也还没找。我当时的副连长徐永才在开战之前对我说："兄弟，我告诉你，死了脸朝上，不死当'皇上'，我要是牺牲了你就告诉你嫂子赶快改嫁。"这种大无畏的精神给我印象太深了，我没有想到多少年后我做了电影导演，这种革命英雄主义精神对我拍片子带来了很大的触动，这就是生活。我在战场上没有听过吼叫的，大伙把仇恨都压到枪膛里，我就是在那个时候学会了抽烟。开战之前真的有点紧张，我年纪比较小，当然想过，今天我要牺牲了我妈知道了怎么办？她难过不难过？可看看周围老兵一个个都镇定自如，觉得自己绝不能当"怂包"。实战时，有一个原则就是要节约弹药，有效地杀伤敌人。哪有吼叫着端枪一通扫射？弹夹里才能压多少子弹？也不见换弹夹。当时我们都是瞄准敌人快速点射。感谢生活给我的经历，让我知道了战争是什么样的状态。在战场上，鲜血是像现在影视片里红墨水似的吗？不是。发乌，过一段时间就变成褐黑色了。那个时候条件艰苦，哪有那么多的白绷带啊！用过之后洗一洗再放锅里煮一煮，拿出来再用，上面还有泛黄的血渍。鲜血时间长就变成黑的了。又如，现在有的电视里战争年代的衣服一个个像从服装厂刚刚拿出来的样子，倍儿新，女兵还有腮红、眼线，可能吗？为什么女同志在长征的时候把头发剃短？第一个是怕被敌人抓住的时候揪头发，第二是头发短省得梳头了，万一头部负伤了也好救治。女同志的皮肤不会这么白嫩细腻的，风吹日晒皮肤非常粗糙，头发可能是两个月没有洗过，甚至都生虱子了。我老说战争的形态和状态要真实，不真实的东西的艺术价值是荡然无存的。

我觉得这些经历是生活对我的恩赐。我写过一篇文章叫《自豪，我是一个兵》。我看到一个摄影展里有一幅送别老战士退伍的照片，列车的窗口里外战友们互相抱着痛哭，我很理解他们。我当年在西藏冬天宿营的时候，就是把战友的棉被合起来用，你的铺在下面，我的盖在上面，一个头朝这边，一个头朝那边，互相抱着脚取暖，那种战友之情，只有经历了才知道。有一晚，我们在一个羊圈里宿营后，不远处突然传来窸窸窣窣的声音，分队长马万里说有情况。我们拿着枪搜索，只见一位白发苍苍的藏族老人拿着一把腰刀在那里，一问，他用藏语说他是这个村子里面的人，要义务为我们放哨。大雪天的，真感人。突然这老人不说藏语了，说起了四川话，然后把我们领到他的家里，说他是四川人，当年清朝大臣赵尔丰率领他们进藏镇守边关，但是边关没有镇守住，流落在这里，只有"金珠玛米"来了才真正地保卫住边疆了。这位老人所说的这些事情如果不深入生活，我们会知道吗？多么生动感人的生活素材啊！

拍长篇电视剧《西藏风云》的时候我离开西藏已经40多年了，我又带摄制团队重返高原。回忆起当年我在昌都地区的时候，战马惊了，我从马上摔下来，我的枪托都摔断了，子弹袋都摔开了，我一下子昏过去了。战友们抢救我，护送我继续行军。当时我无法骑马，战友们从老乡家借了一头毛驴，我就趴在上面，难忘啊！同甘苦、同生死、共患难的一帮好战友，我到现在也忘不了他们！这些东西都为我从事电影导演尤其是在拍八一电影制片厂战争军事电影题材打下了坚实的基础。

杨：您的作品有着浓郁的纪实风格，也融入了您的人生经历吧？

翟：我觉得纪实风格是一种叙事的风格。我特别注重作品的诗意化处理。前面说的是从军的经历，在艺术方面，我父亲当时是抗日救亡演剧队的成员，我从很小的时候就和一批老一辈著名电影艺术家成了忘年交。比如说八一电影制片厂老电影艺术家黄宗江同志，你看他创作的《海魂》《柳堡的故事》《农奴》，都具有很大的影响力。他的妹夫赵丹同志，他的妹妹黄宗英同志，还有谢晋同志、孙道临同志、张瑞芳同志，还有八一厂的田华大姐、严寄洲同志，都是我的忘年交。他们见了我都叫我小翟，我觉得很亲切。我在一篇文章中写道：我和老艺术家在一起听他们闲聊从来没有听过张家长李家短，都是说的电影艺术，听他们闲聊我都觉得是一个文艺小沙龙，是在读研究生。我从他们那里了解了赵丹是怎么塑造的林则徐，电影《天云山传奇》的艺术细节是怎么构思出来的。葛存壮也是我的老朋友、老大哥，我们合作过《我的法兰西岁月》。从1959年在西藏结识了宗江老师，如今已57年了，黄宗江的著作有20多种，我一本不少地珍存着。

现在什么"腕儿"啊，"小鲜肉"啊，满天飞。于是之出了一本书叫《演员于是之》，人家也不说自己是什么表演艺术家，是什么腕儿，就说是一个演员，多么高洁的称呼！八一厂的老导演严寄洲的《英雄虎胆》《野火春风斗古城》很值得关注，他拍了很多好片子！在20世纪80年代初，我为了开阔视野（那时我刚刚40岁出头），到北京电影学院编导进修班学习一年半，我把赖纳·维尔纳·法斯宾德，意大利新现实主义流派的德·西卡、安东尼奥尼、费德里科·费里尼，法国的左岸派，近代的史蒂文·斯皮尔伯格、弗朗西斯·福特·科波拉、奥利弗·斯通的作品又研究一遍。我要接受新事物，光用固有的不行。另外，苏联电影中能收集到的光碟我都在看，研究剪接点在什么地方，蒙太奇是怎么弄的。不管是军旅生涯，还是老艺术家的熏陶、专业的大学学习，对我都非常重要。我上大学是在"文革"前，那个时候是学习斯坦尼斯拉夫斯基体系。在那时我就养成了一个习惯，我不单研究影视，我还喜欢美术、音乐、摄影、文学、戏曲、曲艺等，几乎什么都喜欢。1962年，周总理号召部队文工团向祖国的传统曲艺学习，我跟着京剧大师李万春先生学过《击鼓骂曹》《古城会》等。每天吊嗓、拉山膀、踢腿、下腰，然后是起霸、趟马、走边，我全练过，我还跟高元钧先生的弟子学了半年的山东快书，到现在还对十来个段子倒背如流。我跟魏喜奎先生学过单弦"十三道辙"，这些东西是取之不尽用之不竭的艺术养分。

我不但学，还要为部队服务，战士们喜欢什么我就来什么。在创作时把戏曲里面的虚实运用到电影里面就非常好。赣剧、山歌、豫剧、越剧、川剧等我都喜欢看，看完了以后我就琢磨，这是提高综合素质。我们家是清贫的知识分子家庭，我4岁的时候祖父就教我学古文，当时我还没有桌子高，搬一个椅子，跪在上面趴到桌子上读边塞诗："月黑雁飞高，单于夜遁逃。欲将轻骑逐，大雪满弓刀。"这是一幅何等生动形象的古代战争的画面啊，可那个时候我还不懂，我祖父教一句我学一句。《岳阳楼记》我到现在还倒背如流。这些东西何尝不对电影创作大有好处啊！书到用时方恨少，从事影视艺术别急着当明星赚大钱，要先打好基本功。

"创新、突破、超越"是拍好重大题材的根本

杨：能否请您谈一下重大革命题材创作的感悟呢？

翟：我是军人，拍摄重大革命题材、战争军事题材是我的责任。我的创作感悟归纳起来是这么几点：第一，热烈地拥抱生活。真正热烈地拥抱生活，不是走马观花，这太重要了。生活是创作的源泉。第二，坚守中华文化。我发现中国的古典诗词里有很多电影的元素。本来电影是一个舶来品，1895年，法国卢米埃尔兄弟拍了短片《工厂大门》《火车进站》，在卡布其诺大咖啡馆放了一下，从此宣告电影诞生。我到法国去了两次卡布其诺大咖啡馆，还专门要了一杯咖啡，坐在那儿照了张相，怀怀旧。中国古典诗词里也有电影元素。"山重水复疑无路，柳暗花明又一村"，这不是典型的"叠化"吗？"欲

穷千里目,更上一层楼",这是"推、拉、摇、移、升"的运用。"床前明月光,疑是地上霜。举头望明月,低头思故乡。"四句短短的诗,像一个微型电影的分镜头剧本,画面、色调、光调,甚至似有若无的音乐,更有人物的情感等,都在里面。棒不棒?因此,不要小看我们的中华文化。国外一些好的东西要大胆地借鉴吸收,但是有一条要注意,就是要本土化而不是化本土。比如谍战片,我们的谍战有最重要的一条,四个字:化敌为友。这是一种情操,用这种人格魅力去感染对方。我不赞成模仿好莱坞,我们要做中国民族特色很浓的谍战片,是本土化的,而不是化掉本土完全照搬,那是没有出路的。第三,学习新生事物,推进创作。影视艺术和数字特技的发展是同步的,过去很多具有视觉冲击力的画面,只能想象而不能体现出来,今天可以仰仗数字技术制作出来。但是技术运用要有一个度,它是为叙事和塑造人物服务的。如果离开了内容,一味追求数字特技,那就是苍白的"炫技"。在剧作阶段就要充分发挥想象力,考虑到可能仰仗数字特技制作出来的阶段,而不是等到拍完了以后加些"慢动作"、特效。为什么美国大片好看?有一个重要原因,技术运用不是炫技,而是为了叙事。这些都需要我们放开眼界,多学习新生事物。

杨: 市场是目前影片制作必须面对的问题,有时作品的艺术性和市场性会发生矛盾,您怎么看待这种矛盾呢?

翟: 这和大的社会环境密切相关。咱们国家、咱们社会在各个领域都取得了大成绩,其中包括文艺创作,各个门类都出现了很多的优秀作品,受到人们的欢迎。重大革命历史题材其实也不是中国所独有的,在世界影坛上也是一个重要的类型,像美国的《巴顿将军》《珍珠港》,苏联的《解放》《攻克柏林》《莫斯科保卫战》等都是人家的重大历史题材,但是有艺术化的表现。

影视作品要想有市场,第一要做到常拍常新,创作要坚持创新、突破、超越,概念化、模式化是不行的,现在重大革命历史题材想要突破就在于艺术创新。如果还是习惯于对某一段历史进行来龙去脉、前因后果、面面俱到的阐释,这是不行的。比如一个剧本,大段平铺直叙的人物对白,史实上没错,但人家像听天书一样怎么会喜欢看呢?重大革命历史题材承载介绍党史、军史的责任,但如果只为学习党史、军史,那就去阅读史料翔实、具有权威性的教科书得了，何必花很多人力、物力、财力拍一个不是电影的电影、不是电视剧的电视剧呢？而且，当前要特别注意主要的观影群体是广大青少年。我们不能搞一些低俗的东西吸引眼球，但需要进一步提高可看性。这个课题很重要，任重道远，需要我们深刻思考。他山之石，可以攻玉。放眼世界影坛，我们可以得到很多启示。比如美国、苏联、法国、意大利、日本，应该属于电影大国。就以二战题材来说，美国30年代的《魂断蓝桥》被认为是准军事题材，没有硝烟弥漫的战场，但是那种强烈的反战色彩，使它成为军事题材电影的经典。苏联的军事题材电影大概分为四个阶段。第一个阶段是20世纪30年代，比如《恰巴耶夫》（我们翻译过来叫《夏伯阳》），还有《战舰波将金号》，杜甫仁科、普多夫金创立的蒙太奇理论到现在还是北京电影学院的教材。第二个阶段是二战爆发后，刚开始没法拍电影了，文艺工作者都去了前线。战争稍微平稳了一些，又开始摄制电影了，诞生了《青年禁卫军》《区委书记》等一大批电影，其中有优秀作品，也有不少概念化的东西。到了第三个阶段，也就是60年代，创作发生了巨大变化，出现了《战地浪漫曲》《第四十一》《解放》《伊万的童年》《士兵的颂歌》《女政委》等一批影片。到了第四个阶段，即70年代，更有很大的发展。中国观众比较熟悉的像罗斯托茨基的《这里的黎明静悄悄》，影片里有女兵洗澡的情节，刚开始我们还有些同志认为是色情，主张剪掉。我看过导演阐述，为了拍女兵洗澡这场戏，他专门把女演员叫来，讲清楚意图是什么，就是希望把她们的行为、心灵乃至胴体都表现得那样美好，但万恶的法西斯战争却将其从地球上抹杀掉了。如果不是法西斯发动战争，她们可以恋爱，可以结婚，可以生小孩，可以做母亲。但是战争把她们都毁灭了，她们在奋起反抗中一个个倒下了。什么叫悲剧？把美好撕碎给人看就是悲剧。

　　第二，重大革命历史题材文艺作品拥有市场，也需要文艺评论发挥导向的作用。现在报刊媒体上，就连手机上大量充斥的都是哪个明星的绯闻或是结婚花了多少钱这些东西。有很多的话题可以报道，有的媒体却把报道集中在这些方面了。我觉得，文艺评论可以推动创作越来越好，这也才能培养能够欣赏真善美的一代代观众，这是至关重要的。现在的小年轻缺乏引导。有些低俗的影片，引来社会上一片吐槽，却又拿这个当卖点，这就形成一个怪圈了。怎么改善这种状况？一方面我们应该拿出好作品给广大观众来欣赏，另一方面观众也得培养自己的审美能力。

杨：重大革命题材作品的思想性和艺术性究竟如何展现呢？

翟：如果把影视作品大概归纳，无外乎五种题材：第一，重大革命历史题材；第二，先进模范人物题材；第三，古装历史题材；第四，战争军事题材；第五，所谓的现实生活题材。现在存在的问题，我也归纳为：重大革命历史题材模式化，先进模范人物题材概念化，古装历史题材戏说化，战争军事题材娱乐化，现实题材低俗化。重大革命历史题材作品体现思想性和艺术性，我觉得无外乎两方面：第一，坚守信念、理想、担当；第二，坚持创新、突破、超越。

2016年是长征胜利80周年，这个题材的剧本不少，但说老实话，能让人振奋的作品少，一般化的太多。就我个人而言，我曾经三拍长征，这是我的幸运。第一次，1994年的《金沙水拍》；第二次，1996年的《长征》（上、下集）；第三次，前些年的《我的长征》。刚才说理想、信念、担当，这不是空洞的说教和政治口号。长征精神、抗日精神、抗洪精神、抗震精神乃至两弹一星精神、女排精神是中华民族的瑰宝，永远不会过时。长征精神是中华民族传统美德的集中体现，坚忍不拔、一往无前、不怕牺牲、吃苦耐劳、团结友爱等都概括在里面了。长征又何尝不是一种对人类体能极限的挑战和人类求生存的爆发力。雪山草地，长途跋涉两万五千里，那不是麦当劳、肯德基、全聚德吃饱了去的，是在饥寒交迫、装备低劣、枪林弹雨的情况下完成的，比如铁索桥，现在叫你吃饱喝足，身上吊着威亚也未必敢过，可是当年的红军硬是冲过去了，太神勇了！

我在我的每一部作品中都注重创新、突破、超越这六个字。除了三拍长征，不管是《血战台儿庄》《大决战》《我的法兰西岁月》，还是现实军事题材的《惊涛骇浪》等，我都自觉实践着这六个字。我三拍长征，每一次都如履薄冰，都像第一次拍。我现在看了一些重大题材剧本，感到头疼，千篇一律。一开始，硝烟滚滚，枪声阵阵，男声旁白：1928年怎么着怎么着。换一个剧本，枪声阵阵，硝烟弥漫，1938年怎么着怎么着。又送来一个剧本，这次创点新，枪声阵阵，硝烟弥漫，深沉的男声旁白配以字幕，1948年怎么着怎么着……

只有把作品做到好看才可以吸引人来观赏。现在影片质量参差不齐，特别需要舆论的导引。老一辈的电影艺术家逐渐被人淡忘了，只是到了一个节庆的时候，比如说电影多少周年了，向他们致敬才让他们亮相。一些重大革命历史题材的电影也和这些老艺术家一样，纪念性地亮相，一到节庆的时候，出一大批影片。为什么多数都不是精品力作，艺术想象哪里去了呢？一写先进模范人物，就是一个书记上山下乡。书记坐吉普车，在乡间的土路上走，尘土飞扬，土路旁边有一个老大爷正在土灶煮什么东西，烟熏火燎。书记下车了，走向锅台，揭开锅盖。特写：锅里头都是青菜、野菜，没什么油水。他可能还会说这样的话：这么多年了，对老百姓心里有愧啊！最后老大爷含泪目送书记。我们的好书记怎么到了影视作品里就如此地苍白、概念化呢？还有表现先进模范人物，最后都积劳成疾，下面的情节我们几乎都能猜到：吊瓶特写打点滴、躺那喘息着、夫人的安慰，最后大家拿着花圈送别、哭。生活中如此地感人，到了银幕上怎么就如此干瘪，原因何在呢？需要我们认真思考。

长征题材是很棒的题材，全世界不可能再有第二次。长征是独一无二的，是个永恒的题材，具有强烈的现实意义，应该常拍常新。像《巴顿将军》也不是为了纪念多少周年而拍的，准备成熟了就推出来了。一些重大革命历史题材，平时就要集中力量来做，不要等纪念日时遍地开花，影片质量粗糙，也很难走向市场。

杨：您能否再谈谈重大革命历史题材作品的真实性与艺术虚构的关系？

翟：艺术创作需要虚构，没听说把史料捏到一块就是剧本的，如果是这样那还要作家干什么？把史料捏捏，一看人物的话都是从史料上面抄下来的，都没有错，不是个性化语言，那是艺术吗？艺术创作就算是真实的历史片也是需要创作的，包括美术作品画毛泽东，除了标准像以外，其他的比如毛泽东手里拿一个雨伞，也是要经过构思的。重大历史题材应坚持"大事不虚、小事不拘"。比如，毛泽东当年很穷，儿子毛岸英结婚时毛泽东送了一件棉大衣，他说：你们结婚了我没有东西送你们，送你们一件大衣，晚上压被子盖暖和，白天穿御寒。有人说是在西柏坡送的，有人说是在香山送的，我认为不要较真是在哪里送的了，就是一位父亲送给儿子一件大衣，能表现出毛泽东同志的艰苦朴素和父爱就好。

我的二舅当年打日本鬼子在太行山牺牲了，一说这个话题我就比较激动，家仇国恨，我是坚决反对日本法西斯的。在影视创作上，决不能把中华民族的苦难史、抗争史搞成游戏化的娱乐史！表现正义的战争是非常神圣的，要坚持历史唯物主义，不能亵渎伟大的抗日战争，要怀有敬畏之情。对敌方不要丑化，我不赞成把日本鬼子表现成"八格牙路"化的小丑，不赞成拍《大决战》国民党方面的时候，蒋介石都是"娘希匹"。我们是"武松打虎"，不是"武松打老鼠"。要给子孙后代真正留下来英雄的形象，要揭露敌人的反动本质和丑恶，咱们经常说艺术源于生活，高于生活，这个高于生活就是说可以有一些艺术的创作或者是艺术的加工在里面。重大革命历史题材或者是战争军事题材应该也是允许进行艺术虚构的，但要注意一点，这种艺术虚构一定要源于史实和生活，要不然就是胡编乱造。比如手撕鬼子，不要说史实上有没有，在生活中你可能把人撕开吗？手榴弹扔到空中把飞机给炸了，裤裆里面藏一个手榴弹，那不成，那就成了抗日神剧，就恶俗了。这和在史实和生活的基础上进行的艺术虚构完全是两码事。比如我拍《惊涛骇浪》，一个战士因为太劳累牺牲了。我设计了一个艺术细节：在他弥留之际，满是泥浆的胳膊上跳上了一只拇指大的小青蛙，鼓着肚子看他，这是诗意化。小青蛙出来之前是写实，小青蛙出现就变成了写意；小青蛙出来之前是叙事，小青蛙出来之后是浪漫的抒情，而且起到了一个极大的对比作用，一个这么一点儿的小青蛙还有如此顽强的生命力，而这么一条汉子倒下就再也爬不起来了，生命是如此脆弱。小战士看着小青蛙还笑笑，慢慢闭上眼睛，一股鲜血从嘴角慢慢流出来，好像还在说：小青蛙好好活着啊……这就像中国的传统戏曲的"紧拉慢唱"，内在节奏很紧，外在情景则把他牺牲之前这个时间拉慢了，从而表现出人民战士的情怀。《惊涛骇浪》大家都说好，评论家也说这个艺术细节好，这个就是生活啊，战士是在江岸上抗洪，这种环境往往就有青蛙、泥鳅、蚯蚓，如果是一只公鸡或是一只猫就不太可能了，抗洪的江岸怎么会出现这些动物呢？但一只青蛙是很真实的。

我拍电影《长征》，明明是惨烈的场景，我恰恰选择凄美、哀婉的《十送红军》做对比，因为惨烈的场景再配上激烈的音乐，北京话说这叫"顺拐"，不成。而惨烈的场景配上凄美哀婉的音乐与歌声，更能引起人们无尽的联想，这就是"声画对立"营造出的诗意化的艺术效果，我还把最后的词改了一下："问一声亲人红军啊，此一去西征何时才回还。"回什么还啊？大部分红军战士都在长征不同的地段倒下了……很多东西值得我们认真思考，我们已经取得的成绩令人欣喜，但是百尺竿头更进一步，从高原向高峰攀登的征程中还有很多事情等着我们去做。

杨：确实，对于重大革命历史题材，我们首先要保持作品的客观真实性，但在表现手法上如何才能使作品更具感染力呢？

翟：重大革命历史题材本来是好故事，传递了正能量。我希望加一个前置词就是艺术化地传递正能量，绝对不能干巴枯燥、标语口号、空洞说教。文学艺术最主要的是要塑造生动鲜活的典型人物形象，以影视来说中外都是如此，塑造好形象是至关重要的。要塑造出生动鲜活的人物形象，就要真正深入生活，用我的话说就是热烈地拥抱生活，研究史料。比如说拍电影，现在有的作品对话太多了，有些电视剧化了，电影应该用造型讲话，通过个性塑造介绍历史的进程。比如说敌我双方的态势是怎么回事，这边怎么运动，那边怎么包抄，敌有多少师多少旅，要说这些东西，更要艺术化地表现出来，红军当年在饥寒交迫、装备低劣、枪林弹雨的险境下，居然在泸定桥光溜溜的铁索上硬是英勇顽强地冲过去了，这是何等的震撼人心！年轻的观众看了以后觉得共产党真了不起，红军真了不起，这就起到爱国主义和革命英雄主义教育的作用了。背景、态势应该介绍，但要"以史掩人"，要塑造人物。重大革命历史题材作品中精彩的艺术细节越多，人物形象越鲜明，成功的概率越大。

文艺评论应引导创作者专注于作品

杨：作为一个艺术创作者，您怎么看文艺评论的作用呢？

翟：文艺创作没有文艺批评是不行的。对作品开展健康的文艺批评很重要，全社会都要充分关注、支持文艺评论的开展。票房也好，点击率也好，收视率也好，这些应该重视，但是主要还是要看片子本身的品质。文艺评论应该引导创作者把注意力集中到作品上来。我觉得作为电影来说只有拿出过硬的作品才是硬道理，说别的都是白搭。说得再好，出不来好作品，愧对时代，愧对人民，这就是我的感想。比如，觉得只要出名的就是好的，才误导了有的地方甚至在争西门庆的家乡，这成何体统啊！你可以争包公的家乡、诸葛亮的故乡，西门庆这么一个人很光荣吗？还有某地弄一个山寨的狮身人面像，用这种东西吸人眼球，很荒唐啊，真正的中华文化在哪？现在有的创作者，先想怎么一夜成名赚大钱，其次才是作品本身，怎么得了？有的搞创作被很多杂念干扰，要打造城市名片，要提高知名度，要拉动旅游，要推销产品，本意无可厚非，但拍片就是把片子拍好，写小说的就要把小说写好，写散文的就要写得优美，搞音乐要让它动听，不要有那么多杂念。好的作品自然会流传。我老说娱乐没有错，人们辛勤地劳作一天，晚上回去看点影视作品，爱情爱情，缠绵缠绵，打斗打斗，惊险惊险，都不为过，要满足人民群众多方面的审美需求，但是主流是什么？如果一个国家一个民族娱乐至上，娱乐至死，娱乐是终极目的，这个国家和这个民族还有希望吗？这值得我们每一个文艺工作者、电影工作者深思。周总理在56年前就要求我们文艺创作要"寓教于乐"，我理解这个乐不是哈哈大笑的乐，而是寓教于艺术，让读者和观众在审美的过程中受到感染，收到预期效果。因此，搞艺术要集中精神，不要杂念很多，狠抓作品质量。从来就没有什么救世主，全靠自己救自己。对于创作者而言，把作品搞好，这是唯一的。

另一方面，不管是文学作品，还是音乐、歌剧、影视作品，都需要严肃的文艺评论，从理论上进行分析，这样的发声很重要，不同层次的读者都可以从中受益。在我的艺术生涯中，也曾得到评论家的许多指点。我30年前有个电影作品《共和国不会忘记》，电影理论评论家于敏先生的评论文章题目是《松柏本孤直》，对这部影片进行了赞扬，也非常中肯地指出了不足，对我有很大启发。再如，电影评论家钟惦棐先生的文章鞭辟入里、敢讲真话，非常了不起，现在这种文章太少了。

访后跋语：

  2016年是长征胜利80周年。我供职的中国文艺评论家协会与江西文联在赣州举办长征题材文艺创作研讨会。在会议期间，有幸采访了出席会议的翟俊杰导演。陪同翟导站在江西于都河畔，几座大桥飞架于都河上，连接出一座现代化城市。而1934年的10月，红军将士从这里搭浮桥渡江，开始了漫漫征程。过去的痕迹已难以找寻，我们只能在历史的时空中，与那些先烈们彼此凝望，望着静静流淌的于都河，听翟导讲述80年前的长征故事。在我与翟导漫步过程中，翟导还讲了许多令人深思的革命故事和国内外影片的经典片段，他视野广阔、博学多才，他谦逊幽默、嗓音浑厚，他说话铿锵有力、掷地有声，他身在影坛，心忧天下。他用自己的创作实践，有力地讲述了如何做好重大历史题材的作品以及如何做出更多的精品。说到重大革命历史题材的创作，他提到六个词：信念、理想、担当、创新、突破、超越，而所有的创作必须要深入生活、拥抱生活才能更好地坚守我们的中华文化。他所谈到的文学艺术创作经验和当今存在的问题，都值得评论家、艺术家进一步思考。回京之后，我跟翟导又通过微信及电话等多次联系，对于我不成熟的发问，他会亲切地回复"傻丫头"，一点没有大导演的派头，却在举手投足间展现出一个艺术家的胸襟和风范。

               原载于《中国文艺评论》2016年第12期。

雅俗共赏的奥秘是求得最大公约数

——访作曲家王立平

赵凤兰[*]

王立平

1941年生，满族，吉林省长春市人，国家一级作曲家，现为中央文史馆馆员、中国音乐著作权协会终身名誉主席、中国电影音乐学会名誉会长。多年来创作了大量影视音乐精品，主要作品有《潜海姑娘》《太阳岛上》《浪花里飞出欢乐的歌》《驼铃》《少林 少林》《牧羊曲》《大海啊故乡》《太行颂》《飞吧，鸽子》《大连好》《江河万古流》《红叶情》《枉凝眉》《葬花吟》《红豆曲》《说聊斋》等。这些作品不仅优美动听、情深意切、雅俗共赏，而且具有浓厚的民族风格和鲜明的个性，富于哲理和文化品位，在社会上广为流传，经久不衰。1979年，他为电视片《哈尔滨的夏天》作词作曲的插曲《太阳岛上》风靡全国，一夜成名；1980年，他为电影《戴手铐的旅客》填词谱曲的《驼铃》饱含着浓浓的战友情，传唱至今；而他耗时4年精心创作的87版《红楼梦》组曲更因其较高的艺术价值和震撼力，成为中国民族音乐史上的经典之作。王立平还为推动我国著作权法的制定、实施和完善，做了大量工作，领导并创建了我国第一个著作权集体管理组织——中国音乐著作权协会。同时，王立平还是一位有影响的摄影家，曾在"四五运动"中拍摄了大量珍贵的历史瞬间，是"四月影会""自然社会人艺术摄影展""中国现代摄影沙龙"等摄影团体及影展的发起人和组织者之一。其摄影作品《让我们的血流在一起》获中国文联、中国摄影家协会共同颁发的"四五运动优秀摄影作品一等奖"和中国摄影家协会颁发的"四十年摄影艺术展览优秀作品奖"。

---

[*] 采访人单位：中国文化报社。

一、走上音乐之路是命该如此

赵凤兰（以下简称"赵"）：王立平老师，您好！几个月前慕名到中国文联聆听了您的讲座，对您的艺术人生和创作经历产生了进一步了解和探究的兴趣。一个艺术家的成功往往与他个人的成长经历密不可分，尤其是幼年时的成长和艺术启蒙对塑造和培养音乐家的艺术素质至关重要。您能跟我们分享一下您是如何跟音乐艺术结缘的吗？

王立平（以下简称"王"）：可以说，我走上音乐这条路很大程度是受家庭的影响，我的父亲是吉林长春的一位民乐爱好者，擅长吹管子、笛子、箫，十来岁时和几个小伙伴组建了东北第一个民乐团——零零乐团，为了偷学艺，他经常走村串乡，跟着当地的红白喜事吹奏队伍，边走边学边记，后来还做了音乐老师，也教了不少学生。我从小便在父亲的管乐声中沐浴成长，由此对中国传统民族音乐产生了深厚的感情。记得小时候父亲对我说，有一天他在一个雾气蒙蒙的早晨，独自站在山边的泉水旁吹管子，一个人用音乐与大地呼应，悠扬的管乐声顺着泉水传到很远很远，那种独占万泉的感觉令我神往。后来我自己也尝试吹箫、吹笛子，有时一晚上吹一整支曲子，从头到尾是我自己编创的，吹到动情处，竟把自己吹得泪流满面。我这种重情义、多愁善感的性格可能为日后创作《红楼梦》组曲播下了种子。

在父亲的启蒙和一些院团演奏员的教导培养下，我渐渐走上了一条通往音乐殿堂的道路。1954年，在12岁那年，我作为中国少先队的代表被选送到匈牙利参加国际夏令营，因为是第一次出国看世界，对我的触动非常大。在那里我不仅唱了民歌、听了音乐会，还知道了李斯特，了解到世界上原来还有那么多伟大的音乐家和好听的音乐。归来路过莫斯科的那天晚上，我们一行十个孩子聚到一起，去听夜里克里姆林宫的钟声，和着钟声，大家每人说出自己的愿望，有人说想当教师，有人说想当留学生，还有人说想当工程师，而我非常肯定地说自己将来要当音乐家，至于当什么样的音乐家就不知道了。看来走上音乐这条道路对我而言是命该如此，从小就喜欢，除了音乐就没想过要干别的。

赵：看来您在孩提时代就非常有主见且对未来的音乐之路有清醒的目标。听说您幼年在艺术上涉猎广泛，音乐、书法、摄影样样喜欢，怎么就一门心思扎到作曲里了？

王：我从小就是个不安分的人，因为兴趣太多，我父亲常说，你小子鼫鼠五技，样样通就容易样样松，你得以一业为主兼学别的。我伯父的字写得太好了，我一直不敢写，直到晚年才提笔；摄影是12岁那年与音乐同时开始学习的，小时候经常给同学拍照，在班里搞墙报，但我最终还是选择了作曲。记得当年我考中央音乐学院少年班（后来的中央音乐学院附中），监考老师问我将来准备学什么专业时，我毫不犹豫地说要学作曲。因为作曲这个职业我认为特别能使上劲，特别能抒发自己的情感。虽然唱歌和演奏也能抒情，但兴许是因为别人的钢琴弹得太好了，我弹不过他们，不知不觉把我逼上了作曲这条路。另外我从心底里觉得演奏者也很可怜，李斯特写个曲子他们就得一遍一遍照着练，我为什么不能写个曲子让别人去练呢？我不喜欢被别人支配和限制，我要去主导和支配别人，让别人来理解我的意思。而作曲能给人自由创作和想象的空间，那种无中生有的感觉特别好，是唯一能让我感觉到我能而别人不能的事情。我可以完全按照我的意志和感受自由发挥，把那种人人心中有、人人口中无的东西通过音符诠释出来，让演奏者和听众去体味我的作品所带来的认知、愉悦、激荡、震撼，这是一种很大的享受和愉悦。

赵：后来您在音乐学院经过了专业的培养和中西方不同音乐理念的熏陶，也接触到了莫扎特、肖邦、贝多芬、李斯特等世界顶级音乐家的作品。但您作品中的音调、节奏和韵律却依然保持着鲜明的民族特色和传统的民间音乐基因，尤其是您创作的《太阳岛上》《驼铃》《牧羊曲》等电影音乐，在民间有着广泛的群众基础和生命力。您作品中这种东方民族韵致之美从何习得？

王：我的创作风格和理念的形成一方面得益于学院的培养，毕竟弹了那么多年钢琴，对贝多芬、肖邦、李斯特的作品谙熟于心；另一方面，我永远忘不了萦绕在耳边的父亲的笛声、箫声，如今我已想不起他当年吹的是什么曲子，只记得他吹的都是民间的话、传统的话、老百姓的心里话。

说实话，当年我在音乐学院并不是成绩最拔尖的学生。当时的学风一味追求新潮，将拉威尔、德彪西等印象派作曲家视为顶礼膜拜的偶像，不太注重乐曲的传统性、群众性、民间性等与社会生活的关联，也不注重歌曲的创作。记得1962年，学校举行了一场作曲系的创作比赛，按当时学院派的标准我只够得个三等奖，这事儿对我的刺激很大。我觉得一个中国的作曲家如果不能给老百姓写点他们喜欢并传唱的旋律，那这个作曲家就白当了。尽管音乐学院有很强的师资，每年培养很多学生，但创作出的音乐大多曲高和寡，能够在社会上传唱的很少。而瞿希贤、李劫夫还有部队的时乐濛、唐诃、生茂等老一辈作曲家，他们有些人并没有在音乐学院学习过，写出的旋律却在群众心中根深蒂固、广为流传，像新中国成立初期传唱最多的瞿希贤的《胜利的旗帜哗啦啦地飘》、时乐濛的《歌唱二郎山》、李劫夫的《我们走在大路上》等，这些歌曲之所以那么有生命力、那么吸引人，老百姓谁都会唱，是因为这些作品里有生活、有社会、有传统文化、有老百姓的心情和意志。

我父亲对我说北京有很多小吃，我当时觉得小吃很脏从来不去吃，我父亲说大部分中国人就是这么活着的，你跟他们不一样能写出他们喜欢的曲子来吗？后来我不仅吃上了北京的小吃，还跟老百姓们打成了一片。假期的时候我会买张公交月票，经常到处走一走看一看。记得有一年天津海河发大水，我一个人到抗洪前线跟战士们一块干活，弄得一身泥，然后坐在那里看那些人睡觉的样子，觉得这些我平常不熟悉的普通老百姓其实都挺可爱的，他们的生活中也充满了各种乐趣。如果我始终高高在上、按部就班，可能现在我就是一个什么缺点也没有、什么错误也没犯、平平常常、循规蹈矩之人。令我记忆犹新的是，有次我父亲坐火车碰巧遇到李劫夫，李劫夫一路上跟他分享了很多个人的创作故事，说自己写完新歌教工友们唱时，工友们有些地方唱得不对，但自己并不要求他们唱对而是悄悄把这个曲儿改成他们能唱对的，这事对我的触动很大。我从我父亲、李劫夫等前辈音乐人身上感受到榜样和标杆的力量，意识到一个好的作曲家不能老自恃清高，关在象牙塔里坐而论道，而要深入生活，力争给这个时代的老百姓留下点他们听得懂、能理解的曲子，那是一种光荣。有了这种觉悟后，我便不再在意作品是否获奖，不再为自己的主课拿不到 5 分而感到羞辱，不为追风、赶潮流去赢得大家的认可，而是下决心用自己的悟性和对生活的理解来为创作指路，绝不能当一个脱离社会、脱离群众的作曲家。

二、好作品要以表达跟老百姓共同的情感为基础

赵：的确，艺术家脱离时代和群众，闭门造车是写不出好作品的。您能否以成名曲《太阳岛上》以及《少林 少林》《牧羊曲》等具体作品为例，谈谈您是如何深入生活的？能简要讲讲这些经典作品的诞生过程和创作经历吗？

王：深入生活有直接深入生活和间接深入生活两种。1979 年，我刚刚调到北京电影乐团（现今的中国电影乐团）从事影视音乐创作，中央电视台的电视片《哈尔滨的夏天》的音乐编辑找我临时救火补台，要我以最短的时间写出《太阳岛上》《浪花里飞出欢乐的歌》两首插曲。没料到这两首歌一写出来便风靡全国，太阳岛也理所当然地成了全国青年人向往的爱情旅游胜地。后来有些摄影人去了以后颇感失望，说我把大家都坑了，太阳岛没有歌里唱得那么好，那里一地冰棍纸、罐头盒。这就引出一个话题：好的作品应该先深入生活而后创作，连去都没去怎么能写出作品呢？我想说的是，深入生活并非像小商贩做买卖一样，先要一大早进货把冰棍买来，然后再卖出去。再说没到过现场就写出作品不是我发明的，古已有之，比如北宋文学家范仲淹写《岳阳楼记》时就没去过岳阳楼，他只是通过对洞庭湖的侧面描写衬托岳阳楼，以寄托其"先天下之忧而忧，后天下之乐而乐"的思想和仁人志士节操。我写《太阳岛上》也是一样，虽然我没有去过太阳岛，但我可以借太阳岛的名字和地方，来抒发我们这一代人对美好、幸福生活的向往。其实在写太阳岛之前，我并非没有深入生活，而是长时间酝酿后偶得妙题。"文革"过后，人们重新燃起了对爱情、生活的渴望和对民族美好未来的向往，于是我借题发挥，把藏在心中的激情和这个时代人们共同的幸福感借《太阳岛上》

这首歌表达了出来，它之所以受到大家喜爱，是因为它唱出了那个时代人们共同的心声。成功的创作者一定要知道自己的作品是写给谁、唱给谁的，要以表达跟老百姓共同的情感作为基础。

说到《少林 少林》，我没当过和尚，那一千多年前和尚们的生活又到哪里去体验？《红楼梦》年代无考、地域无考，更无从体验，那是不是就不能写了？不是这样的。你不用真的亲自经历很多磨难，难道英雄死了你也得死一遍才能体会？艺术家要善于从触类旁通中求得对人类、对社会、对历史、对文化、对传统、对老百姓的认知；同时还要有丰富的想象力，这种想象力是有根有据，不是不着边际的，它从活人中来、从真事中来、从历史中来、从传统中来，从许许多多故事、传说中来。

《少林 少林》的创作也是一种机缘巧合，1981年，香港新联影业公司的导演请我为电影《少林寺》作曲，原因是我会写河南音乐，可当时连歌词都没有。香港人的创作习惯是先有曲后有词，而我坚持先有词后谱曲，因为我不放心自己写完的曲子让别人去填词，也不知会填成个什么样。双方一度相持不下，最后我说那就词曲一块都写了吧！我迅速用两天时间写了《少林 少林》《牧羊曲》两首词，第一稿谱的是河南音乐，用了豫剧、二夹弦等河南音乐元素，当时摄制组的人听了都鼓掌叫好，导演也很喜欢我写的这个河南味儿。但没过几天我自己又把原稿给推翻了，我的理由是：电影《少林寺》讲述的是一千多年前唐朝的事，那个年代还没有豫剧和二夹弦；再说，这部电影不只是拍给河南观众看的，如果只在河南演必定讨好，一出河南或者走出国门就要大打折扣了。为了获得更广泛的观众群，我又重新构思了新的曲调，也就是今天大家听到的这两个版本。这两首曲子一个男生演唱一个女生演唱，一个快板一个慢板，一个阳刚一个阴柔，一个古代一个现代。可见，创作不要满足自己的一得之功、一孔之见，要在创作中舍得容得，尽量使自己的作品尽善尽美、精益求精。

三、你的想法永远要在别人的前面

赵：众所周知，您耗时四年创作的《红楼梦》组曲已成为音乐史上的巅峰之作，面对经典我已词穷，已找不出比"此曲只应天上有，人间能得几回闻"这句评俗了的话更新颖的词句来形容它的美。您和曹雪芹隔空对话，谱写的每首曲子都自然镶嵌其中，就像是《红楼梦》中的一部分一样自然贴合、天衣无缝。我想只有充分参透曹雪芹的心思、理解《红楼梦》的精髓，才能创作出这些独属于《红楼梦》审美意境的专属音乐。能跟我们分享下您创作《红楼梦》组曲的故事吗？

王：任何一个中国文人能触到《红楼梦》都是他的缘分，也是他的荣幸。创作《红楼梦》组曲我花费的时间最长，费的劲最大，经历的困难也最多，在我心中有一份特殊的地位。记得当年王扶林导演的爱人——已故中央人民广播电台著名资深高级音乐编辑王芝芙大姐——问我是否有兴趣为电视剧《红楼梦》作曲时，我顿时激动不已，当即表示"极有兴趣"。我从小就读《红楼梦》，可那时读不进去，觉得家长里短、啰里啰唆，翻了好几页什么大事都没发生，没有耐性仔细品味。后来经过人生的磨难和挫折后再重读，才有了许多深切的感受，而且越读越爱，越爱越深，也一直希望能有机会用我的音乐表达对《红楼梦》的理解和喜爱。

当正式接下为《红楼梦》作曲的这份沉甸甸的工作时，我心里却开始打鼓了，觉得这是我这辈子干的最不着调、最胆大妄为、心里最没谱的事。因为《红楼梦》里所有的人物形象和服装道具都在曹雪芹的笔下清清楚楚、明明白白，唯独音乐连一个音符都没有，逼得我一个人无中生有，我顿时心中一片悲凉。我一直苦苦思索，什么样的音乐可以承载《红楼梦》的思想深度和厚度。戏曲不行，民歌不行，现成的素材都无法淋漓尽致地表现它的喜怒哀乐，且不同风格样式的素材无法搭配在一起。需要创造一种全新的、能够反映《红楼梦》这一史诗性的宏大叙事，表现曹雪芹对中国文化、历史、社会独特思考的音乐语汇，具体是什么？可把我难得气短神伤。经过反复思量，我决定写成"十三不靠"，即不靠戏曲、不靠民歌、不靠说唱、不靠流行歌，也不靠艺术歌曲，创造一种只属于《红楼梦》的音乐"方言"。

由于没想好用什么做主题歌，也拿不准歌曲的音乐风格和基调，我一拖再拖不敢轻易下笔，愣是一年的时间里一个音符都没写。后来剧组上下达成共识，《红楼梦》主题歌谁也别在太岁头上动土，曹雪芹的诗词写得那么好，就用它的原词。当时有人建议将曹雪芹的"满纸荒唐言，一把辛酸泪。都云作者痴，谁解其中味？"作为主题歌，我说不行，什么荒唐言？怎么个辛酸泪？他哪儿痴了？连自己都不知道怎么解其中味？主题歌的"题"在哪儿呢？有人提议那就用《好了歌》。乍一听《好了歌》似乎有点主题歌的意思，但仔细一琢磨，"好便是了，了便是好"是一种出世的思想，《红楼梦》是入世的。最后我建议能否用《枉凝眉》做主题歌，理由有三点：第一，"一个是阆苑仙葩，一个是美玉无瑕"勾画了宝钗黛的爱情主线；第二，"想眼中多少泪珠儿，怎禁得秋流到冬尽，春流到夏！"预示着悲剧的结局；第三，《枉凝眉》文字优美、情真意切，一唱三叹能入乐，非常适合当主题歌。我的提议最终得到了导演和几位编剧的采纳，待我交出了《枉凝眉》《序曲》两段投石问路的乐谱时，已经是一年多以后的事了。我由衷感谢王扶林导演对我的知遇之恩和极大信任，要是换了别人，三个月没写出来我就理所当然被赶出剧组了。

赵：《葬花吟》是《红楼梦》组曲里的巅峰之作，在《葬花吟》里，您把一个为爱情失魂落魄的林黛玉和一幅落花流水的暮春图，用凄美的音乐语言描绘出来，尤其是歌曲高潮部分的那句"天问"，写得荡气回肠，沁人心脾。您作为一个男性作曲家，怎能如此细微地体味林黛玉这样一个女子的内心世界，并把黛玉对爱情的离愁写得凄婉动人、深入骨髓，道出痴情儿女的相思之苦和离愁之情？俗话说"男儿有泪不轻弹"，您却为此弹得不轻，据说创作时还趴在钢琴上哭了很多次，有人说您当时正处于失恋状态。

王：有人说我失恋，有人说陈力的丈夫去世催生了作品，我觉得这些事对于艺术的事来说太小太远了。写《葬花》《分骨肉》的时候我的确是流过泪的，但我哭的时候都是写出来之后才哭。写不出来哭，对于一个男人来说太没出息。写不出来时我都极为专注，那是一种失重、失控的状态，而写到奔涌之处就超然物外了。在我所有创作中，《葬花吟》是费的时间最多、辛苦最多的，我一共花了一年零九个月，为什么？就是认知问题。我开始一直不解曹雪芹为何对林黛玉寄了那样特殊的爱，把那么深厚的感情、那么重的笔墨和尽人皆知的美的词句都给了她。小时候我不喜欢林黛玉，同学说他娶老婆要娶林黛玉，我说我要娶薛宝钗。林黛玉个头不高，脾气不小，身体最差，而且矫情，动不动爱哭要人哄；薛宝钗却美丽大方、通情达理。现在在大学调查，据说好多男同学表示要娶王熙凤，说王熙凤能管家又善于理财！但在曹雪芹的笔下，他把林黛玉写得入木三分，写得谁都为她的命运扼腕叹息。虽然曹雪芹笔下还有很多面容姣好的女子，包括尤氏姐妹也都死得很壮烈，但林黛玉是所有女子中最聪明，也是痛苦最深的一个，她的悲惨遭遇正是曹雪芹想把吃人的社会撕开给人看的用意所在，这就是曹雪芹最了不起的地方。

我把《葬花吟》歌词摆在桌上，每天都要读上几遍，一年多天天如此。有一天我突然发现，"天尽头，何处有香丘"，这哪是低头葬花啊，分明是昂首问天，这是林黛玉这个娇小的女子在昂首向天讨公平时，所发出的杜鹃啼血的悲鸣。我突然想起屈原在《离骚》中的"天问"，于是跟编剧和红学家们商议，能不能将《葬花吟》的高潮部分写成"天问"的形式，他们听完都在那里发呆，没有人说话，我接着向他们阐述了写成"天问"的理由以及我对曹雪芹和林黛玉的理解。后来红学家们觉得这个写法很好，公认曹雪芹思想受屈原的影响。我写完后在钢琴上弹给他们听，"天尽头，何处有香丘……"后面"咚咚咚"几声沉重的鼓声敲在人心上，它既是林黛玉这个弱小女子对天发出的呼号和对命运的抗争与反叛，也是我替曹雪芹、替林黛玉、替《红楼梦》中所有面容姣好的女子、替所有被侮辱和伤害的人出的一口闷气。

赵：据我所知，《红楼梦》组曲的演唱者陈力是个业余歌手，当时音乐界有那么多年轻漂亮、嗓子好的著名歌唱家和学院派专业歌手，您为何要冒着风险，选择了一个从未接受过声乐专业训练，也没进过录音棚录音的业余歌手来演唱这一鸿篇巨制呢？据说还费了九牛二虎之力去打造她。

王：我之所以选择陈力，主要看中的是她嗓音中那种萌萌的初来乍到的"青涩"，那种朦朦胧胧的傻气儿。当时的确有很多人不解，说那么多成熟的歌唱家你不选，非要费那么大劲去挑一个"棒槌"，我说我不要成熟，我需要一个非常美好的、令人耳目一新的声音。我脑子中想的那个声音当时就飘在天际，现成的大家名家中没有这个声音，那是一种纯纯的、傻傻的感觉。《红楼梦》中这帮孩子当时也就十五六岁，宝玉跟黛玉在床上滚，一点邪念都没有，我希望歌唱者的声音也萌萌的、傻傻的，人们不曾听到，是我把它创造出来的，为此我不惜铤而走险。陈力当时是长春第一汽车制造厂的化验员，由于没有受过专业声乐训练，她的嗓子没有形成自己的风格，容易塑造

111

成《红楼梦》的专属"方言"。再加上她唱过京剧，声音纯净，有很好的歌唱天赋和乐感，之前我曾找她试录过纪录片主题歌《长春春常在》和为联合国写的环保歌曲《假如天空没有飞鸟》两首独唱歌曲，她的声音正是我想要的。为了把陈力塑造出来，在规定的时间里创作并录制出能体现我想象中的《红楼梦》的神韵和风格，我对陈力的要求甚至比专业歌唱家还要严苛，又要声音有光彩又要收放自如，包括歌曲里所有的小弯都一点点抠，这给陈力思想上带来了很大的压力。她顶着压力，在剧组里生活并工作了三年，最终超水平发挥，极为出色地完成了《红楼梦》音乐中很重要的歌曲的大部分。如今大家评论最高的依然是陈力，大腕没人唱过她。看来，你的想法永远要在别人的前面。

赵：除了创作风格、音乐元素和演唱者的声音耳目一新外，我感觉音乐的线条、节奏、调式似乎也是打破常规的，古琴、古筝、云钟、鼓声等许多传统民族乐器的使用甚至颠覆了人们传统的欣赏习惯，属于一种非线性的音乐叙事语汇。

王：你说得对！中国传统的审美是线性思维，二胡拉一遍，琵琶弹一遍，线条接线条的，《红楼梦》组曲则打破了常规的中国民族乐器的用法，采取的是混合乐队，是用西洋管弦乐的弦乐做的托盘，盘子上托的是古琴、古筝等中国民族乐器，还有一些打击乐。有些民乐的旋律被拆散了使用，重新进行了新的排列组合，这是我对中国民族音乐的一种全新的表达。比如：序曲里那声"当"的古琴声代表一声叹息，非常含蓄，仿佛是文人雅士的一声感慨，从一开始就表达出这是一个中国的、古老的、令人叹息的故事；最后一记锣也敲得意味深长，表明一切尽在不言中。再比如《红豆曲》，那种弱起一直贯穿到结尾，在创作上似乎违反常态，甚至有些奇怪，但我需要的正是这种违规的效果，否则不足以表达歌曲里我需要的那种情感。总之，《红楼梦》的曲调是今天人们能接受的一种全新的中西合璧的音乐语言，它的和声和复调采用的是西洋乐器，是对中国传统民族音乐的一种陪伴和衬托，能够把中国民乐衬托得更加有光彩、更加秀美、更富有层次。

四、艺术家最重要的本领是理解人的能力

赵：您的作品风格情真意切、委婉动人，无论是《驼铃》《牧羊曲》，还是《红楼梦》组曲，都能雅俗共赏，戳中人们内心深处柔软处的神经。您能跟我们分享一下您的创作心得吗？如何才能写出抵达人灵魂深处并能激起广泛共鸣的"神曲"？如何提升乐曲的感染力、赋予音乐作品以灵魂呢？

王：艺术创作是件不可思议的事，永远没有绝对的什么偏方，说白了只可意会不可言传。要提升作品的艺术感染力，作曲家要善于将自己的热量传递出去，把听众的心暖热，让他们感受到并接受你的热量，这样才有可能影响到别人。所谓雅俗共赏，就是你能跟雅的人说得上雅的话，跟俗的人能说得上俗的话。你想要别人爱得彻底、爱得深沉、爱得强烈，首先你自己得爱得彻底、爱得深沉、爱得强烈。你既要懂他懂的，又能让他懂你懂的，而且彼此都能心心相印。作品要雅俗共赏需求得社会最大公约数，至于如何才能找到最大公约数，这取决于一个人的涵养、品格、学识、悟性。前些年我每年都要读很多长篇小说，不是为了好玩，而是为了了解这个社会，以及这个社会正常的人和不正常的人、前时代的人和后时代的人。你要知道大家喜欢什么，你还要知道大家还可能喜欢什么，你更要知道并告诉大家还应该喜欢什么。把优秀的作品、新奇的构思、出类拔萃的艺术奉献给观众。艺术家最重要的本领是理解人的能力，无论什么人你都得理解。能在若干人中掌握大多数，你就是艺术家的坯子。

在我看来，一切艺术首先是文学的构思，要有文学的呈现，这种呈现不一定是写文章，而是在心里打腹稿。比如在写《红楼梦》组曲时，我首先把故事吃透，把曹雪芹写作时的心境揣摩透，反复从文本的角度去咀嚼和品味。我从曹雪芹的角度去体味、品味、解味，从曹雪芹笔下人物的命运去体味、解味、品味，设身处地地替将来听我音乐的人去体味、解味、品味。要替不同的人去想，什么样的音乐能让他们心情激荡，让他们感动，把他们听哭。你想让人家感觉是酸的，你的心里必须也是酸的。你要懂人之常情，知道人生的苦辣酸甜、悲欢离合、生离死别，而且必须真的懂，切身去感受，还得把真实的感情用大家都能理解的语言准确表达出来，让人听了没距离，这就

是艺术的魅力。音乐特别无能，使了半天劲儿也不知道它讲的具体是姓张的还是姓李的；但它又特别有能耐，就是你半天说不明白的内容，只要音乐一响起就能迅速把人带入那个情境里。

赵：我看您的很多音乐作品都在坚持自己独特的音乐语言，独辟蹊径地去创造一种新的语汇，有时甚至有意避开一些所谓"潮流"的东西。您如何看待经典与潮流的关系？在您心中，衡量一部经典作品的标准是什么？

王：衡量一个作品是否是经典有两个维度：一个是广泛的坐标，一个是时间的坐标。只流行一阵儿的作品不是好作品。现在很多作品一问世就说它是经典，还没看明天呢，怎么就成经典了呢？什么是经典？经典不是什么人都可以轻易颁发的荣誉，不是随意按照谁的意志打造的，更不是重赏之下买来的，它要经过长时间的历史沉淀，并接受广大人民群众的检验。如今有些流行歌曲咿咿呀呀连歌词唱的是什么都说不清，怎么能长久流传于社会？当然每个人有每个人的活法，想法不同效果也不一样，有的人是为了挣钱，但我总希望我的作品能长久一点儿。昙花一现的流行歌曲与贝多芬的作品是没有可比性的。好作品要能接受时间的检验、历史的检验，被社会所公认，能让人们长久地把它放在心上，承认它的价值。

说到潮流，潮流永远存在，能长久地潮流下去就成经典了。在此，我想谈谈我为电影《戴手铐的旅客》写的主题曲《驼铃》。20世纪80年代初，社会上最时髦的词是花啊，草啊，爱情，最时髦的乐器是电吉他、电子琴。当时有句流行的话叫"土流氓玩刀子，洋流氓玩吉他"，电声乐器风靡一时。但我觉得《驼铃》表现的是革命情、战友情，那些时髦的电声乐器无法表现歌曲里的那种深沉和离愁别恨时的伤感，于是避潮流而动，改用琵琶、二胡等传统民乐，结果《驼铃》红遍大江南北。值得欣慰的是，当年某摄制组在为邓颖超拍摄纪录片时，邓大姐特地要求拍她听《驼铃》的场面来表达对周总理的怀念；此外，参加对越自卫反击战的战士，在战场上面临生死关头的时刻，用《驼铃》这首歌来为自己壮行。如今回首往事，我庆幸当初没有迎合潮流。艺术创作要有一颗真诚的心，我不会为了达到什么目的而去降低我的艺术水准和对音乐的追求。

赵：过去很多好听的影视主题曲、插曲与优秀的影视作品相伴而生、相映生辉,像电视剧《三国演义》《西游记》《上海滩》《便衣警察》《渴望》《霸王别姬》的主题曲、插曲,以及您创作的《枉凝眉》《牧羊曲》《大海啊故乡》等,都成为承载一个历史时期人们集体记忆的文化符号,被打上深深的时代烙印。如今步入高速发展的多元文化时代,我国每年生产大量的影视作品,为何许多作品都昙花一现呢?您觉得问题的根源在哪儿?

王:我觉得问题的症结是创作者缺少生活体验,有的人太浮躁、太急功近利。现在文化艺术莺歌燕舞一派繁荣,其实对于我们这些搞音乐创作的人来说,很多人普遍忧心忡忡,因为创作环境和土壤有许多不尽如人意的地方。20世纪80年代前,电影跟老百姓关系非常密切,不同的时代有反映不同时代的音乐。现在为什么口口相传的作品少了?因为没有深入生活。我们的社会生活是什么样?老百姓在生活中想些什么?人们期待什么、厌恶什么、追求什么?创作者很少有时间和精力去思考、体味。现在的很多作曲家创作负担都很重,甚至一个上午就要交出一部作品来,这就导致一些作品没有生活的根基,缺少严肃精心的构思和磨炼,作品的题材和体裁都很相近,人们记不住、传不开,自然也就留不下什么深刻印象。

相形之下,当年我们创作《红楼梦》组曲时,从编剧、导演、红学家到演员主创,个个齐心协力,怀着一颗敬畏之心,整个剧组上下没有一个人喊口号,没人敢说我们要把它拍成一部经典,更没觉得是在干一件多么了不起的事情,每个人都在尽自己最大的努力。王扶林导演不仅能容忍我一年一个音符也没写,还在剧组给陈力安排演了一个柳嫂的角色,帮助她了解剧情、深入理解《红楼梦》。为一部电视剧的歌曲录音,专门定向培养一位业余歌手,让其在摄制组里工作三年,不遗余力的调教一群生瓜蛋子,这样的创作集体肯定地说是空前的,或许也将是绝后的。我们就是这样用自己的才华、汗水精雕细琢,为《红楼梦》筑起了一道后人难以超越的高墙。这在今天的创作者来看是无法想象的。

赵:有人说现在是个缺少美的旋律的时代。尽管这个时代也涌现出了一些符合今天听众欣赏习惯和口味的优秀作品,但也有不少音乐鱼龙混杂,已无法与经典的传统音乐等量齐观。您觉得当前的音乐教育在人才的培养和创作上步入了哪些误区?存在哪些优长和短板?

王：专业的音乐教育在乐理和技能的训练上非常严格，能将学生的基本功打得非常扎实，这是它好的一面。但学院教育也有一个通病，那就是孤芳自赏，把学院派的条条框框看得至高无上，且一门心思死抠在技巧上，忽视了社会生活这个更广阔的创作天地。在那样的教育下，想要培养出跟民族、跟传统、跟社会结合的作曲家和作品往往很难。音乐的表现形式、创作风格和演唱风格有很多种，仅音量的控制和把握就能影响歌曲的风格和旋律。我们有那么多优秀的歌星，那么多好的嗓子，本来是百货中百客，各具特色，但我们的音乐教育却把大家的棱角磨没了，用一把尺子把每个人的嗓子都"打扮"成一个样，培养了一大批"晚会歌手"，千人一面，百人一腔，甚至分不清谁是谁，这是一个问题。记得在70年前我小的时候，曾看过丰子恺的一幅漫画，画的是一个人用模子捏泥人，捏出来的泥人个个都长得一个样儿，都按照捏制者的意图傻乎乎地笑着，画上方写着"教育"两个字。如今大半个世纪过去了，居然还没有太多改观，同质的模式化教学毁了好多有才华的嗓子，那些人最后既没有学成别人也没有变成自己。其实，成熟的歌唱家也是可以回到青涩的，但我们培养人才从来没在这方面下功夫。艺术很难整齐划一，中国的声乐学派要注重多样性教学和实践成果，让艺术色彩纷呈、百花齐放，呈现不同时代的不同面貌和特征。

赵：中国传统的乐的观念包含着丰富的内涵和深刻的哲理，尤其在儒家的礼乐文化体系中，礼与乐相辅相成，音乐与政治相通，正所谓"唯君子方能知乐""声音之道与政通矣"，可见，音乐能涵养人的心性，是入德之门，能净化人们心灵从而使社会变得更美好。您如何看待音乐的社会形塑作用？

王：音乐的确能对社会的文明礼教、人们的心性涵养和国家的意识形态产生某种"形而上"的影响，不过，要说唱一首歌国家就强盛了或衰败了，音乐倒没有那么大的作用。一些美好的歌确实能给人们的生活增添许多五彩斑斓的色彩和积极向上的力量。相反，那些不健康、缺乏美感的歌终归会让人们的生活暗淡一些。想当年吃不饱饭的困难时期，《南飞的大雁》《我们走在大路上》那些歌唱起来那么真挚动人、朝气蓬勃，至今依然令我热血沸腾，使我们在艰苦的生活中仍然奋勇向前、充满希望。现如今很多音乐"以其昏昏，使人更昏昏"，已开始显现音乐衰败给社会带来的消极作用，这也许很好地反映了这个时代人心的浮躁和思想的混乱。一个社会需要凝聚，既要有政治的目标、经济的手段，还要有文化的力量。现在影视音乐好听的旋律少了，这也是为什么至今我还在写、没有停笔的原因，我想现在又到了该出新的名家、大家的时候了。

访后跋语：

一曲《枉凝眉》和一曲《葬花吟》的天籁悲音，把亿万听众的心搅动得愁肠寸断、魂萦梦绕，而其作者——我眼前的著名作曲家王立平——却是一副泰然自若、云淡风轻且憨态可掬的样子，还时不时冲我"飞"几句俏皮话、来点小幽默，似乎他不曾用"红楼"曲搅动一江春水。或许如今他早已从悲金悼玉的世界超拔于事外，或许他鼻梁上那副大黑框眼镜遮蔽了他隐秘的内心。只是当我一遍遍不断追问他创作的艰辛时，才从他那双隐匿在镜片后的眼睛中读出他的深情，他确实与《红楼梦》、与曹雪芹有过一场苦恋，这场苦恋注定让"红楼"成为他这辈子永远也谈不完的话题、永远也解不开的梦……

前不久，著名女高音歌唱家吴碧霞邀我赴贵州聆听她的《红楼梦》专场音乐会，王立平前来出席，使我有了更多接触他的机会，也听到了他的《潜海姑娘》《牧羊曲》《驼铃》等其他作品背后的诸多故事。作为一个女性听众，我尤爱他的《牧羊曲》《葬花吟》，那是献给天下女儿们的颂歌和挽歌。千红一哭，万艳同悲，我觉得这些歌好像也是唱给我的，由此对他生出几分莫名的亲近和好感。我纳闷，他是怎么为天下女子谱出如此风月情浓、清灵剔透的曲子来的？也许这正是他的高明和过人之处。

当然，王立平的本事不仅是能用音乐把女人听哭，他还能用歌声激发男人们的共鸣，比如《驼铃》《大海啊故乡》等。他有探寻人心灵的能力，他是能准确找到听众究竟想要什么的心灵捕手。他的音乐如此撩人，是音乐艺术的魅力，更因音乐中饱含了人生中的苦辣酸甜、悲欢离合……

原载于《中国文艺评论》2017年第5期。

返本开新，追寻大美
——访画家周韶华

蔡家园 *

1929年10月出生于山东荣成市石岛，1941年参加八路军山东纵队第五支队，1950年毕业于中原大学美术系。2008年获湖北省人民政府授予的"终身成就艺术家"称号，2015年获评2014年度"中华文化人物"。现任中国国家画院院务委员。先后举办"大河寻源""梦溯仰韶""汉唐雄风""荆楚狂歌""黄河·长江·大海——周韶华艺术三部曲""神游东方——周韶华艺术大展"等画展。相继出版文集《抱一集》《面向新世纪》《大河寻源》《感悟中国画学体系》等，以及《大河寻源画集》《周韶华画选》《周韶华六十年艺术探索画集》《中国近现代名家画集——周韶华》《周韶华梦溯仰韶画集》《周韶华汉唐雄风画集》《荆楚狂歌 周韶华画集》《黄河·长江·大海——周韶华艺术三部曲》等个人画集十余种。

---

* 本次访谈还得到了周红宇、陈熙、熊均的帮助，特此致谢。
采访人单位：湖北省文联。

一

蔡家园（以下简称"蔡"）：周老师，您好！每位艺术家的经历都会对他的创作思想和风格产生或隐或显的影响，我们还是先从您的经历谈起吧。

周韶华（以下简称"周"）：我小时候是个孤儿。我父亲年轻时去菜园子种菜，后来下落不明；母亲去世后，家里就什么亲人也没有了。二舅把我收养了，想让我读两年书，说起码得读两年书，不然没有文化，将来长大挣饭吃都没有办法。舅舅就找我商量说："你要懂事，别人在两年中读的书，你得一年读完，他们在四年读的书，你得两年念完，时间长了咱可供不起。"我进私塾跟着老先生学习，首先学《论语》，三个月就把《论语》背完了。后来闹春荒，家里没饭吃，我坚决要去大连当童工。在那里干了一年，太平洋战争爆发，我就回了老家。这时，八路军到了我的家乡，我要去当八路军，姥姥不让。于是我偷着坐船到了海峡对岸，就这样参加了八路军，那一年我12岁。在部队里，我算是有文化的人，先是给团长当通讯员、勤务员。团长看我喜欢画画，就派我到连队当文化教员，做宣传鼓动工作。解放战争期间，我跟着部队南征北战，这是非常大的锻炼，让我养成了不怕艰难困苦和革命英雄主义精神，还有就是正义感，铁肩担道义，敢于担当，这些精神一直保持到现在。进城以后，我知道自己文化底子差，如饥似渴地阅读了古今中外名著，文学的最多，其次是哲学的，还重读了早年读过的孔子、孟子、老子、庄子、屈原的经典著作，这些对我后来从事艺术创作都有非常重要的帮助。我先是到湖北省文联当秘书，后来当上文联主席、党组书记，行政、专业双肩挑。白天我基本上没有时间搞专业，晚上10点到凌晨3点成了我搞艺术的时间……一个人的经历会影响他的人生观、世界观,自然也会反映到艺术上。譬如革命英雄主义精神,表现在艺术上就是追求一种沉雄博大的英雄气概。

蔡： 看得出您对中国传统文化有着非同一般的感情,能简单谈谈传统文化对您的影响吗？

周： 孔子的思想对我影响很大,他强调以文化人、文以载道。他说："不是生而知之,而是学而知之。""君子务本,本立而道生。孝悌也者,其为仁之本与。"他的哲学思想就是讲忠心、仁义、道德,他说得非常简练,要生道、立本,关键是仁,要做到忠心,关键是德,没有德、没有仁,你什么都做不到。他观察生活的方式非常符合文艺创作规律,比如说"智者乐水,仁者乐山",完全就是把人的本质力量对象化,把自然人性化。孟子关于文艺的思想对我也有启发。他说："我善养吾浩然之气。其为气也,至大至刚,以直养而无害,则塞于天地之间。""充实之谓美,充实而有光辉之谓大,大而化之之谓圣,圣而不可知之之谓神。"这些论述都非常高深。这些可以说是齐鲁文化对我的影响。到了湖北以后,我对长江文化非常关注。长江文化包括荆楚文化、巴蜀文化、吴越文化。我最感兴趣的是荆楚文化、巴蜀文化,它们吸收了土家族、苗族文化的精髓,尤其是巫术文化,因此充满了神奇、怪诞的奇思妙想。一个艺术家的视野必须非常开阔,广泛吸收多方面的文化滋养。像文艺复兴时期的巨匠,他们富有求知欲和探险精神,常常四处旅行、学习,这是我们现在整天坐在书斋里面的人没法比的。

蔡： 在我看来,您与许多艺术家的不同之处在于,您非常重视文化修养,而且有着高度的理论自觉,始终站在中国艺术现代性转型的前沿,对自己的创作方向、目标有着整体的理性思考,并在实践中一直努力探索,取得了令人瞩目的成绩。

周： 搞艺术创作呢,一个不要程式化,一个不要随意化,因此要创新,要规划。我认为中国画要发展,必须从古典形态转换到现代形态,这个转换既包含观念的转换,也包含艺术形式、艺术语言的转换。转换是有条件的,必须要有几种文化的碰撞、融合才能生成新的东西,单因子是无法实现转换的。它应该是复合结构,是多因子的,还要细化,找到切入点。比如我提出的"横向移植""隔代遗传"理论,都是当年到农村下放时,从农业生产中获得的启示，种子杂交才能优产嘛。中国画长期以来都是单因子遗传，它不是复合结构，因此需要"横向移植"。既把西方的文化融入进去，还要把中国民间的文化与庙堂的、宗教的文化进行融合，才可能产生新的形态。只有复合结构才能够发生变化，变化以后还需要拿别的东西来复合它，才能变成新的品种。

蔡：那么，为了实现转换和融合，您又是怎样寻找切入点的呢？

周：找不到切入点，是没法实现融合的。比如中国的笔法、水墨、章法，跟西方绘画相比较，什么东西可以融合，我需要找到它们之间对应的东西。一是把中国的点线和西方的块面进行融合。中国的点线缺乏张力和视觉冲击力，而块面的东西有一种逼人的力量，具有体积感。过去的中国画偶尔也有块面，如五代后期的山水画，像荆浩、范宽、李成的画都有块面，但他们不懂块面结构。如果有自觉的块面意识的话，把体积感、块面感和线条结构融合起来，表现出来会更有力量。二是把水墨和色彩融合，乍听起来很难，黑色很容易把别的色彩都掩盖了，怎么找融合关系、对比关系？但是，在实践中是可以做到的。三是将中国的章法和西方的构成进行融合。这三个融合为"横向移植"找到了路径。

另外，中国的美术分为三大块：一个是国家美术，一个是宗教美术，还有一个是民间美术。国家美术有国家的优势，比如搞庙堂美术，是很有成就的。宗教美术，特别是佛教的石窟、雕塑、泥塑、壁画等，规模宏大，异彩纷呈。像敦煌石窟、麦积山石窟、龙门石窟我都去过，受到很多启发。民间美术种类繁多，内容丰富，老百姓喜闻乐见。中国的宗教美术、民间美术遗产丰富，是一个丰厚的矿藏。这三大块是可以进行融合的。前年我的"国风归来"展览，就在融合民间美术方面做了许多尝试。

蔡：在这些理念的指导下，您开始谋划"三大战役"。第一次"战役"是怎么开始的？

周：为什么要搞"三大战役"？人的生命非常有限，我必须认真选择做什么和怎么去做。我既然确定要搞中国画，就要有一个整体的战略规划。"三大战役"做完，我这辈子活得也算有点意思了。有了大的战略构想之后，还要谋划很多具体的战斗，去解决一个一个问题。在20世纪80年代，文化界的民族文化虚无主义影响很大，好像中国的落后就是因为文化的落后，这显然有失偏颇。当我看了西安碑林、汉代雕塑、咸阳霍去病墓等之后，我就找到了切入点，萌生了做"大河寻源"展览的想法。我的首个"战役"就是从"大河寻源"出发，通过文化寻根追问中国文化的活水源头，挖掘中国文化的精华。

蔡：在创作之前，您花了大量时间进行采风——三次沿黄河进行考察。采风是深入生活的一种重要途径，对于艺术创作来说非常重要。与有些艺术家浮光掠影似地走一走、看一看不同，您的采风是研究式的，是带着问题到现场去考察、探寻。

周：确实如此。从三皇五帝以来，中国大部分历史都源自黄河流域。"大河寻源"实际上是寻找文化的"根"。"本立道生"，需要扎在根上才能"道生"。画家采风，不能只是看地理地貌、山川风物，这些表面化的东西画起来很容易重复。比如你画了三门峡，那你画不画刘家峡、青铜峡、龙羊峡呢？这样重复画有什么意思呢？必须探寻其文化根源，找到其文化精神。比如到了韩城，就要看一看司马迁的墓，去他的家乡看一看。到底是什么东西成就了司马迁？还要读一读他写的书、别人研究他的书，这样才有深入的认识，寻找到生命之源。动笔创作"大河寻源"系列之前，我花一个月时间集中阅读了许多关于黄河文化的书籍。

蔡："大河寻源"展出之后，就像一颗原子弹爆炸，甚至有点像——我打一个也许不恰当的比喻——武昌起义，打响了中国画革新之战。

周："大河寻源"系列从 1983 年 7 月开始，先后在北京、南京、郑州、武汉展出，在国内外引起了强烈反响。吴冠中在 1984 年写给我的一封信中，也说过类似"武昌起义"的话，不过他指的是湖北省美协举办的"第一届中国画新作邀请展"。当时我是湖北省文联党组书记、主席，在这个位置上我考虑应该为美术革新做一些工作，首先就是搞全国性的展览，邀请北京、上海、南京以及港澳台等地的革新派画家参展。展览开幕后，争议非常大。我们那时候很有气魄，不论是赞成的还是反对的意见，都在《美术思潮》杂志刊登出来，因而受到全国瞩目。当时湖北省委宣传部的领导还善意批评我：有些作品不反对它就不错了，怎么还给它提供舞台、为它叫好呢？但我认为，党的十一届三中全会提出要"解放思想，实事求是"，美术也要顺应形势发展，高呼解放思想，推动艺术革新。因为我们长期"闭关锁国"，中国画几乎成为一个封闭的系统，好像越是中国的、传统的，就越是世界的，这个说法显然有失偏颇。世界有世界的文化，我们需要互通交流。极"左"观念伤害了中国美术，但我们不能空喊政治口号，而要通过艺术实践、艺术作品来解决这个问题。我还做了一个工作，大量起用优秀的新人，譬如将画家李世南、理论家彭德等人调入湖北省文联工作。他们对于中国美术革新都起到了很好的作用。

蔡：您的组织工作和艺术创作一样，都体现出很强的前瞻意识。在"85美术新潮"中，湖北的《美术思潮》发挥了巨大作用。在您的鼎力支持下，年轻学者彭德出任主编，而您只当副主编，这也充分体现了您的胸怀和眼光。三十多年过去了，您怎么评价这本杂志在当代美术史上的意义？

周：在那个特定的时期，《美术思潮》顺应历史发展潮流，关注美术新潮，开展理论探讨，思想活跃，文风犀利，推动了美术革新。它已经完成了历史使命，后来如果继续办下去，可能也会落伍。彭德是很有思想和胆识的，当时如果不起用像他这样的年轻人，根本就做不成这件事。

蔡：我们还是回到"三大战役"。1985年、1986年的时候，您进行了两次长江行采风，不仅创作了大量美术作品，还办了一个摄影展，发表了一份文化考察报告，拍摄制作了一部纪录片《横断的启示》，在中国文化中越扎越深。

周：这些都是"长江行"的成果，与我那时多面出击、融会贯通的思想有关。《横断的启示》其实是针对当时影响非常大的一部纪录片《河殇》而来的。《河殇》谈的是改革，但出发点是偏颇的，完全否定了民族文化；我也谈改革，前提是要承认中国传统文化中存在许多精华。我们反思历史，否定的是它落后的糟粕，不是否定优秀的东西，否则，"改革"无法真正推进……中国文化你"钻进去"之后会发现它真是博大精深，有着数不清的课题，仅一个黄河文化都做不完。譬如，黄河文化里面包含仰韶文化，仰韶文化在中国有七千多年历史；还有青铜文化，在世界上也非常了不起……

蔡：由探寻"大河"到"大江"，您进入了第二场"战役"。像"梦溯仰韶""汉唐雄风""荆楚狂歌"等系列作品，都受到广泛好评。在这场战役中，您对中国文化的体悟得到深化，对绘画本体的认识也得到了提升。

周:像"汉唐雄风"系列作品,我是大量吸收了石窟艺术、壁画艺术、石刻艺术的元素。当然不可能面面俱到,只能挑拣最要紧的、最有价值的东西来表现,比如石窟里的彩雕、石雕等。这些经典的东西就是中国优秀文化的集中体现。我曾经两次去敦煌,最早去的时候壁画颜色十分好看,后来去看颜色都变黑了,氧化得太厉害了……汉唐是中国最强大繁荣的时期,我着意表现的是其精神气魄。"荆楚狂歌"则是以楚文化为素材创作的,表达楚人与宇宙无间、天地和合的意识。

蔡:"大海之子"系列是第三场"战役"的标志吧?纵观您的"三大战役"有一个共同的母题,那就是呼唤民族大灵魂。这里面包含着一个整体的大构想,贯穿着中国画如何实现现代转型、如何处理民族化、中国化与创新这样一根红线。您有着鲜明的针对性,经常是自己出题,然后自己解题,通过一个一个小的"战斗"解决着不同层面的问题,一步一步扎扎实实推进着中国画创新。到了"神游星空"系列,我发现您在艺术上又有了更深远的思考。

周:我们的思维需要不断跨越、超越,要跳出"三界九天外"来看宇宙、看世界。世界可以看成无限小,也可以看成无限大,但都是超越性的,不能太拘泥于人的视界。人界、地界、天界,要超越这三界。西方绘画讲焦点透视,中国绘画讲散点透视,其实后现代主义已经不管这一套了,不讲透视点了,这都是以视界能够达到的地方为止,但视界达不到的地方又如何展现呢?时间是无始无终的,空间是无穷无尽的,艺术家需要思考,怎样表现无限性……我过去追求民族大灵魂,但真正要超越的话,还应该追求一种宇宙精神。雨果说:"世界上最广阔的是海洋,比海洋更广阔的是天空,比天空更广阔的是人的思想。"那么,思想是大于天空、大于宇宙的,更加辽远。

蔡:观看"神游星空"系列画作时,我能够感觉到您对自由精神的追慕,这种勇于探索的激情特别具有震撼力,展示了一种宏大、阔大、博大的情怀。

周:对,艺术家永远不要自我限制。当年创作时没有什么参照材料,如果放到现在,可能创作出来的作品又不一样了。2016年9月,中国"天眼"在贵州落成,我受邀去参观,又有一些新想法。国家天文台的专家看了我的作品后提了两点意见,他说,我那个"河外星云"系列描绘的是银河系以外的星云，而我们现在能够观察到的星云都属于银河系，河外的还看不到，命名为"河外星系"不准确。再一个就是，我的文章提到"宇宙是无边无际的，时间是无始无终的"，而他认为是有边有际、有始有终的……艺术当然不会等同于科学，艺术的魅力之一就在于神奇的想象力吧。

蔡：将现代科技和艺术相结合，这也是一种"移植"。我记得有人说过，您将中国画的思想性推进到了一个新的高度。关于中国画的思想性问题，您能否深入谈一谈？

周：我想从艺术功能的角度来谈这个问题。艺术和政治一样，都有教化功能，都可以为人民服务，但是，艺术不能等同于政治。艺术的思想性是一个广义的理论命题，具体到中国画领域，不能离开审美本身去谈思想、谈教化。《易经·系辞》里有一段话："'书不尽言，言不尽意。'然则，圣人之意，其不可见乎？子曰：'圣人立象以尽意，设卦以尽情伪，系辞焉以尽其言，变而通之以尽利，鼓之舞之以尽神。'"就是说每样东西的功能都有做不到的地方，那些非常微妙玄妙的东西文字没有办法描写清楚，所谓书不尽言。小说也有不能尽意的地方，它不能代替绘画、音乐、舞蹈。所以，"圣人立象以尽意"，立象就是要画出形象的东西来表达这个意思。老子说"玄之又玄，众妙之门"，文字又是"道可道，非常道"，没有办法说清楚，只可意会不能言传，只能通过某一种形象把它表达出来。我们讲意象、意境、神会、画境，"大而化之之谓圣，圣而不可知之之谓神"。说不清的，很美的，是艺术。我们谈中国画的思想性，那些思想必须是融入艺术形象之中，才能感染人、影响人……艺术不是说教，是心领神会的东西。

二

蔡：回望 20 世纪的美术史，我们会发现，您实际上融入了由黄宾虹、徐悲鸿、林风眠、石鲁等开创的新人文主义传统，以"理论先行""思想先行"的方式开创了中国画的现代形态，创造了具有时代气息和中国气派的新画风。

周：我开始是非常崇拜他们的。傅抱石画画是什么东西最集中就先画什么，而不是按照过去的程序由近至远的画法，这就是黄公望讲的"随机应变"，"应变"就是要随着最精彩的部分走。这是傅抱石给我的影响。黄宾虹在笔墨上对我影响较大，他在中国画笔墨方面来讲可谓近代第一人。把西方素描引进中国画的是徐悲鸿，把西方的色彩引进到中国画的是林风眠，石鲁则介乎于这几人之间，他既追求现代，又推崇传统，他们都对我有启发。我现在则突破了他们的局限，把思维的空间扩大到宇宙。我追求一种大视野、大空间、大思维、大气象，这跟我们的大国风范是一致的。

蔡：在我看来，您的艺术追求与现代人对世界的理解方式和对世界本质的认识是相关联的。过去的画家在画画的时候，只能停留在农业文明的基础上来理解事物、看待世界，而您已经站在工业文明、信息文明的基础之上，因而有着全新的时代视野。

周：中国画讲意象、心象，要超越自然，表现第二自然，也就是表现创造的自然、心灵的自然。如今，我们身处信息时代，应该有更开阔的视野和更高远的追求。现在很多画家都局限于自己的小视野，对新知识不了解。比如说，量子物理学有许多新成果，让人耳目一新。艺术家的思维应该跟高端的科学发展相连接，这样更能激发想象力，创作的空间也会变得更大一些。我们都知道达·芬奇是大画家，他也是科学家，他就实现了艺术和科学的融合。

蔡：您的理论著作《感悟中国画学体系》，从史的角度对中国绘画理论进行了独具慧眼的梳理，也可以视为您的美学思想、艺术思想的一次清理和总结。您为什么要写这样一部书？

周：我深深感到中国美术界对中国经典的丢失。包括评论家在内，大家都不读中国经典，从他们的字里行间看不到中国经典的思维、逻辑、语言，这是非常悲哀的现象。国画家不重视中国传统精神，中国画想要发扬光大，是根本行不通的。这个工作其实需要理论家来完成，我来做非常困难，但是假如我不做，那是对历史不负责任。中华文化精神博大精深，如何能够凝聚在纸上？说是审美，学问太深奥了，说是一个体系，又是给自己出难题，我只能说是"感悟"了。最初计划从意象、神韵方面来讲中国画的表现效果，要达到一个什么样的审美要求，后来我发现讲这些根本不够，最根本的问题还是中国文化精神的问题。于是我决定从一个思想体系来写，可又发现要将每一个问题有头有尾写得清清楚楚，实在没那个时间和精力，只能大而化之地来写了。起初在武汉家里打了一个初稿，夏天两个月在青岛就把书稿写完了。为了完成这部书，我高度集中精力，一段时间放弃了画画。我是一个画家，不是学者，我只能抄近路把最主要的观点阐发出来，引起大家的重视。希望有更多的理论家来深入研究中国画学体系。

蔡：您平常谈中国画家对您的影响比较多。国外的哪些艺术大师对您产生了重要影响，具体体现在哪些方面？

周：最早是俄国画家列维坦，他的油画具有中国画的意境。俄国画家库因芝也对我有启发，他画的阳光非常有魅力，画面抒情，意境优美。欧洲画家主要是塞尚、梵高、马蒂斯，还有塔皮埃斯。马蒂斯的色彩富有热情和装饰性，大块面很简练，线条具有跃动感、韵律感，像音乐、诗歌。至于梵高，他把块面用笔触、线条分割开来，块面里有音乐感；很多人只注意到他的色彩，而忽略了这一点。虽然他生活得很痛苦，但是他把热烈、明朗献给了人民，这是很难得的。塞尚敢于打破欧洲绘画的程式，如透视关系、比例前后关系等。康定斯基的表现主义绘画很有力量感、音乐感，德国人认为他是继达·芬奇之后的伟大画家，他既有理论，又有绘画。

蔡：人们常说"功夫在诗外"，复合型的知识结构和艺术素养对于一位艺术家的重要性是不言而喻的。除了绘画、书法创作，您还涉足摄影、电视等艺术形式，而且进行美术理论研究，都取得了很高的成就。其他艺术样式对您的创作有什么影响？

周：艺术发展需要开放、包容。事实上，艺术有很多支撑点，很多东西都可以启发我们进行新的艺术尝试。不是说国画就必须是这样的，不应该限制画种。很多东西都在历史演进的过程中发生着变化，不断有新的东西转换成新的语言来进行表达。我最初是学版画的，后来画水彩。等我画国画时，版画的黑白灰转移到国画上来了，水彩画的色彩韵味也进入了国画。我喜欢京剧，里面很多虚拟化的表达方式对我有启示，绘画也不必面面俱到，有的东西就是要模糊、混沌，反而更有味道。清代学者笪重光讲"浑"与"清"的关系，画面中浑的东西多，清的少，这个画才耐看，不然你难以找到视觉中心。所以画画懂的知识越多越好，会运用的材料越丰富越好。现在很多年轻人画国画不用宣纸，更有甚者用刷子代替毛笔，创作出的东西也很有韵味。世间万物都可成为创作材料，就看你会不会用，用得好不好，能不能转化成艺术语言。

蔡： 新中国成立以后，逐渐形成了自己的美术教育体系，培养了许多优秀人才，但也存在一些问题。回顾中国百年美术教育，您有哪些思考？

周： 我有的时候在想，林风眠的教学体系为什么能够培养出一批大师呢？其他的人也很有学问，为什么他们的学生里没有大师呢？就是他们的教育思想存在差别。林风眠受西方影响很大，他的教育思想是开放的、融合的，是润物无声的，不是强加于人的。你看赵无极、朱德群等在法国的这一批，还有国内的一批，都是林风眠的学生。还有一类培养出的是美术官员，比如说徐悲鸿，新中国成立以后美术院校的校长、系主任几乎都是他的学生，这当然也是一种成绩，但是，还是有很多负面效应的，只是大家不好意思去说吧。李可染教的学生里面也有天才，但没有出现大师，这就很值得研究。太实用主义是有问题的。当然，李可染对于中国画创新是很有贡献的。他改造中国画从写生起步。中国绘画有自己的符号，可时间一长就脱离了生活，变成了一种程式化的套路。他的写生，就拿船来说，太湖的船、长江的船、桂林的船都不一样，黄山松和别的地方的松也不一样，都是经过实地写生的。这样就改变了中国绘画的面目。我说他是中国绘画语言创新的一个先行者，他真正从语言符号上改变了中国的绘画，这是非常了不起的。长安画派三大家之一的赵望云，曾当过冯玉祥的幕僚，很有社会地位，教学也很成功。我非常欣赏他为人师表、言传身教。学生就住在他的家里，像黄胄、方济众、徐庶之等，磨墨挑水扫院子，就像一家人一样。他每年办一次展览，画卖了钱都留着养家糊口、资助学生。他教学讲得很少，就是在那里画给你看，偶尔，他看了你的画也跟你讲一两句。方济众有一次在那里涂颜色，他就过来说，这个东西又不是人，你怎么能平涂？涂色要讲究抑扬顿挫有变化。虽然只是一句话，但非常关键，所以他一辈子忘不了。山水画走进大自然是中国画技变革非常重要的一步，赵望云可算是一个带头人。他还到华北、河北的乡村去画一些速写，通过最简便的方式来揭示人们的疾苦，反映社会现实。这些也都影响了后来的人。

蔡： 在全球化背景下，越来越多的人认识到中国文化、中国艺术的独特魅力。您认为中国文化、艺术怎样才能更好地"走出去"呢？

周： 西方自然科学非常发达，实证科学对文化和艺术的影响非常大。但真正要净化人的灵魂，使世界大同，使世界和谐，大家的心态都不能是硬着陆的，而应该是融合的、和谐的，这就需要中国文化。中国文化的生命力是非常强大的，我们一定要有这个自信。最大的问题是，传播的方式需要创新，再一个就是文化要转型，不能是古老的状态，要以一个新的形态，要融合世界其他文化进行创新，不然人家接受不了。现在的"一带一路"政策是非常好的，经济走出去，必然也能带着文化走出去。美国为什么在世界上影响巨大，很重要的一点就是它的文化。中国的优势正在呈现，经济搞上去了，文化必须要跟上。如果文化跟不上去，那么就没有精神生活，这是不完整、不健全的，在世界上也就缺乏吸引力。

三

蔡： 创新之路遍布荆棘，而且充满风险，尤其是像您这样在艺术上大破大立的开宗立派的艺术家，难免会引起争议。经过风风雨雨几十年，您如何看待不同的观点和批评的声音？

周： 当然有人批评我。北京有好多人对我的画颇有微词，当年有的人恼羞成怒，就差没有跳起来骂就是了。但是我也不去反驳，就按照自己的想法去做。刚开始的时候，我自己也感到很困难，因为把西方的色彩与中国的水墨融合，把中国的点线与西方的块面融合，把中国的章法与西方的结构融合，其中的矛盾还是很多的，要解决真不容易。大家看了不会很顺眼，说一说也正常，当然现在说的人少了一点。否定我的人自然有他的道理，也可能是对我有误解，或者是理解不够。记得法国雕塑家罗丹完成巴尔扎克塑像后，遭到很多批评，但是他说，我年纪大了，时间有限，精力有限，我不去反驳，让时间来证明一切。真的没必要反驳。你要是错的，反驳又有何用呢？

蔡： 当年还有一位遭到激烈批评的革新派画家吴冠中。美术界经常把您和他并称为"北吴南周"。能否谈谈你们的交往？您如何评价吴先生的艺术创作和思想？

周： 吴冠中留过洋，他的几个同学像朱德群、赵无极、熊秉明都是法兰西学院的院士。我跟他的关系一直非常好。1992年，大家都在批他的《笔墨等于零》，我专程去北京帮他解围，给好多人做工作，让他们手下留情。我说，新中国好不容易出了个吴冠中，你使劲打板子，要考虑自己在历史上扮演什么角色。有人准备了一万多字的发言稿批评吴冠中，我说，千万不能批，不然以后我也跟你对着干。吴冠中很感动，在一次会议间歇，他趴在我耳边说："咱们是一个战壕的战友。"吴冠中学过油画，我很佩服他把在外国学到的东西转换成中国的意象表现，用很简练流畅的线条、轻松的笔法来画中国画。我称赞他是新中国第一个画家，没有第二个人比得上。他对我也是非常赞赏，"大河寻源"展览的时候，他在云南写生，无法参加开幕式，还专门对我表示了祝贺。我们从不同的路径推动着中国画的革新，心灵相通，惺惺相惜。

蔡：您如何看待当前美术市场化的问题？

周：市场本来是给大家提供机会、机遇，让画家不至于穷困潦倒，为美术发展提供更好的支持。但是，现在很多人错误地把市场当作投机的机会，贪财误道，这不利于美术的发展。

蔡：您今年已经88岁高龄了，在创作和研究方面还有哪些规划？

周：我现在每年不是打乱仗，都是按计划在工作，主要是对我那些有代表性的专题进行充实，搞得更加完美。因为捐献了很多作品，成系列的都搞散了，现在我要进行补救。我从京剧里面得到启示，每一个名演员都有自己的经典作品，长演不衰，经得住品味。前段时间看昆曲《断桥》，真是太棒了！这就是经典。从2016年开始，我把"国风归来"和"汉唐雄风"增加了一些新作品，还有"梦溯仰韶"也补充了好几次。我要把自己的保留节目弄得更加扎实，经得住历史检验。我还要解决自己的短板——书法，我虽然搞了几次书法展，但比起经典书法还是有较大差距。从2016年上半年开始做准备，我今年还将办一个展览。以前是追求走向现代，这次是要回归、寻找、彰显经典。过去我总是画山水，很少画花鸟，我还想办个花鸟画展览，给花鸟画增添新的感觉，不是元明清或者当代谁的花鸟画，而是我周韶华的花鸟画。花鸟画也要回归自然，我要表现在大自然状态下的花鸟。这两个展览搞完后，我还要继续扎扎实实把我的代表作弄得更加经典，给后人交一个好账。

蔡：今天的访谈就到这里吧，谢谢周老师！祝您健康长寿、艺术之树常青！

访后跋语：

早在1998年，我曾陪同时任湖北省文联理论室主任、著名作家叶梅拜访过一次周韶华先生。当时交谈的细节已经模糊，但是，周老大气磅礴、敏锐开放而又虚怀若谷的气度给我留下了很深印象。后来，我读他的画册和著作颇有感触，还写过两篇小评论。

一晃将近20年过去了，这中间没有再与周老直接接触，但我还是经常参观他的展览、阅读他的文章。我有一个突出的印象，周老属于那种创造力惊人的艺术家，他一直在脚踏实地、孜孜不倦地向着艺术高峰迈进。他从黄河出发，走向大江、大海，走向苍茫宇宙，走向民族历史文化深处，走向人类精神的远方。他还系统地提出了自己的美术思想，在传统与现代、东方与西方之间寻找融合点，构建出既契合于时代又植根于中国传统的现代水墨精神。

接到《中国文艺评论》杂志布置的采访任务，我在3月10日上午再次造访周老。在东湖之畔的那间大画室中，周老回忆往事，说道论艺，侃侃而谈，妙语连珠。他时而发出爽朗的笑声，那笑容中分明有着孩童的明澈和天真；他时而陷入短暂的沉默，那紧抿的嘴唇则露出一位老人历经风霜后的沉着、坚定与刚毅。因为担心他年迈精力不济，我建议将采访分为两次进行，可他大手一挥，道："我们一次谈完节省时间，我还有很多工作要做呢！"三个小时的采访结束之后，我走出了周老家的小院。雨后初晴，道路旁的樱花开得正盛，小鸟在树丛中啾啾鸣唱，一派生机勃勃的景象。回望周老的画室，我分明感到一位老艺术家春天般的活力与激情就在身边荡漾……

恰在整理采访稿的过程中，《中国文艺评论》杂志主编庞井君、副主编程阳阳到湖北调研文艺评论工作。庞井君先生一直关注周老的创作和理论，十分赞赏他的创新精神。3月19日上午，我陪同他们拜访了周老，大家就艺术哲学、美术教育等问题进行了深入交流。这次交谈的部分内容，也补充到了访谈稿中。

原载于《中国文艺评论》2017年第6期。

把人民画活

——访画家刘文西

屈　健　刘艳卿[*]

刘文西

1933年生于浙江嵊州。第七届、第八届全国人大代表，全国有突出贡献专家，享受国务院政府特殊津贴。第六届全国文联委员，全国第四、第五、第六、第七、第九、第十次文代会代表，中国美协第一届中国画艺委会委员，历届全国美展评委会委员。曾任中国美协副主席、西安美院院长、陕西省文联副主席、陕西省美协副主席、陕西国画院名誉院长、延安市副市长等职。现任西安美术学院名誉院长、西安美术学院研究院院长、黄土画派艺术研究院院长。数十年来，发表作品千余幅，出版个人作品集数十本，获国家级奖励七次。中国美术馆收藏其《祖孙四代》《知心话》等25件作品。他一贯坚持党的文艺方向、方针和政策，坚持不断地深入生活，不断创作，在生活中画了大量速写。他以陕北为生活基地，先后去了百余次，与黄土地上的陕北人民交朋友并建立了深厚的感情。他创作了大量表现陕北革命历史题材和当地风土人情的作品，重在描写陕北人民特有的个性和气质。

[*] 采访人单位：西北大学艺术学院。

一、半生青山，半生黄土

屈健、刘艳卿（以下简称"屈、刘"）：刘老师，您好！您曾在中央美术学院华东分院接受过系统扎实的美术训练。从20世纪50年代起，您便以陕北作为创作基地，扎根在了这片广袤浑厚的黄土地上。从富庶的江南到贫瘠的黄土高原，从正规的学院教学到丰富的人民生活，从多彩的社会生活再到跃然于纸上的生动形象，您对艺术的感悟和认识不断发生着变化。作为"黄土画派"的开创者，您在水墨人物画领域具有不可替代的地位，对中国画的发展做出了卓越的贡献。吴作人曾用"半生青山，半生黄土"来形容您的艺术经历。回顾您的艺术生涯，您认为有哪些关键性的节点使您与艺术结缘，并最终确立了自己的艺术方向？

刘文西（以下简称"刘"）：我在1950年就读于陶行知创办的上海育才学校，拜王琦先生为师。王琦先生在实践创作和理论研究方面都对我有很大的影响。那时我17岁，听王先生讲课时提到毛主席在延安文艺座谈会上的讲话。从此以后，我开始懂得为什么要画画。这是我学习美术后接触到的正式的理论指导，对我非常重要。因为有了理论指导，我才能去实践、去行动、去创作。虽然我当时的年龄不大，但这个理论在我心中深深地扎下了根，从此我知道了文艺是什么，知道了文艺与人民、与革命、与政治的重要关系。毛主席在延安文艺座谈会上的讲话使我明确了自己的创作方向，即"文艺为工农兵服务"，现在是文艺为人民服务、为社会主义服务；明确了创作道路，即"走工农相结合"的道路。文艺方向和文艺道路是进行美术创作的关键。这对我以后的创作生涯都起了重要的，甚至是决定性的作用。我不再盲目了，不再不懂事了。我非常明白我为什么画画、为什么人作画。

我深知：既懂理论，又能去实践，这才是真正的学习；如果理论懂了，不去做，理论就是空谈。画画不能光在书房里练技术，一定要与社会实践相结合。所以，我在育才学校也经常参加社会活动，在校期间参加了皖北、亳县等地的农民运动。正如陶行知先生倡导的，先"行"，后才能"知"。

上学的时候，我每个假期都要回农村老家，一方面真正体会农民的生活，尽可能多地认识老百姓，另一方面与工农结合去进行创作实践，大量画速写。我在老家有一个很好的朋友，他是我们村的贫协主席，是贫下中农的代表。当时是他带着我，一天到晚在地里劳动。每天劳动收工后，我就坐在村口画速写，自己规定自己一天画六张速写。这样，我既能与农民打成一片，又能兼顾我的艺术专业。每次假期结束后，我母亲会把我在假期画的速写订起来。后来积攒了好多本速写。

所以，我的艺术经历中，关键的节点是在育才学校学习了毛主席在延安文艺座谈会上的讲话，有了艺术创作的理论指导，明白了艺术的创作思想和规律。毛主席在延安文艺座谈会上的讲话，对文艺创作非常重要。这个讲话深刻地解决了马列主义与中国文艺相结合的问题，揭示了中国文艺的规律和创作思想。

1953年，我被浙江美术学院[①]录取后，进行了严格的美术基本功训练，包括素描、速写、解剖、透视、色彩等。浙江美术学院的教学和训练，为我打下了坚实的绘画基础。当时方增先、宋忠元、李震坚、周昌谷、顾生岳等先生都给我们上过课，教我们如何创作和实践。学校当时还要求我们到各个地方去实习。这样既进行了专业训练，又提高了思想觉悟，还懂得了艺术创作的规律。

我在浙江美术学院时，素描功底很好，主要学习的是俄罗斯素描的风格，比如契斯恰科夫、列宾、苏里科夫等的现实主义绘画。俄罗斯的现实主义绘画风格给我以很大的启示，中国人的绘画怎么可以不去表现中国人民的生活呢？后来我没有选择油画，而是走上了中国画的创作道路，原因就在于我认为，作为中国人，首先要把中国的艺术掌握好，要用中国传统的艺术方式去

---

① 即中央美术学院华东分院，1958年更名为"浙江美术学院"，1993年更名为"中国美术学院"。

表现中国的社会现实，要用水墨表现出人物的立体感和个性特征。

在浙江美术学院毕业实习时，我先在永乐宫练习传统绘画，后来选择去了延安。当时去延安的还有一个我的同班同学陈希仲。我们俩一开始去的是延长油矿，但我感觉在那里并没有跟老百姓真正在一起，后来我们就去了毛泽东住过的几个村子，比如杨家岭、枣园、王家坪、凤凰山等。在杨家岭时，我住在杨家岭纪念馆的一个小窑洞里，那个窑洞是毛主席身边的一个警卫员住过的地方。我在那个窑洞住了很长时间，进一步对毛主席在延安文艺座谈会上的讲话过程、背景等有了详细的了解。我在杨家岭时还采访了当时村里的队长杨在中，他是当年和毛主席谈过话的一位农民；还去了当时讲话的见面地点。此外，我还向农民了解了毛主席在杨家岭的一些日常生活，散步呀，开荒呀，种菜呀，在麦场上看书等。当时枣园的乡长叫杨在福，他跟我讲毛主席跟他一起过年、一块儿吃饭的事情。我对毛主席生活细节的了解，很多都来自这些老乡的描述。在枣园，我一方面体会毛主席当年的生活，一方面深入农民现在的生活。所以，后来我在绘画中多次画过杨在福。

在延安的这一段实习生活，我真正跟陕北的农民在一起，真实地了解毛主席当年的生活，全面考察延安文艺座谈会讲话的背景，这些对我创作的影响也很大。

屈、刘：您曾数十次去陕北写生创作，足迹踏遍陕北的山川沟壑，并与陕北人民建立了深厚的感情，创作了大量表现陕北革命历史题材和当地风土人情的作品。您还常常会通过几幅画表现同一个人在不同成长时期的生活状态。是什么吸引着您，让您对这里的黄土地和老百姓饱含深情？

刘：我经常去延安，对陕北很熟悉，在那里有很多农民朋友。有很多朋友一直保持着联系，我会经常回去看望他们。比如，我当时在杨家岭时认识一个小伙子叫景聚才，他没有告诉我他所在的村子，只说要翻一座山。几年后，我回到陕北，想去找他，就翻这座山。冬天山上有雪，翻过山后，我就坐在雪上滑了下去。因为我不知道景聚才在哪个村子，就开始喊他的名字。正好被他母亲听到了。他母亲说他到别的村子去了，不在家。我就在他家住了一晚上。后来我才知道这个村子叫常沟村。从那时起直到现在，四五十年了，我们一直有联系。他是我最老的朋友之一。他身上的陕北农民味儿特别浓,给我的印象很深。

我在画一个人之前,先要熟悉他,跟他交朋友。毛主席非常重视要跟农民交朋友的问题。艺术家跟农民交朋友也是很重要的。不跟农民交朋友,心中就没有活生生的人,就不能真正把深入生活落到实处。毛主席说过,艺术家要干自己的事情,但是熟悉人、了解人应该放在第一位。所以,"黄土画派"把"熟悉人"放在很重要的位置。到陕北去,深入黄土地上生活的人们中间去,"黄土画派"才能更准确地塑造人民的形象。发言权是建立在了解、调查的基础上的。艺术家要先熟悉人,才会学会画人物。熟悉人、了解人是第一步。

二、艺为人民,传神阿睹

屈、刘: 您提出"熟悉人、严造型、讲笔墨、求创新"的艺术主张,并且带领"黄土画派"的画家在创作中积极践行着这一主张。经过一个多世纪的文化融合与风格探索之后,当代中国画(尤其是人物画)的面貌有了新的突破。站在中国画历史发展的坐标上,请您谈谈您的这一艺术主张对中国绘画传统的延承与发展,以及您对当代绘画风格变化与突破的评价。

刘: "熟悉人、严造型、讲笔墨、求创新"是我在艺术创作实践中得出的经验总结。延安文艺座谈会的讲话内容很多,这几句话就是从毛主席的讲话中提炼出来的。实际上,"熟悉人"指的就是深入生活、和人民在一起、深刻地了解人民,就是"深入生活,扎根人民"。所以,"熟悉人"应该放在第一位。"严造型"指的是严格掌握艺术规律,要有表现能力,要求艺术家的专业基础一定要扎实,要有用艺术表现生活的能力,画人就要把人画活,要用艺术表现灵魂。"讲笔墨"指的是要继承传统,艺术作品要有传统的中国气派、中国精神、中国风格和中国笔墨。我在 20 世纪 80 年代写过一篇文章,就提出"熟悉人、严造型、讲笔墨"的观点。后来,在阐述"黄土画派"的艺术主张时,又加了一个"求创新"。"求创新"正好也是习近平总书记对文艺界的一个希望,就是艺术要有创造、有发展、有新意,要能与时俱进、跟得上时代的步伐。

"熟悉人、严造型、讲笔墨、求创新"的内涵是很丰富的。这四句话是我结合毛泽东的文艺思想和自己的创作实践、理解和体会,对"黄土画派"提出的艺术宗旨,目的是想让大家明白这四点对艺术创作的重要性。

屈、刘:《祖孙四代》是您在20世纪60年代的作品,也是您的代表作之一。作品以巧妙的构思寓意了四代人与土地、时代的关系以及他们之间的关系,把笔墨的表现性与写实性很好地结合在了一起,有力地拓展了中国水墨人物画的表现领域。这幅作品的创新意识和时代感都非常强烈。从您的作品中可以看出,您一直在历史生活和现实生活中寻找与时代结合的、感动人的题材,并且将您自己的人格、思想、趣味和追求融入其中。您认为艺术家如何才能创作出与时代紧密结合的、优秀的美术作品?

刘:我在构思《祖孙四代》这幅画时,最初想画干部和农民在一起的情景。经过不断思考之后,觉得还是用祖孙四代的题材更具有概括性,更能表现时代的变化和人民的生活面貌。《祖孙四代》画了老年人、中年人、青年人和小姑娘,四代人代表了四个时间阶段,他们身上的精神面貌是不同的。创作这幅作品时,我想:老年人应该代表受剥削受压迫的一代人,这个形象来自我在山西画的一幅速写;中年人应该有革命战争的人生经历,所以我就在陕北二十里铺找了一位跟随过毛泽东和刘志丹的老红军做模特;年轻人应该是有文化、有知识的一代人;最小的小姑娘应该是天真活泼的新一代。这四个人物都来自生活,都是从众多原型中创造的艺术典型,所以他们的生活经历可以反映中国上百年的历史。这幅画中塑造的典型形象,是我在接触了成百上千人民群众的基础上高度凝练出来的,是我在对人民生活有了足够了解的基础上创造出来的。在熟悉人、熟悉人民的基础上,我们才会从人民当中塑造出典型形象来,我们的艺术才会与时代紧密结合,也才会有高度和深度。

屈、刘:我们都知道,在中国画领域,人物画难,人物群像更难。大型人物群像要表现出整体关系和局部和谐,要有有机的活动场景和浓厚的生活气息,这对艺术家提出了更高的要求,也是更难达到的艺术境界。您画的巨幅长卷《黄土地的主人》(组画),包括《陕北老汉》《米脂婆姨》《绥德的汉》《高原秋收》《安塞腰鼓》《红火大年》等,是您70多岁以后的作品。您在古稀之年还坚持画这些大题材的、高难度的主题作品,您的创作动力是什么?

刘:画大型作品、画主题作品,受我学习毛主席《在延安文艺座谈会上的讲话》的影响比较大。我最近画了一幅长卷，100米，画的都是陕北人。我觉得，到了我这个年龄，对艺术有了一些感悟，如果再不画长卷，我是对不起国家、对不起人民的。那么丰富的人民生活，能把自己熟悉的画进去就不是一件容易的事情。我在陕北生活了很多年，现在还坚持每年去陕北。作为一个画家，了解了这块土地，了解了这里的人民，对这里有很深厚的感情，就想把他们画出来。

在我的艺术生命中，我觉得跟农民交朋友是我最大的感悟和收获。跟农民交朋友才能真正地深入生活、真正地塑造出人民的灵魂。我的艺术思想主要受毛主席文艺思想的启发，我的艺术追求就是去实践、去创作、去体现真正好的、高水平的作品，把人民画活，真正做到为人民服务。画活人民就是把人民画得有血有肉、有灵魂。就像毛主席提到的，要创造出各种各样有血有肉的人物来，帮助群众推动历史前进。

我的艺术创作是在毛泽东文艺思想的影响下一步步走到今天的。毛泽东的很多言论我都记得很清楚。在几十年的创作实践中，我深深地体会到与人民交朋友的乐趣，也不断从中受益。我对我家乡农村的老乡非常熟悉，对我曾经实习过的地方的老乡很熟悉；我对延安很熟悉，我对陕北很熟悉，我对黄土高原的风土人情都很熟悉。在我熟悉的黄土地上，我不断地发现美、挖掘美、提炼美。我的作品反映的是在这片贫瘠的土地上，人们的生活态度和精神面貌，我要把黄土地上人们的乐观向上传播出去。所以，在我的作品中，人物的表情不是愁眉苦脸的，而是有一种阳光的、憨厚的笑容。我就是想通过这种在贫瘠土地上绽放的笑容，给人一种信心和勇气。比如我的作品《沟里人》，画的是陕北沟门大队的一位老人，身上背负着很重的东西，但表情中没有一丝苦涩，他平静而坦然。我为这位老人画了几幅肖像，有严肃的时候，有开心的时候，都是带着感情去画的。后来老人去世了，他的女儿看到我给老人画的肖像，潸然泪下。如果我没有深入生活，不熟悉这位老人，就画不出这样的作品，或者我的作品也打动不了他的女儿。

我常常想，一个艺术家怎样才算是为人民服务呢？就是要去塑造人民群众的形象，去表现人民群众的生活，这样的作品才能感动人民、让人民记得住，才能让人民从作品中感受到生活的美好。

屈、刘： 20世纪中期，西北地区出现了以赵望云、石鲁、何海霞等为代表的"长安画派"，他们以"一手伸向传统，一手伸向生活"为指导，对中国画进行了大胆的突破和创新。时至今日，"长安画派"的老一辈艺术家均已过世，但"传统"和"创新"仍然是困扰当代美术家创作的难题。您跟"长安画派"的艺术家有过接触和交往，站在历史文化和当代艺术的立场，您对"长安画派"有哪些认识和评价？您认为"黄土画派"与"长安画派"在本质上有什么不同？

刘： "长安画派"的代表画家主要是石鲁、赵望云、何海霞、方济众、康师尧和李梓盛，他们提出了"一手伸向传统，一手伸向生活"的口号。这个口号也是跟毛泽东《在延安文艺座谈会上的讲话》精神有关系的。"长安画派"的主要艺术成就就是把艺术带到了人民的生活中，把艺术与生活联系了起来。"长安画派"的六位画家主要来自美协。作为一个历史过程，"长安画派"已经树立了一块丰碑。

之所以创立"黄土画派"，主要有两个方面的原因。一方面，"长安画派"的成员中没有西安美术学院的画家和老师。当时，西安美术学院的郑乃珖、罗铭、陈瑶生等画家也是有一定影响的，但"长安画派"并没有吸收这些画家。那么，西安美术学院的一大批画家如何来组织呢？我当时是院长，有责任将西安美术学院的画家团结起来。另一方面，"长安画派"的老一辈画家去世之后，有一段时间陕西再没有出现新的画派。我们当时考虑，如果我们也成立一个画派，就不能也叫"长安画派"。我们主要是以西安美术学院为基地的学院派画派，要立足大西北培养优秀的画家，所以创立了"黄土画派"。

"黄土画派"对学生美术基础的全面提升非常重视，要求学生不光要掌握中国传统艺术的部分，还要熟悉世界优秀艺术的传统。这样，我们就把艺术训练的面扩大了。西安美术学院的学生既学习传统技法，又学习解剖、透视、色彩等西方艺术知识；西安美术学院的专业既有国画、版画，也有雕塑、油画、建筑等。我们在"长安画派"提出的"一手伸向传统，一手伸向生活"的基础上增加了一条："一手伸向世界"。"黄土画派"以学院为基础，成员经常生活在大西北，艺术追求既包含传统和生活，也包含世界各国的优秀传统。所以，"黄土画派"与"长安画派"的主要区别就在于："长安画派"主要是以美协为基础,强调传统和生活;"黄土画派"主要是以西安美术学院为基础,强调学院派的综合素养。

三、深入生活,扎根人民

屈、刘: 习近平总书记在文艺工作座谈会上的讲话中指出,在当下艺术创作领域存在一些问题,比如抄袭模仿、善恶不辨、以丑为美、粗制滥造、脱离大众、脱离现实等,甚至把作品当作追逐利益的"摇钱树",在市场经济的大潮中迷失了方向。您数十年如一日,始终坚持艺术探索的正确方向,脚踏实地地进行"接地气"的创作,从而影响了当代一批艺术家,也赢得了人民的认可。您认为中国当代艺术创作和评论面临的最大问题是什么?之所以出现这些问题,原因是什么?您的建议和期望有哪些?

刘: 我有幸参加了第十次文代会,听到了习近平总书记的重要讲话。我回来之后,跟"黄土画派"的成员原原本本地传达了总书记的讲话精神。习近平总书记在第十次文代会上的讲话明确提出"高原"与"高峰"的问题,指出"以人民为中心"的文艺创作导向。习近平总书记非常重视当代文艺的创作,对文艺界提出了殷殷希望。习近平总书记的讲话对我们的启发很大,也是我们当代文艺工作者的艺术追求。"黄土画派"在2012年举办过一个画展,主题就是"人民·人民"。从毛泽东《在延安文艺座谈会上的讲话》到习近平总书记《在文艺工作座谈会上的讲话》,我们一直遵循着"为人民服务"的创作方向,也一直践行着讲话精神。

当然,当代文艺界也存在一些问题。正如习近平总书记提出的,文艺界确实存在千篇一律、浮躁、不深刻、不深入等现象。比如,现在一些艺术家所谓的"深入生活",大多是"旅行式"的,没有真正跟老百姓建立长久的友谊。"见到老百姓"并不意味着就"了解老百姓"。没有跟老百姓同吃同住生活在一起,没有跟老百姓在感情上产生共鸣,没有跟老百姓交朋友,就不可能真正深入生活。总书记提到:"文艺创作方法有一百条、一千条,但最根本、最关键、最牢靠的办法是扎根人民、扎根生活。"毛泽东曾强调"要跟人民交朋友"。我体会最深的也是这两条:扎根人民,与人民交朋友。与人民交朋友是一个长期的过程。比如,有一个孩子,我画过她5岁时的模样,她人生中几个阶段的变化我都画过，现在她60多岁了。我们一直是很好的朋友。这个人在我脑海中就是活的，她的成长历程和变化我都历历在目。还有一位朋友叫任立宏，是陕北二十里铺的一个普通农民。在《知心话》这幅画中，蹲在毛主席旁边的那个形象就是他。我每次回陕北，都要去看望他。他去世后，我很难过。我有很多位这样的朋友。只有真正地熟悉他们，跟他们的家人一样，才能够在艺术中塑造他们的形象。

我认为，深入生活的程度、扎根人民的程度，一定程度上会决定艺术的高度。扎根是什么意思呢？就是把艺术家自己的"根"放在人民群众中间。我深深地明白扎根人民的重要性，所以，从2004年开始，每年过大年的时候，我都要组织"黄土画派"的成员到陕北去，到人民群众中去。我们要去探望老朋友、要去结交新朋友。只有熟悉了人民，艺术创作才不会简单化、概念化，艺术作品才会有深刻性。

我希望当代的年轻艺术家能够真正到基层去，扎实地深入生活。

屈、刘：在不断变化的社会环境和文化思潮中，您依然能始终如一地行走在表现黄土地文化这条现实主义的艺术道路上，坚守着黄土高原的根性文化，并且把这种文化在某种程度上转变成了一种中华民族特有的精神气质。在当下的社会文化语境中，请您谈谈中国美术在未来的文化战略中应发挥什么样的作用。当代美术家在艺术创作中如何坚定和彰显文化自信？

刘：文艺创作要能够反映时代精神和人民生活，要能够讲述中国故事和塑造国家形象。所以，中国的艺术家不仅要熟悉生活、熟悉人民，还要了解世界，观察世界上其他国家在干什么。中国的艺术家要有思想、有国家观念，要知道我们国家的部署和规划。也就是说，一位优秀的艺术家首先要成为一个思想家，要有"先天下之忧而忧，后天下之乐而乐"的意识。

现在，咱们国家的经济有了明显的好转，但是文艺工作者的思想还有待提升。整个民族思想的提升非常重要。如果做事情、干工作、搞创作时，总是用利益去权衡，那是不对的。我认为，中国不仅要在经济上发展，还要加强思想教育。在正确的思想指导下，经济才会发展得更好。明确方向是硬道理，我们的艺术创作要以人民为本。习近平总书记《在文艺工作座谈会上的讲话》为我们当代的文艺创作明确了方向，我们文艺工作者就要实实在在地、下功夫去创作、去提升，在创作中要克服浮躁。

现在的艺术界，作品比较多，但好作品不多。很多作品展、研讨会、座谈会，都是浮在表面的。把人民画好、画深刻是需要大量素材的。真正扎扎实实深入基层、深刻了解人民的创作还是不多见。一些年轻的艺术家想要一鸣惊人、想找捷径，就不断走新奇的道路，但大多是艺术形式的创新，而没有体现出艺术思想的创新。当代的艺术家要把持正确的方向、全面提升自己的思想高度，关心国家、关心社会、关心世界，学会思考问题和分析问题的方法，努力创作出能够反映时代特色、彰显民族文化、具有中国气派的好作品。

访后跋语：

刘文西先生是一位有根的艺术家。他对陕北有一种特殊的感情，这种情感是绵延数十年而历久弥深、牵动生命和灵魂的情感。与陕北结缘，他一直在西安美术学院工作至今；不断与黄土地上的农民交朋友，他深感幸福。他早已把艺术之根深深地扎在了这片广袤、苍莽的陕北黄土高原上，扎在了这群朴实、憨厚的人民群众中。数十年来，他百余次流连于此，足迹踏遍了陕北的沟沟壑壑；他与数百位陕北农民成为一辈子的朋友，手挽手说着知心话。先生说，不深入生活，作品便会浮于表面；不扎根人民，形象便缺少生气与灵魂。84岁的老人，依然坚持每年带领"黄土画派"的成员去给陕北老乡拜年，依然坚持用手中的画笔表现心中的人民。先生谈到陕北时，眼中闪烁着炽热的光，言辞激动；谈到老乡时，脸上绽放出愉快的笑容，如见亲人。刘文西先生已然将自己的生命、情感、精神、思想、创作与陕北的黄土高原紧紧地连在了一起。他在用画笔描绘人民生活的同时，也在抒发自己的人生理想与艺术追求。

原载于《中国文艺评论》2017年第10期。

探索中国水墨现代"画"之路
——访画家刘国松

李昌菊*

刘国松，1932年生于安徽蚌埠，祖籍山东青州，1949年定居台湾。曾任香港中文大学艺术系主任、美国爱荷华大学和威斯康星州立大学客座教授、台南艺术大学研究所所长、国内多所重点大学与美术学院的名誉教授，现任台湾师范大学讲座教授。曾于1956年创立"五月画会"，发起现代艺术运动，主张全盘西化。五年后开始倡导"中国画的现代化"，提出了"模仿新的，不能代替模仿旧的；抄袭西洋的，不能代替抄袭中国的"的鲜明主张。1983年初，刘国松应中国美术家协会之邀在中国美术馆办展，三年内在国内18个主要城市巡回展出，并到多地演讲与讲学，促使传统文人画的一元化走向了多元的局面。1985年第六届全国美展曾颁给他特别奖，2007年故宫博物院在故宫武英殿举办"宇宙心印·刘国松绘画一甲子"特展。先后获得"台湾文艺奖"（2008）、"中华艺文终身成就奖"（2011）和"台湾文化奖"（2017）。是第一位获选美国文理科学院外籍院士的华人画家（2016），同时也获选中国文联荣誉委员。

---

* 采访人单位：北京林业大学艺术设计学院。

一、面向东西方艺术

李昌菊（以下简称"李"）：刘老师好！您不仅在台湾被称为"现代水墨之父"，还曾在 20 世纪 80 年代的中国大陆刮起"刘国松旋风"。作为中国水墨现代化的先驱人物，您开启了观念和技巧上的革命。您是如何走上绘画道路的？曾经受教于哪些教师？

刘国松（以下简称"刘"）：我 14 岁开始画中国画，那时候在武昌读中学，上学路上有个裱画店，每天放学的时候我都会到那个裱画店去转一转。店里的裱画师傅看我经常来，就问我是不是很喜欢画画，我说是，他说你想不想学，我说当然想，他说那我给你介绍个老师吧。但因为父亲在抗日时保卫大武汉中阵亡了，家里很穷，找绘画老师也付不起学费，甚至家里连纸笔都没有。这个裱画师傅就找了一沓裱画裁剩下的纸，又拿了两支笔、一本画册，让我回去照着画。于是初中二年级那个暑假我整天都在画画。初三下学期我考取了南京国民革命军遗族学校，那时学校要办一个初中毕业展览，老师让我交了一幅国画作品，展完之后，学校把我的画挂在了贵宾室、校长室，这对我鼓励很大，那个时候我就下定决心以后要当画家。后来这个学校迁到台湾，我们被安排在台湾师大附中读书，在高二时我以同等学力考进了台湾师大艺术系。当时的师资主要是国画和西画的。国画方面有黄君璧、溥心畲、林玉山以及金勤伯老师；西画方面有朱德群、赵春翔、廖继春和孙多慈老师。

李：您早年喜欢中国画，但在中国现代画探索之前，比如在 1956~1959 年间，您的创作曾以西画为主，您为什么会去画西画？这一阶段您的表现主要受什么影响？

刘：大学一年级时，一位老师讲了一句话对我影响很大，他说一切艺术来自生活。之后我就反省，学国画全是临摹，并不是来自生活啊。到了二年级，水彩画、油画全部写生，这倒是来自生活，于是我开始全盘西化。当时我在台湾是一个人，没有经济后盾，因为水彩颜料便宜，所以画的水彩画比较多。从那开始，我从印象派起步，一直追随20世纪欧美大师们的脚步，最后画到抽象表现主义，画了7年。

李：您不仅坚持自我探索，也善于团结同人共同努力开辟新局面。1956年您以第一名的成绩毕业于台湾师范大学后，与同学们一起成立了"五月画会"，那么成立"五月画会"的缘由与初衷是什么？

刘：大学四年级的时候，我和同窗们都在准备毕业创作，那个时候我们早就不画印象派，已经画野兽派、立体派了。台湾那时候有个全省美展，我们从大一到大三看了3年。毕业之际，我们班四个人约定去拿那个全省美展的奖，结果三个人落选，一个人入选，入选的那位还因为画的是印象派。后来，我们听说最终得奖的都是些评审委员的学生，于是我就提议，干脆我们自己搞一个画会，自己展览，大家很赞同。当时大家对法国的"五月沙龙"非常崇拜，年少幼稚的我们便想着做一个"五月沙龙"的台湾分号，所以便取了"五月画会"这个名字，每年5月展览。就是在这种"全盘西化"的氛围之下，"五月画会"成立了。

李：从1959年起，您开始向民族传统回归，这中间发生了什么，促使您文化选择的转变？

刘：全盘西化之后，"五月画会"到了第三届，我就发现这样做不对，为什么呢？我们那个时候已经画抽象表现派了，跟着西方画家的脚步走，但我发现美国抽象表现派的不少画家却是受中国书法影响。我想，为什么我们不把自己的文化发扬光大，却要等外国人把它发扬光大之后，我们再去学呢？于是，1959年第三届"五月画会"时我提出，我们应该走中西合璧，而不是再全盘西化。

李：1961年起您开始画水墨画，并以抽象的形式去表现，您认为既不能仿古也不能仿洋，甚至也不同于今人。您为什么重新开始画水墨画，又是如何开启自己的中西融合的创作之路？

刘：这是一个中西文化交流很频繁的时代，不可能完全不受西方的影响，要表现这个时代的精神，应该是中西合璧。那个时候我是把水墨画加到油画里面，让油画既有西方的材料特点，又有中国水墨画的一些感觉。这样画了两年之后，我又觉得不对了。因为我当时在建筑系教书，参加他们的一个学术研讨会，讨论建筑材质的问题。有人讲无论用什么材料，都要把那个材料的特性发挥到最高境界，不可以用这种材料去代替另外一种材料的特性。后来我一想，我在这用油画颜色要表现水墨画的趣味，是不是在作假呢？这给了我当头一棒。我想，既然想把水墨画的味道发扬光大，为什么不直接用水墨呢？

另外，那段时间我看了很多美术史以及美术理论的书，发现中国绘画和西方绘画都是从人物写实到花卉，然后到山水，这个路子是完全一样的。在形式上看先是写实，然后经过写意，达到抽象的表现。但是中国比西方走得快，张彦远的《历代名画记》第一句话就是"夫画者，成教化，助人伦"，到了宋朝初年的时候，就有石恪画出了非常写意的《二祖调心图》，随后又有梁楷的《泼墨仙人图》。而西方一直写实，直到19世纪末受了日本浮世绘和版画的影响，20世纪初才开始写意。

西方印象派画家因为看到东方二度空间的绘画比他们三度空间的绘画更有艺术味道，更接近于艺术的本质，所以他们就开始变了。东方的画受老庄与禅宗思想影响，不太写实，同时也受儒家中道思想的影响，就是不偏不倚走中间，既不写实，也不抽象，一直停留在写意、半抽象的领域，后来西方追上来。我们那时候全盘西化就是因为一方面对中国画的保守不满，另一方面觉得西方的创意和抽象很有意思。其实，我们真正地去研究一下就会发现，中国是最能欣赏抽象美的民族，抽象美学从很早的时候就在我们的生活中体现了，例如早期的彩陶上面的抽象花纹，甚至我们戏曲表演中的很多动作都是抽象的。

我想，我们在中国传统绘画文化里，要有选择地把它保留和发扬光大，对西方现代艺术也是有选择地吸收消化，不能再全盘西化了。1959年，我开始用油画探索中西合璧之路，画了两年。到了1961年，我提出了"中国画的现代化"，从此开始回到水墨画的实验与创造上来。

二、在革命与实验中创造

李：为了探索水墨画现代化，您不仅挑战自我，更多次颠覆传统，如您在20世纪六七十年代提出了"革中锋的命"，这无疑是惊世骇俗的，您说："作为一个艺术的创造者，不但有不用中锋的权利，而且还有不用笔的自由，为了表现的需要，画家有权自由地选择任何其他需要的工具和技法。"您为什么提出这些非常具有叛逆色彩的观点？

刘：我先来讲书画不同源。画是什么时候开始的？原始人在岩石壁上就已经开始画画了，而书法是很久之后才有的，所以我认为书画是不同源的。要勉强讲它同源的话，它同的是用笔。由于文人日常生活离不开毛笔书写，于是把书法性的要求在绘画中拔高，最终发展为一味强调不用中锋就画不出好画来。中国画的技法有那么多种，有各种不同的风格，结果到最后就变成一种技法，一种风格了。所以那时候我认为中国画已经走到穷途末路了，要想继续走就要革中锋的命。不但要革中锋的命，还要把笔的命都革掉。画画是为了表现，怎么表现是画家自己的权利，只要能表现出来就好了。

李：在水墨画艺术创作中，您表现出一种强烈的创造与实验意识，非常注重材料、工具、技法的创新，不仅发明了"国松纸"，自创"抽筋剥皮皴"、拓墨、水拓、渍墨、揉纸、喷洒、拼贴等种种方法，还运用各种刷子、器物作画，制作出变化莫测的画面肌理效果，这些方法完全有别于传统笔墨表现。您可否介绍下这些技法的发展变化过程？

刘：在传统上，中国画跟西洋画最大的不同，就是中国画是用点和线组合而成的，西方的绘画是面和面的关系组织而成的。但是中国画的点和线全是黑点，我想如果能把白线也加进去的话，我们的表现能力就增强了，领域也拓宽了。1961年至1963年，我一直在做拓墨画，后来是利用了10世纪石恪画的《二祖调心图》的狂草笔法来作画。水拓花了很多时间，渍墨画也是，就拿九寨沟系列来说，实验了很多次。1963年至1969年，是狂草抽象画时期，把白线加入中国画中。1969年到1975年，是太空画时期。1976年后，开始试验水拓画，搞了十几年。接着是渍墨画，又是十几年。到后来画九寨沟、雪山系列，到现在也有十几年了。

李：从1969年起到1975年，您创作了400多张太空画，拓展了中国传统绘画表现的时空，这是传统水墨画从未表现的题材，您为什么对该题材这么感兴趣？能介绍下相关创作情况吗？

刘：这些画里的方圆，其实是受元宵节花灯的影响。有一年元宵节，台湾的庙会上有花灯展，孩子们非要我带他们去看，然后看到了走马灯。走马灯长长的，底下摆蜡烛，上面有圆的洞，里面有马在转，我将这个构图记了下来。后来又受美国太空发展的启发，看到了阿波罗7号第一次拍回了地球的照片，觉得应该把这个时代的变化记录下来，于是开始了这个主题，结合之前走马灯带来的构图启发，动用了一些剪纸拼贴的呈现方式，太空画就出现了。我第一张太空画是《地球何许》(*Which is Earth*)，创作于1969年，送到美国参加5月举办的主流国际美展（现收藏于凤凰城美术馆），得了个绘画大奖，这对我的鼓励很大，后来就又画了一大批"太空系列"的作品。

李："太空绘画"之后您又变了，从1977年到1987年，您主要是水拓法时期，而后开始渍墨法实验，这些方法具体怎么操作呢？

刘："太空系列"发展到后面，画面感觉逐渐西方化，其中的东方感觉开始弱化，画到这个时候，我感觉自己越走越西方了。艺术家在一种风格成熟后难免进入自我复制，而我对于这种已经可以控制自如、没有挑战性的创作感到累了，开始寻找新的创作路线。在这个转变过程中，我看中国美术史里面介绍，除了文人画之外，传统美术有版画、年画、绣画、缂丝、漆画，还有两个特殊的名词，火画和水画。其他的画我都知道是什么，水画跟火画是怎么回事，又为什么失传了呢？我决定把它们找回来！我开始做实验，先拿香去烧、熏那个纸，结果并不成功。后来我就尝试水画。我们在画传统国画时如果笔墨太浓了，想让它淡一点，就把笔在水盂里蘸一下，之后就有墨浮在水面上，我想"水画"一定跟那个有关。刚开始实验时，我拿个洗脸盆装满水，滴一点墨上去，墨迹就浮在水面上，然后我就拿宣纸往上一放，把墨痕吸到宣纸上，产生水纹的痕迹，这就是"拓墨"画中"水拓"的开始。20世纪70年代和80年代的画中的一些线条都是水拓的，颜色是后来加的。

渍墨法的创作是把两张干的纸摞在一起，然后把清水用不同的方法泼洒上去，那样两张纸大部分就会粘在一起，彼此的夹层中会有很多形状不规则、充满偶然性的气泡。继而我再把墨和颜色泼洒上并渗透下去，让墨色在两张纸间流动，这样就会沿着气泡的边缘，形成不规则的墨渍和纹路，尤其是狭长的气泡和缝隙就会促使墨色的黑线边上有时会贴着一条空隙形成的白线，如影随形，效果非常特殊，这些都是用笔无法实现的。

一开始我画了一批渍墨画，后来我去了三次九寨沟，那里的山水深深地感动了我。尤其那里的水，由于湖底积存物的反射而呈现不同的颜色，当风吹过水面时，风的大小对水面的水纹也有着不同的影响，太美了。

我画九寨沟只画水，因为我对水面波纹变化的感受最强烈。开始时，我用渍墨、用宣纸来画，后来又用棉纸画，都画不出那个味道来。结果还是曾经被"挤"到建筑系教学的经历再次启发了我。那时我看到建筑系的学生赶绘建筑设计图，发现他们用的描图纸（大陆叫"硫酸纸"）很有意思。传统的中国纸打湿后都是透过纸背，西洋纸打湿后颜色是不会透过去的。同时描图纸还有一个特点，就是一打湿之后就会横向里起皱，于是我就把描图纸铺到下面，上面用宣纸盖上，然后打湿，打湿之后就发现下面那个纸皱成一条一条的，就有水纹的效果。进而我尝试把描图纸铺到底下，先在上面喷水，等它起皱后我把颜色再往上滴，滴完了之后就把另外一张描图纸铺上去。因为下面那个纸已经皱了，而且颜色也顺着纹路在走，这样干湿两张纸相叠又起到了类似印染的效果，而且水的多少、纸的厚薄不同，出来的效果都不一样。这都是不断实验做出的效果，所以说画室就是实验室，不停地自我突破，不停地实验，不停地革命，这是我持续至今的创作理念。

李：20世纪90年代您又综合运用各种手法，并强化了色彩的表现，您为什么又开始重视色彩？

刘：水墨水墨，这个墨是一个色彩的代名词，不是说一定非墨不可。我们中国画在早期的时候颜色是非常重的，叫重彩，到了唐朝以后，水墨才慢慢成为一种绘画形式。把笔墨这两个字用现在的观念来分析它，什么叫作用笔好？因为中国画都用笔画，这个笔画到了纸上或者绢上去之后，留下的痕迹好的话就叫用笔好。但是留下的痕迹不就是点和线吗，对不对？所以说笔者就是点和线，点线画得好就叫用笔好。什么叫作用墨好呢？就是用墨或颜色渲染出来的面的效果好就叫用墨好。如果用这个颜色染出来的效果不好，就叫用墨不好。所以墨者就是色和面,所以说笔墨这两个字就是点、线、面、色彩。这些不是中国画独有的,所有的绘画都是点、线、面、色彩。所以笔墨这两个字,要把它从狭隘的文人画里解放出来,海阔天空,你用什么方法做出来的线条好的话都叫用笔好,你用水彩画颜色也好,用别的颜料也好,只要用得好都叫用墨好。

李:您十分热爱自然,去过许多地方,看见喜爱的景色时您会对景写生吗?或者拍照作为创作的素材与参照吗?

刘:我做学生的时候写生,后来就不写生,创作时从来不写生。人们问你有没有照照片,我说我根本没有照相机。我到每个地方就是看,感受那种氛围与气势,中国传统画家都是把感受存在身体里面,然后慢慢地释放出来。我 2010 年底去九寨沟,回来之后就开始做实验,我画九寨沟跟传统的画水完全不一样,不光是我的技法不一样,而且出来的效果也完全不一样,我画水,就只画水,别的通通不画。

李:范迪安先生曾说,无论在祖国大陆还是在海外各地,只要谈及水墨画现代发展这一命题,刘国松的艺术总是一个榜样,一个绕不过去的参照系。为了实现中国现代画的理想,您成立艺术组织,举办展览,还发表文章,四处讲学,并示范自己数十年探索的表现方法,您不断寻求技法与风格上的变化,这中间遇到过什么困难与阻力吗?

刘:当年我在台湾时,所有的美术系不敢请我,因为他们都很保守,怕我把学生教坏了,所以我被挤到建筑系去教素描和水彩画,因为他们是用水彩来画建筑图,水墨画根本不用的。还有,我们曾经搞了一个全省的现代画会的大串联,在台北展出,结果就受到压制,说我们破坏中国传统文化。1966 年,美国洛克菲勒三世基金会给了我一个两年环球旅行奖,我在美国住了一年多,后来又到欧洲去环游。回来之后,台湾马上给了我一个"杰出青年奖"。为什么中国人一定要外国承认,台湾才承认?我很感慨。还有我提出"革中锋的命,革笔的命",1976 年在台湾《联合报》副刊连续登三天,在香港的《星岛日报》副刊也连续登三天,港、台两地的传统画家都一直在骂我。

我曾经给自己写了一副对联,受画家徐渭的启发,他上联"几间东倒西歪屋",下联"一个南腔北调人",我也来一个对联,"几幅乱七八糟画,一个东西南北人"。我是一个北方人,却在南方长大,在台湾受教育。我是一个东方的画家,在西方成名,最早是被西方认同的,在台湾根本没有人认同我,而且被打压。所以我就感慨,就来了一个"东西南北人"的称号。

三、先求异,再求好

李:您一边创作,一边教学,曾经在香港中文大学、东海大学、台南艺术学院、美国爱荷华大学和威斯康星州立大学等学校任教40余年,您认为建立中国现代画必须从学生抓起,不仅开展了探索性、实验性、创造性的教学,还提出了著名的"先求异,再求好"的教育理念,怎么理解这一观念,请您介绍一下。

刘:在台湾都没有美术系请我,所以香港中文大学就请我去,本来请我去做一年访问,结果访问一个学期之后,就希望我留下来做系主任,改革学校的艺术系。1973年,我做了系主任之后,有了开新课的权利,开了一门现代水墨画。我反传统的美术教育,主要的理论是"画室就是实验室",画室不是传统绘画制造的工厂。因为我觉得以前的画室都是制造传统绘画的工厂,没有什么创意。对于美术教育,我的一个改革思路,就是"先求异,再求好"。上课我就跟学生们讲,千万不要小看自己,我们很崇拜科学家,但是我们跟科学家没什么两样,都是人类文明史的创造者。之所以能成为科学家,要先有一个新的思想,有了新思想后,要证明这个新思想是对的,就得做实验。实验成功了,刚好是想的那个结果,就算是有所发明,有所发明才是科学家。没有发明是什么科学家,最多在大学里教个物理或者化学。

我说画家也一样,也要先有一个新的思想,要把你的新的思想落实在画面上。但是你用传统的技法,用传统的材料,没有办法把你的新思想落实上去怎么办?做实验,实验新的技法,通过新的技法落实新的思想。一旦你新的思想在画面上真的表现出来了,你就是有所创造。有所创造才是画家,你没有创造是什么画家?!我说没有创造最多也就做个老师。我跟学生讲画室是实验室,教室也是实验室。传统的美术教育是受了一个教育思想的影响,那个教育思想是什么呢?叫为学如同金字塔,就是从开始画花鸟,然后画山水,然后画人物,一步步去学,把这个地基打得越宽越广,将来金字塔盖得越高,先把传统的各家各派的技法都去临摹，都去学好，学得越多越好，这是传统的教育思想，这是通才教育。

基于这个观点，我曾经画了两张画，就是《荒谬的金字塔》《现代艺术的摩天大楼》，这两张画是我对于传统美术教育的一种批判或者宣示。我把"为学如同金字塔"的理论称为"先求好，再求异"。我从事美术教育超过半个世纪，就提出一个相反的想法：先求异，再求好。摩天大楼的地基是往深里扎，不是求宽广，是求专、求深、求精，不求广的摩天大楼的建筑才是符合专业教育的思路。

现在学画一开始都是学花鸟、人物、山水，到最后画来画去还是古画。"先求好，再求异"的结果是，越"好"越"异"不了，画得越"好"越没办法跳出古人的"牢笼"。很多画家画了十几二十年，拿起笔来，很自然地就是那一套。传统国画专业出来的，一年有多少毕业生？但现在又有几个出人头地，有几个真正国际知名的大画家？而在国画创作出名的，大都是从西画出身的。因为西画没有那个包袱，吸收一些传统的东西，就可以把它发扬光大。

我的现代水墨画课程是绝对不允许临摹的，完全反对传统的美术教育。我说画室是实验室，延伸之后可以说教室也是实验室，所有的学生都来做试验，不许临摹。我有个学生李君毅，到现在从没有临摹过一张古画，也没有临摹当下画家的画，更没有画过传统国画。但他看过很多古画，他从古画里面吸收了传统绘画的精神，但没有采纳形式。他大学二年级到我的课程班学现代水墨画，画了三年，毕业得了第一名，现在已经国际知名了。

画家是人类文明史的创造者，没有创造就不是画家了，最多是个老师。有一次我在福建福州演讲，有一个年轻人提出了一个问题。他说，刘教授，按照您这个说法，现在大陆的文人画家都不是画家了吗？他这个问题一问，全场鸦雀无声。我说，对的，没有错，他们都是助手。你看科学家有了新的思想就去做实验，但他可能是在大学教书的，他要上课、改卷子、改论文、演讲、开会，可能还要出国，他没有一个完整的时间来做这个实验，怎么办？他就教给他的助手，你第一步怎么做，第二步怎么做，第三步怎么做，最后的结果拿给我看。这就好比传统的文人画家，古人怎么画他怎么画，老师怎么教他就怎么画，为什么这么画不知道，画出来的结果是不是他要的，也不知道。话音刚落，台下一片掌声，第二天报纸报道称"刘国松丢了一个重磅炸弹"，从此保守派骂我骂得更厉害，说我是玩特技的，画画是制作出来的，不是画出来的，也不是写出来的。

李： 与许多单纯的画家不一样，您不仅是一位画家，也是一位勤奋的作者，您觉得理论研究与艺术创作的关系是怎样的？

刘： 通过研究美术史和传统画论，就可以告诉我哪些路不能走，哪些路可以去闯。因为这样就知道我应该怎么走，我应该走哪一条路。没有理论研究的人，他就只会跟着潮流走，不会有自己独特的想法。

李： 您已经走过70余年的艺术历程，这种执着创造的原动力从哪里来？回顾您70余年的艺术创作历程，您有些什么感想与我们分享？

刘： 我的创作动力就是因为发自内心的爱，创作完全是由爱出发的。我爱中国文化，喜欢艺术，并一心想把它发扬光大。我太太给我起了个名字，叫作"现代水墨画的传教士"，我把艺术当成一种信仰，只要把它当成一种信仰，就绝不会因受他人的攻击而改变。我觉得自己这一生没有白活。作为一个画家，一生里面创作几种个人风格，其做画家的责任已经尽到了，而且还教育和影响了很多的学生。在台湾时受争议，美术系不请我，所以对台湾的美术教育一点贡献也没有。后来从香港中文大学退休之后，台湾的东海大学请我回去教课，我就回去了。20多年来，我已培养了一批现代水墨画的接班人，对台湾来讲，已没有遗憾了！

李： 您对大陆的现代水墨在观念上有很大的开启，可以说是最早的引路人，很多人都向您学习过。今天大陆的现代水墨探索也很活跃，您怎么看待这种探索现象？或者有什么建议？

刘： 现在有那么多的画家在做水墨实验，从20世纪末一直到现在，全世界有很多美术馆办了现代水墨画的展览，古根海姆美术馆曾举办五千年中国文化艺术展，里面就有现代水墨画的部分，那个时候他们向芝加哥美术馆和一位香港的收藏家各借了一张我的大画。随后大英博物馆、德国林登博物馆、美国波士顿美术馆和纽约大都会美术馆相继举办了现代水墨画的大展。为了推广中国画的现代化，总算是有了成绩，的确是很高兴的事情。

李： 谢谢您抽空接受我们的访谈，祝您节日快乐，健康长寿！

访后跋语：

  对先生慕名已久，在 2017 年 8 月下旬举办的"第九届海峡两岸暨港澳地区艺术论坛"上，有幸聆听先生亲讲"中国水墨文艺复兴"。先生谈古论今，跨越中西，视野广阔，虽已 85 岁，然精神矍铄，声若洪钟，其率真洒脱的气度风范令人印象深刻。承蒙《中国文艺评论》杂志重托，被委以专访刘国松先生的美差。先生往返于港台与内地之间，如何拜见尚不能确知，一时间有些茫然。幸得先生之女刘令徽女士大力支持，告知先生的行程，于是，由一场北京赴上海的专访，在 9 月底开启了。

  先生端坐室内，面带微笑，侧对来访的我们，那一幕定格在幽淡不明的光影里，宛若画面，不能忘怀。从少时习画到专业训练，从抗争台湾官方美展机制到成立"五月画会"，从全盘西化到复兴传统，从潜心画史画论到反思批判，直至风格初成再求新意。先生的艺术探索之路，在洪亮的声线中，源源不断地延展开来。先生不仅创"国松纸"，尝试拓墨，制作肌理，试验水拓，汇入色彩，运用渍墨，还激扬文字，著书立说，在深研传统的基础上，力倡"革中锋的命"，反对笔墨中心论，这些无不惊世骇俗。不过，反传统不是不要传统，而是解放既有观念，走向更自由更恢宏的创造。

  三个半小时，先生侃侃而谈，以生动、风趣的话语，与我们分享创作的过程、观念与细节，那份大破大立的胆识豪情，那样不畏险阻地执着追求，那种引领水墨走向世界的信念，令闻者时时感佩于心。难以想象，眼前这位平和、达观、睿智的先生，竟是一位勇于挑战的艺术先锋与斗士。是啊，不同凡响，不拘一格，力主创新——先生最鲜明的本色，早已凝结在笔墨浑茫的画作中，也浓缩在这个晴好静幽的下午时分。

  几十年如一日，这位新水墨的开创者，20 世纪 60 年代成名于美国，80 年代风靡中国内地画坛，已誉满海内外，但先生从未就此止步，依然以年轻人的激情，沉浸在宏大的水墨天地，创造着独特的艺术风貌！

  原载于《中国文艺评论》2017 年第 12 期。

当代中国文学的来路与走向

——访作家马识途

孙 婧[*]

四川省作家。1915年生，1945年毕业于西南联合大学中文系，1938年加入中国共产党。历任中国作家协会理事、顾问、荣誉委员，四川省文联主席、名誉主席，中华诗词学会副会长，中国郭沫若研究学会副会长，四川国际文化交流中心理事长，中国国际笔会中心理事。1935年开始发表文学作品，1961年加入中国作家协会。诗文著作颇丰。著有长篇小说《清江壮歌》《夜谭十记》《沧桑十年》，纪实文学《在地下》，短篇小说集《找红军》《马识途讽刺小说集》等。正式出版著作20本，在报纸杂志发表文章多篇。其主要文学作品收录在2005年由四川文艺出版社出版的《马识途文集》中。

---

[*] 采访人单位：四川省社会科学院文学与艺术研究所。

一、"中国文学"是什么

孙婧（以下简称"孙"）：您从事文学创作 70 多年，以丰厚和有分量的文学创作享誉文坛，今天我们想和您聊聊文学。

马识途（以下简称"马"）：对于文学创作，有很多问题我不大清楚，我曾经就这些问题与李敬泽有过交流，他也觉得这些问题很重要，值得很好地研究。现在我想将我们交流的问题同你们谈一谈，也请你们帮忙回答。当然，你们是从事文学研究的人，这一方面肯定比我思考得更多。

孙：在文学创作领域，您提出问题，这本身就蕴含了一个值得我们去思考的话题：知识分子如何以关注现实的能力，考察可见的当代文学。我们更愿意在与您的交流当中能对这些问题有进一步深入的探讨和推动。

马：第一个问题就是，什么是中国当代的文学？能不能用一个比较开放的文学语言来描述一下什么是中国的文学，或者说中国的文学是什么？我的回答是，中国文学是有中国特色的社会主义文学。

那么，什么是有中国特色的社会主义文学呢？这里面有三层意思。首先是"文学"，我们中国的文学是文学。其次是"中国特色"，中国文学是具有中国特色的文学。最后是"社会主义"，中国文学是具有中国特色的社会主义文学。

但是，我发现，目前为止还没有人对中国文学做出这样的定义，至少在正式的文件或出版物中我没有看到过这样的描述。我一直不明白为什么没有人来这样表述中国文学。我觉得中国的文学一定是具有中国特色的，假如离开了中国特色，这个文学恐怕就不能被称为中国文学或中国当代文学了。中国文学一定要具有自己的特色。关于这一点我就不详细展开了。那么如何来理解"社会主义"文学呢？我们当代中国是社会主义国家，意识形态也是社会主义意识形态，所以我们的文学也应该是社会主义文学。

我曾经做过与中国当代文学的界定相关的研究工作，得到了作协一些同志的肯定，他们也认为这个问题值得研究。习近平总书记在中国文联十大、中国作协九大开幕式上的讲话中提到要大力发展社会主义先进文化，要让我国的文艺富有鲜明的中国特色。这样一来，我对中国文学的界定的研究工作也就站稳了脚跟。

有人会问：如果中国文学是有中国特色的社会主义文学，那世界文学的定义又是什么呢？我认为世界各地各个国家的文学都有各自的特点和特色，各个国家的文学作品也都是文学，每个国家的文学作品都有自己的特色。

当然，如果对中国文学做出这样的界定——中国文学是具有中国特色的社会主义文学，其他国家的人不愿意承认中国的文学怎么办呢？我觉得我们不需要去在意这个问题，中国的文学肯定是文学，这是毋庸置疑的。

这些年我一直在思考中国文学的定义，也希望你们能对此进行更进一步的分析、论证。

孙：您说"中国文学"是您这几年一直思考的问题，这让我们遇到了一个值得追问的问题：一个作家该如何去创作这种具有中国特色的社会主义文学呢？

马：习近平总书记主持召开哲学社会科学工作座谈会时强调，要结合中国特色社会主义伟大实践，加快构建中国特色哲学社会科学。而我认为中国的当代文学就是具有中国特色的社会主义文学。关于这一问题，你们可以研究研究。

如果中国文学的定义被这样界定下来后，很多问题也都跟着出来了。比如"中国特色"的问题，到底什么是中国特色？这是一个很复杂的问题。我觉得，"中国特色"最主要指的是中国核心价值体系。有中国特色的中国文学一定体现的是中国核心价值体系的基本精神，也就是说，我们的作品中一定要体现中国的核心价值。中国的核心价值体系也是中国社会主义的基本特征之一，因此我们的文学要具有社会主义性质的话，也应该体现出中国的核心价值。当然，关于这一问题有很多争论，很多人认为，为什么非得把文学与意识形态、价值体系等方面相联系。关于这一点，我在这里不想讨论，但有一点是肯定的，中国的文学一定要有中国特色。

中国的文学应具有"中国特色"，不仅仅指的是其内涵应体现中国核心价值体系，也指的是中国文学的文学形式也应具有中国特色。那么问题来了，什么是具有中国特色的文学形式？它应该是具有中国传统特征的文学形式，应区别于国外的文学形式。用一句话来说就是，有中国作风和中国气派，为老百姓喜闻乐见的中国作风和中国气派。中国文学经历了几千年，形成了自己的风格、语言、结构等，所以我们当代的中国文学也应该传承这些特点。

二、文学应该是一种有方向感的写作

孙：在这样的思路下，我们当代中国文学的走向到底如何呢？

马：我觉得随着中国文学的发展，在当代已发展出两种分支，一个是以传统主流文学为代表的雅文学，一个是以网络文学为代表的通俗文学。中国当代的通俗文学现在几乎可以称之为"网络文学"了。

从每年的出版数量、阅读数量统计上都可以看出，当代有一部分人在读雅文学，有一部分人则读通俗文学，也就是读网络文学。从"五四"以来一直到现代，雅文学一直是中国文学的主流，它是中国传统文学的延续。然而从出版数量、阅读数量统计上都可以看出，以网络文学为主导的通俗文学的读者已占到读者总人数的50%以上。

有观点认为，雅文学会越来越边缘化，而网络文学会越来越兴盛。我不赞成这个说法。但从实际的统计数据来看，这确实又是当下的现实。一本网络文学作品印刷出来，一次可印50万册，甚至100万册，而雅文学一次最多印几万册，鲜有能印10万册、20万册的了。我在北京与中国作协的同志交流的时候，也谈到我们100位雅文学作家出版的作品数量抵不上10位网络文学作家出版的作品数量。从这个出版数量中可看出雅文学作品的读者和网络文学作品的读者数量之间的悬殊对比。

孙：我在对当代文学的研究中也注意到了当下文学的困境，事实上，当代文学的发展状况也呈现了文学本身的危机，或者说这是文学要解决自身危

机的诉求。

马：我对当代中国文学这样的文学走向感到担忧。我思考的是，具有当代中国特色的社会主义文学应不应该这样两极分化下去，还是应该雅俗合流？是不是应该出现一种雅俗共赏、老少皆宜、体现中国社会主义核心价值体系、具有中国气派和中国作风的文学？这应不应该成为我们中国当代文学努力的方向？我们的文学是不是应该既发展雅文学也发展网络文学呢？当然，雅文学有雅文学的许多问题，网络文学有网络文学的更多问题。我觉得现在的网络文学对青年读者在思想引导上的影响是不好的，因为当下的网络文学在中国传统的价值体系方面存在缺失，它太过于追求点击率，追求资本。目前有一半以上的网络文学是在为金钱服务，为资本服务。网络文学的兴盛也导致了原本主要出版雅文学作品的出版社在图书出版上的转向。

我并不是反对发展网络文学，而是觉得网络文学应具有雅文学的特质，同时不能妥协于资本。"中国当代文学是什么样的文学"这一问题，应该被明确地提出，中国文学的内涵、中国文学应该具备的特点、中国文学的创作方法等方面也都应该被明确下来。正是这种不明确，才导致了当代文学的危机。

当代大量的网络文学作品转化为电影、电视剧，传播于娱乐场所，而一部网络文学能不能转化为影视剧，主要靠的是点击量，其中有些作品的点击量动辄几亿次。如果这部作品是好作品，那么点击量高值得欣喜；但是如果一部作品不是好作品，也并不是在促进我们的思想意识水平，那么点击量高则令人担忧。一旦一部高点击量的网络文学作品出版成书或被拍成电影，我们的报纸就大肆吹捧，甚至专门设置作家稿费的排序，谁的稿费最多就成为作家榜之首。

这样的做法到底是在鼓励什么？我不大赞成这样的做法。不能说谁的稿费最多，排第一，他的作品就好了。低俗、低水平的小说或者没有多少知识的青年所欣赏的东西，不能成为我们中国作者创作的主流。中国当前两种不同风格的创作都有自己的特点、自己的优点、自己的问题，我们是不是应该把雅俗文学有意识地合流，提倡把雅文学向通俗文学靠一靠，把通俗文学在艺术性、思想性上提高提高，大家都靠过来形成真正的当代的文学，成为主流，能不能做到？现在看起来很难。我多少是有点悲观的，恐怕那一天自己会看不到。雅俗共赏，老少皆宜，真正为中国老百姓喜闻乐见的一种文学，作为主流，能不能做到？我相信是做得到的，因为我们是社会主义国家。但是对文学的走向我很不乐观，网络、影视媒体比出版社等的资本要大得多，他们都有资本掌控，所以占据巨大的利益空间。大部分资金被装入了投资人的口袋，其实我也并不反对这个，关键是如果做的这些事对老百姓没有任何好处，就不能这样做了。现在谁也不敢说让他们不要这样做，不要搞网络文学，因为资本在我们的经济中有举足轻重的地位。

我是搞创作的，面对现在这种局面，对于中国当代文学的问题有些忧心。大概20年前，我在《四川文艺报》就发表过一篇文章，来讨论到底谁来坚持我们文学的边界，谁来坚持我们的文学传统，谁来坚持我们社会主义的主流意识，我提出"文学尚文"。在北京，我提出中国文学面临内忧外患：内忧就是文学的低俗化的偏向，比较严重；外患就是外国的大资本家用各种各样的方式输入他们的意识形态，这就是文化霸权主义。实际上我们中国现在面临着文化霸权主义的侵入，电影就是很重要的一种途径。一些作家不是从中国的传统文化、雅文学吸取养分，而是从外国输入的文化中受到影响。一些所谓的作家发表了很多东西，我们都看不懂，当然也可能我是个文化老古董。现在一些年轻作家创作的一些作品的文法结构，我都很陌生，一些句法和我们中国语言不一样了。为什么我们中国的文学要用外国的文化、外国的结构、外国的语言来写，一些倒装的句子让人看不懂。《红楼梦》《西游记》流传至今就是因为有中国传统、中国作风。现在许多雅文学都不太重视中国自己的文学传统，而是过多学习外国的一些文学形式。有些就是想到外国去出名，我不太欣赏，外国人读中国文学其实也不是都能读懂的。

我们现在创作中存在的一些外国形式实际上是一种潜移默化的文化霸权主义的表现。外国文学也有一些很优秀的内容，外国文学历史上也有一些很出名的作品，都很好，我们一定要去学好的、优秀的东西。但是现在有一些人是想通过一些作品把我们的意识形态转变成他们的意识形态。假使我们都跟着学，会出问题的。这些霸权是创造过战绩的，在中东有很多国家都是这样被搞垮的。这并不是危言耸听。当然我们中国的文化自信是很强的。我希望中国年轻的作家更多地研究中国的文学传统，吸收西方的好东西。我们不是拒绝西方，而是要西为中用，更好地发展我们自己。网络文学本来是我们传统文学的，就是被资本利益驱使，被低俗化，甚至破坏了中国好的文学传统。

四大名著都是好东西，采用优秀传统文化作品的结构、文化、语言。我提出一个问题，中国两种文学的源流问题。这些文学源自何处，流往何方，网络文学也是一样的。我觉得这是一个值得研究的问题。我们的雅文学是从"五四"时期的新文化运动开始的，这个源头其实就是中国文人从西方学习了先进的文学，来进一步发展中国文学，新文学，雅文学。而这些把通俗文学衬托为上不了台面的东西，包括金庸的小说在内都是通俗文学，但他也有优点，就是用中国话写中国的故事，不管怎么反对，金庸的小说在中国还是很行得通的。张恨水的社会小说，实际上也是中国俗文学传过来的，现在很流行。

我们的雅文学源于"五四"，受到西方和苏联的影响，在发展过程中遇到一些问题。文学为政治服务，是从斯大林那里发展过来的，在抗日战争时期发挥了很大的作用。在需要的时候文学为政治服务，这个我也是赞成的，但这不是我们唯一要研究的东西，如果一直作为政治的附属品和工具为政治服务，我们的文学就很难实现全面发展。

现在我们很关注文学的发展，这很好，但文学往哪里走的问题还没有解决。习近平总书记对于文艺的要求很好，文学的路子还是可以照现在这样发展下去的。所以这两个文学是否能作为真正的中国文学，这是一个问题。这两个文学都存在自身的麻烦，有自身的问题。

中国文学的发展方向问题要怎么解决，还是很值得注意的，特别是网络文学发展路子的问题。网络文学的发展启示我们要考虑怎样用这个形式为老百姓喜闻乐见。我曾经向作协的专家提议，能不能动员一些雅文学水平比较好的、创作技巧比较成熟的作家，有意识地转移到网络文学，占领这一阵地，也用它的形式和技巧来创作。但是很难。雅文学的作家去做这些通俗文学的创作，他们是不干的、不愿意的。我们中国的雅文学作家是很多的，这么庞大的队伍，不改革是不好的。正如现在提倡文化改革，否则这个局面难以维持。

网络作家有几百万人，雅文学作家也有几万人，这么大数量的作家为什么都要去爬那个金字塔（作家排行榜）？这个金字塔要有人爬，但并不需要如此大量的作家。我很奇怪有些作协的作家一年怎么创作了4000部长篇，有必要吗？浪费了大量的时间、精力，有的甚至都没出版，有的出版了也是无人问津，最终变为纸厂原料了。我觉得有几十部就差不多了，每年只有几部是优秀的，那剩下的3900多部有什么用啊。3900多个作家都去"爬金字塔"，都"爬"不上来，但是还要"爬"。我不反对"爬高峰"，但真正要"爬高峰"还是要有特殊的天分，特殊的勤奋，特殊的观察力、洞察力，真正具备这些素质的人"爬高峰"，而不是所有的人都去"爬"那个高峰。写一点通俗的、老百姓都懂的作品，也是做了点好事情嘛。

孙：这可能就是文学生产体系的症结所在。一方面我们鼓励作家积极进行创作；另一方面也希望以文学的方式对功利主义进行对抗，却又在无形中受资本的牵动与濡染。当我们把解决文学的困境变成一个方向性问题的时候，即越来越倾向以何种具体的方式作为解决问题的手段和方法，您给我们的思路是什么？

马：中国的雅文学还有许多需要加以注意，甚至需要加以改革的地方，目前我还没有看到实质性的突破。我担任四川省作协主席有28年之久，自己也出版了几本好的作品，但在这方面也没有起到多大的作用，一直感到很惭愧。因此，需要我们大家共同来研究这样一些问题，你们是专门的研究机构，可以运用大数据的方法，认真地做调查，搞明白问题的症结到底在哪里，提出积极有效的应对主张，这是十分有必要的。其实，今天我想与你们讨论的、想请你们研究思考的也是这些问题。当然，还有很多关于文学方面的本质性的东西。我觉得，我们的一些提法还是存在偏差，对此我有许多不同的看法。我也希望有机会能够向你们提出来，共同来研究一下，提出新的观点、新的看法。

三、走向更广大的精神视野

孙：从创作到理论，从文本到批评，两者构筑了文学交往互动的系统。就像您刚才提到的，在这样一个过程中，我们当代文学的繁荣，需要我们的文学批评做出什么样的努力呢？

马：习近平总书记曾说要大力发展文艺批评，大力发展评论，通过评论来培养引导读者。谈到文学批评，如我刚才说的，有一个核心的问题，就是文学批评到底应该怎么个批评法。这个问题我过去跟四川大学的教授们一起讨论过。我说，我们中国的文学批评到底有没有自己的批评系统？我和四川大学的王世德教授请教过，为什么我们的文学批评文章都是用西方文学批评的各种主义、格调来评论我们中国当代的文学？我觉得这显然是有问题的。有人说中国没有自己的文学评论系统流传下来，我却认为并不是没有，关键是看怎么去挖掘，怎么去组织。比如《文心雕龙》，难道不是一个系统吗？还有诸如"神韵说"之类丰富多样的品诗之法，品评什么样的诗才算是好诗。这些都是中国文学评论系统的组成部分。但很多学者却认为中国没有自己的文学评论系统，故而现在只能从外国输入，只能使用外国的术语、观点。我是不赞成这一点的。我认为应该建构我们自己的文学评论的体例和系统，国外的理论，我们要积极吸收其中先进的、良好的成分，但不是照搬过来。我们要认真梳理我们国家从古至今的文学批评思想，研究古人如何评判文学的好坏，这方面的内容其实是十分丰富的，如《历代诗话》所涉及的作品数量就很庞大，其中包含了许多深刻的思想。但现在这方面研究极为薄弱，很少有人愿意去做这些工作。我的一个老朋友很有心，他很重视《文心雕龙》，下了许多功夫，把它翻译为现代汉语，已经出版了。这种努力就是好的，只是除了几个老夫子，似乎没什么人响应。我们就应该从中国自己的文献资源中去寻找文学批评的路子。总之，谈到文学批评，我的观点就是要建立我们中国自己的文学批评系统。这个工作很复杂，也很困难，光是一本《文心雕龙》就够许多人研究一辈子了。

又如，从古至今，对《诗经》、屈原等的研究文章汗牛充栋，这些文章都有自己的一些道理在其中。至于有关其他中国诗词古文以及现当代文学作品的评论文章就更多了。我们需要做大量的文献资料的搜集和梳理。有的大学，如复旦大学，做了一些工作，但还是不够。现在虽然出版了一些古代文论方面的书，但还没有建构起像西方文学批评理论那样系统的一套东西。这项工作虽然很难，但不能因此不做这个工作，为了图方便直接从西方照搬，我是不赞成这样做的。不能只有外国文学批评的各种主义，而没有我们中国的主义。中国文化有几千年传统，内涵深厚，并非不如西方，为什么只强调外国的格调呢？四川大学的曹顺庆教授十分重视比较文学的研究，把中国的文学与外国的文学进行比较，这项工作实际上是建立中国的文学评论系统所必需的。我知道他和他的团队做了许多有益的努力。曹教授曾把他主编的《中外文化与文论》杂志寄给我。中国现代文学馆主办的《中国现代文学研究丛刊》也很有水平，下了许多功夫。中国现代文学批评史和中国文学史的梳理，都还有很多工作要做。只有把这些工作做好了，才有可能建构中国当代文学的批评体系。目前，这方面工作还比较零散。

孙：在《失语症：从文学到艺术》一文中，曹顺庆教授提出文论领域的"失语症"问题。他说所谓"'失语症'，指的是20世纪以来，在西方强势文化的强烈冲击之下，西方所代表的话语规则逐渐成为一种主导的、普世性的权力话语，而中国传统话语的自身特质反而被边缘化，从而陷入'失语'的状态，中西话语之间无法形成平等、有效的跨文明对话"。[1]这样看来，曹顺庆教授提出的"失语症"问题和您刚才所说的观点是一致的。

马：是的。你们作为专门的研究机构，除了理论研究之外，评论也应该是很重要的工作内容，需要做很多努力。像中国的诗歌、书法等，都有许多问题可以谈，如中国诗歌源于何时。中国诗歌在源头就很发达，如《诗经》《楚辞》，还有后来的唐诗宋词元曲等。中国诗歌曾是中国文学的主流，现在却很少有人来研究中国从古至今的诗歌系统。新诗是中国现在诗歌的主流，但这个主流是从哪里来的呢？是中国"五四"时代的一批文人到英国后将英国诗歌的传统移植过来的，是用他们的格调来写我们中国的事情，一直延续到现在。因为写新诗很容易，所以诗人就多如牛毛了。这些东西，我并不反对。但不能因为有了新诗，就放弃中国几千年的诗歌传统，对这个传统不屑一顾。现在一些著名的诗人居然不读唐诗，不懂唐诗，而去学一些没有什么价值的东西。我曾经和贺敬之、赵朴初一起发起中国诗词学会。我是发起人之一，先当了副会长，后来还当过名誉会长。我们的想法就是要把中国的诗歌传统延续下去。虽然我们现在的古体诗水平不如过去，但这个系统不能丢

---

[1] 曹顺庆、黄文虎：《失语症：从文学到艺术》，《文艺研究》2013年第6期，第34页。

弃。现在，新诗占据了中国诗歌的绝对主流地位，包括各种诗歌研究团体的研究，也几乎都以新诗为研究对象。古体诗没有得到很好的发展，很少人懂得古诗的格律，也很少人愿意研究古体诗。许多人甚至瞧不起古体诗，认为是老古董。我发表过两篇文章，认为不能把古体诗送进棺材。我说，中国古体诗词并非像很多人认为的那样是没有前途的夕阳艺术。我们四川搞了诗词学会，也搞了《岷峨诗稿》杂志。这份杂志我们是从1986年开始编的，30年了，现在还在正常运转，每年出四本。我自己现在还在创作古体诗，在我103岁生日时，我自己创作了一首七律。

孙：您的文学创作已经超过了半个世纪，可以说见证了我们当代文学的起起落落。那么，回忆您个人的创作历程，有没有一些特别的感受与我们分享？

马：关于我自己的文学经历，我倒不准备谈什么。当然，已经有很多介绍性的文章刊登在报纸上了，我自己是不大去关心的。我自己只是埋头于创作，这些年还在不断出书。王火跟我说过，他专门去查过，90岁以后还在坚持文学创作的，他只见过我一个。我前几年，一年还出了两本书，那时就已经过了100岁了。前不久，有一本书还在北京举办了首发式。目前，我还在创作一本书。我今天说的这些供你们参考。希望你们能为中国当代文学列出一些供研究和考察的题目。这些工作大有好处。你们也前途无量。

访后跋语：

阅读马老的文章，很容易辨别时代，他在我们经历和未经历的生活里，捕捉人性，以他的识见和视野描述历史的气象。作为作家，我想学术研究应该不是他的兴味所在。与他聊天的话题，我选定在他创作的微观层面，想以此获得一些意义。在简单的介绍之后，我们进入聊天的主题。而一开始，马老就强调略过自己的文学成就。中国文学的定义和方向是文学研究者不能回避的现象和问题，这样就使访谈带有了公共价值的烙印。深度的学术追索被马老从当下文学复杂的事实层面抽离出来，我不否认，这激起了思想的碰撞。他不是空洞的作家，他的写作是与中国文学生存的语境息息相关的写作。他的那些因为商业和资本元素对当代文学介入的忧心忡忡，那些对当代文学未来发展方向的高瞻远瞩，那些对文学研究者的殷切希望，都在显露着一个老作家的美好情怀。整整两个小时过去了，但谈起诗歌，他依然兴致盎然。对于我，这隐藏了一种动力，一种源自内心的力量，这种力量应该用在对过去自我的颠覆和新的自我的建构上。

原载于《中国文艺评论》2018年第1期。

在『流转』中追求艺术创作的自由
——访剧作家郭启宏

陶 璐*

郭启宏

当代剧作家、诗人、小说和散文作家，广东潮州人，1940年生，1961年毕业于中山大学中文系，现为北京人民艺术剧院一级编剧、北京戏剧家协会名誉主席、中国艺术研究院研究生导师，享受国务院政府特殊津贴。已发表各类作品一千余万字，其中有34部作品获73项国家级或省部级奖。主要作品有话剧《李白》《天之骄子》《知己》《小镇畸人》《大讼师》，昆曲《南唐遗事》《司马相如》《西施》《李清照》，京剧《司马迁》《花蕊》，评剧《向阳商店》《评剧皇后》《城邦恩仇》，河北梆子《忒拜城》《北国佳人》等，结集《郭启宏剧作选》、《郭启宏文集·戏剧编》（五卷），长篇小说《白玉霜之死》《潮人》，传记文学《千秋词主李煜传》，散文集《四季风铃》《井花水》《艺坛梦寻》《鸿雁留痕》，诗集《燕云居诗钞》《天风雅阁吟草》，文论集《传神》等。

* 采访人单位：中国文联文艺评论中心。

一、从文学到戏剧

陶璐（以下简称"陶"）：郭老师您好，感谢您接受《中国文艺评论》杂志的专访。作为当代重要的剧作家，您曾说您与戏剧本无缘分，又说您和戏剧是"先结婚后恋爱"，您说作家本该遍历苦难，黄竹三先生在您的书的序言中提到：苦难过去，已成财富。这都引起了我们的好奇，您能谈谈您人生经历中，哪些过往成为了您创作的财富？

郭启宏（以下简称"郭"）：我出生在广东省潮州市饶平县黄冈镇。祖上世代都是读书人，到了祖父这一代，家业凋零，于是我的父亲弃文从商。虽为商人，但父亲非常喜欢写诗，于是有了"诗商"的称号。因此小时候的我，也算受过点学前教育，不仅自己背诵古诗词，哥哥姐姐也教过我写诗。我4岁上小学，算是比较早的了，报名时老师问我识字吗，我拿起一本书，念了几句，对了几句诗，老师听完说，不用读一年级了，直接上二年级吧，就这样我跳着上完了小学。其实小时候的我贪玩，不爱读书，更不用说对戏曲的喜爱了。我的母亲倒是很爱听戏，时常带我去戏园子，我也很兴奋，但总在吃完小食品之后倒头就睡。现在回想起来，母亲对于戏的痴迷以及我小时候看戏的经历，于我有潜移默化的作用。之后我考上了城里的名牌中学，因为学校的学习环境好，升学率高，因此学习比较紧张，我也因为要专注于学习数理化，看戏自然就少了。而我也在完成了所有的课业之后，阅读了不少的课外书。也是从初中开始，我迷上了诗词，开始模仿写诗，最早写新诗，后来写旧体诗。所以，我和戏剧的缘分，可以说不在舞台，而始于文学。之后，我也因此报考了中山大学的中文系。但也就在这时，我的父亲因诗被打成了

"右派"。我的哥哥是语文教员,也没有幸免。这件事情对于我人生的影响是比较大的。

1957年考上大学后,家里没有钱寄给我,我只好跟学校申请助学金。虽然之后吃饭不用花钱,但生活费还是要靠勤工俭学,用劳动来换报酬。因为字写得不错,我被分配去刻蜡版,给教授印讲义。当时是一天一块两毛钱,也不少了。可以买点糖果,买点文具,吃碗肉汤之类的。但我说的影响还不在物质上。因为上头还有哥哥姐姐,家里会比较娇惯我。家里的变故,让我开始对人生有些认识。但并没有反抗,只觉得是自己倒霉,既然家里出了状况,就只能靠自己努力读书。所以在大学的那几年,基本每个周末我都到图书馆去。因为在图书馆已经忘了饥饿,也不用想什么,就是读书。这段经历对我之后的生活道路也有影响,愿意多思考,进而影响了之后的创作。

考入中山大学后,我有幸受业于王季思先生。季思师是宋元文学专家,词曲大师。我也跟随着先生习宋词元曲,进城看戏,尤其是在先生指导下参加车王府曲本的整理校勘。当时不曾想到这古籍的整理与毕业后的戏剧创作会有千丝万缕的关联。先生对我的教导,不仅仅在我求学时候,更在我毕业后数十年漫长的岁月中。可以说,先生一直都是我剧作的指导老师。圈里人都知道先生在我的剧作发表和上演后撰写了多篇评论文章,却很少知道先生在此之前所倾注的心血。我的许多作品都经过先生的指点,其中有一些戏还得益于先生的学术研究成果和所寄赠的资料。我经常对着先生评点的文字深思,似乎在经历一种认识的螺旋式上升的运动过程,到了某一个新的起点,在这个起点上,我又开始重新学习,而先生就是我新的学术启蒙。

学问之于创作的另一层影响是态度,这得益于老师的言传身教。在我有了一些成就之后,有一次我写错了一个字,先生特别不高兴,很严肃地告诉我,你现在不能有错字,不应该出这样的错。当然我以后也就注意了。所以后来我在文字上的考据和严谨都和此有关。先生对我虽有肯定,但往往要求很严格。据说从前的师道有一个不成文的规矩,老师不能当面夸奖自己的学生。我不曾就此寻根究底,但我觉得先生对我确乎如此。他对我的作品(无论创作还是研究)虽有肯定,但更多的是摘误,还有严格的要求。我的每一部作品,都经过他笔下圈圈点点,天头常有他简短的评论、点拨,即使是公开发表的评论我的作品的文章，也是拉开距离，以一个学者来评论一个作家，既无居高临下，也无宣长护短。事实上，先生对我的厚爱是处处可见的。虽然他不曾当面称赞，但总在另一种场合，对我的褒奖溢于言表。中国评剧院原总导演、戏曲理论家张庚的夫人张玮就曾告诉我，季思先生曾对张老说过，他在北京有个得意弟子，叫郭启宏。张庚说"小郭？我们很熟……"季思师的幼女王小雷在给我的信中也写道，家父夸你是"兼有作家天赋和学者功力的才子"。这是一种很高的评价了。面对这许多夸奖，兴奋是肯定的，却不敢沾沾自喜，而是当作鼓励和鞭策。

我记着先生的教导，聪明人尤其要下笨功夫，要以做学问的精神去搞创作。的确如此，创作不是凭着小聪明就能干得了的，尤其是对于历史剧创作来说，小到剧中一个词语的运用，都要符合史实依据，细微处可见大功夫！我深深感到，没有深厚的学术功底，是写不出大作品来的。这就是先生要求的：做一个学者化的剧作家。

陶：可以看到，您是从文学之路走来，那是什么契机促使您踏入了戏剧艺术的创作领域？

郭：大学毕业时，我最大的理想自然是能够留在中山大学，留在先生身边，做研究生继续深造，但由于家庭出身和社会关系，被迫失去了读研的机会。但因功课尚好，直接分配进京了。据说这么做，是因为当时的北京市市长彭真为了改善北京市属院团人员的素质，提高北京文艺团体的整体文化水平，用这样一种"掺沙子"的方法来"改良土壤"，现在看来，这样的做法是有一定道理的。

1961年9月，我与同届同学一道，离穗北上，先是被分到北京市文化局，很快又被分到中国评剧院，从此，我与戏剧就开始了一段不解之缘。由于我之前学习古典文学，对于一些戏曲押韵的知识还是略懂一些，但毕竟没有太多的接触，而且由于是南方人的缘故，很多发音吐字都不甚了解，于是我就开始恶补看戏。20世纪60年代初，中国评剧院有一个剧场，即鲜鱼口的大众剧场，剧场吕经理给我留出"专座"——剧场台口两边外延各有一个小房间，我便在那里开始了自己的"驻场看戏"生涯。我把看戏当作上课，每天晚上吃完饭，坐7路车，白塔寺到正阳门，风雨无阻。

那时什么戏都去看，所有戏对于我来说都是新鲜的。而那时也正值传统戏大量"出笼"之际，我既看评剧院的戏，也看北京和外地其他剧团的戏，有次还闹了个笑话。有个团来京演出昆曲《双下山》，这出戏并不以唱功见长，但我一听那唱，马上就喜欢得不得了，我知道不是评剧，也不是京剧，一问才知道是昆曲。我大惊异，戏曲果真别有洞天！此后，我凡昆必看，跑遍京城各大剧场，和那些剧场看门的、售票的都认识了，他们都感觉很新鲜，我一个大学生还爱看戏？我说不看不行啊，不看我什么也写不了。

就在我每天去大众剧场看戏的那一年里，忽然有一天，剧院通知我下乡参加整风整社工作队，剧事就戛然而止了。此后劳动锻炼连着"四清"运动，直至"文革"。之后我受命修改《向阳商店》，被推上执笔的位子，此剧修改历时八载，虽让我在事业上骤得虚名，也让我灵魂上受尽磨难，我渴望创作的自由，盼望"听自我"的写作状态。在这之后，我也逐渐确立了自己在创作上的几条原则，其中之一就是要自己创作，不接受命题作文。我认为文艺创作是个体劳动，毛主席在延安文艺座谈会上的讲话中曾指出，革命文艺是人民生活在革命作家头脑中反映的产物，既重视作品的客观性，又重视作家的主体性。也有人说我在创作上挺个人主义的，我不理睬，我心态好。甚至在戏剧界有个"名声"，说是郭某的剧本不许别人改动一个字。这并不是说，郭剧已经尽善尽美，或者说别人不能提意见，而是说，意见再正确，也得由作者本人吸纳消化，而后动笔修改，别人不得越俎代庖。就像剧本一旦进入排演场，就得唯导演马首是瞻了。

二、创作中下的那些"笨功夫"

陶：您是如何做到季思先生所期望的把创作当作一门学问来对待？

郭：老话说笨鸟先飞，我就当自己是笨鸟。因为语言问题，刚来北京的时候，我一个南方人一说话人家就乐。有一次是在冬天里开会，有人抽烟，我就说了一句：把窗户开开。大家一听都乐了。我还奇怪，说我也没说错啊。他们告诉我，第二个"开"字要读轻声。之后我就注意了。其实到现在我说话还是有口音。不过在写作的时候，会特别注意。我们那边的方言——潮州话，属闽南语系，离现代汉语要远得多，我从事戏曲创作，不把普通话训练成准母语怎么行呢。于是我将 7000 常用字从字典上请下来，分门别类，排列组合。我在潮州话与北京话的对比中，惊异地发现两种方言的对应规律。比如潮州话只有 ang 和 ing，没有北京话的 an 和 in，而这些韵字却有规律地分布在潮州话的"坚""关""甘""兼"和"斤""巾""金"等韵部里，潮州人可以"声"入手，也可以辅之以"形"，即从偏旁部首去辨认 an 与 ang、in 与 ing 的区别。我把这些心得做成笔记，规律之外，个别特殊的还要死记硬背。当然，更重要的是语音训练。我夫人是地道的北京人，平日我经常向她请教，而且训练十分有效。直到有一天，自己做梦说的是北京话的时候，我欣喜若狂。因为我的思维语言已经京化了，我写戏曲唱词无须向辞书验证了。与此同时，我继续着我的诗词写作，潮州话八个声调，尤其是入声，为我提供了莫大的方便，我没有停止过韵文的努力，诗、词、曲、赋、集句、回文、双声、叠韵、楹联、诗钟种种。某一时段，仿佛 40 岁前后，我已经使自己的思维语言在北京话与潮州话之间随意地流转，我获得了音韵的自由，并把这种自由拓向更为广阔的领域，诸如戏剧的句式、节奏、散文的平仄、修辞，乃至论文的诗化、散文化。其实这个转化过程经历的时间比较长。在我下乡参加运动的时候，因为迷于剧，把下乡当作"体验生活"，准备一个小本，收集民间语言，把老乡说的话记下来，不管是否用得上，权当积累素材。

陶： 欣赏您创作的戏曲，总是让人感叹汉语言的精妙隽永，剧中的唱词、念白，既典雅清新，又如诗般富有韵律，朗朗上口。您是如何做到遣词的精准和丰富的？

郭： 这就涉及雅与俗的关系，以及雅俗共赏的命题。若从绝对意义上讲，雅与俗各有其内涵与外延，既不能替代，也不能兼容，若从相对意义上讲，雅与俗的概念之间又有模糊带，模糊带的交叉部分可以认可为"共赏"，尽管这里的雅与俗已经不是原先绝对意义上的雅与俗了。我把这些思考运用到戏剧创作中，戏剧所蕴含且展现的意旨应该新颖而深刻，是观者须升堂且入室的探赜索隐之所在，偏雅；然而戏剧的娱乐性、普及性及市场化又决定了大多数观者之品味，近俗。这种情形在新编历史剧里尤为明显。由此我想到戏曲里的唱词，过雅则欺人，从俗即媚世。于是我想到了，汉文学有丰富的成语啊！成语是词汇中的瑰宝、语言精警，结构严谨，能使口头生色，笔下增辉，高人雅士应心应口，升斗细民喜闻乐见，雅俗咸宜。为此，我还专门编纂了一部词典，叫《韵编成语词典》。所谓韵编，是因为戏曲曲文是押韵的歌诗，所需是韵字，成典必然需要逆序，换言之，要以末字为词目。于是我从最基础的做起，埋头做起资料工作，最终做成了至今书市上不曾见过的一部词典，令我受益无穷。这其实都是笨功夫。

从技术层面来说，还有个掌握词汇多少的问题。如果翻来覆去老是那几个词语，是不可能感动人的。一个意思，有不止一个词或句来表达，有时能有十几种表述方式。而如果你只知道一个，或者一个都不知道，那就没有办法了。因为这十几个表述方式中，必定有一个最合适的，你若找不到那个最合适的，那就只能赖自己肚里没货。没有积累是不行的，胸有成竹，写的时候才会自然而然地流露，一气呵成。

除此之外，对唱词的理解，有的作者没有提高到应有的高度。唱词应该是诗。中国的戏曲就是从诗、词、曲一路走过来的，你看元曲名家里，可都是大文人，如关汉卿、王实甫，他们的作品都是作为诗读的。我向来认为，戏剧文学的生命力就在于文本的诗意，话剧也是。当今绝大多数的戏剧文本是没有诗意的应节上市的樱桃桑葚，只有极少数剧作家的作品里有一种"诗意的回味"，一种"诗的意境"，比如话剧《雷雨》。曹禺曾说，我是把《雷雨》作为一首诗来写的。但这个诗跟一般的诗人写的诗不一样。我总结出这是人物性格的诗，是有剧种特色的诗，例如昆曲和京剧、评剧、黄梅戏就不一样。其次，还是作家本人的诗，表现作家的个性、文风、文字能力等，所以这和一般写诗也不一样。在戏曲创作中，如果做不到这几条，就很难写出好的唱词来。除此之外，还是可歌的诗，就是可以歌唱的诗。不管什么唱法，必须是可歌的。所以唱词很难写，并不是说认得几个字就可以写出好的唱词了。

陶：您总是像这样不断思考创作中的种种问题，并试图找到解决办法吗？

郭：我的确很留心这些事。而这些经历也会反哺到我的创作上，让我精益求精。我早年养成一个习惯，就是观剧后一定要写观剧笔记，我有一个本子专门记录这些。我会思考这出戏有无让我感动之处，或流泪，或开怀，或昏昏欲睡，为什么会是这样，是诉诸高尚的动机还是传奇故事的魅力？是矛盾冲突的设置还是表现手段的神奇？例如老舍的《茶馆》，我看了好多次，里面的语言就很精彩，如"好不容易又来花生米，可没牙嚼不动了"，虽然很白，谁都听得懂，但未必谁都能体会到这之中的沧桑感。

三、传神史剧论

陶：您除了是戏剧创作者，还是新时期戏剧理论的开拓者和阐发者，您对于历史剧的理论思考，对历史剧创作和理论建设都起到了重要的作用，您能具体谈谈您在史剧上的理论思考吗？

郭：京剧《司马迁》是我第一部获奖的新编历史剧，与之前的《向阳商店》相比，二者的创作思想几乎大相径庭，而且相距不过两年，似乎不可思议。但正是这段经历，让我完成了从"听将令"到"听自我"的转换。《司马迁》虽不是我的第一部戏剧作品，却是我获得真正艺术生命的起点。从此，我找到一个终生为之奋斗的目标，那就是新编历史剧，而且是抒写中国知识分子历史命运的新编历史剧。

我写《司马迁》是有感而发的。那几年现实生活中出现的新的问题逼使我进行严肃的思考，像司马迁所受的那样不公平的对待乃至迫害，千百年来一直可悲地存在着，出现了许许多多形形色色的冤案、错案，司马迁的故事可以起着温故而知新的借鉴作用。在我看来，历史并不随着日历翻过，历史有现实性。比如独立的人格，善感的真性情，聪颖的天资，素心烂读的积累，卓越的判断力，创造的冲动与快感……

说到新编历史剧，我认为，历史剧是剧，是以历史为题材的剧，新编则新在观念，新在手段，即：以新的观念观察历史，以新的手段表现主题。我在《司马迁》的创作中曾经给自己规定了三条原则：第一，历史人物的基本性格必须忠实于历史，忠实于史籍上的记载，当然不包括作伪的史料，在人物性格典型化的过程中，不能不顾史实随意褒贬；第二，历史背景、特定环境和基本故事情节必须忠实于历史，在结构戏剧冲突的过程中，不能超越历史条件随意杜撰；第三，上述两条不应限制和妨碍进行艺术创造，特别是虚构，这种虚构可以包括人物性格、情节事件和典型细节等，自然这种虚构也必须是历史划定的范围内合乎逻辑的虚构。

写戏，尤其是写历史剧，谁都会碰到一个问题，那就是你会发现你找的历史材料中，没有一个能完完整整地正好让你写的。有些有人物，但没情节，即使有，别人也早写过了。例如《三国演义》，虽然不太算历史，但很多地方都有记载，比较完整，拿来就可以用。但到现在多少年过去了，你再想找原封不动地拿过来就能用的，肯定是没有了，所以你必须去开矿挖金。

所以，历史剧的编剧是有"特权"的。具体地说，历史剧的编剧可以有效地攫取历史学家的科研成果。对于史学家来说，在论据并不充分的情况下，不敢妄做论断，他必须小心翼翼等待着新论据浮出水面。而文学家则不然，史料或者记载中闪烁、暧昧乃至语焉不详的去处，恰恰是想象力得以驰骋的广阔天宇。因此，将史学家的研究成果付诸想象，催生想象，是史剧家的"特权"。

我偏爱历史剧，是因为历史题材给我提供了神游的天地，我找到了一条勾连历史与现实的哲理的通道。历史不是发黄的故纸堆，历史是奔流不息的河。而历史剧所要追寻的，正是历史长河的沉积物，去琢磨这浑金璞玉般的沉积物是史剧家的使命。我不认为历史剧与现代剧之间有着不可逾越的鸿沟，我认为历史剧是另一种意义上的现代剧，或者说是以历史为题材的现代人的剧。

若干年后，我读到芥川龙之介的《"从前"》，他一句"求舞台于往昔"令我亢奋不已。受此影响，我曾经撰文发表我的"历史剧宣言"：一、历史剧不以再现历史为目的，历史剧只是表现作者自身设定的主题并使之作为艺术化的手段；二、历史剧是现代剧，历史剧的思维只能是现代思维，历史题材只是起着被借助的作用，用以表达作者的主观意念；三、历史剧可以使历史人物性格化，也可以使历史事件寓言化，但历史剧必需排斥功利，同狭隘的"以古为鉴"的"教化"划清界限。

《司马迁》之后，我创作的作品数量多了起来，中国评剧院、北京京剧院，还有外地剧团，都纷纷上演我的剧本，有《成兆才》《评剧皇后》《李娃传》《珍珠衫》《情痴》等，20 世纪 80 年代中期，我写成昆曲剧本《南唐遗事》，引起关注，并受到热捧，不仅在舞台上演出，还被拍成电视艺术片。而与此相呼应的，媒体开始关注我的戏剧理论主张，有报纸报道，也有电视采访。1988年1月，《剧本》月刊全文发表我的《传神史剧论》。说到我的"传神史剧论"，是我在回顾史剧历经演义史剧、写真史剧（含学者史剧）的发展过程后，预言史剧必将步入传神史剧的新阶段。

我认为，传神有三义：传历史之神，传人物之神，传作者之神。我认为传神史剧必将实现史剧创作的三种可能，即：当代意识与传统文化的契合成为可能，主体意识与历史积淀的沟通成为可能，戏剧艺术的内容与形式的同步发展和革新成为可能。

我记不清是先有剧，还是先有论，更可能是相互渗透，你中有我，我中有你。作为一名编剧，我要将我总结而来的理论与实践的可能性结合起来，要在理论上提出实现的路径。而这个过程是漫长的，需要长时间的积累，这其中重要的路径之一就是读书，研读古今中外戏剧文学和理论之作。我读书看似有序，实则无类，我更喜欢野读，从野读中得到乐趣，自然也读到不少好书。例如古代的有李渔《闲情偶寄》，近现代的有王国维《宋元戏曲考》、顾仲彝《编剧理论与技巧》、谭霈生《论戏剧性》，另有吴梅、齐如山、王季思、翁偶虹的戏曲散论，国外古代的有柏拉图《对话集》、亚里士多德《诗学》，近现代的有阿契尔《剧作法》、劳逊《戏剧与电影的剧作理论与技巧》、斯泰恩《现代戏剧的理论与实践》，直接影响我的历史剧创作的论著还有马基雅维利《君王论》、汤因比《历史研究》、巴乌斯托夫斯基《金蔷薇》以及歌德、莱辛、迪伦马特、加缪的文学散论。

这其中有三位作家的观念对我的影响是决定性的。第一位是芥川龙之介。青年时代读过他的《河童》，后来震惊于他的《罗生门》，而从《澄江堂杂记》中窥得他写作的一二初衷。他向来从历史取材，对历史没有多大憧憬，无非是借用历史，以描绘现代社会的"现实场"，他把人的善与恶、美与丑的对立、相克和并存绝对化起来，从而展现自己的观念世界，达到冷眼观照社会的目的，很有古希腊悲剧"善恶一体"的品位。第二位是迪伦马特。他的《贵妇还乡》《物理学家》《天使来到巴比伦》为中国话剧人所熟知，但我似乎更喜欢他的《罗慕路斯大帝》，这部历史剧的副标题写着——非历史的历史剧，作者的用意显然不是希望通过戏剧再现历史，而是借用历史来阐述某种政治的、历史的和哲学的观点。他有很多关于创作的精辟见解。第三位是加缪。他有两部哲学随笔让我爱不释手，反复咏叹，而受惠终生的是《西西弗的神话》和《反抗者》。他笔下的荒诞英雄西西弗敢于面对荒诞、接受荒诞的磨砺，永远是我奋进的榜样。他写道：人不只属于历史，他还在自然秩序中发现一种存在的理由。人们可能拒绝整个历史，而又与繁星和大海的世界相协调。这些都开启了我心灵的窗扇，令我无愧于至今仍然握笔。

读书使我受用不尽，我也在这理论与实践的互动中，逐渐找到了我创作的重点。我以20世纪90年代整整10年的时间，创作出中国文人系列剧——《李白》《天之骄子》《知己》，也称郭氏的"文人三部曲"。我力图表现的是中国知识分子的历史命运，歌颂或者批判的是他们心路历程的真与假、善与恶、美与丑，我相信比大海长天更为广阔、更为丰富也更为复杂的是他们的内心世界，我爱他们，也恨他们，他们其实是我自己，这是我创作的"主体意识"。《李白》写的是知识分子徘徊于进退之间的心态；《天之骄子》则是知识分子人生定位的思考；《知己》写了知识分子的风骨，也写了人性的异化。我的创作只为传神，不为"颠覆""解构"，只为审美，不为娱乐、搞笑。

四、流转创作观

陶：您在转向话剧创作后再次获得成功，许多作品至今还在话剧舞台上经久不衰、常演常新，这之中您又下了哪些苦功夫呢？

郭：20世纪80年代末，我调入北京人民艺术剧院创作室。这是我创作生涯中一个重要的转折点。这一年，我49岁，早已步入中年。由于此前在原单位的"莫须有"，我决意离开，甚至打算辞掉公职。在这当口，时任北京人艺第一副院长的于是之听到这个情况，通过我们共同的朋友邀我去人艺，并说这也是曹禺院长的意见。北京人艺的赫赫名声无人不知、无人不晓，我在看过话剧《武则天》之后就受过震撼，天底下竟有这样辉煌的演出。从那时起，北京人艺便是我心中的艺术圣殿，只要有机会，我不会放弃人艺的任何一场演出。当于是之向我发出这样的邀请时，我当真"泪奔"了，义无反顾奔向人艺。我的这一"跳槽"在当时也泛起了小小的波澜，戏剧小圈里有好些议论，自然，大多是好心人的担忧。我生性好强，于是暗下决心，我走着进去，决不能躺着出来。半年后，话剧《李白》的本子出炉，一年后，《李白》上演，我在原单位放言："谁看《李白》，我请客！"那时候也是憋着一股子劲啊。如今想想，要感谢这些人，让我兢兢业业、诚惶诚恐，不存一分侥幸，不敢丝毫懈怠，真诚面对人艺这座艺术殿堂。

进入话剧创作后，我首先把戏曲和话剧两种艺术形式进行比较。我发现和戏曲不同的是，一部话剧没有深刻的思想是不行的。话剧必须要有所发现，发现什么？那就是思想的发现。其次，话剧不可能有唱。戏曲可以通过唱把人物的心情、心境展示出来，戏曲表演本身就很有欣赏价值。观众看戏听唱，演员如果唱得好，就会认可，就把别的东西忽略了。而话剧不行，对于话剧来说，重要的是结构、台词。曹禺先生就曾说剧本的谋篇是最能考验作者的功力的，写剧本最难的就是搞结构了，这是针线活。最后，戏曲一般都写事，很少写人，或者说，不太注重写人。话剧相反，话剧中一定要有人物，没有人物是不行的。

在我开始话剧创作的同时，又再回去写戏曲，经过一段时间的磨炼，我意外地发现，我在话剧与戏曲之间，完全做到了自由的转换，尽管内容大体相同，样式却迥异，话剧的精神渗进了戏曲的表演，戏曲的手段也能丰富话剧的叙述，我看到两种艺术样式的差异和矛盾，更看到它们互动与相互补充，最后将话剧精神与戏曲手段融会贯通。这一转换，我称之为"流转"。

流转应是古已有之的人文现象，或自觉或不自觉，或得已或不得已，总是充满生机、活力，充满灵性、变数，从某种意义上看，流转在人的智力可能达到的广大领域，几乎具备无限的创造力。我曾经从哲学层面思考，人未必真正了解自己的才能，尤其是潜力。流，仿佛盲动，其实是学力的实践过程；转，看似凑巧，其实是不间断的积累与深造。所谓隔行如隔山，说的是分门别类自有严格的界限；又道是隔行不隔理，那是说客观规律往往大同而小异。若从大处着眼，人生永远处于流转之中，流转教你入得其中，同时教你出得其外。入得其中，就是从门户间的相互碰撞，体悟到相犯相克；出得其外，就是从门户间的相互依存，感受到互动互补。流转给人以开放式的心态，不故步自封，不抱残守缺，敢于借鉴，敢于"拿来"。你看我是从文学走来，从唐诗、宋词、元曲而来，毕业分配后进入戏剧创作，从戏曲而话剧，由雅词而俗曲，且行且止，东食西宿，唯流与转。

我写话剧，可以吸纳戏曲的写意创作方法，可以仿效其时空的自由转换，可以把舞台假定性推向极致；反言之，我写戏曲，也可以采纳话剧的思考维度，在内涵的丰富性和深刻性上，在人物性格的复杂性和多样化上，狠下功夫。这样一种不期然而至的新质令人欣然，或许是一种类乎边缘学科的性质。

我认为，流转使剧作家有可能获得艺术实践上的相对自由，这就是：以自家的美学意趣去选择载体。换句话说，剧作家划定的题材决定着艺术的样式，因为任何内容的题材都应该有它与之最为适应的样式供它驱驰，而这一样式必定是剧作家根据自家的观念、趣味，还有学养、识见以及技能进行选择的结果。2014年，我用戏曲重编古希腊悲剧之父埃斯库罗斯的三联剧《俄瑞斯忒亚》，创作了评剧《城邦恩仇》，并去了希腊演出。我写过话剧《李白》，假如要搬上戏曲舞台，我会选择京剧。用戏曲表现李清照，我会选择昆曲。这就是流转于门户之间，却不受门槛羁绊。正如在戏剧领域，戏曲与话剧可以流转，戏剧与影视、与小说、与诗歌、与散文也可以流转，形象思维与逻辑思维也同样可以流转。

五、"闲话"其他

陶：您一直坚持原创，但在您的作品中，却有一部很有意思的改编作品——小剧场话剧《小镇畸人》，您能谈谈您对改编的看法吗？

郭：我历来倡导原创，因为原创横空出世，一无依傍；我也不曾鄙薄过改编，因为改编同样需要才识和表现力。在我的创作中，多为原创，因为我一直遵循着宋人戴复古"须教自我胸中出，切忌随人脚后行"的创作实践，我不愿吃人嚼过的馍。但我认为，真正的改编同样是创造性的劳动。对于小剧场话剧《小镇畸人》而言，我是以原创的标尺来量度这次改编的。2006年秋，我访问美国，住了三个月，在无意之中寻到一本《诺贝尔奖小说大展》，里面恰有斯坦贝克的短篇小说《约翰熊的耳朵》，在一读再读中，我竟然生出异样的感觉，我想到悠久的历史、怪异的风习、封闭的社会、生生不息的道统、貌似文明的野蛮，我想到人，想到话语权……我本想推荐给一位导演，未果，就决定自己做起来。尽管原作已烂熟于心，我也已经移步换形另起炉灶，但为了写作此剧，我自费到云贵湘西采风，访吊脚楼，问巫觋蛊惑，观傩戏傩舞，更换过多个视角与切入点，但是原作中最核心的精神——有特异功能的约翰熊是一个作为"留声机""复读机"而存在的"'白痴'天才"——我一直保留。斯坦贝克给予我的不是一堆原材料，而是一个活泼泼的伟大灵魂。这就是我要说的改编。

改编不是合法的抄袭、剽窃，改编是再创作，要有你自己"再"的东西在里头。因为你在改编人家的东西，你不可能跟他一样，最起码艺术形式不一样，事件发生的时间地点不一样，历史背景、人物风情都不一样，无论是中国人改外国的东西，或者今天的人改古代的东西，都是不一样的。作为一名当代的作者，你必须清楚自己的心态，你要在原作的原材料中去发现什么，发现的这个东西可能跟你的感受相反，也可能跟你感触的一样，总之，是有东西在打动你，你要有自己创造的因素在里面，即改编必有创意。越是耳熟能详的东西越是要求标新立异。那要如何标新立异呢？我想到前人对古诗文的解读，有正解，有详解，有集解，有臆解，还有一种叫别解，即别有会心，借题发挥，未必十分在意诗文的本意，而是着重缘诗文而来的感受，甚至别出机杼。今人解读古代文本同样有现代诠释，可以有实谓，有意谓，有蕴谓，有当谓，还可以有创谓，即为了某种突破性的理路创新，能够对原来文本进行创造性的叙述。我欣赏前人的别解和今人的创谓。

陶：您如何看待戏曲作为一种传统艺术在当下的回归和创新？

郭：我认为，传统艺术的回归不是老调重弹，是要我们重新审视艺术的主体性，尤其关注戏曲艺术自身的品格，这里需要强调的是对戏曲本体意识的张扬。戏曲作为中国的传统艺术最具特色的一种样式，它对其他艺术样式（无论中外），可以借鉴，可以渗透，可以吸纳，但不可以被同化，戏曲艺术的个性必须独立！当然，回归也不是回到原地踏步，回归是"否定之否定"，是"螺旋式上升"，回归但不排斥，恰恰企盼着创造。真正的创造必定来源于对戏曲艺术内部规律的清醒而又精神的认识。譬如一个不谙诗词格律的人，自然也可以写诗填词，时或也会有尚可的作品问世。但如果把那些错韵、拗句、失对、失黏之类，统统说成"新的突破"，就未免自欺欺人了。而一种艺术要传承下去，生生不息，创新是肯定的。古人有云：不有所废，其何以兴？艺术的递嬗更迭，在于创新，需要有破有立，需要反复实践。但无论如何创新，其革新的目的都在于适应时代的发展，创新的活力来自时代。这是一个既深刻又浅显的道理。

陶：如今外国戏剧来华演出频繁，许多年轻人非常追捧，您如何看待这股热潮？

郭：现代派或后现代派在不同时期、不同国度，有着不同的名称和表现形式。就戏剧而言，这些只是西方戏剧的一个部分，尽管社会影响不小，颇引人注目，但它始终未能形成主流。但我们国家的一些人对此备加推崇。有的人自己还没有真正弄懂什么是现代派戏剧、后现代派戏剧，便膜拜、鼓噪起来，甚至起而效尤，把人家早已淘汰、遗弃的陈旧货色也当作摩登而加以"引进"，并以此傲视传统。我以为，无论是现代派戏剧，还是后现代派戏剧，自有其值得研究和借鉴之处，不应固守"国粹"，排斥外来；然而当务之急倒是应该把这些戏剧的发展状况、基本特征、社会背景、思想根源以及理论基础，先做一番认真的学习与分析，然后才谈得上借鉴或运用。正如我十分推崇迪伦马特的戏剧，也在创作中吸纳现代派的手法，小剧场话剧《小镇畸人》就是这一吸收借鉴的成果。

陶：您发表的戏剧理论都与自己的创作实践紧密相连，您认为创作与理论之间的关系是怎样的？

郭：我主张搞理论的人，应该涉及一下创作，哪怕是间接地参与别人的创作，至少要经历过创作过程，这对理论的发展有好处。因为在创作过程中，会积累点东西，这样就不会只是一味地纸上谈兵，眼高手低。那些没有创作经验的理论，在创作者看来，其实很多都是些外行话。英国戏剧理论家阿契尔，他在做理论的同时也有创作，他有一个理论总结：写戏要"从最后一幕写起"。这是多么高妙的编剧法，作为创作者，我感同身受，并与我之后思考的曹禺先生的"必演景"的创作方法不谋而合。这种由创作经验而来的理论拥有更大的价值和意义。反过来，搞创作的人，也不要排斥理论，理论对创作是有指导作用的。

在我的创作经历中，感受到一些人认为我一个搞创作的，不应该谈理论。我就反对这种做法，从中国的传统来讲，向来都是有创作实践的人去谈理论。

181

中国过去没有专门的理论家（那种只有理论没有具体创作实践的人）。创作《文心雕龙》的刘勰，写出《诗品》的钟嵘，对于文学理论谈得都很具体可信，足见是有一定创作实践的。

但我并不是说只有有创作经历的人，才能当理论家，就好比我不认为，只有上过舞台的人才能当编剧，然而直接、间接获得舞台感，应该是编剧们苦心孤诣追求的一个目标。我就很喜欢到排演厅，喜欢坐在导演身旁，默默凝视着，思考着。我对导演说，我愿做个哑兵，不插一句话，我无意"偷艺"，而是希望从平面到立体的演绎中获取舞台感，这将有益于编剧的感悟。我也曾遇到过演员创造给予我的惊喜。话剧《李白》里的白帝城一段，李白遇赦后十分高兴。排练中，饰演李白的濮存昕在表现那种兴奋的情状时，把随身的行李和拐杖全都扔入长江中。这个动作是我没有设想的，剧本的舞台提示里没有，导演苏民的排演中也没有。但我觉得这个表演真好，这就是李白，李白是会有这样的行为的，那种因获得自由，高兴到什么都不要的状态，是符合李白这个人物性格的。这就是演员的创造对于编剧最好的反馈和互补。

陶： 作为创作者，您如何看待文艺评论？

郭： 我向来认为，人到剧场，便是观众，作为戏剧美的接受者，没有高低贵贱之分，无论草民还是首长，有同等权利发表评论，这很正常。对一个戏提意见，可能关系到表演问题、导演问题、作曲问题，等等。这之中，便有对，或不对，可听，可不听。评论不是指令，不是红头文件。对于剧本来说，改或不改，怎么改，最终还是要由编剧来掌控。演员冯远征在采访中曾提到我创作的《知己》，他说这个剧本，郭先生考虑了二三十年才动笔，剧本完成付诸排演又过了10年，40年搞一部戏，别人有什么资格随随便便乱改呢？的确如此。如果其中有什么政治问题，那是要改正的。除此之外，艺术上的问题要用艺术上的办法来解决。作为一个评论者，他可以不会写剧本，不会演戏，不会导戏，但他若要评论，其理论水平总要比对方高些吧，起码也是差不多。现在许多评论者，要么就是随声附和，套话连篇，要么就是说些外行话，这还算好的，更有甚者，对于创作者的甘苦很不体谅。

我曾经送给我的同学兼好友黄竹三一副对联：心中涌出无非血，笔底生成或是神。戏剧创作的艰辛，非个中人难能体味。有限的时空与无尽的意蕴，这一对永恒的矛盾，令剧作家为之殚精竭虑，惨淡一生。一个成功的剧作家，应当具有诗人的激情、小说家的睿智、散文家的词采、杂文家的机锋，还要当半个思想家、半个哲学家、半个史学家。自然，还要当半个导演、半个演员。难矣哉！然而也乐在其中。我们需要的评论，首先是尊重创作，尊重创作者的劳动，其次是带着一种平等真诚的态度，少点套路，多点真诚。在这一点上，我十分敬重于是之。

于是之是懂得艺术创作规律、按照艺术创作规律办事的人。作为北京人艺当时的副院长，他掌管着剧院的剧目生产，他尊重剧作家，尤其尊重人格。他一贯平等待人，说"要尊重他们（编剧）的劳动。要肯于承认自己不如作者，至少在他所写的题材上，你不如他们懂得多"。他鼓励创新，说"创作，是创造性的工作。这就决定了他们总不能太'安分'，总要探索点新东西。既是探索，就会有成有败，有得有失，有对有错"。他严格要求自己，认为一个剧本不看三遍以上是没有发言权的，他说"铅笔改稿，定稿别看"。他说"你改得好，人家定稿时自然吸收；不好，人家就要用橡皮把尊家的字句擦掉。你不再看了，与人方便，他有取舍的自由"。如是种种，他是这样说的，也是这样做的。因此在人艺，于是之造就了一个良好的创作生态环境。我总结有三条：第一，不命题作文。他认为作品不是什么人抓出来的，而是作者写出来的。编剧们进入创作的过程各不相同，有人愿意谈谈提纲，听听意见，有人不愿意过早公诸世人。比如我吧，创作状态来临，情绪十分脆弱，也许一句否定的意见会毁掉一部经营多年的作品，"彩云易散琉璃脆"。面对这样的作者，于是之不催促，静候瓜熟蒂落、水到渠成。第二，不当教师爷。但凡舞文弄墨的人无不接受"文不厌改"的道理，剧本的修改是绝对的，是否定之否定。但如果提什么改什么，叫怎么改就怎么改，指哪打哪，是搞不出好作品的。于是之说"要跟作者交朋友，要使作者写得得意了或者碰到困难卡了壳了，都愿意找你聊聊，没什么拘束"。第三，尊重剧作家。我们讲求"以人为本"，对待创作同样要"以人为本"。于是之曾说过一句让剧作家为之振奋的话："请观众允许我代表他们感谢这些用笔支撑着剧院的人们。"（《贺何冀平同志》）在人艺，首演结束后，编导会被邀请上台谢幕，这是尊重创作者的表现。所以我说戏剧就是有这样的魅力，让我写戏成瘾。每当演出落幕，观众纷纷起立鼓掌。我总会为之动容，甚至落泪，这不仅仅是对创作者劳动最好的回报，同时洋溢着一种戏剧艺术的崇高。

我想，我认可的好评论，正如我的老师季思先生所示范的那样，对所关注的对象不做居高临下的训导和裁决，而是与作家、艺术家处于平等的地位和保持适当的距离，以一种自如而清醒的姿态面对批评与研究对象，寻找并与之建立起心灵的通路，最终实现作与评的良性互动。

访后跋语：

在我心里，郭老师的诗词歌赋令人叫绝，辞藻间声色俱全，吟诵中口角噙香。但与书案上的妙笔生花不同，现实中的先生并不善言辞，也不好交际。他痴心戏剧，沉浸于他的诗、书、茶之中，往往夜深人静时，还在与他爱的戏剧"较劲"。于是，李白、曹操、司马迁、李煜、李清照、曹植、顾贞观……，那些我们熟悉又陌生的历史人物，就这样在先生的笔下鲜活起来，他既是写剧中人，也是在画自己。先生不好为人师，与青年人在一起，总以一种探讨、分享的态度来对待。既分享创作的感悟，也抒发心中的愤懑。面对利益，先生总是正直不阿，但与家人在一起时，却是温情脉脉。看到年幼的小孙女成文作诗，会满心欢喜地与大家分享；每每有心得作品，总唤来妻子给予点评。这一如他的创作，纯真得难能可贵。如今先生已近耄耋之年，但对于创作的热情依旧不减，他因戏剧销魂，也为戏剧呼吁。他认为，创作方法上的取舍，最终让位于文学上的思考，文学应该超越批判的层面，直抵自省的境界，创作者要具备文学精神！而这文学精神的修炼，恰有四层天梯：一曰"清词丽句必为邻"，二曰"语不惊人死不休"，三曰"新诗改罢自长吟"，四曰"老去诗篇浑漫与"。

原载于《中国文艺评论》2018年第5期。

万里归来年愈少，此心安处是吾乡

——访话剧艺术家蓝天野

王甦*

蓝天野

北京人民艺术剧院演员、导演，北京人艺艺委会顾问。早年习画，20世纪40年代开始接触话剧。主演话剧作品：《北京人》《茶馆》《蔡文姬》《王昭君》《家》等。主要导演作品：《针锋相对》《贵妇还乡》《吴王金戈越王剑》《故都春晓》《秦皇父子》《家》等。曾在电视剧《封神榜》中饰演姜子牙，在电视剧《渴望》中饰演王沪生的父亲。从事话剧行业的同时，笔耕不辍，曾向李苦禅和许麟庐两位大师潜心学画，作品饱含鲜明的艺术个性和深厚的文化内涵，多次举办个人画展。2012年获中国话剧金狮奖荣誉奖，2013年获中国戏剧奖终身成就奖。2015年，获第五届国际戏剧学院奖（表演奖）终身成就奖。

---

* 采访人单位：北京人民艺术剧院。

一、少年辛苦真食蓼，老景清闲如啖蔗

王甦（以下简称"王"）：您塑造过许多经典的话剧形象，如《茶馆》中的秦二爷、《北京人》中的曾文清、《蔡文姬》中的董祀、《王昭君》中的呼韩邪单于等，但据我所知，您最开始是学习绘画出身，走上文艺工作之路很有传奇色彩，能简单谈谈吗？

蓝天野（以下简称"蓝"）：在从事戏剧专业前，我是专门学绘画的。仔细想来，我之所以走上艺术道路，有三个原因。第一，我从小爱看京剧，2岁开始跟着大人进戏园子，从四大名旦、四大须生到富连成、中华戏校科班学生的戏，我都看过。京剧台上的色彩很丰富，脸谱和行头五颜六色，还有精彩的武打。小时候也暗暗想过学戏，但我天生五音不全，只好罢了。第二，我喜欢逛庙会，那时候的庙会跟现在不一样，老北京影响大的庙会有三个，逢农历初三、初四是白塔寺，逢初五、初六是护国寺，逢初七、初八是隆福寺。这几个庙会各有特点，白塔寺更有民间气息，什么都有，杂耍卖艺的、民间工艺品、花鸟虫鱼、日用百货，全是好玩儿的。第三，我还没上学，祖父每晚入睡前都给我说书。上小学前，我已经听了好几遍《包公案》《施公案》《三侠五义》《西游记》《水浒传》。上学后，我喜欢看闲书，小时候看小人书，自己尝试画一些小插画，所以美术课成绩很好，老师经常表扬我，得到了鼓励，我就更起劲儿。

高中时，我负责班上的壁报，也因此结识了一生的挚友苏民，他比我大一届。1942年，在北平三中就读的我第一次看到了话剧，是一些大学生和中学生演的《北京人》，苏民演的是曾霆。我第一次知道话剧这种艺术形式，原

来人可以在舞台上成为另外一个人,太有趣了,可我怎么也没想到自己会演戏。

1944年,我决心学习绘画,和苏民一起报考了国立北平艺专——中央美术学院前身之一。我考入了西画系,就是油画系,我学习很用功,我们的课堂就是画室,进学校就画。本以为我会一生以绘画为专业,入学没多久,苏民拉着我演了平生第一个戏——《日出》,我演黄省三。那时,我才17岁,个子高,长得很壮,对演戏也是懵懵懂懂。后来又演了《沉渊》《雷雨》几个戏。在战火纷飞的年代,我演了很多进步戏剧,这段工作经历对我来说很重要。我的姐姐是中共地下党,她从解放区回到国统区后发展的第一个人就是我,我在演剧二队以国民党少校军官身份开始了正式的戏剧生涯。

1949年,22岁的我有幸在天安门广场亲耳聆听毛主席宣布"中华人民共和国中央人民政府成立了!"。1952年,我成为北京人民艺术剧院建院的第一代演员,直到离休,一直在人艺工作。

王:您是位优秀的演员,也是位优秀的导演。您又是怎样成为导演的呢?

蓝:1952年,北京人艺刚刚建立之时,成员来自四面八方,表演风格各异,剧院提出"统一表演风格",都在探索正确的表演方法。1954年,苏联派来戏剧专家在中央戏剧学院开办"导演干部训练班"和"表演干部训练班",学员来自全国各地的院团和学校。人艺的同志自然想去学习,剧院派了欧阳山尊、田冲几位同志去导训班学习,我也提出了申请,但不知道为什么没有批准。直到表训班第一次招考名额未满,剧院才通知我,说是苏联专家点名要我去考。我估计肯定是苏联专家看到了我那时演的戏,我考试成绩不错,顺利考入了表训班。我们的老师是苏联专家库里涅夫,苏联瓦赫坦戈夫剧院附属史楚金戏剧学校的校长。他的教学以斯坦尼斯拉夫斯基的表演体系为基础,实际容纳了瓦赫坦戈夫的表演方法,重视实践,我们上学期间交了大量的生活小品作业。这些训练让我们学会了"形体动作方法",塑造活生生的人,抛弃僵化的表演套路。在表训班学习的两年,我非常用功,用心观察人物交生活小品,观摩看戏,也许有些用力过猛,身体变得很差。从表训班毕业,回到人艺后,领导要我开办一个演员培训班,将学习成果和各位同事分享，让更多人学习科学的表演方法。教学非常耗费心血，我要付出大量辛苦准备教案，还要继续在台上演出。我开始严重失眠，要吃安眠药才能入睡。1958年的暑期，北京人艺给我联系了清华大学的一栋小楼，要我去休养，每天从清华园骑车到颐和园，在昆明湖游泳，身体好像好了一点。但"大跃进"开始后，人艺经常是一天工作四班。有时候，我们要一天演三场《茶馆》，晚上还要再工作一班。我有点支持不住了，医院出了证明，要我去小汤山疗养，虽然得到了充分的休息，但我的失眠问题始终得不到解决。我变得非常消瘦，血压很低，竟然有两次演出时晕倒在后台。第一次晕倒时，我清醒后坚持完成了演出，第二次是在《蔡文姬》演出时晕倒，同事们吓坏了，当时只差最后一幕戏了，我强撑着要完成演出，可几位院领导包括焦菊隐先生无论如何不肯让我继续演出，向观众说明情况后，临时换了演员替我完成了演出。

我的心情变得很差，我感到力不从心了，我真的有点儿演不动了。我开始冷静地思考，也许，自己该换个职业了。多年的表演经历，也让我愈发觉得演员有局限性，感觉到决定一出戏整体风格的是导演。我向剧院提出转行做导演的申请，但得到批准用了很多年。1963年，人艺决定复排田汉先生的《关汉卿》，焦菊隐先生提出需要一位能长期合作的副导演。剧院领导找到了我，说焦先生点名要我去，还告诉我，我的编制还是演员。我很痛快地答应了，毕竟也算离导演工作又近了一步。

《关汉卿》后，我才正式从演员转为导演。成为专职导演排的第一个戏，是骆宾基编剧的《结婚之前》，一部农村题材的戏，生活气息很浓。我终于可以完全按照自己的审美和艺术感觉创作一出戏了，正好在这之前，我有一段空闲时间，去房山上岗村体验生活，有半年多，熟悉农村生活，后来还被授予荣誉村民，再之前还长期参加过农村土改。建组伊始，我又安排全体剧组去体验生活，我非常重视生活积累。剧组在顺义后鲁各庄待了近三个月，辛苦没有白费，我们的演员找到了感觉，舞美设计也把体验生活的感悟用到了制景中。戏演出了，剧院也觉得还真有点农村的生活气息。我第一次独立当导演，算是成了。

王：现在有很多演员"演而优则导"，您怎么看待这个问题？演员出身的导演有哪些优势和劣势？

蓝： 现在的确有很多演员都尝试做导演，比如我们北京人艺如今有几位骨干演员，他们导演的戏，我都看了。王斑的导演处女作《她弥留之际》很难得，真的不像是第一次做导演。首先，他选择了一个非常优秀的剧本，有好的故事、鲜活的人物，他的导演手法也很娴熟，看得出他是花了心思，下了功夫，他找到了从演员思维转化为导演思维的方式。也有些演员当导演，还是只注重表演，放弃了其他戏剧元素，导致舞台呈现很闷，整体风格不清晰，可看度大大受损。

导演和演员确实不一样，思维方式不同。导演不仅要从风格、节奏上进行整体把控，还要思考表演、舞美、灯光、服化道等所有细节。很多演员出身的导演，对舞美和灯光没什么概念，导演不可以把这些重责完全交给舞美设计和灯光设计，要和他们商量，交换意见，说明自己想要什么。演员是可以做导演的，除了学会转换思路，还要加强学习。

我接触过的导演情况各有不同。有的导演自己可以演戏，有的没做过演员，就是纯粹的导演。比如焦菊隐先生，他就不是演员，他也演不了戏，但焦先生有真才实学，博古通今，留过洋，会多门外语，办过中华戏曲专科学校，专门拜师学过戏曲。我和焦先生最早的接触是在1946年，他给演剧二队排《夜店》，我深切体会到他的导演思路在一步步进化，并逐渐在实践中形成。他在《虎符》中尝试话剧的民族化，直接把京剧里的锣鼓点、水袖、跑圆场都用上了，搞得演员都不干了，认为他是"捏面人"。但焦先生的观点就是"矫枉必须过正"。有很多人认为《虎符》排得很生硬，但到了《蔡文姬》，他的导演手法就融化在台上了，既有中国戏曲的写意和含蓄，又有清晰的人物行动线和活的人物形象。

中国原先的几位大导演自己都不怎么演戏，如张俊祥、黄佐临，他们也不太给演员做示范。提到导演为演员做示范，我真觉得很难简单地说这样好还是不好，每位导演的习惯、方法不同，并不是所有演员出身的导演都喜欢做示范。当年焦菊隐先生排戏时，也会偶尔给演员做示范。以有才华出名的孙维世导演有时也会这样。示范，只是一种导演的手段，不是要让演员完全模仿你，而是要让演员跟你一起走心，用形象激发演员的创造力。北京人艺其实有很多导演都是专业导演系毕业，但先以演员身份演了很多年戏才有机会导戏，比如唐烨、韩清。确实，一个刚从中央戏剧学院毕业的年轻人，想在北京人艺当导演太难了。

我也是演员出身的导演，但我很早就奔着当导演去了，少走了很多弯路。我排戏比较注重舞台美术设计，这和我是学画画的有关。导演一部戏，必须要有一个清晰的风格和走向，这点可以说是从焦先生身上学到的。他排一出新戏，开始时经常不到排练厅来，整天和舞台美术设计在一起，和设计掰扯，一定要有了满意的设计方案，他才放心，才能开始排戏。

我在导演《吴王金戈越王剑》时，首先就想到要解决一个场面——西施怎么出场。作为中国四大美人之一，西施怎么在台上表现她的美？这绝对不是找到一个长得漂亮的女演员就够了。任何一个演员，长得再漂亮，上了舞台，很难让观众认可她就是西施。所以，我要求戏中的西施就是一个江南渔村的村姑，我要求演员做到挽起袖子和裤腿就能下地插秧、下河打鱼。我让演员从远到近，从远处撑着船过来，背着身，给观众营造一种未见其人，先见"江南水乡图"的意境。等她回过头，观众就会自然而然接受，这就是西施。这是导演需要做的，并由演员、舞美、灯光、音乐配合呈现出每个场景所表现的意境。

王：您的兴趣爱好很丰富，绘画、奇石、养猫、看戏、读书、喝茶……这些丰富的爱好对您的艺术见解和艺术创作有何帮助和影响？戏剧人又该怎么把纸上得来的知识变为舞台艺术的实践呢？

蓝：很多人都问过我，画画、听戏对我从事戏剧行业有什么帮助。这很难回答。我认为兴趣爱好广泛对演戏肯定有帮助，但只言片语说不清。我小时候从听书听戏中了解到人和人是如此不同，上至皇宫内院、王公大臣，下到各级官员、平民百姓，故事里的人物非常鲜活生动，加深了我对人的理解。而画画，开掘了我对美的追求和感知力。从事话剧专业后，我也一直没有放下画画。1960年，我结识了国画大师李苦禅和许麟庐，我有幸和两位恩师继续学习画画。画画和演戏的道理也是相通的，没有捷径，必须勤学苦练，还要有悟性，多思索。我们这代演员，很少让化妆师给化妆。我演了那么多戏，都是自己化妆。其实化妆也是演员塑造人物的重要部分，怎么能随随便便交给别人弄。

1957年，我演《北京人》里的曾文清时，下了很多功夫。曾文清能诗善画，这个我也略懂；他喜欢养鸽子，我没养过，就找人学，鸽子怎么拿在手上最舒服，这都是有讲究的，我还特意读了《鸽经》《都门豢鸽记》；他抽大烟，我当然不能学抽大烟，但我知道怎么抽，小时候我见过别人抽大烟。不管是何处来的生活积累，最终都落在演员自己身上，这些经验像游泳，一旦学会了，就算多年不游，把你推到水里，你照样淹不死。

再比如，我2017年导演的话剧《大讼师》，有一幕戏是剧中人顾读半夜三更思量到底该不该接受官场朋友的贿赂，徇私枉法。那场戏的剧照拍出来非常漂亮，很有国画的意境，一个人，一轮明月，一盏孤灯，一袭蓝袍，一坛银钱，隐隐约约的黑色线条勾勒出的房屋，冷清的蓝色调子，黄色的灯光。我们读过的书、看过的戏，都会直接或者间接丰富自己审美的意趣。日后，当我们创作一个相关的人物或者场景时，你的生活积累就会立刻在脑子里出现。丰富的兴趣爱好，会让我们热爱生活，热爱美好。

我有个理念：艺术创造不能满足于现状，如果能做得更好，为什么不去做呢？

王：您提倡戏剧人要多读书，人艺的排练厅也有"建立学者型剧院"的横幅，那对您影响较大的书是哪一本？

蓝：如果要我推荐书目，我向来推荐两本书，必推的就是《红楼梦》，曹雪芹怎么就写出这样一部奇书呢！红学研究者和历史研究者有很多争议，各种说法，但真相不得而知。但字如其人，我们看曹雪芹的文字就足够了解他。大观园里有那么多人物，那么多女性，每一个都栩栩如生，这些人一定是他熟悉的，他没有把《红楼梦》当故事写，他是在写人、人性，这些人物在他心里，爱恨交织，使他必须写出来。《红楼梦》的语言、服饰、食物、场景，都有研究价值。巴金也说过，他写《家》便是受《红楼梦》的影响。中国四大古典名著，我是最后读的《红楼梦》，至少读过六次。这些和我们塑造人物息息相关。作家怎样才能用最简洁的笔墨刻画一个人物？演员又该怎样最直接地诠释人物？不同的年龄，读不同的书。小的时候我喜欢各种公案和演义，长大后对我影响比较大的是《家》《春》《秋》。我们那代人年轻时很多人都是看了《家》以后选择出走，参加革命。

另一本书，我想推荐《重返狼群》，作者李微漪是一位女画家，偶然救下了一只小狼崽，她把小狼带回了成都，可她没办法养，一个人跑回若尔盖草原，让小狼重返狼群。沿途经历了许许多多，后来她听说小狼又被盗猎者抓住了，急忙跑回去寻找。但是草原那样广袤，无从找寻。她坚持想见一见小狼，但是见不到，小狼已经在野生的狼群成为首领。经历了阴错阳差，小狼真的和她见面了，小狼远远地望着她，那一刻是深情的纠结。她把这段传奇的经历写成了书，还拍了电影，这个故事充满了感情，使她不能不写。我看了很多次，都很激动。其实一个人和一只狼非常相像，狼也有非常纯真的感情。万物有灵，我养猫，我经常觉得我的猫能听懂我的话。我的喜怒哀乐它都知道，猫高兴与否，我也明白。

做学者，很难。都说北京人艺是学者型剧院，但有几个称得上学者？焦菊隐、曹禺肯定是才子。还有谁？我们管苏民叫苏才子，管英若诚叫英大学问。其他人呢？谁敢自称学者？其实搞创作的，编剧也好，导演也好，演员也好，最好不是学者，应该是杂家。有学问，越高越好，有知识，越多越好。但我总觉得成为学者，创作的天真就少了。搞创作必须得有一种创作的欲望，要保持感性，渴望知识，喜欢研究，足矣。也许，戏剧人更应该成为一个杂家。

二、那知非真实，造物聊戏尔

王：北京人艺在中国话剧史上有举足轻重的位置，形成了自己独特的演剧风格。您和焦菊隐先生合作过，他在北京人艺探索的"话剧民族化试验"到今日仍被无数戏剧人津津乐道，您2017年执导的《大讼师》也在尝试"话剧民族化试验"，您能就此谈谈吗？

蓝：一说到北京人艺，说到焦先生，大家总喜欢提"话剧民族化"。焦先生的确对北京人艺风格的形成起了重要作用。首先，焦先生真是把斯坦尼斯拉夫斯基体系搞懂了，运用得比较活了。戏剧是一门实践的艺术。我们初当演员时，都走过弯路，当时人人捧着半本斯坦尼斯拉夫斯基研究，所谓"半本斯坦尼斯拉夫斯基"实际上就是两部书，一部是斯坦尼斯拉夫斯基的《我的艺术生活》，一部是斯坦尼斯拉夫斯基的《演员的自我修养》第一部，但是光看书是学不会表演的。

从《龙须沟》到《茶馆》，焦先生让演员深入生活，交表演小品，帮助演员熟悉生活经历，把剧中的人物塑造得那么扎实。他把斯坦尼斯拉夫斯基研究得很透，经过实践总结，斯坦尼斯拉夫斯基想说的就是如何把这个人塑造成活生生的人物。按专业来讲就是形体动作方法，就是要演清楚人的行为。而演清楚人的行为，中国的戏曲是最突出、最清晰、最鲜明的。

焦先生对话剧民族化的探索是从《虎符》开始的。我并没有参加《虎符》的排练，但当时排练厅的紧张气氛有目共睹。演员很难接受在台上直接套用戏曲的招数。到了《蔡文姬》，我切身感受到焦先生的民族化探索有了发展；到了《武则天》，焦先生把布景做得和苏州园林一样，充分利用了转台，台上的东西很满，演员不可能在空荡荡的舞台上跑圆场了，那些原本用得很生硬的程式，演员也习惯了、自如了。焦先生心里非常清楚，他要做的是话剧，中国民族化的话剧，绝对不是单纯的套用戏曲，更不是戏曲化。

焦菊隐一直在研究"话剧民族化"，创建"话剧的中国学派"，可惜的是，他并没有完成这个宏图伟愿。如果说把焦先生留下的几部作品视作"中国演剧学派"的全部，那就把焦菊隐看轻了。他的想法远比我们想象得多。记得我给焦先生当副导演的时候，他曾请我吃过一顿饭。他饶有兴致地和我讲："我想排《白毛女》，剧本还没有，但我要用生活里的声音表现音乐，用冬天寒风吹在窗户纸上的声音表现'北风吹、雪花飘'，总之，是要用民族的方式表现。"焦先生无时无刻不在思考，能用什么样的手段表现我们民族特有的美，舞台上还能创造哪些神奇。我记得，那是我第一次听他说起想要建立"话剧的中国学派"。他在排戏过程中，积累了大量的问题和实践经验，但他追求的成熟的、优美的"中国学派"并没有最终完成，他所追求探寻的更搏大精深，但他去得太早了。

王：您的戏曲造诣很深，您看过很多好角儿的作品，您认为中国的戏曲艺术如何在当下保持活力？戏曲和话剧艺术如何相互滋养？如何让年轻人喜欢和接受戏曲作品？

蓝：和戏曲相比，话剧的优势在于离现实生活更近，剧本总是新的，演起来也相对容易。现在年轻人喜欢戏曲的越来越少，不怪年轻人不喜欢，戏曲确实也有很多现实问题。常演的剧目多数是老戏码,不能总是演那么十几出戏,而新创的剧目又不够精彩,唱段留不住。我从两岁就开始看戏,看了89年了。前几天,我刚刚看了杜镇杰和张慧芳的《连营寨》和《别宫祭江》,这两出戏现在很少有人演了。又看了风雷京剧团松岩团长整理并主演的老戏《溪皇庄》,他还准备恢复演出《箭扣山》《大名府》,这些戏都已经几十年没演了,就连现在的京剧界人士都很少有人知道。

记得当年《蔡文姬》的演出引发轰动,梅兰芳先生看完戏后非常兴奋,想请焦菊隐先生为他导演一个戏,已经在筹划了,他们都在找合适的剧本。梅先生想排《龙女牧羊》,焦先生想要找一个更合适梅先生的剧本,并且在导演上有更多发挥空间,此事最终没能实现。当然,梅先生后来排了《穆桂英挂帅》,轰动全国。梅先生已经是京剧界最具代表性的名家了,还时刻想着要创排新剧目。为什么现在戏曲就不能创新求变呢?其实戏曲里有很多绝活儿,是值得话剧学习的。比如,川剧常有一男一女对视,眼光就对上了,仿佛被一根线连在了一起,旁边的小丫鬟走上前,拿手一挥,那根无形的线就断掉了。戏曲里好玩儿的招儿太多了,我觉得各个艺术形式之间都可以相互借鉴。当然,不可以生硬照搬,要灵活借鉴。

王: 现在,国外许多话剧、音乐剧、歌剧都来华演出,您也很爱看戏,许多剧场都能见到您的身影。很多人认为,中国话剧始终和西方有差距,甚至认为,现实主义话剧已经过时。您作为戏剧人,是如何看待现实主义的?

蓝: 看到这个问题时,我想先弄明白,什么是现实主义?为此我查了字典,教科书上说,现实主义指对自然或当代生活做准确、详尽和不加修饰的描述。外界对人艺的定义也是现实主义风格。理论向来都是我的弱项。我也不想陷入理论辩论中。我理解的现实主义,可能还是要关注现实,和我们的生活发生关系或有所关联吧。

北京人艺创作了许多现实主义经典剧目,甚至是其主要成就。但要非说北京人艺只是现实主义的表演风格,我就不这么看。第一,不能把现实主义说成是北京人艺唯一的正统的主义。事实上,北京人艺也不完全是现实主义的。有人说,《吴王金戈越王剑》是浪漫主义的戏。我反问,就不能现实主义和浪漫主义相结合吗?《贵妇还乡》是什么主义,一个人能全身都是假的吗?

迪伦马特说他不是荒诞派，但他说自己有点怪诞。如果说《贵妇还乡》是现实主义也未尝不可，因为它写的事情其实时刻发生在我们身边，但它的表达方式又不拘泥于还原生活，其实就是把人和事写到极致了，用一种不大现实的手法提炼出来。

我觉得现实主义很好，但它肯定不是唯一，也肯定不是只有现实主义最好。北京人艺之所以好，是因为我们有许多现实主义的作品。但我们不是只能演现实主义。经过这几年的体会，每位导演的理念不同，有的想坚持现实主义传统，有的希望探索新潮，比如荒诞派戏剧。我觉得，只要不是反动的、低级趣味的，都可以放开来尝试，评判标准只有一条，你要创作出精品来，这就必须有创造，不是步人后尘、拾人牙慧。

三、一点浩然气，千里快哉风

王：如今中国话剧演出氛围热烈，每天都在上演着几十台不同风格的剧目，话剧进入中国一百多年了，您觉得话剧进一步发展面临的最主要的问题是什么？文艺评论又如何在推动话剧发展上发力？

蓝：报纸杂志和朋友圈有许多评论，有业内人士、半业内人士、业外人士写的各种评论，现在是一个大家都可以自由发表言论的年代。据说在西方，一两个世纪前，一个新戏是不是成功，演出后，专业评论的文章至关重要，几个权威认可，这个戏就成了，如果被否定，这个戏就完了。这些权威评论不是编剧，也不是导演，就是纯粹的文艺评论。他们足够专业、足够权威。第一，他们要评论到点儿上；第二，要有导向作用。

我们北京人艺有个很好的传统，每次一个新戏上演后，都要请许多评论家来开座谈会。会上，各位评论家直言不讳提出意见建议，可以批评，可以热情鼓励，也可以否定。我们都会虚心接受，整理成文字，传达给剧组。

有很多位评论家，都是看了一辈子人艺的戏，是人艺的老朋友。他们对人艺有深厚的情感，对人艺提高艺术水准有重要作用。比如《文艺报》原副主编钟艺兵同志。前些年，剧院复排《吴王金戈越王剑》，专家座谈会上，钟艺兵来了，他把1983年看戏的那张戏票和当年的演出说明书，还有当年写的评论文章都带来了。他清楚地对比了两版演出，准确说出这次有什么地方变了，有哪些改动、不足和提高，当年的演出受到什么样的评论……足见，钟艺兵做了扎实的功课，真的是看了一辈子人艺的戏，所以他的所有意见和建议都在点儿上。

文艺评论家和记者是文艺界的良心，观众和读者很信任他们，所以媒体人和评论者都要说真话、敢批评、敢赞美。有时候，要冒点风险。如今，文化、戏剧大环境很好，有真知灼见的评论文章多了，令人感动、受益。但仍是四平八稳、不痛不痒、像宣传通稿一样的八股文章也尚未杜绝，如果出自利益与私情制造出褒贬评论，就更是昧良心的行为了。

王： 据我们所知，有许多国内知名评论家都是看着北京人艺的话剧成长起来的，和您也是多年的朋友。您作为创作者，能否举一两个例子谈谈您所经历的评论与创作的关系？您理想中的戏剧评论应该是什么样？

蓝： 有一位评论家叫彭俐，是《北京日报》的高级记者。他在评论我导演的《贵妇还乡》时，给我留下了很深刻的印象。我能感觉到，他的学识比较广，书读得不少，关键是他看懂了许多导演意图。《贵妇还乡》里，克莱尔的出场我是有设计的，她一出场，一个急刹车，一股烟飘了出来。彭俐可以准确分析出导演想营造一种朦胧模糊的状态，他的评论文章总是很生动，语言平实，还可以从戏剧、文学、书法、绘画、社会学、心理学多角度、多维度去分析一出戏。同时，他的感知很独特，总能找到一个犀利而奇特的角度作为切入点进行剖析。

一个好的文艺评论者应该是个杂家。比如，彭俐，他是作家、诗人，擅书法、会画画，所以他可以另辟蹊径，也可以深入浅出。《北京晚报》"墨缘"专版有时就是他担任责编。

文艺评论应该了解创作者的艰难和甘苦，为创作者指出问题，总结经验。文艺评论家肯定要有各方面的学识，有自己独到的见解，对观众和创作者有责任感，可以帮助观众更好地欣赏和理解文艺作品，也包括我们这些编剧、导演、演员、舞美。文艺评论提出问题，等于帮我们概括总结经验教训，推动创作整体进步。

访后跋语：

  此文成稿时，正值"五四"青年节，也是蓝天野老师91周岁的生日。生日是在《大讼师》剧组、北京人艺一楼排练厅度过的，所有剧组成员一起为蓝老师举办了简单温馨的庆祝活动，然后大家按部就班投入紧张有序的排练中。这已经是蓝老师连续三年在排练厅过生日了，我们都半开玩笑地说："您可真是不折不扣的劳模呀！"每天排练中的短暂间歇，蓝老师会和我们聊京剧、聊历史、聊文学，还会和我们讲，最近在读哪本书，又看了哪部戏，又有哪些新收获。蓝老师对美食也有很深的研究，全国各地有哪些著名或鲜为人知的小吃，他全知道。除此之外，谁能想到如此仙风道骨的老艺术家，还是个不折不扣的猫奴呢。提起家中黑白花的爱猫，蓝老师总是忍不住要秀一下爱猫的大美照，油亮的皮毛，如炬的双眼，炯炯有神，一看就是深得主人宠爱的傲娇喵星人。鲐背之年，依旧保持如斯的热情、勤奋和好学，真真是所有青年戏剧工作者的楷模！

  我和蓝老师在人艺一起排练过两部戏——《甲子园》《大讼师》，感受最深刻的是，蓝老师纵然闲云野鹤、洒脱自如，但做起事来绝对是一板一眼，绝不懈怠，他永远是排练厅来得最早的人。就像蓝老师在文章中说到的一样，戏剧工作者应该做个杂家，有广泛的兴趣爱好，热爱生活，了解人，了解这个世界，只有这样，才能写出更好的文艺作品，才能写出精辟且深入浅出的评论文章。为人、作艺，但求素洁之心，敏而好学，敢说真话。

               原载于《中国文艺评论》2018年第6期。

非虚构的力量
——访文化名家冯骥才

冯 莉[*]

中国当代作家、画家和文化学者。现任国务院参事室参事,天津大学冯骥才文学艺术研究院院长、教授、博士生导师,国家非物质文化遗产名录专家委员会主任,中国传统村落保护专家委员会主任等职。20世纪80年代作为"伤痕文学"代表作家登上文坛。代表作有《啊!》《雕花烟斗》《高女人和她的矮丈夫》《神鞭》《三寸金莲》《珍珠鸟》《一百个人的十年》《俗世奇人》等,作品被译成十几国文字。作为画家,以中西贯通的绘画技巧与含蓄深远的文学意境,被评论界称为"现代文人画的代表"。近十多年来,投身于城市历史文化保护和民间文化抢救,是"中国民间文化遗产抢救工程"和传统村落保护的倡导者和践行者。多次获得中华文化人物和国家的文化奖项,2018年被授予第十三届中国民间文艺山花奖"中国文联终身成就民间文艺家"称号。

---

[*] 采访人单位:中国文联民间文艺艺术中心。

一、"非虚构写作""非虚构文学"实际上是同一个概念

冯莉（以下简称"莉"）：近两三年，您出版了几部非虚构的文学作品，比如《凌汛》《无路可逃》《炼狱·天堂》，包括近期正在进行写作的《漩涡里》，您认为什么是非虚构？从理论上应该如何给非虚构文学定义、定位？

冯骥才（以下简称"冯"）：非虚构在西方来讲好像是比较新的概念，这个概念名称提出来有一点模糊，"非虚构写作""非虚构文学"，叫法不一。我认为这两个概念实际上是同一个概念，因为如果不是指涉文学的话，就无需提非虚构。比如媒体和传播行业的文章、报道和采访等基本都是非虚构。

莉：非虚构是相对于虚构提出的，二者在内容、方式、程度和形式方面互为体现，分别有哪些不同？

冯：文学虚构包括两大类：一种是小说，一种是散文。散文有时还取材于真实生活，不论这些素材是完整的还是片段的。但小说不同，不论小说如何来源于生活，小说中的整个故事、人物和情节基本是虚构的。

先说虚构。可以说任何人都可以写散文，但只有极少数的人可以写小说，小说与一般的写作不同，它完全是另外一种思维、一种艺术创作，小说的思维是虚构的。理论界认为非虚构文学的写作原则有两条：一是必须由现实元素作为背景，比如现实人物、人物的命运；二是现实的事件，现实事件中的人，基本是以真实的现实作为背景进行写作，不能有虚构成分。

有理论家提出"诚实的原则"的概念，所谓诚实就是必须要忠实于现实。既然是文学，就具有一定的审美价值，也因此有一个概念叫"优化提升"。优化提升是要对现实有一定的提炼，但不能离开真实的原则，在素材和运用素

材的选择上要符合艺术的规律。当然这是非常有分寸的，如果这点做过分了，往往就离开了诚实的选择。我将理论家们在对文学写作原过程中提的概念总结一下，应该包括三条：第一是现实的背景；第二是诚实的原则；第三条是优化提升。

从时间角度看，非虚构文学其实是这两年才红起来，在西方也是。这离不开白俄罗斯女作家写的《切尔诺贝利的回忆：核灾难口述史》，她因此获得诺贝尔文学奖。实际在此之前，中国就有属于非虚构写作的报告文学和纪实文学，中国更习惯称报告文学或者纪实文学。1979年、1980年左右就有一大批作家写出过很多优秀的报告文学作品，直到现在鲁迅文学奖还有专门的"报告文学奖"。我在开始写《一百人的十年》的时候，有人就把它归为纪实文学，但我认为《一百人的十年》不属于纪实文学，它属于口述史写作，属于口述文学。如果把非虚构文学划为一大类的话，纪实文学、报告文学、口述文学，都属于非虚构写作或非虚构文学。

莉：请谈谈您口述史方面的作品及进行口述史写作的原因。

冯：我写口述文学还是比较早的。20世纪80年代中早期有两部最早的口述文学，一个是我写的《一百人的十年》，一个是张辛欣和桑晔写的《北京人》。我写口述文学是直接受《美国梦寻》的影响。《美国梦寻》写了100个美国不同职业的人对于美国价值的追求，是在美国价值观里、不同情境下个人的不同和共同的追求，以此来反映美国人当时的社会追求。《北京人》跟《美国寻梦》更接近，写了当时80年代现实中的北京人，就像《美国梦寻》中写的七八十年代的美国人的境遇，个人的理想、奋斗，个人对生活的感受、思考等。

口述文学来源于口述史。跟张辛欣和桑晔的《北京人》不一样，我的《一百人的十年》更多来源于口述史角度。有一部分历史亲历者的生命史、心灵史，是将历史亲历者的心灵和命运记录下来，这些经历是对正史或者对于文献史的补充。因此，我的口述文学带有很深的口述历史的意义。

当时我有一个计划，想写出一部类似于巴尔扎克的《人间喜剧》那样大的、由中长篇组成的、写"文革"的书。我想把那个时代以小说的方式写下来。但这个想法后来被现实击碎了。因为当时生活变化太快，中国马上进入改革开放，社会发生了巨大的变化，现实对我们的冲击又太大，我们对时代充满激情，很难沉下心来写那样一部书。但我不愿意放弃。看了《美国梦寻》这本书之后，我觉得找到了一种方法，就是用口述文学的方式来写我所亲历的"文革"时代和同时代的人。这样，在我的写作里，在小说散文之外又多了一支笔，这支笔就是非虚构文学的笔，这支笔后来也一直没有放手。在做城市文化遗产抢救的时候，我经常会见到一些传承人身上有他们自己经历的非遗历史，有非遗的记忆，我也会动笔写一些非虚构的东西，做他们的口述史。这些非虚构的作品有的发表出来，有的没有发表，因为并不是为了发表而写，而是为了记录他们身上的文化遗产，记录他们身上活态的非遗才用了非虚构的方式。

二、用文学的情感、文学的方式反映更广泛的、值得思考的、值得再认识的问题

莉：20多年来，您这一代人通过非虚构文学写作观照当前社会，在国内的非虚构文学的书写方面起到了推动作用。不论是写作，还是在民间文化抢救方面，您都做了很多田野工作。您写的文化遗产的非虚构作品与专家写的文章有什么不同？

冯：最近三年左右，因为年岁渐长，往田野跑的时间有限。你刚才说得很对，这20多年从开始做城市文化"抢救"，到后来的民间文化"抢救"、古村落抢救，我基本是跑在最前面的一批人。开始没有人做城市文化遗产"抢救"。20世纪90年代初，也是在第一线"抢救"老城、"抢救"老街的时候，我就写过一本非虚构文学的书叫《抢救老街》，后来又做了民间文化遗产"抢救"工作。在写了很多纯文学散文式的文化遗产的东西之余，也写了如《武强秘藏古画版发掘记》《豫北古画乡发现记》《滑县木版年画》等书，后来写了一本《一个古画乡的临终抢救》，内容是杨柳青镇南乡36村的抢救，这几本书都属于非虚构文学，书中有口述史，也有对当时"抢救"过程的文学式记录。因为我是作家，所以一定是用文学的情感、文学的方式来感受、选择生活，所以和理论家写的不同，在写作的时候一定是文学式的。

最近刘锡诚编了一本书叫《田野手记》，把他从20世纪60年代中期一直

到现在50年来写的各地的田野手记编了一本书，请我写序。他把稿子拿来以后我翻了翻，发现我写的跟他写的完全不一样。他是专家式地写田野，带着很多学术的眼光，有很多学术的发现。其中有很多他认为有学术价值的记录，有田野手记，还有考证的东西，还做了非常严格的田野调查记录。我就没有这些，因为我是作家的非虚构的写作，作家写的田野记录，更多的是文化发现。我有很多文化的发现，有很多文化情感，还有很多对传承人的文学式的人物细节，包括形象细节、性格细节。我这些东西还是属于文学作品，不属于学术，跟专门写的纯理论的文章不一样。

莉：20世纪90年代以来，您将主要精力从文学创作转向非物质文化遗产的抢救和保护工作。当时为什么决定开始转向口述史、非虚构写作，做遗产保护，而且您有这个想法之后就付诸行动，在田野中会发现时代现状、预见将来并采取措施，您的思想也在不断调整，请您谈谈近期的思考。

冯：近几年虽然还往田野去，但想从更宽阔的视角，拉开思想和思考的距离，从中外的比较、古今的比较这一更大的视角，重新审视我们这些年做的事情。我一直在重新审视，甚至于要重新审视自己的思想史、心灵史和生命史。我认为自己是一代知识分子里的一个，我不认为我是有代表性的一个。我认为"这一个"，就是斯坦尼斯拉夫斯基的戏剧理论里说的"这一个"，演员演的这一个，这么一个独特的一个。我不敢说我是一个时代里的典型，可能是这个时代里的另类，反正是这个时代里的"这一个"。我身上有很多同时代人共同的东西，也有我自己独特的东西，我带着我的背景、我的性格、我的历史，我就是这个时代长篇里的一个人物，我要把自己作为这个时代里的一个有独特个性的人物写出来，但"这一个"就可以反映出更广泛的、值得思考的、值得再认识的问题。

比如改革开放以后整个时代转型时期，可不只是中国社会的转型，不只是由计划经济向市场经济过渡的转型，它的背景还是人类文明由农耕向现代化、工业化的转型。在这个转型里文化出现了很多巨大的问题，我们是最早的一批感知到文化命运出现这些问题的人。习近平在文艺工作座谈会上的讲话里有一句话："我国的作家艺术家应该成为时代风气的先觉者、先行者、先倡者。"当时我在场，感触很深。这段话讲得非常到位。知识分子就应该是先觉者。我曾经写过一篇文章叫《文化怎么先觉》，还在人民大会堂讲过。我认为，文化先觉中最先觉的应该是知识分子。知识分子不是文化自觉，而是文化先觉。知识分子是做文化的，必须先觉，先把问题提出来，当国家认为重要、认为对的时候，就会把它吸收到国家的治国方略、重大措施里，变成了国家的文化自觉。国家不可能先觉，总是做专业的人先觉，不断提出来，一个人提不行，得经过实践后不断有人提。"民间文化遗产抢救"最早是我们在民协先提出来的，国家认为对，不但支持了我们的民间文化遗产抢救，政府也采取行动，开始建非遗名录。我们先提出，之后文化部开始做这个工程，才有了国家名录，才有了传承人，一点一点把这个做起来。

知识分子有了先觉才能形成国家的先觉，形成社会各界的先觉，最后形成全民的文化自觉。由知识分子的文化先觉成为国家的自觉，再形成社会的自觉，最后变成全民的自觉，成为全民自觉的时候整个社会的文明就进步了一大块。知识分子先觉只是说两句话是不行的，必须要有行动。王阳明讲的"知行合一"是非常对的。西方文化遗产"抢救"的时候，法国最早出来呼喊的是雨果，到了梅里美他们就有了行动，到了马尔罗就开始做文化普查了，马尔罗是在1964年提出来的。

最近三年我自己有一个转型，不是职业的转型，是我想的问题开始不一样了。前不久，我在贵州讲了对于文化保护最新的思考，不能只想这些问题，要想更大的问题。我们这代知识分子这三四十年来到底想了什么，做了什么，我们做的和想的到底对不对，有哪些我们做晚了，有哪些我们做差了，采取的方式对不对，我们对推动这个时代进步起到作用了吗？这个东西不能留给将来的人做，将来的人不是亲历者，必须我们自己做。自己先思考，也有可能我们思考得不对，后来人再批评我们，但我们自己必须先要思考，而且这个思考必须遵循诚实的原则。

三、真实是至高无上的，非虚构的力量就是生活的力量

莉：所以您用非虚构的写作方式将您亲历的这个过程和思考记录下来。放下文学创作转而进入非虚构的写作有什么样的原因，这期间发生了什么事？

冯：对。必须把事实拿出来，去思考我们当时是怎么想的，我们要放在纸上，我们对当时的行为也会做现在的判断，这是我写这批非虚构文学的一些想法。

当然还不完全是这样，比如说写韩美林那本书《炼狱·天堂》，都是写我自己亲历的事情。《凌汛》中写的1978年、1979年这个时间点是整个时代转型的时候，这批作家走上文坛时有自己的想法、对时代的激情，有强烈的责任感。我一直说我们是责任的一代，没有工夫风花雪月、闲情逸致。20世纪80年代初你写闲情逸致、写品茶、写玩宠物的没人看。当然我不反对有的文人去玩宠物、品茶、玩水墨。因为每个人不同，我就是带着我的历史，以20世纪80年代初我们那代人的经历，来写整个80年代新时期文学。为什么一个作家要放下自己的写作做文化遗产保护，我要把它写清楚了。

直到现在还有人说我新写的小说比如《俗世奇人》这本书二三十年前就应该写，如果20年一直在写小说你能写出多少好看的小说，为什么要到现在才写。这20年为什么要做那件事，甚至有人问我："你不做别人就不能做了吗？""你为什么要做这件事，是不是当时觉得自己写作的思维枯竭了，写不下去了你才做这件事。"我觉得应该把这个事情写出来，告诉我的读者，放下文学对于我个人来讲是巨大的痛苦。文学对我来说是我心灵的一个世界，我的文学之心始终不死，但是我强忍着这个痛苦，要做这件事。为什么我把这件事看得比自己的写作还重要，到底为什么我不写东西，也不画画？我如果一直画画确实可以成为一个富翁，我也可以很庸俗地住进豪宅，甚至于我的亲戚们都说，本来你卖画日子可以过得很好，偏偏要去做文化"抢救"。实际我在自己学院做的博物馆，里面很多东西都是在全国各地跑的时候看见的，觉得很有价值，不愿意这个东西流失了，才把它买了，比如马车等，当时是从欧洲人手里"夺"过来的。当时买完还没有地方放，所以我把马车放到天后宫，搁在他们仓库里存着。一直到2005年天津大学建成了我的学院，我才把马车拉回来。那时候我买了大量东西，都堆在画馆的院子里，外面做一个大铁栏杆，做一个围栏，把石雕等都堆在那儿，拿塑料和草席子盖上，好像一个古董贩子的院子似的。人家认为我很傻，这实际上是一种文化情怀，不是纯学者的东西，这个情怀还是作家的情怀、文化的情怀。情怀不是一个感情，应该是更大的东西。

　　这些年来我思考的这些问题用小说的方式是没法写出来的，所以我想写一系列的书。我刚刚写完了这一套书的最后一本《漩涡里》，从1991年开始写到2013年，长达22年，很有意思。1991年第一次文化行动，我不自觉地到上海办画展的时候，在周庄得知柳亚子的迷楼要被卖了拆了，要用木料在外面盖新房子。我听说柳亚子当年搞南社的楼非常美，当时卖要3万块钱。20世纪90年代初3万块钱也是一大笔钱了。那时我正好在上海办画展，有好几个台湾人要买画，但那时候画展是不卖画的。后来我决定要把画卖了，把卖画的钱给迷楼的主人，我准备把迷楼买下来，捐给《文汇报》。《文汇报》将来有文人到上海来就带他们来这玩儿，周庄是有900年历史的村庄，而且正好在水边，特别美，下面的水很幽静，两边风景也非常好。结果房主一看我那么容易给3万块钱，他就涨到5万元。所以我又卖了一幅画，后来对方又涨到15万元，周庄管委会的一个负责人跟我说，"冯先生你别买了，那个人已经知道这个东西值钱了。对方原来不知道柳亚子，跟他讲了以后他知道这个东西将来可以升值，他不卖了。"迷楼到现在依旧保留，后来我专门写了一篇文章发在《文汇报》，叫《为周庄卖画》。

　　过了一年我到我的老家（浙江慈溪）办画展，也去了上海周庄和四川，到了老家正好赶上大规模的城市改造，那时有一个徽派建筑非常美，在月湖边上，临水，后来一问那个楼要拆。那个楼很重要，是贺知章的祠堂，明代重建得非常好，但那个楼太破了，得花20万才能将其修好，宁波文联没有这笔钱，我就跟顾老师——我的夫人——说，我买下来捐了吧。顾老师这点挺好，没有拦过我。她说："随你便，咱俩挑画去吧！"她还挺积极，我们俩跑到美术馆，从画展中最大的几幅里面挑了五幅我认为好的，4万元一幅，20万元把祠堂给收了。第二天应长奇先生来，他是台湾很大的企业家，也是宁波人，喜欢围棋。他听说我在那儿办画展，还要为这个事儿卖画，就到现场说看看有没有喜欢的画，结果他喜欢我画的《老夫老妻》，画的是风雪里的一对小鸟。他说，他跟他老婆一辈子就是在风雪里。那天他把我叫去了，一块儿看他选的那个画。后来这个画就卖了，钱给宁波市政府，贺知章祠堂就这样保留下来了。直到现在，贺知章祠堂修得非常好，每次到宁波我都会去看看。就这样，我一点一点把这个事做起来了。实际就是一种情怀，没有任何利益，做了也就做了。

我在天津办画展的时候嘉德拍卖行刚开始干，他们要给我办个专场拍卖会。因为他们知道我在文学界和社会上影响很大，想给我搞书画拍卖，如果搞拍卖的话很容易就把我的画价抬高了，但是我始终对钱没什么兴趣。一直到了90年代中期，老城要拆了，这可动了我心肝了，因为我写的所有小说都是老城里的故事、老城的生活，于是就开始组织人"抢救"老城、"抢救"老街，一直做起来。当了中国民协主席之后，从2000年开始做民间文化，我才知道中国民间文化遇到那么大的困难。其实我当时并不是特别想去，可是高占祥部长跟我讲就是需要一些有影响的作家当主席。我最近写《漩涡里》一开始就写到民协主席。我写：我没有想到时代在这个地方给我挖了一个"陷阱"，一掉下去就"万劫不复"了，爬不出来了，而且越陷越深。我想起来阿·托尔斯泰写过一个小说，说一只老鼠掉在一个牛奶瓶子里，它拼命地挣扎，挣扎来挣扎去，忽然奇迹出现了，因为它老在那儿搅动，最后把牛奶打成奶酪了。

我写这批东西的原因是要通过自己的历程，写自己的心灵史，还要写自己的思想史。用的方法不完全是自传，其实思想史是最终的目的。作家写自己的思想，一定是用文学的方式来写，所以是非虚构文学。这部作品完成之后我是不是还写非虚构文学我不知道，可能要回到虚构文学，因为我脑子里还有一两部长篇。作家的思维是非常独特的。

莉：这两种思维怎么切换的呢？

冯：就跟我中间画画一样，另外一个思维来了，那个思维就启动了，而且两个思维完全不一样，不影响。黑格尔的工作方法是对的，就是说我在这儿研究教学、研究艺术，研究艺术所用的思维是大脑的另外一部分神经和记忆、思考的技能，等你用这部分时，另一部分是休息的，处于休眠状态。

莉：这两个思维是替换着来，分区的。

冯：对，不一样的。我写长篇小说时，形象思维的东西是"忍不住的思维"，只要你进去了是忍不住的，就像春天来了一样。最近三四年来我有一个习惯，必须在春天写东西，一般每年前两个月是两会时间，两会开完了回来坐下来后，我会先写两个月的东西，必须把这个东西写完才开始干别的。每年先要干这件事，再干别的，这两年你看我写作的时间表都是在两会之后，先写一本书，每年都是如此。

2018年我不再做政协委员了，觉得时间来得早，春节中的年初一、初二、初三就要启动了，脑子里当时有两本书想写。要写东西时一开始会在本上"瞎"写，一个是要写《漩涡里》，一个是要写小长篇，小长篇的思维先跳出来，所以写的时候人物细节一个个蹦，止不住，忽然一会儿有一个，拿起本来就记。但不知道什么原因一下子又岔到《漩涡里》去了，我就把这个本放下，干脆压在那摞书底下不动了。开始动手先把《漩涡里》的序写出来，序那天写完了，整个感觉就像回到了1990年、1991年，一进入那个年代就出不来了，一连就是两个月。必须要进那个时代的情境，当时是怎么想的问题，当时怎么办的这个事情，怎么思考的历程。另外还得不断地思辨这些东西，只要一进去就出不来了，一直到把它写完。

我和韩美林是好朋友，我知道韩美林的经历非同一般，你们也知道他跟那个小狗的故事。那个小狗的故事很有意思，在我没认识韩美林的时候我就听说过。我第一次见巴老（巴金）是在北京的一个饭店，我陪巴老聊了一个多小时，我把刚听到的小狗故事讲给巴老，使得巴老后来写了一篇散文叫作《小狗包弟》，收在巴金《随想录》里。从这个事情开始，我那时候在心里一直有这个故事。1985年冯牧来北京要办一个刊物叫《中国作家》，让我写一部中篇小说给它，刊物还要发头条。我心想必须找一个分量很重的——我想写韩美林。而我为什么要写一个人与狗的故事呢？不仅因为狗的故事我能写得非常好，最重要的是韩美林身上有我和他共同的东西——就是为了美可以把一切都忘掉，而且在最苦难的时候能安慰我们心灵的仍然是美，只有艺术家才有这样的心。我那时候也是画家，我知道最苦难的时候安慰我们心灵的不是别的东西，正是美、是艺术，生活给他再多的苦难，最后都能转化成为艺术。韩美林比我更是一个代表，因为我最后转向文学了。韩美林是我一辈子的好朋友，作为好朋友我很尊敬他。一个人能够经受这样的炼狱，而且是到了十八层地狱，反过身来还能够创造出一个天堂，真是一个奇迹。我应该把这样的主题写下来，以后艺术家不太会有这样的经历，所以我想应该为美林写一本书，最好的方式是韩美林自己讲。我是经历过大苦大难的人，只有经历过大苦难和大灾难，才知道生活本身的创造高于艺术家的想象。

《一百人的十年》里有大量的故事也是不可想象的，生活本身要超过艺术家的想象，所以我觉得最好的方法就是用非虚构，用生活中的事。如果你采用了口述史的方式，就必须遵循口述史的原则。真实是至高无上的，事实胜于任何虚构。那时候在你的笔下你就会感受到非虚构的力量，非虚构的力量就是生活的力量。

莉：传统文脉中是否有类似的非虚构的作品，比如说像《史记》。因为非虚构其实是从西方来的概念，您觉得传统文脉中有像您这样的非虚构的写作吗？

冯：还不好这么类比。像类似《史记》这些作品毕竟是史学家写的，跟文学家不一样。史学家本身就是要严格遵循历史，不允许虚构。而文学家要考虑优化提升，要考虑审美，怎样才能更有表现力。有文学要求，有文学的表现力，有文学的魅力，有语言的美。文学是需要提升的，史学家写史书不需要考虑这些。

莉：您刚才讲非虚构与口述史的关系，每个文体背后其实都有一个潜在的理论上的逻辑。我们能不能这样认为，在您这儿，非虚构背后的理论或者方法上的支撑就是口述史，可不可以这么理解呢？

冯：不一样，比如我写《凌汛》，就不是用口述史的方式。为什么我要写自我口述史呢？因为我还是要强调真实，我觉得它具有真实的原则，同时还有自传的成分。文学里有自传体文学的成分，但自传体文学跟我还有一点不同，自传体文学还可以做一点虚构，有些作家写的自传里还是有点虚构的。而我在写这一套书的时候没有任何虚构，所以为什么要用"自我口述史"，因为自我口述史具有非常严格苛刻的要求，不能虚构。

四、只有口述的方式才可以把无形文化资产变成文献

莉：2017年，您的学院办了一个口述史的理论研讨会，这段时间您又在思考传统村落，尤其是近几年出现的一些大的问题，包括理论上的走向。目前您在口述史和传统村落的实践中有没有一些新的理论方面的思考？

冯：实际上，口述史跟村落还是两个不同的领域。在村落做田野的时候，当然离不开口述史的方式，实际上口述史调查，跟文学口述史还不同，这其中人类学的口述史更多一点。我现在提出一个新的理论，叫作"传承人口述史"，这个理论是从非遗保护角度提出来的。非遗有几个特点，没有文献，非遗是活态地保存在一个传承人的身上的。这些东西保留的实际是两个记忆：一是大脑的记忆；一是身上的技艺，就是手里技术上的东西代代相传，比如绝活。这两个记忆都是可变的，而且都是不确定的，如果想要把无形的、不确定的、可变的东西，变成有形的、确定的东西，只有变成文字或者是视觉的录像、图片，才能保留下来。要通过什么变成文字呢？他不说，你不知道，这些都在他的记忆里，必须要他说出来才行，因此就要通过口述的方式。只有口述的方式才可以把非遗最重要的部分，也就是无形文化资产变成文献，这就是传承人口述史能够确立下来的一个最根本的依据。如果不用传承人口述史，用别的方式是记录不下来的，口述史还可以结合录音录像。只有通过这个方式才能把这部分遗产记录下来，永远保存。如果说没有这个记录，一旦人亡，艺也就绝了，这个是谁都预料不到的。只有传承人口述史才能使这些留下来，这就是传承人口述史的重要性。所以我当时提出要成立传承人口述史研究所，后来开研讨会成立了专家委员会，做了国家社科基金中关于口述史的理论，实际上就是想把传承人口述史确立下来。但现在做得还不是特别好，这个学科的影响力还不够，人也太少，田野工作做得太少。其中各种各样的学术交流讨论，作为磁场一样的吸引力和张力都还不够。理论虽然有了，但是没有发扬光大，这是一个问题。

莉：目前在传统村落的非遗保护方面有哪些研究空间和问题？

冯：中国传统村落经过四批中国传统村落名录的审批现在有4153个，马上要进行第五批的审批。最后我估计应该超过5000个。我不主张批太多。

首先，村落是一个另类的文化遗产，既不只是物质文化遗产，也不只是非物质文化遗产，也不是物质文化遗产和非物质文化遗产的综合体，要大于物质和非物质文化遗产。文化遗产是按照项目来分的，一个村落的记忆和遗产是整体。村落是生产和生活的基本单位和场所，是古代人们生活的家园，农耕文明时期生产的最原始基地。这样的地方有很强的遗产的含量、内涵，有很多很深厚的遗产性质,跟一般的文化遗产保护是不一样的。

其次,传统村落面临两大冲击:一是城镇化的冲击;二是旅游化的冲击。过分地旅游化、城镇化是可怕的,很多村落还没有等到我们去调查就已经败落了,甚至要消失了。直接带来的问题是空巢,就是已经评了传统村落的村落成为现在的空巢化的现象非常严重,有很多村落我们评完了传统村落后就没有多少人了。贵州讲打工潮,大批的年轻人到城市打工都不回来了,因为城市里的生活条件好,村落里再有历史也跟他没关系,断绝了。村落本来就处于弱势,城市化进程中优势都在城市里,村落生活的条件、收入和工作都不如城市。有很多村落空巢就是因为孩子上学太远,只能留在城镇。父母把家迁到城镇,很多地方因农村的师资没有那么多,将学校合并到某个乡镇里,父母都搬到城镇里。总之,相当复杂的问题带来了村落的瓦解,以至于空巢化的现象很严重。另外是旅游。农村比较穷,许多村落就把旅游作为一个单一的经济来源,尤其在评完了传统村落以后,旅游的含量和旅游价值就提高了。旅游确实可以来现钱,越有文化色彩的地方旅游价值就越高,旅游的冲击就非常大。凡是能有旅游价值的东西都被拉到生活表面,没有旅游价值的就没有人理了,村落的文化就随之瓦解。有价值的东西,比如说原来的歌舞、民俗慢慢就变成旅游表演,变成躯壳了,里面没有生活的源头活水。原来人们因丰收而跳舞,现在是为钱跳舞,时间长了以后人们对自己的文化就没有信心。他们认为我的文化就是给人看的玩的东西,这样下去200年后,人们可能看了看也觉得没什么意思了,所以保护的问题是非常大的。

还有一个问题是全国的传统村落虽然有4153个,各地做了很多尝试,但莫衷一是,没有哪个是被大家认可的比较好的。第一,国家非遗已经有了法律保护,村落虽然没有村落法,但村落有规划。第二,传统村落有名录,4153个国家级的。非遗名录国家级的是1372个,省一级的超过一万个。第三,有管理部门,村落是由住建部和住建司来管理,非遗有非遗司,由非遗中心来管,连县都有管非遗的部门。第四,有经费。这些东西都有,但并不等于问题都解决了,刚才我提到的问题仍然存在。我们曾经开过"古村落何去何从"的会,实际就是想讨论这个问题,但是在专家层面讨论这个问题也没有形成一致的意见,政府及各个地方也是各自为政,都按照自己的理解来做，所以传统村落的前景仍然堪忧。我曾经有一个想法，做出几个范例来，比如找几个比较好的村落，有一批各方面的专家和学者，由政府投资，按照当年挪威跟我们国家合作的黔东南地区原生态保护一样，做出标准的村落，各地来参观，吸取经验。不过那么做不是一件容易的事，因为各个地方都有自己的经济诉求，而且各地情况都不同，民族不同，文化板块不一样，自然条件不同，怎么找到一个途径现在还是在一个过程里，不能用一个方案解决所有的问题，我的想法是4153个传统村落再过20年能保留下来2000个村落就很不错了。

五、文艺理论要有专业的批评，文艺批评越活跃的地方作品越活跃

莉： 今年（2018年）是改革开放40年，改革开放以来，我们的文艺、特别是在文艺理论评论方面您觉得都发生了哪些变化？对今后的发展趋势您有什么样的想法？

冯： 我认为非常重要的是要有专业的批评，专业批评和思想批评当然有一致的地方，专业批评还有专业标准、艺术标准。思想批评中，我们反对过去极"左"思潮那样的批评，当然，我们对不好的东西还应该有尖锐的思想批评。专业批评应该有审美的讨论、艺术的讨论、艺术方法的讨论。我们现在的文学艺术如果要真正百花齐放、百家争鸣，有各种艺术流派、各种风格的出现，真正达到那样繁荣的局面，跟文艺批评是分不开的。文艺批评需要不同的声音、不同的倡导，不同主张的专业批评是对作品的推动。文艺批评不同于文艺批判，批评包括两个方面：一是思想批评，二是专业批评。这两个批评都得有，不能将文艺批评看成批判。对不好、低俗的东西要批评，还得有专业性的讨论。文艺批评还要与公众的审美、公众的判断相结合，还得与大众的、社会的价值判断相一致，要是不能反映公众的观点，文艺批评也是无本之木。

改革开放40年来，特别是经过新时期，我的体会是文艺批评越活跃的地方作品越活跃，比如文学批评就特别活跃，甚至于特别尖锐。我的一些作品也遭到过尖锐的批评和争论。比如小说《三寸金莲》就接受过尖锐的批评。

创作活力与文艺批评有很大关系，只有批评，思想才能活跃，思想活跃了，各种作品才能大胆尝试、创作才能活跃。20世纪80年代，文学批评、戏剧批评都很活跃，油画也有很多的批评。这个时期，电影批评也很活跃，所以电影就很发达。但是有些领域就不活跃，比如书法。20世纪80年代的书法领域没有出现许多真正的流派，只有几位老先生的书法不错。再比如中国画在20世纪80年代只有捧场、说好的，没有批评，所以中国画在当时的实际创作力就不如油画。我认为，文联的各文艺家协会应该发挥作用，专业艺术家协会很重要的是建立自己的权威，这与文艺批评、文艺评论是否活跃有很大关系。所以专业协会不但思想导向要好，更重要的是要有很强的专业性评论。

六、教育，不只是知识教育，更重要的是人文精神教育

莉：您是一位作家，您在文学、绘画、民间艺术以及传统文化方面有着非常深厚的理论学养和造诣。近些年，您在天津大学培养硕士、博士人才，请您谈谈在现有教育体制下的艺术审美教育，学校如何能够培养出既有文学写作能力又有艺术修养、既有传统文化涵养更有对现实关怀的人才？

冯：我有朋友说，文化人最好的归宿是晚年把自己安顿在大学里，整理思想，做研究、做学问，而我到大学却出于一种很强烈的现实责任。特别是这座学院以我的名字命名，就更加重我的压力。

重建我们的人文精神迫在眉睫。重建不是推倒重建，而是面对当代社会现实的重新构建，做到有所坚持、有所担当。教育，不只是知识教育，更重要的是精神教育。从小学、中学直到大学，一个人要完成的不只是知识性的系统的学业，更重要的是拥有健全而有益于社会的必备的素质——这个素质的核心是精神，即人文精神。具体到个人，它表现在追求、信念、道德、气质和修养等各个方面。自觉而良好的人文精神教育，则可以促使一个人心清目远、富于责任、心灵充实、情感丰富而健康。教育应重视美育，应将美育列为教育的重要内容。美育是个系统工程，它不同于一般的知识教育与学科教育，更是素质、人格和心灵的教育。美育教育的建立与计划应请相关各方面专家学者进行探讨，深入研究，制定方案，使"弘扬真善美"得到切实的落实。

首先说大学。当今中国的大学，正在尝试采用多样化的方式进行人文教育，如开设人文讲堂、建立各种艺术组织与文化中心、开展校内外济困扶危的公益活动、招募志愿者参与社会实践等，旨在扩大学生的精神视野、关切社会难点、加强心灵修养与审美素养，同时深化校园里崇尚精神的人文氛围。尤其是理工科大学已经渐渐看到人文精神教育的重要性。这都是十分积极的现象。

但我要说责任，是因为我身边太缺乏年轻有识和有为之士，我要在学院建立起一支真正的人文工作的团队；我不喜欢在象牙塔里坐而论道，我追求有生命的思想，即在思想里听得到现实的脉搏。同时，我认为当今大学缺乏灵魂，这灵魂就是人文精神。我想在大学校园腹地建设一块纯净的人文绿地。为此，我院的院训是"挚爱真善美，关切天地人"。

我对研究生的最高要求不只是优等的论文，而是视野、思想能力、操作力、对社会和文化的责任。我重视大学的文化保存，追求学院的博物馆化。经典和纯粹的文化精神应当首先由大学体现出来。学院的背后应是独立思考与活跃自由之思想，学院的面孔应是一种由深厚的文化积淀养育出来的文化气质和明彻镇定的目光。

其次是中小学。加强中小学生对传统生活文化的参与和体验。如何在中小学进行传统文化教育，特别是针对传统的生活文化（如传统节日、民间文学和艺术、民俗活动等），最好的方式不是整理成教材在教室里传授，而是引领孩子们在生活中亲近传统，潜移默化地感受传统，让传统渐渐成为一种记忆、一种认同、一种情怀。第一，在每年国家文化遗产日，由学校组织学生参加本地一项文化遗产管理部门举行的活动，或联合举行活动。活动方式应各种各样，便于学生参与。第二，教师可带领中小学生去存在的非遗场域里参观，也可把民间传人请进学校，进行问知或传习。第三，在每个重要的节日（清明节、端午节、中秋节、春节、元宵节等），组织学生们参加各种节令的民俗活动，感受节日氛围、体会各种民艺、领悟节日内涵，这比课堂上讲解节日的概念更加自然和直接。第四，对于文化，主动接近比被动地接受收效会更大。比如假期安排学生每人收集十个谚语和两三个民间故事，会比给他们讲几个谚语和民间的故事更有成效。具体方式方法可结合当地不同的文化特点。民间文学之乡可以收集民间歌谣谚语，剪纸之乡可以向剪花娘子学学剪纸手艺，民间音乐可以用手机做视频录像。然后让学生们整理自己学习传统的成果，通过自办展览或自媒体等传播自己的收获。用各种灵活多样的方式把孩子们引入传统生活（尤其在传统节日期间）。文化学习最好的方式是体验。因为文化的本质是精神的、情感的、审美的，主要都靠体验得来，只有让孩子们在传统文化中得到快乐和收获，传统才会进入他们的精神与心灵。

七、宁肯在人间死掉，也要在艺术中永生

莉：请您给青年艺术家们提几点希望和建议。

冯：这世界的一切都是由无到有，艺术作品中的每个人物都由虚构而成，还要同活人一样有血有肉、有性格、有心灵，可是这些人物的生命却从不依循活人的生死常规；不成功的人物生来就死，成功的人物却能永恒。虽然他们有时在书中、戏中、电影中死去，却能在每一次艺术欣赏中重新再活一次，艺术有它神秘的规律。由于艺术的本质是生命，它一如人的生命本身，是个古老又永远不解的谜。

艺术家活在自己的艺术中，艺术一旦完结，艺术家虽生犹死。长命的办法唯有不断区别于别人，也区别于自己。这苛刻的法则逼迫艺术家必须倾注全部身心，宁肯在人间死掉，也要在艺术中永生。难怪他们在现实生活中七颠八倒，在虚构的世界里却不会搭错任何一根纤细的神经。精神反常的人却能创造正常的人物。人们往往能宽恕艺术中的人物，并不能宽恕生活中的艺术家。他们照旧默默吃苦受罪，把用心血锻造出的金银绯紫贡献给陌生的人们。一旦失败，有如死去，无人理睬；一旦成功，自己却来不及享受，因为只要不再超越这成功，同样意味着告终。

但真正的艺术又常常不被理解。在明天认可之前，今天受尽嘲笑；成功不一定在它的诞生之日。不被理解的艺术与失败的艺术，同样受冷落，一样的境遇，一样的感觉。艺术家最大的敌人是寂寞，伴随艺术家一生的是忽冷忽热的观众、读者和一种深刻的孤独。

这便是我心中的艺术家，天生的苦行僧，拿生命祭奠美的圣徒，一群常人眼中的"疯子"、"傻子"或上帝。但如果没有他们，人类的才智便沉没于

平庸，有如生活中缺少了调味品，一切都变得索然无味。

访后跋语：

  2004年夏天，我硕士毕业到中国民间文艺家协会工作，冯骥才先生是协会的主席，由他倡导的"中国民间文化遗产抢救工程"正步入第二个年头。我很荣幸成为了"抢救工程办公室"的第一个兵。2009年我考入天津大学冯骥才文学艺术研究院成为了他的学生。在与先生一起工作和求学于他的时光里，我不断地体验、感受和见证着他思想变化的轨迹。此次受《中国文艺评论》杂志委托，我对冯先生进行了专访，访谈涉及内容比较多，限于篇幅，成稿时主要聚焦于非虚构文学、口述史、传统村落保护、文艺理论批评、艺术教育等几个方面。

  冯骥才先生是中国文学艺术界的一位真正"跨门类"的大家。从20世纪80年代开始至今，他在文学创作、绘画、非遗保护、教育等领域取得了非凡的成就。他的贡献不仅仅是手中的笔，更重要的是他用思想、方法、情怀和实践行动影响了当代一大批中国的人文知识分子，他是一位思想的创造者。近几年，冯先生的思维又回归了文学，他带来的是用"小说的方式没法写出来的"《无路可逃》《凌汛》《激流中》一系列非虚构作品。他不仅要通过自己的历程，书写自己的心灵史，更要书写自己的思想史。他以笔为剑，不惜解剖自我的生命历程，让自己的生命轨迹、思维轨迹和思想轨迹的经脉都袒露无疑，带着血肉、激动和责任，回到那个"非常又反常、百感交集又心怀渴望，既追求物质又精神至上"的时代，以极大的诚实和勇气，用非虚构的写作真实地袒露自我。

  从作家的角度谈非虚构文学，他比一般的作家多了遗产保护的视角、大的文化情结和家国情怀。为未来记录历史成为冯先生身上的责任。作为历史的亲历者和记录者，冯先生选择了暂别小说和画家之笔，用口述文学的方式记录所亲历的时代和同时代的人。与理论家不同的是，他用文学的情感和方式选择生活，用非虚构之笔"深描"传承人的人物、形象和性格细节。在他的非虚构写作中，写普通民众的生活本身比虚构的质感更加强烈。

作为一个作家，他的作品曾经历过尖锐的批评和争议，但冯先生却认为，文艺创作活力与文艺批评是共生关系，"批评使思想活跃，作品才能大胆尝试"。文艺批评应与公众的审美判断相结合，以大众和社会的价值判断为背景，反映公众的观点。

冯骥才先生经历了"文革"到"新时期"的重大转折，他的作品和文章中有着对自我生命脉络的不断拷问和对时代的深刻反思，他以一个行动者和思想者的方式来构建和引导着当代中国的文艺理论趋向。站在时代转型的界域里，他是最早感知文化命运危机的人。他受到法国遗产保护理念的启发，随后拉开了"大到村落，小到荷包"的"中国民间文化遗产抢救工程"，影响了国家的文化战略和政策。在时代转型的重要关头，知识分子应该是先觉者和行动者。如今，他的思考有了新的转向，但作为拥有"现实主义理性思维"的时代思想轨迹的书写者和历史记录者的身份却永远不会改变。

原载于《中国文艺评论》2018年第8期。

存真至善　大美不言
——访艺术设计教育家常沙娜

高阳[*]

1931年生，我国著名艺术设计教育家和设计家，国家有突出贡献的专家。1945年至1948年，在敦煌随其父著名画家常书鸿学习敦煌历代壁画艺术。1948年赴美国波士顿美术博物馆美术学校学习。1951年于清华大学营建系工艺美术教研组任助教。1953年调中央美术学院实用美术系任教。1982年任中央工艺美术学院院长。曾任中国美术家协会副主席等职务。1964年加入中国共产党。当选中国共产党第十二、十三次全国代表大会代表，第七、八、九届全国人民代表大会代表，第九届全国人民代表大会常务委员会委员，第八、九届全国人大教科文卫委员会委员。常沙娜教授的重要学术成就包括参加新中国"十大建筑"的建筑装饰设计，人民大会堂外立面建筑装饰设计，人民大会堂宴会厅天顶装饰设计，人民大会堂北大厅墙面"春夏秋冬"浮雕的装饰设计，中华人民共和国人民政府赠香港特别行政区的"永远盛开的紫荆花"纪念雕塑设计等重大设计项目。编著《敦煌历代服饰图案》《常沙娜花卉集》《中国敦煌历代装饰图案》等多部著作。

[*] 采访人单位：北京林业大学艺术设计学院。

一、将中国传统艺术的魅力融入艺术人生

高阳（以下简称"高"）：常先生，您好！我作为您的研究生，有幸跟随您学习受教至今近20年了。今天《中国文艺评论》杂志委托我对您做这次专访，并将把专访内容整理成文字刊发，让众多读者特别是艺术设计领域的年轻学人，通过您的艺术人生经历和艺术思想观念，对当代艺术设计应坚持怎样的宗旨、进行怎样的学习探索有一个更明确的认识。众所周知，您的父亲是被誉为"敦煌守护神"的著名敦煌学者常书鸿先生。您的艺术生涯也与敦煌有着不解之缘。您能先给大家讲讲敦煌对您走上学术和艺术之路的影响吗？

常沙娜（以下简称"常"）：我的父亲常书鸿在1927年至1936年留学法国，先后在里昂美术专科学校和巴黎高等美术学院学习西方油画，并且取得了优异的成绩。他的绘画作品先后在里昂和巴黎获得金质、银质奖章，并被收藏入法国的国家美术馆。在留学生活和艺术事业一帆风顺之时，他偶然地在巴黎塞纳河畔一个旧书摊上看到了伯希和著作出版的《敦煌石窟图录》一书。父亲在书中第一次看到敦煌艺术的优美而卓越的作品，内心受到极大冲击！他意识到，自己作为一个中国的艺术家，应该对祖国优秀的文化历史有深刻、全面的了解和研究，不能倾倒于西洋文化而数典忘祖。从那以后，在我父亲的心中便产生了强烈的"回祖国去，到敦煌去"的希冀。1936年，父亲回国，1942年，父亲在战乱中克服种种困难，义无反顾地来到他心心念念、充满魅力的敦煌，从此将自己的一生奉献于兹。因父亲做出这一破釜沉舟的决定，我少年时代艺术学习的开始便与敦煌密不可分了。我随父亲在敦

煌的岁月，是从 1943 年到 1948 年，在这几年之中，我跟着父亲和其他敦煌艺术研究所的画家们，在洞窟里临摹壁画。从描稿、勾线、着色、渲染、开脸的步骤中，一步步学习和感受敦煌艺术之美，从而获得了有关壁画临摹绘制、古人用笔用色，以及绘画气韵风格的多方面认识，并从研究所的专家学者那里学习了很多中国美术史方面的知识。我的绘画基础和艺术修养，就是少年时在偏远、荒凉却又魅力无穷的敦煌莫高窟里打下的。这种对古代绘画的直接观摩、学习、领会以及绘画实践，使得我充分地吸收了敦煌艺术的营养。这种影响可以说是"童子功"。敦煌艺术的隽永和深厚，传统文化的博大精深，为我后来一生从事艺术创作、艺术设计和艺术教育的思想确定了基调，那就是在充分学习领悟传统文化艺术的基础上，继承传统，发扬传统，进行创新。

高：您在敦煌临摹壁画的那几年，真可谓是艺术学习的快乐幸福和生活中的艰苦磨炼并存，到后来，您又有机会远渡重洋到美国学习。现下，也有很多年轻学生、学者选择出国留洋。您是否可以与大家分享一下当年在国外学习的经历和心得？

常：1945 年，父亲的绘画作品和我在敦煌临摹壁画的一批习作，在兰州举办了一次《常书鸿父女画展》，展览引起了很大的反响，效果不错。在这个展览上，来观展的一位加拿大籍犹太人叶丽华（Reva Esser），对我的画作赞赏有加，她是当时新西兰友好人士路易·艾黎在中国创办的"山丹培黎学校"的一位教师。她主动提出要带我到美国去学习。1948 年，她再次找到我父亲提起此事。经过考虑，父亲同意了她的建议，让我跟随叶丽华女士到美国波士顿美术博物馆附属美术学校学习。在美国期间，我的一大收获是系统学习了美术史、素描、色彩、透视、设计等艺术课程；另一大收获是，由于该学校是波士顿美术博物馆附属的美术学校，所以我可以有机会经常在博物馆里看到丰富的文物藏品。通过观看揣摩这些来自世界各大洲的历史文物，我看到了东方艺术与西方艺术之间的联系和区别，拓宽了艺术视野。在国外我也看到了中国敦煌的珍贵文物，了解到敦煌佛教艺术与西域丝绸之路文化的渊源关系。在国外留学期间，我的作业和艺术创作，也从来没有远离中国传统。我没有忘记敦煌艺术。相反，我在美国举办了敦煌壁画临摹作品展，并为美国的观众进行现场绘画的演示。中国敦煌艺术的精湛引起了众多外国人的赞叹。出国学习,是艺术视野的拓宽,但学习过程中要"古为今用、洋为中用","越是民族的,就越是世界的"。将自己民族文化艺术作为主脉,广泛吸收外来文化艺术的优秀精华,才能够进步,才能够发展。不管是过去还是今天,学习民族传统,并放眼世界、接受多元文化的并存,这两方面都是需要的。但是当代的中国艺术,更要强调以中国传统文化为根基,不能动摇这一根基。希望每一个中国的艺术家,都能尊重敬畏我们的民族传统,无论是敦煌艺术也好,民间艺术也好,少数民族艺术也好,对这些优秀遗产,要充分学习继承,让中国传统艺术的魅力融入自己的血脉,一直贯穿在自己的艺术人生之中。

二、艺术设计是创造"真善美"

高: 您的艺术生涯,是一直与国家、时代的发展紧紧联系在一起的。在中华人民共和国成立后,您与当时其他一些爱国留学生一样,毅然回到了祖国,用自己的专业才能,投入新中国的建设之中。也正是在这一时期,您的艺术事业从敦煌壁画转向了艺术设计。在从事艺术设计的过程中,您做出了很多优秀和经典的作品,这些作品至今都是我们后辈人学习的范本。那么,在您的理解中,设计的宗旨是什么呢?当代设计又应该坚持怎样的原则?

常: 我于1950年底提前结束了原定在美国学习四年的学业,回到祖国。回国之后,原本父亲的计划是想让我到中央美术学院前身,当时徐悲鸿先生任校长的国立北平艺专学习绘画。然而,一个新的机遇为我一生的艺术生涯确定了方向。著名的建筑学家梁思成、林徽因夫妇在1951年观看了在北京故宫午门举办的《敦煌文物展览》,这次展览是新中国成立之后的一次规模宏大的、重要的敦煌艺术展。展览按照周恩来总理的指示,由我父亲以及很多其他相关单位的专家学者筹办,作为爱国主义教育的重要展示。展览的效果非常好。梁、林二位先生抱病来观展,给予了高度评价。我也是在这次展览上认识了二位先生。林徽因先生除了在中国古建筑研究方面建树颇丰以外,对中国传统装饰艺术也颇有研究。当时,她正着手在清华营建系成立一个研究中国传统手工艺的小组,抢救百废待兴的中国传统工艺,并有志系统整理中国历代传统图案纹样,把中国传统图案与现代的设计相结合,服务于新中国的人民大众。二位先生看重我自小在敦煌受到敦煌艺术熏陶,认为我绘画、图案方面的基本功都很扎实,又有留学的经历,所以破格推荐我到清华大学营建系做助教,协助林徽因先生从事中国传统工艺美术品的抢救、研究和复兴工作。也正是这一机遇,使我从此走上了工艺美术研究和艺术设计的道路。

在林徽因先生的身边,通过她的言传身教,我更加深了继承民族优良传统的思想宗旨。除了敦煌艺术,中国传统工艺美术也是异彩纷呈。其材料、技艺、图案纹样、文化内涵,都值得好好研究。更重要的是,林先生还提出一个观点,学习传统不仅仅是继承,还要发展出新时代的民族工艺。新时代的设计必须是民族的,也必须是今天的。她主张利用传统的工艺技术,但改进原有的一些功能、造型、装饰主题,将古代宫廷皇家的陈设品转化为日用品,与人民的日常生活结合起来,突出实用性。在林徽因先生的指导下,我们调研当时北京的景泰蓝、雕漆、地毯等工艺美术品类,并从景泰蓝工艺入手,运用景泰蓝技艺,设计新的日常用品,如台灯、盘子、盒子等,应用于现代生活。由于我熟悉敦煌艺术,所以做出了一些以敦煌图案为元素的新的设计,很受林先生的赞赏。1952年,新中国成立之后第一次在北京召开的国际会议——"亚洲及太平洋区域和平会议"。在林徽因先生指导下,我设计的景泰蓝和平鸽装饰盘和同题材的真丝头巾,作为国礼赠送给各国代表。这是具有新的设计主题同时又具有浓郁中华民族艺术特色的设计,体现了时代的进步,也是我从事艺术设计重要的成功开端。

由于全国高等院校院系大调整,1953年我从清华营建系调到中央美术学院的实用美术系。在这一阶段,我作为年轻教师,在老一辈的工艺美术家庞薰琹、雷圭元等先生的指导下,进行中国传统图案的系统学习和临摹整理工作,也开始参与一些国家的设计任务。新中国的建设日新月异,一大批新的建筑拔地而起。作为从事实用美术和图案设计的我,先后参与了北京展览馆、首都剧场的建筑装饰设计。在这些设计实践中,我对建筑工程图、比例、局部装饰与整体的关系有了充分了解,为后来参加"十大建筑"的装饰设计奠定了基础。

1958年,首都北京开始兴建中华人民共和国成立后的第一批"十大建筑"。其包括人民大会堂、历史博物馆、军事博物馆、民族文化宫、钓鱼台国宾馆、中国美术馆、农展馆、北京火车站、北京饭店、民族饭店。奚小彭先生任主要设计负责人。这时，中央工艺美术学院已经成立两年了，我们都是中央工艺美术学院的教师。作为中国唯一一所中央级工艺美术学府的年轻中坚力量，我们以饱满的热情，运用自己艺术专业的能力，积极投身于新中国的建设，心情非常兴奋和激动，也觉得任重道远。我当时被分配在人民大会堂的装饰设计组，也参加了民族文化宫的大门装饰设计。我主要设计了人民大会堂外墙的琉璃花板、须弥座石雕花饰以及人民大会堂宴会厅的天顶装饰，彩画和门楣的装饰等。

高：在这一系列设计中，您为人民大会堂宴会厅天顶做的装饰设计令人印象尤为深刻，装饰纹样具有浓郁的唐代敦煌图案风格，又在造型和色彩上进行了结合整体建筑环境和使用功能需要的创新变化，实为佳作。

常：人民大会堂的建筑和设计都是重要的政治任务，当时是在周总理的亲自指导下完成的。周总理的指示要点我至今还记忆犹新。他要求我们的设计要借鉴民族传统，要探索新中国建筑艺术的新形式和新内容，古为今用，洋为中用。在这样的宗旨下，我以敦煌唐代风格的宝相花为宴会厅天顶装饰的主图形，体现富丽堂皇的民族气派。装饰花纹设计好之后，还要解决装饰性与实际功能结合的问题。当时主管工程设计的是建筑设计院的张镈工程师，在他的提示下，我几易其稿，将中心图案与建筑通风口、照明的位置和实际使用功能巧妙结合起来，最后终于获得了各方面满意的效果。通过这次设计，我总结出设计的重要原则：一是设计的形式是为主题服务的，最符合主题要求的形式和纹样才能实现设计的升华。二是设计的形式要与材料、工艺、功能结合起来才能成功，绝不能仅仅停留在视觉上外在的美观好看。三是设计的实践以及大家共同合作互相配合非常重要。在每一次设计实践中获得的这些经验和总结出的规律对一个设计工作者来说是非常宝贵的。

高：是的，我们在跟随您学习的过程中，也多次聆听您讲述这次设计的过程和心得。直到今天，我自己也从事了一些实际的设计项目，方悟出其中相同的道理。深感您对我们的指教令人受益匪浅。艺术设计是为生活服务的，所以必须达到功能性和审美性的完美结合，达到外在形式和内涵的完美结合。

常： 对的。很高兴我的学生能够继续贯彻设计的宗旨。"民族的、科学的、大众的"设计在任何时代都需要发扬。敦煌艺术的影响几乎贯穿了我每一个时期各种不同品类的设计。民族传统的文脉是现代设计取之不尽用之不竭的源泉。敦煌各类装饰图案的元素和风格都能运用并发展于现代生活所需的各类装饰设计中。敦煌艺术是优美的,其中包含着古代劳动人民的智慧和情感。虽然敦煌艺术反映的是佛教主题,但在表现佛教主题的时候,劳动人民的艺术创造仍然是源于现实生活的,体现了现实生活中的真善美。佛教的教义也是要人们一心向善。所以,敦煌艺术的真善美的本质精神,善的内涵思想,美的艺术形式,体现出的民族风格和气派,都是值得当代设计不断继承和发扬的。当代社会科学技术飞速发展,人们接收到各种丰富的信息,也受到来自西方的各种艺术思潮和文化背景的影响,对艺术作品,对日常生活中的各类产品的要求也越来越高、越来越多元化。但是无论什么时代的设计,一定要坚持真善美的设计思想,设计师要创造真善美。真,就是不浮夸,不做作,本着实用和适度的原则。善,就是在艺术主题和格调上能够体现正向的能量,能够激励人们向上,引发人们美好的情感。美,就是在设计形式上符合形式美法则,构图、造型、色彩安排妥帖、和谐,尺度适度,还要符合科学原理,符合人们的生理和心理需要。中国历代都有许多体现了"真善美"的优秀工艺美术品和艺术作品,这是中华民族的优秀遗产和宝贵财富,一定要好好继承。目前设计界出现的一些哗众取宠、违背实用和审美原则,所做的肤浅、表面甚至丑怪、粗劣、庸俗的设计,我是极其反对的,一定要重新树立正确的设计宗旨和观念。

三、敦煌图案的美与传承

高： 我在跟随您学习的过程中,重点进行了敦煌历代装饰图案的整理和学习。那段学习对我后来的设计工作和教学工作极有益处。学习和研究敦煌图案以及其他中国传统装饰图案,对于现在的设计师和学习设计的学生至关重要,请您在这里给他们强调学习传统图案为什么非常重要,并提出一些学习的方法和建议。

常： 装饰图案在敦煌石窟艺术中具有相当重要的地位,是一个不可缺少的主要组成部分。历代的装饰图案有机而协调地丰富了壁画的主题内容，通过装饰的手法把历代的壁画和彩塑以及整个洞窟装点得更加精彩而完美。历代装饰图案也形成了各自的时代风格和特点，形象地记载了中国装饰艺术的形成、变化与发展。更为重要的是透过各类装饰图案，真实地再现了敦煌艺术一千多年的历程，同时也再现了古代建筑、染织、服饰、佩饰等方面的装饰风格及制作工艺的发展变化，也反映了当时的中国与西域各国通过丝绸之路进行的一系列经济、文化、宗教的交往，反映了中西文化艺术上相互的影响以及融合发展的关系。

20世纪50年代初，当我在清华营建系时，有幸能在著名的建筑大师梁思成先生和林徽因先生的身边，聆听他们对中国建筑以及中国的传统图案的精辟见解，尤其是对敦煌历代图案的赞扬。林先生当时就指出："我们也应该整理出一部中国的历代图案集，我们五千年的文明史，拥有的资料太丰富壮观了……"当时林先生还计划草拟一个中国的历代图案著作提纲。50年代末，当我在中央工艺美术学院染织美术系任教时，我父亲常书鸿也多次提示我，应该结合图案课的教学需要，着手对敦煌图案进行系统的整理研究。他曾在送我一本有关敦煌的书时，附上了一张字条，上面写着："沙娜，不要忘记你是'敦煌人'，最近接到这本书赠你，参考学习！也应该把敦煌的东西渗透一下的时候了！"

为了实现我父亲和林先生的愿望，当年我带领你们几名研究生组成了"中国敦煌历代装饰图案"课题研究小组着手进行这一科研项目的研究。研究内容和方法是将敦煌壁画和彩塑上装饰图案的部分进行系统的搜集整理和分类，根据装饰图案在石窟中所处的不同位置和不同装饰功用，分成若干类别。在每一个类别中又按照历史时代的先后顺序，选择每个时期最为典型和优美的装饰图案，进行整理性的临摹。这种"整理临摹"既不同于完全依照敦煌壁画现状的复制，也不同于凭借想象进行的"复原"，而是在忠于壁画装饰图案原造型和色彩的基础之上，运用图案学的组织构成原理和对敦煌图案的理解，将图案残缺的部分补充完整，再现图案的整体造型、构图和色彩。通过这样的整理临摹，可以更加清晰地看到中国敦煌历代装饰图案的大体面貌和发展演变过程，更易于把握敦煌装饰图案的装饰特征、装饰功能，对于当代设计师、美术工作者在设计创作中运用敦煌图案元素进行现代设计有着非常实际的作用。在临摹的同时，对于每类敦煌图案，还要对其历史文化、艺术特征、装饰效果等方面有深入研究和充分了解，搞清每一类装饰图案的成因、特征、历史演变进程等。

装饰图案在敦煌壁画中虽然只是大型壁画中的局部内容和局部装饰，但却是壁画中不可或缺的组成部分，在装饰功能和装饰效果上颇具特色，通过局部反映出整体敦煌石窟艺术的历史风格与艺术风貌，并具有很强的借鉴与应用价值。例如：头饰图案和供器图案可以给予现代的首饰与器皿设计启发作用；宝座图案和几何图案可供现代的建筑家装、纺织设计借鉴；手姿、动物、树木、云纹等图案则可以成为现代绘画和平面设计的应用元素。

在这里我要特别强调，学习敦煌图案也好，学习其他传统图案也好，通过临摹深入学习的环节是必不可少的。我的少年时代，就是通过仔细临摹敦煌壁画，打下了较为坚实的基本功。电脑工具不能代替手绘，摄影图片资料不能代替亲手临摹获得的艺术感受。

在当代社会，越是标准化、批量化的工业产品占据主体，人们越希望寻找一种能反映自己民族文化语言，有特色、有温度、亲切美好的造型。传统装饰图案可以让人们感受到历史的厚度，感受到感性的温情，更可以通过现代设计形式体现本民族的文化品格，这正是学习传统装饰图案并应用于现代设计的需要。

四、当代设计要继承传统创新发展

高： 当前无论是在设计界还是在高校艺术教育界，都提倡开拓创新。求新、求变、求突破，成为大家追逐的目标。同时，近年来国家也在提倡弘扬传统文化，学习继承传统。在继承传统和创新的关系方面，一向有着种种争论和不同的观点，可以谈谈您对这个问题的一些看法吗？

常： 其实对传统艺术的继承和创新二者要并重，这一点早在我年轻的时候，前辈林徽因先生等就早已提出了。老一辈领导人如周恩来总理也对艺术创新与传统文化的继承提出了要求。新中国工艺美术设计的宗旨是中国要产生新的为人民服务的工艺，必须是民族的、科学的、大众的。民族的指要表现出我们民族风格的伟大的丰富的内容，不要停留在宫廷式的形式。科学的指新图案的设计必须从技术材料出发，设计一定要充分利用技艺和材料上的特点来进行。大众的就是必须照顾到大众所需要的东西，符合大众购买力，生产一些好看的、好用的、省工的、省料的工艺品。我当年跟随林徽因先生所做的对传统工艺研究保护和设计创新工作，就是践行这样的理念。著名的前辈工艺美术教育家、设计家庞薰琹先生在20世纪80年代也写过一篇文章，叫作《传统与创新》，这篇文章里指出："传统与创新看似是两个问题，但其实是一个问题。传统也是在不断变化的，时代在变化，所用材料在变化，器物用途在变化，所以传统也在变化。传统既有民族性又有不同的时代性。没有创新，传统不能生存下去，没有传统，创新就失去了基础。"

中国古代的手工艺技术达到了巧夺天工的程度，古代的能工巧匠给我们留下了无数精美的器物。历代的工艺美术品既体现了不同社会时代物质生活水平，也体现了各个历史时期，社会背景下人们的精神审美境界。中国古代的很多做工精湛的工艺美术品如金银器、玉器、缂丝、景泰蓝是供皇家宫廷专享的，因此选料极其贵重精良，集中了最高超的技艺，主题和形式上也需要符合封建统治者的审美需要。如今，时代变了，这些传统工艺美术品的技艺和部分内容与形式需要作为文化遗产继承和保护，但服务对象和功能都有巨大的变化。譬如过去皇家宫廷里的用品如今成为现代生活中的陈设品、装饰品，供人欣赏与收藏。因此，现代工艺美术的设计与开发，一方面要传承古老精湛的手工技艺，另一方面要开发新的主题，形成新时代的格调，符合当代生活的需要，既不能亦步亦趋地复制古代的作品，也不能抛开传统盲目"创新"。

在这里我要特别强调图案设计的重要性。传统工艺美术产品在现代要有创新发展，就要在图案设计上更下功夫。图案的主题、形式、构成、色彩以及传达出来的艺术审美格调和艺术文化内涵，是一件作品艺术水准的决定性因素。要使当代设计作品具有浓厚的传统风格和文化底蕴，就要深入了解传统图案的造型特点和规律，才能在设计中熟练运用而非生搬硬套。在设计中，一方面要在一定程度上保持传统图案造型、色彩上的原貌，另一方面要在此基础上进行归纳、简化或是延伸、丰富。例如，在图案造型上运用了传统，色彩上就不拘泥于传统而是进行归纳、简化使之更具现代感。设计过程中要紧密结合材质和工艺特点进行设计。在注意表现图案的形式美的同时，更要注意发扬图案中所包藏蕴涵的文化内涵，将中国传统图案中的优美主题寓意引入现代设计，取其精华，去其糟粕，使之再现于现代生活，同时使产品具有更多的"文化附加值"，提高产品的档次。

我认为中国当前的艺术设计要坚持反映真善美。设计风格要具有民族性，体现中国传统文化精神；设计理念和设计方法要符合美的规律；设计要服务于广大群众的衣食住行，能够被大众所接受和喜爱，而不是一味地体现标新立异的所谓个性、时尚，忽视设计的基本审美、原则和精神。

转瞬间，我已80多岁了，但我一直铭记着父亲常书鸿和先生林徽因对我的教诲与期望，他们希望我能结合图案课的教学需要和现代设计应用的需要，对敦煌图案进行系统的整理研究，希望我能整理出一部中国的历代图案集和历代图案著作，并且"是把敦煌的东西渗透一下的时候了"。我这样去做了，也履行了我对前辈的承诺。但是敦煌图案的研究和继承工作，还仅仅是一个开始，绝不是结束。我把同样的教诲和期望，给予和寄托在年轻一代，希望更多的年轻学者、设计师、艺术家、学子们，能够继续前行，继续努力，做出更多的成绩。随着我们的国家对传统文化传承的逐步重视，文物保护法律、法规、政策的不断完善，国民素质的进一步提高，相信会有越来越多的有识之士将脚踏实地、扎扎实实地投身于对敦煌艺术的保护、研究、学习与弘扬工作之中。通过一代又一代人的继承和发扬，中华民族文化会在未来更加辉煌强盛。

访后跋语：

作为常沙娜先生所收的最后一届研究生，我非常幸运能够追随先生，一步一步走入专业领域，在先生的指导下，系统研究敦煌装饰图案，并学习将敦煌图案应用到现代设计中。常沙娜先生既有深厚的艺术学养，又有敏锐的艺术感受。她既是敦煌艺术的研究传承者，又是中国现代设计发展的亲历者和实践者，为中国现代艺术设计教育殚精竭虑，做出了卓越的贡献。先生的敦煌临摹和花卉写生绘画作品，充满灵动的气韵，体现出传统艺术的端庄古雅和自然之美的盎然生机。先生的设计作品，是新中国设计艺术的力作，成为中国设计史中的重要组成部分。常沙娜先生不仅坚持艺术设计的"真善美"，在人格修养和生活态度上也坚持"真善美"。由于我对先生的熟悉和敬爱，又承蒙《中国文艺评论》杂志的信任，我承担了这次对常沙娜先生的采访任务。在此特别感谢常沙娜先生对我的教导，对本次采访的大力支持。然而纸短情长，千言难尽。囿于我的能力，本文呈现的只是常沙娜先生学术成就、思想、贡献等的粗略概况。唯愿读者能够通过这篇访谈，理解先生对中国传统艺术的深深热爱，领会先生对后辈艺术从业者的殷殷期待，沿着前辈指引的道路，为弘扬中国传统文化，发展中国设计艺术做出自己的贡献。

原载于《中国文艺评论》2018年第11期。

传道解惑 永不知足
——访书画家、美术教育家孙其峰

雒三桂*

1920年生，山东招远人。美术家、美术教育家、书法篆刻家，自幼习画，从事绘画事业89年，从事美术教育事业70年。1978年国家画院筹备委员会成员、中国画研究院院部委员、天津市政协常委、国家第一批享受国务院政府津贴的终身教授，现为天津美术学院顾问、中国美术家协会理事、中国书法家协会理事、天津美术家协会名誉主席、天津中国画研究会会长。集四个终身成就奖于一身：中国美术奖终身成就奖、中国书法兰亭奖终身成就奖、造型表演艺术终身成就奖、天津美术学院美术教育终身成就奖。孙其峰先生一直在天津美术学院从事教学工作，曾任天津美术学院院长，是天津美术教育的奠基人。他潜心教学生画画，更重视教学生做人，成为我国杰出的美术教育家。孙其峰先生是中国画领域杰出的美术教育家、花鸟画家，在山水画和书法艺术上也取得了卓越的成就。孙其峰先生绘画、书法、篆刻均能活用传统，参酌造化，融汇百家，自成一格，格调高雅，书卷气浓，且精研理法，长于著述。

* 采访人单位：重庆大学艺术学院。

一、中国画的精神源头

雒三桂（以下简称"雒"）：先生您好！感谢您抽出时间接受我的访谈。我想先和您谈谈艺术的本体问题。科学与艺术，是今天人们经常谈论的问题。我在重庆大学艺术学院，最想做的事情就是推动艺术学院与其他工科学院的学术交叉，实现科学与艺术的结合。您如何看待科学与艺术的关系？

孙其峰（以下简称"孙"）：从"五四运动"以来，"科学"二字日渐深入中国人的心灵。但中国是一个崇尚艺术的国度，由于汉字和语言的原因，中国人的艺术思维能力远超科学思维能力。但艺术与科学是思维的两极。科学求真，不能任意；艺术重在求美，却需要以意为之。画中国画就是以意为之，不能用科学的标准来要求。西方人的思维方式与我们不一样，画画总是用科学的思维处理，讲究解剖学、透视学、色彩学等。这些都是我们中国人不重视的。中国人并非真的不懂，而是认为艺术是从于"心"的东西。我们的"心"，即大脑，才是艺术的真正管理者。扬雄说"书，心画也"。艺术是发自灵性的东西，不能用科学的标准来衡量。

雒：那中国绘画与自然就没有关系了吗？

孙：当然不是。自然是中国画家重要的取材对象。虽然中国画并不以真实描摹自然为目的，但绘画的技法却需要合于物理，即不能违背基本的自然事物之理。比如画老虎就必须像老虎，不能将老虎画成狗。宋代艺术家就非常讲究绘画与物理之间的关系。比如：苏轼就曾说物无常形而有常理；沈括曾讨论过绘画中的透视问题；韩非子曾经说画鬼神容易，画狗马难，因为鬼神无常形，谁也没见过，可以凭想象随意画，画狗马却难，因为人人都知道狗马长什么样子，画得不像别人就立刻会给你指出来。我们今天画画，也应该遵循这个道理。比如画鸟，无论是小写意还是大写意，总之都要像鸟。写意虽然不能像工笔那样仔细描摹，却要能够撷取对象的精神气韵，无论怎样变形夸张，都不能离开鸟的形体。

雒： 在古人的作品中，我们却可以见到一些违背自然物理的画作，譬如王维的画。

孙： 中国画是"尽意"，除了形象的要求，画的素材可以比较随意地搭配。比如王维画雪中芭蕉，就比较随意。过去人们不理解，可能是因为画画的绝大多数都是北方人，没见过。但南方冬天却可以看到这种情景。王维这样画，很多北方人就不理解。

雒： 一个民族绘画风格特征的形成往往是基于其艺术哲学，中国绘画就非常讲究哲学。您对这个问题怎么看？

孙： 中国绘画确实充满了哲学思辨，用这些哲学思辨创作出来的作品又是符合人类的审美规律的。比如人们常说的"计白当黑"，其实就是黑白双色的对立统一问题。白色，即没有用墨画到的地方，在中国画中就是绘画的一部分，不可或缺。我们画雪竹，就要以有画无，借地为雪，那些白色恰恰就可以用来表现白雪。有的人画雪竹，外边用墨染，里边涂白粉，粉墨相杂，满纸狼藉，哪里还有雪竹的清雅？这就是不懂得计白当黑的道理。所以，计白当黑就是有笔墨处是画，无笔墨处也是画，有无相发，虚实相生，让观众但觉处处是画，感觉不到纸的存在。

所以，中国画的"黑""白"二字不是指两种颜色而说的，"黑""白"在中国画论中不是指具体的什么事物，它是"形而上"的，不要把它看作"形而下"的，要从哲学的高度去理解它。

又比如画花，有"圆非无缺"的说法，意思是说画圆形的花头不要画得像十五的月亮那样圆满无缺，要留一点缺口才好看，这就是辩证法，是圆与不圆的对立统一。像这种辩证法在书论和画论中俯拾即是，如"方中寓圆""柔中有刚""寓刚健于婀娜""实中有虚""虚中有实"，治印的时候要"偏者正之，正者偏之""整者碎之，碎者整之""密中求疏""疏中求密""聚处有散""散中有聚"等等，数不胜数。

此外还有虚实问题。"虚"与"实"是中国画中最重要的一对矛盾。"实"是矛盾的主要方面，但如果把握不好分寸，实得过了"当"，或者把"虚"取消，就不成其为画了。今天有许多人画画不懂得这个道理，整张纸涂满，让人看着喘不过气来，甚至感到是黑纸一张，这就是没有把握好虚实的"当"，即度。

虚与实是高度抽象的，是中国艺术哲学的一个重要方面。这种相反相成的概念不仅在绘画中要运用得当，在兵家、医家即中医的理论体系中也同样十分重要。与此相联系的，还有强与弱、明与暗、多与少、有与无、疏与密、聚与散等，这些矛盾对立的方面要把握好，要达到对立统一，达到均衡，符合人的审美规律。如果有一方过了"度"，就会失衡，就不会是一件好作品。

因此，中国绘画最难处理的就是这些相反相成的关系。除了以上概念，还有用笔上的往来、逆顺、中锋侧锋、转折、提按、方圆、强弱，用墨上的浓淡、干湿，构图上的宾主、开合、纵横、平奇、繁简，处理上的争让、泄堵、虚实、清浑、有无、多少、轻重，色彩上的厚薄、浓淡等。这些东西无一不是相反相成的。所谓相反相成，即是让相反的东西相互成全。这是一种哲学的境界，中国古人认识得十分清楚。

还有否定之否定的问题。孙过庭在《书谱》中谈到书法的学习时曾经说："至如初学分布，但求平正；既知平正，务追险绝；既能险绝，复归平正。初谓未及，中则过之，后乃通会。通会之际，人书俱老。"这些话用到绘画上也同样适用。"平正"到"险绝"，再回到"平正"，就如画画从"无法"到"有法"，再到"无法"。从简到繁，再"削繁成简"，从"绚烂之极"而"复归平淡"，等等，都是艺术上从低级到高级的过程，这个过程符合哲学上"否定之否定"的道理。

雒：您真是把哲学用活了。形与神的问题是中国古代绘画理论与实践中十分重要的问题，古人对此有很多精辟的论述，今天的画家反而有很多人不太清楚。您怎么看？

孙："形"与"神"的问题古人的确有很多论述，而且十分精彩。在具体的绘画当中，古人最强调的就是形神兼备，无论是人物画，还是花鸟画都是如此。谢赫讲"六法"，其核心问题就是形神问题。"气韵生动"和"骨法用笔",一重神,一重形,缺一不可。古人很早就把形与神的问题当作对立统一的两个矛盾方面来看待,他们既指出了形与神的对立关系,也肯定了二者的统一关系,所谓"形神兼备""形神备赅",就是这种对立统一关系的简要概括。

对人来说,形与神分离就意味着死亡,绘画则有所不同。"形神兼备"者有之,"有形无神"者有之,"形虽稍逊而神气十足"者亦有之。至于"不似而似""物外得似",是取得了更大程度的神似,更无可厚非。那种认为形具而神自备的说法是比较机械的。我曾将民间成语"貌合神离,似是而非"八个字戏反其意为"貌离神合,似非而是",用来讨论写意绘画,而且自己觉得和古人的"遗形得神""离象而求"诸语有相合之处。写意画贵在不求形似,也不离形似。所谓不求形似,并非置形似于不顾,是对形似不要斤斤计较。唯不斤斤于形似,乃能物外得似,遗形取神。

说得再通俗一点,就像做人。做人处世不可以打马虎眼,但画写意画却可以打马虎眼。例如远处某个看不清的景物,你想要"认真"刻画清楚,就会失真,最好用打马虎眼的方法处理。中国古人就非常懂得这一点。无论山水画还是写意的花鸟绘画都是如此。

二、中国画要在传承上下功夫

雒:今天有许多画家不愿意在继承传统上下功夫,任意涂抹,却鼓吹自己是所谓的"创新",鼓吹只有创新才有价值。您怎么看?

孙:新的东西不见得一定是好的。艾滋病、SARS都是新的,但很可恶。搞点与别人不同的新面目并非难事,关键是要有内涵,要体现真善美。另外,所有新的东西都会变成旧的,所有好的东西却不会转化成坏的。"好"的标准虽然会随着时间发生一些变化,但"好""坏"总是有区别的。《兰亭序》是旧的,却是好的。比王羲之晚的人写了很多"新"的,却大都被淘汰了。艺术既要新,又要好。如果不能同时都要,那就要那个好的,别要那个新的。

雒:您的金玉良言不知道能有多少人听懂。下边我想请您说说继承与借鉴的问题。中国绘画已经有数千年的历史,是一笔巨大的财富。有财富本是好事,在一些人眼里却成了负担,一心想把它甩掉。尤其是近代以来,由于中国在科技和经济上落后于西方，许多人以为中国的艺术也落后于西方。油画是从西方传入的，向西方学习倒是可以理解，不向西方学习也不可能画好油画。但中国传统绘画却是中国文化的一部分，无论继承还是创新，都应该站在中国文化的角度来处理。但今天却有很多人不努力继承中国传统绘画，主张在中国画中融入西方绘画，搞出许多莫名其妙的理论，实践上也是奇闻迭出，一片混乱。对此您怎么看？

孙： 中国绘画已经发展了几千年，这在全世界都是独一无二的。今天我们要想让中国画充满生机，就必须很好地继承中国绘画传统。离开传统的艺术是无根之木。当然，我们不能只是继承，还需要创新，只是这种创新首先应该建立在对传统的充分继承基础之上。没有创新的艺术是不流之水，会失去生命力。事实上，继承与创新都是自然发生的。中国几千年的绘画史，既是一部传统发展史，同时也是一部艺术创新史。传统好比盖房子打地基，新房子盖好了它就看不见了。但盖房子少不了它。楼盖得越高，地基就越需要打得厚实，不然新楼也会倒塌。

有人主张废弃传统，这是十分好笑的。人打生下来就处在传统的包围之中，不是你想废弃就能废弃的，你只能在传统的基础上研究如何把事情办得更好。就像体育比赛的时候跑接力，接棒的人只能向前快跑，绝不可能原地不动，更不能不承认前面跑棒的事实而回到起点另行开跑。在运动场上我们见不到这样的事，但在艺术的竞技场上却的的确确存在这种人。他们是虚无主义者。当然，那些接了棒坐在地上不跑的人也不值得关注，他们是彻彻底底的保守派。

雒： 到底应该怎样处理传统技法与创新之间的关系呢？

孙： 对传统技法应该辩证地看待。传统技法既可以成为推陈出新的基础，也可能成为推陈出新的障碍，关键是你如何对待它。我们认真研究传统、继承传统，不单单是为了将它们传承下来而不加以改造。研究、继承传统是为了打好创新的基础。如果仅仅是继承，就没有太大的意义了。

继承传统还要讲求方法，要去粗取精，参酌造化，得意忘形，自成一个，不与人同。这样去继承才真正有意义。传统是"旧"，创新是"新"，旧的不一定不好，新的不一定好，学习绘画的人必须把"新""旧"之间的关系和

"好""坏"之间的关系搞清楚。总体来说，凡是好的艺术，一定包括了新的东西在其中。现代人画古代画，过于守旧，怎么看也不能算好。而有的人强调"新"过了头，认为只要是新的就是好的。事实上，新的当中有好的，也有坏的。反过来讲，旧的当中同样有好有坏。历史证明，凡是坏的，都要被淘汰。一切新的东西也必须经过历史的检验。新的东西过一段时间都会转化成旧的，但一切好的东西却不会随着时间的延伸而变成坏的。所以，对画家来说，首要的问题应该是好的，片面强调"新"是不对的。没有了对传统技法的继承，这种"新"是靠不住的。

对年纪大的画家而言，人老了，用笔有一套固定的手法，构图有一套固定的程式，造型也有一套自己的习惯，审美上更是有自己的习惯和套路，这些东西都会成为自己求新的枷锁。锐意求新的人必须知道，除了死守传统的枷锁，还有自产自用、死守自己套路的枷锁。不冲破这些枷锁，创新就会受到限制。

三、正确处理西画和中国画的关系及写生的作用

雒：近一百多年来，西方文化对中国文化产生了巨大影响，绘画领域尤其如此。在对待西方文化艺术的问题上也一直存在着争鸣。您怎么看？

孙：中国文化受到西方文化影响不可避免，问题是应当怎样正确处理。外国好的东西，我们不应当排斥。但艺术上的接受与工业上的接受是不同的。工业上的接受可以照搬，原样拿来，就像没有儿子的人可以让自己的侄子过继过来一样。艺术却不能这样"过继"，它至少应当是混血儿，有你自己的基因才可以。

西洋画对中国画产生过影响，但中国画对西洋画也产生过影响，这种影响主要不是技法上的影响，而是中国画哲学的影响。想象一下画家与上帝的关系。西洋画家从来都是老老实实地做上帝的忠实儿子，中国画家则不然，打根儿上就没有当过上帝的儿子，更不用说忠实了。如果要说中国画家当过什么，就是当过"上帝"的老子，而且一直都是。西洋画家直到19世纪才开始觉悟，比如塞尚、马蒂斯、毕加索等，他们接受了中国艺术思想的影响，开始当"上帝"的老子了。

可是，现在有些学校对西洋文化的重视过了头。你喝牛奶，只是为了让身体更健康，你不能变成牛，不能长牛犄角。现在许多人虽然没有变成牛，长了牛毛的却不少。比如报考中国画专业的学生，要求他们考素描，却不考书法。如果在外国，他们的学生考油画专业，要他们加考中国画，那不是笑话吗？考中国画专业的学生却要求他们考素描，完全依靠素描成绩来选拔，大错特错！

另外，我不大赞成太前卫。现在我们的状况好比一个枣核，一头是纯保守派，另一头是纯前卫派，我是在中间。我在思想上倾向改革的多一些，但在实践和认识上有一定的距离。如果画一条中间线，我的实际行动是在线的后面，思想则是在线的前边一点，距离不是太远。当然我们也不能太保守，而应该兼容并蓄。我上学的时候，就没有听进"南北宗论"那一套。我画南宗，但同样喜欢北宗。在学书上我也没有片面地去崇碑或崇帖，凡是好的我都喜欢。我的这一态度始终没变，一直延续到现在，我把这种态度叫作"见好就收"。

西洋绘画当然有许多东西可以借鉴。比如画鸟，就可以借鉴西洋绘画中的造型原理。我早年的老师都是重视传统的画家，教我打下了比较坚实的传统基础。上北平艺专的头一年，接触的还是传统的。徐悲鸿校长一来，就换了一套教学方法，试图用西画改造中国画。但我原来的那一套东西已经比较牢固了，不是上一堂课两堂课就可以改变的。不过，我很快就接受了徐先生重写生、重造型的教导，强化了造型训练，提高了造型能力。兼学中西，择善而取，大大受益。因此，不是不能学，关键是怎样学！

雒：今天有许多画家非常重视写生，耗费了大量时间，甚至有以写生取代创作的倾向，却很少花时间研究传统。对这个问题您怎么看？

孙：学画不外三个源泉：一是师造化，二是师古人，三是发心源。师造化是总根子，是第一手的东西。师古人是第二手的，古人也是师造化出来的。传统的东西有造化的因素，也有发心源（主观）的东西。发心源就是发挥自己的主观能动性，这是起主导作用的一条。造化本身不是艺术，只是创造艺术品的素材。师造化不是克隆大自然，而是经过发心源的创造。笔墨、构图、设色等不是只从师造化来的，也是从师古人来的。艺术家必须善于中发心源，善发心源的人才能在师造化中不囿于造化,自出手眼,也才能师古人而不困于古人,自成一格。

我刚开始学画的时候,只知道临摹古人,亦步亦趋,以全似为能事,不敢离开古人半步。后来到北平艺专读书,遇到恩师徐悲鸿先生,先生教我们以写生之法。但时间久了,总是规于形似物象,谨守物理,不敢自运,也产生了很多问题。直到70岁以后,才逐渐懂得中发心源的重要与真谛,不再囿于古人、困于造化,逐渐把目标转移到感觉的捕捉、美学追求与情感的宣泄上来。这是从写实到写意的变化,也是从师造化到发心源的转变,我自己认为这是一个进步。

不仅学画要师造化,学书法也要师造化,只是二者师造化的方式方法不同,师取的重点也不相同。画家师造化是形神兼得,书法家师造化是"得意忘形"。如果说画家师造化更多地注意"形而下"的方面,书法家师造化则主要关注"形而上"的东西,即所谓的"观道"。二者有同有异。高水平的画家与书法家都离不开对"道"的理解,这是书画艺术更深层次的哲学层面上的理解。

雏: 您的画既有深厚的古代传统,又有鲜明的个性风貌,能不能谈谈您在师古人与师造化上的经验?

孙: 我学画枯枝是从临摹古人开始的。有了一定的基础以后,就在师造化上下功夫。用笔则是从书法得来。师古人与师造化使我打下了比较坚实的基础,书法功底又使我有条件探求画树的笔墨,这样我就可以比较轻松地用草法或楷法来画树枝。在我的全部绘画技法中,最熟练的应该算是画树枝了,老同道称是,是因为有传统,有书法的意味,年轻的同道也认同,大概是因为我师造化、讲造型的原因吧。

我小时候曾得到舅父王友石先生的《我师造化室画存》一册,非常喜爱舅父所画的玉兰花,心记手摹,习学不已,却总感觉学不像。后来到北平艺专读书,见到陈白阳画的玉兰小幅,反复临习,颇有所得。遇到徐悲鸿先生之后,先生教我们写生之法,所以转向师法造化。后来在画玉兰的时候,参以陈老莲的笔法,取得了一点进步。学画竹子也是如此。少年的时候学画竹子,总是以古人的竹谱为范本,亦步亦趋,不敢自出手眼。年纪大了,渐渐知道自运心源，不复耽于造化和古人了。我在招远的归园住的时候，有一年冬天下大雪，窗前翠竹被大雪掩盖，银梢低垂，像有意点白一般，为传统画本所无。见此情景，信手拈笔写取数枝，画好之后，悬挂起来观赏，觉得有古人未发之处。这样的师造化就不再囿于古人，可以让人进步。

我的归园中还有几株玫瑰，每到暮春之际，花满枝头，十分好看，总想为之写照，但总是觉得自然生长的玫瑰姿态并不算太好，不堪入画。观之既久，渐悟其理，乃自发心源，去取损益不再斤斤于形似，但求神遇，乃能如意。因此，绘画作品，无论是笔墨、造型、色彩、构图等方面，都有造化所没有的东西，绘画毕竟是绘画。同样，在自然造化之中，也可以看到绘画作品中所没有的东西。前者是画家中发心源的结果，而"心源"是无限的；后者是因为造化无限。画家既要不断地开发"心源"，也要不断地从造化中汲取，两者都不可或缺。

70岁以后，我画画的"草法"用笔多了起来。回想过去的绘画，大半用的是"楷法"。但80岁之前，我在造型上过分"尊重"造化，80岁以后才真正敢于"自作主张"。能"自作主张"，就近于古人所说的"中得心源"了。艺术来源于生活，但必须高于生活，甚至要充满想象。京剧程式的创造当然来源于生活，但很多程式并没有什么生活的依据，如激烈武打中的亮相，在生活中是绝对没有的，这是超越生活的艺术创造，是符合艺术规律的，给京剧增添了不少色彩，得到了观众的普遍承认与欣赏。如果我们从京剧等传统艺术中删掉那些不写实的、讲究形式美的东西，会发现剩下的"写实"的东西很少。正因为中国传统戏剧敢于不写实，敢于虚拟，敢于夸张，才会那样精粹，才会那样完美。所以，搞书画的人不妨多抽时间看看京剧、昆曲、川剧等中国传统戏剧，来冲洗一下自己脑中追求纯粹写实的灰尘。书画艺术的创造也应充满这样的想象力！

雒： 您能不能谈谈对写生的具体理解？

孙： 古代人所说的"写生"一词，是说要写出对象的"生机""生意""生气"，表现出对象的生命活力，这种思想与西方绘画对"写生"的理解是不一样的。古代山水画家的创作都是在室内进行，如黄公望那样"囊纸笔"偶然画一树一石的速写式记录的画家是极少数。古人"写生"非常强调

"目击心传",就是多观看,多体察,直到"闭目如在眼前""下笔如在腕底"的程度,对自然万象的变化了然于胸,同时又能熟练地在笔下表现出来。先到自然的真山真水中去看,再回到画室去画,画了再出去看,往返交替,反复进行,不断深入。今天我们画中国画,如果要写生的话,依然可以这样。但单纯依靠记忆默写也不行。因为单纯依靠记忆默写,一些不必要的细节会从记忆中排除,但一些必要的东西也可能被遗忘。另外,单纯依靠记忆默写容易助长表现方法上的概念化。由于没有对象的限制,失去了新鲜感,画家容易用自己熟悉的方法去套,而不是从对象出发选择合适的画法。有些画家虽然走了万里路,看了无数的真山真水,在动笔画的时候却仍然重复自己所熟悉的老一套东西。这种画法是不可取的。

最好的写生方法不应该像开矿一样,不管好坏,先把矿石挖回来再遴选,而应该像炼金一样,只选有金子的矿石。关键是写生的时候要能够看到"金子",有所挑拣,这样才能少炼一些无用的石头。

写生的时候,不光要注意对象的形体,更要注意对象的神态,要用自己的"心源"去对对象加以改造,使对象在你的画中变得更加美好。完全照搬对象的姿态没有太大的意义。

山水画家面对真山真水写生是一个进步现象,这种方法有利于深入刻画对象,还能推动画家不断探索新的表现手法。即使运用已有的传统技法,也能在描绘真山真水的过程中有所改进,有所变化。但做到这一点不容易。因为山水画讲究"洗练",讲究"意境",这就要求画家在写生的时候有所取舍,融入感情,想象创造。也就是说,要求画家要有炼金的本领,单纯地对景写实肯定不能胜任。一般的写生山水画"敢取不敢舍""敢实不敢虚""能繁不能简"的现象非常常见,其原因就在这里。长期安于对景写实,就会不自觉地失去了自己的主观能动性,掉进自然主义的泥淖,也根本谈不上"中得心源"了。

因此,实景写生和传统的"目击心传"应当分阶段使用或交互使用,以互济其短。通过实景写生不断地从自然对象中吸取营养,通过"目击心传"加以消化,逐渐摆脱对象的束缚。写生而能神似,就进入了创作的范畴。

四、天才和勤奋的关系

雒：今天的中国画坛从表面上看十分繁荣，画家成千上万，数不胜数，但好画家却非常之少。而且自古以来中国人就十分重视画家的个人天分，认为没有天分的人不适合从事绘画。今天却无论什么人都在画画，而且很多人也非常勤奋。对此您怎么看？

孙：天才与勤奋对于艺术创造来说是非常重要的。如果是一些有智障的人，再勤奋也不可能成为好艺术家。反过来说，如果徒有天分，却没有勤奋，也是白搭。天赋是与生俱来的，不由个人做主，勤奋却可以自主由人。勤奋的人能够步步提高，在一定的条件下能起到决定性的作用，但绝对不能说只要勤奋就人人都能成艺术家。过分强调天分，或过分强调勤奋，都违反了事物发展的规律。

人们常常把画家分成"天才型"或"勤奋型"两大类，事实上这种区分并不准确。有成就的大家表面上看很有天赋，下苦功的时候往往别人看不见。如果有人问我是属于哪个类型，我会立刻回答他："我是勤奋型。"我还可以告诉他："上帝给我的时间，我一分钟都没有还给他。"因为我知道，凡是有成就的大书画家，都走着自己特殊的艺术之路，各个不同，但有一点是共同的，那就是勤奋不已！画家只能靠自己的辛勤劳动才能成为好画家，靠别人吹捧，靠名人提拔都不行。孙过庭在《书谱》里曾提到一种人"身谢道衰"，活着的时候名气很大，去世之后默默无闻，大概就是指那些没有真才实学、靠人提拉和吹捧的人。现在还流行自封"大师"，或者把平庸包装成"天才"，这些都是市场行为。"大师""天才"满天飞，岂不可笑？一个画画的人制定自己的奋斗目标，最好是干巴巴的两个字：画家。切不可与"亿万富翁""名人""达官贵人"等粘连。当然，做到这一点非常难。

我教书几十年，因为工作、教学占去了大部分时间，因此想画画只能见缝插针，有一点空就动笔画画。哪怕是极短的三五分钟，也要画速写，画默写，记笔记。所以，我是一个以零星时间"起家"的业余画家。别人说我重业务、轻政治，虽然不太符合事实，也不是没有原因。我平时不看电影，不聊天，下棋、打扑克等娱乐活动也没有我的份儿。我曾经写过一个印稿，叫

"知足，知不足，不知足"，还自拟边款说："吾自奉、自省、自修，每以此八字为座右铭。知足，知不足，古人闲章已有之。以知不足自律者，我其为滥觞者欤？"我这几十年就是这样过来的。我知足，又不知足，复知不足，有人不理解。我说：我生活上知足，治学求是则总是不知足。年已耄耋，每恨腹中空空，所以又说"知不足"。我曾经写过一个座右铭："生活上得过且过，治学上贪得无厌。"虽然是玩笑话，却较大程度上道出了我的人生哲学。

人老了，画也会发生变化，变粗了，变简了，变荒率了，也有的变得更精彩了。近些年，我调整心态，主动和衰老抗争，每作一画，都用心改进，觉得自己还有进步的空间。我从前画喜鹊、斑鸠，都不画飞着的，怕画不好。后来我下狠心画飞的斑鸠、喜鹊，一口气画上百张，既画速写、默写，也参考别人的佳作，结果我画的喜鹊、斑鸠都飞了起来，连近似的其他鸟也飞了起来。89 岁那年，我托人买了一本怀素的《自叙帖》，用来慢慢欣赏临摹。算起来，我已经有 60 多年没有认真与这部名帖打交道了。二十几岁的时候学《自叙帖》，只是在"形而下"的层面上打转转，深入不进去。如今老了，才有了些"形而上"的体悟。有人问我怎么评价自己？我说：囿于古，病于朽，困于形，笔胜于墨，法多于情。所幸者自己尚有此一点自知之明。

雒：您老人家如此成就尚且如此谦虚。可我们看到社会上有不少年轻画家既不愿意好好下功夫画画，稍有所成就目空一切，让人十分费解。您怎么看？

孙：少年人应该很好地向年长的人学习。年长的人实践底子比较丰厚，他们的经验可以让年轻人少走弯路。除了向年长的人学习，还应该注意向同辈人学习。古人很强调师、友的作用，这个"友"就指同辈的人。有人不愿意向同辈人学习，放不下架子，是很有害的。

我见过一些"可造之才"，由于出名较早，就飘飘然端起旷世大家的样子，不再向人学习了，不用说向同辈的人学，就是老一辈也同样不放在眼里，我十分替他惋惜。我在青年时代，只注意向老一辈学习，到了中年以后渐渐知道向同辈人学习了。老了，慢慢感到自己落后了，又开始注意向年轻人学习。总能向别人学习是一件十分快乐的事情。

有较长一段时间，我盲目崇拜权威，尤其是对那些政治上、艺术上的权威更加崇拜。随着年龄的增长、认识的深化,发现权威的话也和普通人一样,也会有错,他们的认识也有一个从低到高、不断提高、不断丰富、不断纠正的过程。比如:米芾就曾说颜真卿的书法是"恶札之祖";马宗霍先生学问很深,曾说吴昌硕的书法是用画藤蔓的笔法写出来的,村气满纸;鲁迅先生对中医、京剧等也发表过一些不当的看法。人的认识有高下,但都会受到历史的局限。权威应当尊重,但不能盲目崇拜。但换一个角度讲,权威既然被别人认定为权威,就一定有自己过人的长处,有自己独特的成就,我们要学习他们的长处,研究他们的成就,这才是正确的态度。

取得一点成就就轻狂,认为谁画得都不如自己,这样的人必然失败。认为谁画得都比自己强、比自己好,这种人也注定要失败。前者是自大,后者是自卑,自大和自卑是一件事物的两个方面:遇到比自己高的就自卑,遇到比自己差的就自大。两者都不可取。

五、艺术风格的形成和创新

雒:现在的画家喜欢谈创新,总喜欢拿"风格"说事。您怎么看这个问题?

孙:风格这东西是自然形成的,不必要刻意而求,美更重要。画家有自己的艺术风格固然重要,面貌是有了,可如果是个丑八怪,这种个人面貌又有什么用呢?画家通过自己的作品带给欣赏者的应该是享受,而不应是难受。而且,个人风格并不是一切,还有其他更为重要的东西。譬如说作品的质量就更为重要。历史是最无情的,不会允许坏画流传下来,不管它有没有个人风格。因此,不要老拿风格说事。

说这些并不是不重视风格,而是说不要总盯着风格的事情。只要按照自己的感觉去画,就一定会有自己的风格。

当然,我个人总是鼓励创新,这并不容易。没有基础的创新不会得到人们的认可,有基础的创新有时候也难免被人批评。新风格的作品必然有不完善的地方,再加上人们欣赏习惯的惰性,其不免会受到一些指责,这不可怕。可怕的倒是那些安于现状、盲目崇拜、拒绝新风格的态度。不完善可以改进,不习惯可以等待。以前的"扬州八怪"之所以被称为"怪",就是因为他们的画风与当时流行的画风不合，但现在已经没有人认为他们的画风"怪"了。

此外，画家不能老是重复自己。画家的风格相对稳定是必要的，但长久的稳定就意味着在艺术上停滞不前。有的人画画几十年，一直是老样子。我在一个相当长的时期也犯过这种毛病。这是一种印刷机式的重复，理论家们批评这种重复是应该的。可有一种"重复"不应该批评，就是每每重复，每每提高。如齐白石画虾、徐悲鸿画马、黄胄画驴等，都属于这种不断提高的"重复"。

雒： 就各种艺术风格而言，您最喜欢哪种风格？

孙： 我比较喜欢朴拙。"拙"的风格在古今的艺术作品中都可以看到，如石涛、八大等，都是以浑拙、朴拙见长的。近人潘天寿先生的花鸟、李可染的山水，乃至华君武的漫画，都巧妙地继承了传统艺术中的"拙"，是"拙"的新发展。齐白石先生的用笔和造型都很讲究用"拙"，他画葡萄、牵牛花、葫芦等蔓生植物的叶子，只用两三笔直抹而成，根本不追求任何用笔上的花招或巧劲，效果却很好。在传统艺术中，"古""朴""质""浑""重"等概念都与"拙"有共通之处。"浑"和"朴"都指原始的没有经过加工的状态，这种意象当然是"古"的。"质"与"妍"是相对的，也指未经雕琢的本来面目，与"拙"也有近似的地方。"重"和"深""厚""大"等概念在艺术术语里很相近。"重"的对立面是"轻"，"轻"经常与"巧"结合，"重"自然就和"拙"相近了。当然，所谓的"古""朴""质""拙""浑"都是风格的某种形容，并非其可能的真正的原始状态。"古""朴""质""浑""重"等既然与"拙"有共同点，审美风格相近，所以也经常与"拙"相结合，构成"古拙""朴拙""质拙""浑拙""重拙"等一系列艺术风格。

为什么人们都喜欢"朴拙"这种艺术风格？因为"朴"是一种自然、原始的状态，没有人工的做作之气。如果我们从人们喜欢"朴拙"的反面来推敲一下，就会发现很多人们反感的"不自然""做作""有意作态"，有过多的经营痕迹，矫揉造作，雕琢过甚，都是应该反对的。人们反对的，就是"不朴"！

雒： 写得拙，画得拙，是不是因为书画家比较"笨"呢？

孙： 当然不是。艺术上的"拙"既不意味着技术上的无能，也不意味着风格的低劣。应该说，"拙"是一种艺术风格的美。如果从表现技巧的角度看，也可以把"拙"看成"巧"的另一种形式。艺术上的所谓"拙"与通常所说的"拙劣""笨拙""陋拙"之"拙"是毫不相干的两回事。说爱"拙"是文人们在美学上的一种偏见，这种说法本身倒真正是一种不符合事实的偏见。只要从实际出发，你就会发现，在许多民间艺术中，"拙"的风格是普遍存在的。且不说具有浓厚朴拙风格的古代陶瓷、砖瓦、石刻上的花纹，就是现在还在民间流传着，并为广大群众所喜爱的各种民间年画、剪纸、玩具、砖刻、木雕，乃至皮影、木偶等艺术，也无不带有"拙"的趣味。

雒：谢谢您能够花这么多时间接受我的访谈。您的观点肯定会对广大书画爱好者与研究者产生很好的影响，为他们指明方向。谢谢！

孙：不客气！

访后跋语：

接受《中国文艺评论》杂志的委托之后，我草拟了一个提纲，并征得孙其峰先生同意之后，就相关问题进行了采访。8月中旬的一天，我到天津医科大学附属医院采访了年近百岁的孙先生。数年来，由于身体原因，先生一直住在医院里，除了时不时接待一下前来探望的学生或家人，精神状态较好的时候，就用铅笔画各种鸟兽动物的速写，或勾勒小幅画稿，几年累计下来，已经有一千多幅。我去探望的时候，偶尔拿起这些画在笔记本上的画稿翻看，心里就有说不出的感动。十余年来，由于经常聆听先生对绘画艺术的见解，我自己对于中国绘画艺术的理解日渐深入，这种耳提面命，远胜自己盲目读书。先生有教无类，弟子门人遍天下，其对中国现代花鸟绘画发展所做的贡献在画坛早已为人们所熟知。在长期的艺术实践中，孙其峰先生总结摸索出一套完整的花鸟绘画教学体系。孙其峰先生的花鸟绘画体系建立在对中国传统绘画艺术的深入研究与总结基础之上，是中国当代绘画艺术最宝贵的财富。传承这笔宝贵财富，将对当代中国花鸟绘画的发展起到十分积极的作用。

原载于《中国文艺评论》2018年第12期。

曲之鸣心者方能铭心
——访作曲家杜鸣心

班丽霞*

当代作曲家、音乐教育家，湖北潜江人。1928年生，早年就学于教育家陶行知创办的育才学校，1954年赴莫斯科柴可夫斯基音乐学院留学，归国后在中央音乐学院作曲系任教至今，是该学院十名特聘教授之一、终身学术委员。共创作各类体裁音乐作品近百部，代表作有舞剧《鱼美人》、《红色娘子军》（与吴祖强等人合作）、《牡丹仙子》，三部钢琴协奏曲，两部小提琴协奏曲，交响幻想曲《洛神》，交响曲《长城颂》，低音提琴独奏曲《随想曲》等。第一钢琴协奏曲《春之采》曾获第八届全国交响乐比赛金奖。作为作曲专业教授，为中国音乐界培养了一大批杰出音乐人才。其学生之一、作曲家王立平对恩师的评价是："乐章传天下功成名就，德艺育后人桃李芬芳"。

---

* 采访人单位：中央音乐学院。

一、乐之源：莫斯科与民间

班丽霞（以下简称"班"）：杜老师您好，感谢您接受我的专访。在准备采访资料时，看到已有不少访谈和纪录片对您传奇般的习乐经历做过详细介绍，今天主要想跟您谈一谈您具体的音乐创作和代表性作品。您从事作曲已有 60 余年，能否谈谈对您的创作和观念影响最大的作曲家有哪些？

杜鸣心（以下简称"杜"）：我过去的专业是钢琴演奏，正式学习作曲是到了莫斯科柴可夫斯基音乐学院之后才开始的。我很幸运地遇到了一位好老师楚拉基，他是全苏艺术家协会的主席，后又当过莫斯科大剧院的院长，由他管理的两个剧院和管弦乐队每天都有高水平的演出。我通常是去他的剧院办公室上主课，课后他就安排我在他的专用包厢看演出，这个观摩学习的机会对我来说非常重要。所以，若说对我的创作影响最大或者让我印象最深刻的还是俄罗斯作曲家的作品。像柴可夫斯基、普罗科菲耶夫和肖斯塔科维奇是我在莫斯科听得最多的几位作曲家，他们的音乐非常有特点。柴可夫斯基不必多说，这是国内听众都很熟悉的。普罗科菲耶夫再怎么写，骨子里都有俄罗斯的音响和灵魂渗透在他的作品里面。肖斯塔科维奇要比普罗科菲耶夫走得更远一些，音乐手法更前卫，但你若仔细地多听几遍他的作品，还是能感受到俄罗斯音乐与文化的根。我在莫斯科柴可夫斯基音乐学院的大音乐厅现场听过他的《第十交响曲》，这个音乐厅建造于十月革命以前，是俄罗斯最好的音乐厅，许多世界著名的乐团来此演出。《第十交响曲》（1953）刚刚写完不久，由当时著名的指挥家穆拉文斯基带领列宁格勒交响乐团隆重演出，肖斯塔科维奇本人也在场，演出效果非常好，震撼人心。尽管这部作品写得很现代、前卫，但大家聆听时很受感染，完全被音乐给吸引住了。现场听众觉得这完全是俄罗斯的，是俄罗斯自己的现代音乐，虽然技术上很前卫，但完全可以被大家接受。所以，我在莫斯科的这些学习机会非常难得，当时在国内是不可能有的。

另外，我在这座大音乐厅还听过美国费城交响乐团的演奏，由奥曼迪指挥，当时演出的是美国作曲家巴伯的《弦乐柔板》，弦乐队的音响效果非常细腻，与俄罗斯管弦乐队有很大的不同。俄罗斯的弦乐你能听到 za-za-za-za 换弓的声音，铜管再怎么响亮也盖不过弦乐的声音，那种相互之间的张力和整体性，是国内管弦乐队所欠缺的。我对我们的乐队最不满足的就是弦乐，声音太弱，铜管一出弦乐声音就没有了。这既跟演奏方法有关，也跟我们弦乐器本身的音质有关。我在写乐队作品的时候特别注意弦乐，我自己能演奏小提琴，这个经验对于创作非常重要。

班：为了创作的需要，您是否经常去做音乐采风，能否谈一两个令您印象特别深刻并对您的创作有直接影响的民间音乐类型？

杜：作曲系的学生在大学期间至少有一两次下乡采风活动，我因为创作任务比较繁重，学校没安排我带学生去采风。但在创作《红色娘子军》期间，我自己多次去海南岛采风，听了很多当地的民歌和黎族的舞曲，有一首黎族的民歌围绕 Sol Do Mi Sol 四个音展开，我就是用这个素材写了那段《快乐的女战士》。它既是海南的、黎族的，又是我自己的。我们作为专业的作曲家，应该多向自己的民族民间音乐学习。对于民歌，要学会吸收、消化、汲取营养，然后根据自己的理解创作出新的音乐。

班：《红色娘子军》中家喻户晓的《万泉河水清又清》也是这样创作出来的吧？

杜：对，《万泉河水清又清》的民歌原型是一首五指山区的山歌，我在去海南岛之前就知道这首民歌了，在海南岛又听了民间歌手的现场演唱，印象就更深刻了。所以在创作《万泉河水清又清》时立刻就想到这首民歌，歌曲前两句跟民歌基本接近，后面则经过了我的变形和发展，同时又转了一个调，使得它更明朗、更有力量。

班：优秀的作曲家能把一条河变成音乐，像小施特劳斯的《蓝色多瑙河》、斯美塔那的《沃尔塔瓦河》、冼星海笔下的黄河，还有您创作的万泉河。有一次我去海南岛琼州看望一位老师，他指着窗外的一条河说，这就是万泉河。我和同行的朋友几乎是异口同声地唱起了"万泉河水清又清"。

杜：是这样，万泉河看上去并不宽，就是很平常的一条河，但是用音乐一表达，这条河就变得亲近了。老百姓即使没见过这条河，也能通过音乐记住"万泉河"的名字。

关于民间音乐还有一个例子，新中国成立初期，我们去过河北定县一个民间音乐比较活跃的村子，名叫子位村，这里盛行吹歌会，村民们都很喜欢音乐，农闲时就在一起吹吹打打，作为一种自我消遣。我在创作《鱼美人》时，中间第二幕有一个鱼美人与猎人的婚礼场面，先是一个集体的舞蹈，之后就是"拜天地"。"拜天地"是一个民俗的礼仪，我就想到了在子位村听到的吹歌音乐，但是那次采风距离我写《鱼美人》已过去近10年，具体音调已记不得了，但我对吹歌会的印象还在那里，我就凭着这个印象写了"拜天地"的音乐。所以说，学习民族民间音乐对于创作会有潜移默化的作用。不是说让你移过来就用，而是回想那种情景和气氛，农民聚会时吹吹打打的那种神情，也就是要抓住民间音乐的神韵，在自我消化之后重新创造新的音乐。

二、乐之魂：旋律是情感交流的媒介

班：除了刚才提到的舞剧《鱼美人》《红色娘子军》的选段，还想听您谈谈第一钢琴协奏曲《春之采》，这是一部公认的雅俗共赏的经典作品，您个人对这部作品有何评价？

杜：《春之采》是我比较满意的一部作品，我用了简单的四音素材 Sol Do La Re 贯穿整部作品。当时陈佐湟在匈牙利指挥演出这部作品，由一位匈牙利钢琴家担任独奏，陈佐湟回来后很激动地告诉我，大家听了这个作品觉得很有意思，乐队成员反馈说，作品的材料很精练、节约，但是里面有音乐。

班：我很喜欢宁静的第二乐章，可以单曲循环地听上一天。您的主题设计很是巧妙，第一句把人的目光引向远方，第二句的倒影又让思绪倒转回内心。这一远一近，无比简洁又寓意深远。这个主题听起来有一点中国风格，您是否受到哪首民歌的影响？

杜： 没有，这个主题没有明确的地域风格，完全是我自己创作的。这还是要感谢我的老师的指导。在莫斯科，我们一周要上两次作曲主课，每次都必须有新作品。楚拉基老师每次上课都在钢琴上弹奏我的作品，告诉我哪里少一小节，哪里多一小节，这完全基于一种对结构合理性的内在感觉。楚拉基自己也是一位很好的作曲家，创作过各种体裁的作品。所以他对音乐非常敏感，听了我的作品之后马上就能指出其中的问题，这里面有结构的问题，有和声的问题，也就是怎样才能让和声更有色彩和变化。他让我把他改过的地方和我自己写的部分相互比较，弄清楚为什么这样改。在这样的学习过程中，我的作曲技巧才逐渐提高。正是得益于此，我的《春之采》用非常简练的素材来创作，但在全曲中有不断地变化和发展。不知你注意到没有，乐曲最后结尾的时候，综合了第二乐章的主题，这让作品听起来非常完整，前后素材都是互相有联系的。

班： 杜老师，您在2016年88岁高龄时还给学生开设了一门选修课，名为"器乐曲与旋律写作"，能否谈谈您开课的初衷和旋律写作的主要思维？

杜： 是这样，现在国内常用的分析作品的方法比较老旧，一般还是先找到动机，然后是乐汇、乐节、乐句、乐段，对贝多芬、浪漫主义甚至现代作品的分析都在用这套方法。但是我在莫斯科留学时，作品分析老师是斯克列普科夫，他是莫斯科柴可夫斯基音乐学院理论教研室的主任。他的分析方法是先找到主题核心是什么，然后分析它的结构安排（以贝多芬《第五交响曲》的"命运"主题为例），其中：第一步是主题核心的呈示；第二步是主题核心的巩固，目的是加深对主题的印象；第三步是主题核心的展开；第四步是主题核心的结束。以这四个发展步骤来分析主题，比前面所说的分析方法要更合理、更有说服力。但是我当时对这种分析方法并没有完全消化，直到后来我才慢慢发现我作品中的主题基本是按照这个思路创作的，所以我是在2001年之后才在作曲课上给学生讲授这个新的分析方法的。通过这样分析主题旋律，同学们才能更好地掌握旋律写作的手法。

班： 谈到旋律写作，一般情况下，好听的旋律能给听众留下最深刻的印象，这涉及一个音乐可听性的问题，您如何看待大部分西方现代音乐排斥旋律的倾向？在有些作曲家的观念中，优美的旋律已属于过时的19世纪。

杜：西方现代音乐追求无调性，不重视旋律的写作。而我们中国的音乐非常重视旋律的委婉、优美和动听，作曲家与听众的情感交流主要是通过旋律来进行的。如果只写那些听不懂的、陌生的音乐，怎么能跟听众交流呢？现代音乐即便是采用无调性、泛调性或序列，其旋律也有自己的走向和过程，这个走向与旋律优美的传统是分不开的，完全不顾这个传统，一味追求全新的、陌生的音响，写出来的作品只有自己喜欢，别人都听不懂，只有极少人欣赏，大多数人都不能欣赏，一般只演奏一次就被丢进垃圾箱，这只能叫"一次性音乐"。那种认为只要有调性、有旋律的音乐就是保守或守旧的观点，我是不认同的。旋律与我们自己民族千百年来慢慢形成的欣赏习惯和传统有着血肉的联系，我们应该认真地去消化、去体验、去感受，然后再去创作新的作品。我觉得有旋律、有调性的音乐并不落后，也不保守，新的时代会有新的想法、新的结构和新的变化。

三、乐之色：配器要严谨，色彩要考究

班：您的作品除了旋律优美之外，还有一个明显的特点就是色彩性极强，听起来灵动、斑斓，您能否分享一下配器方面的经验？

杜：我觉得乐队作品写得多了，就能在配器上把握得更好一点。我在莫斯科柴可夫斯基音乐学院的配器老师是非常有名的作曲家、音乐学者瓦西连科，他的配器老师是伊万诺夫，而伊万诺夫的老师就是强力五人团的里姆斯基－科萨科夫，这个一脉相继的师承体系在配器上要求非常严格、严谨。科萨科夫在配器上有极深的造诣，音乐历史上有那么多的配器教科书，唯独他写的教科书中的例题全部是自己的作品，他完全是根据自己的创作实践和经验总结来教学的。斯特拉文斯基也是他的学生。我现在经常看到一些发表的乐队作品在全奏中用木管去重复铜管，特别是用黑管去重复小号的音乐，这是不对的。为什么呢？这就是从科萨科夫的理论中学来的，如果用黑管同度重复小号，就把小号金属般的色彩抹掉，铜管辉煌的音响效果就出不来了，就好像涂上了一层灰暗的颜色，得不偿失。如果在全奏中想用木管去重复铜管，可以用双簧管重复小号，这样既可以让小号的音色变得柔和，同时又不会抹掉小号辉煌、亮丽的音色。在乐队全奏时如果想得到非常结实、辉煌和

整体的音响效果，就要特别注意处理好木管与铜管之间的关系。所以说，乐队的配器色彩非常细致和考究，这方面我深受瓦西连科教授的影响。

班：您刚才提到国内乐队作品中的弦乐较弱，您是如何来解决这个问题的呢？

杜：当主题出现在弦乐声部时，我常常采用第一提琴组和第二提琴组同度演奏的方式来加强弦乐的音量，这其实是一种不得已的办法，原本第一提琴和第二提琴应该有声部之间的关系，也就是说应该有不同的层次，但为了加强弦乐声部的力量也可以采用同度的方式，这在一些国外作曲家的作品中也能见到这种用法，例如让三个声部的弦乐（一提、二提与中提）同度演奏旋律，从而产生结实、有厚度的声音效果。但是在我们平常配器的时候，特别是在弦乐的中低音区，还是应该充分发挥弦乐组四个声部的层次，其中大提琴和低音提琴经常采用八度的关系以增强低声部的力量。现在国内有些年轻作曲家很忽略弦乐队的写作，经常用一大堆铜管，听的人累，吹的人也累，不仅缺乏音色上的变化，也缺乏音乐的歌唱性。情感的流露主要依靠弦乐，木管和铜管主要是色彩性的，木管有时可以吹一些田园式的旋律线条，铜管的音色是号角式的、辉煌的，经常是作为背景来使用，而深情、动听的旋律还是要靠弦乐来表现。

班：2018 年 6 月初我在学校听了一场室内乐音乐会，开场作品就是您为低音提琴创作的《随想曲》，若不是看到曲目单上写着您的名字，我会认为这是一位中青年作曲家的作品，构思很有新意，技术上也有很大难度，与您往常创作的那些雅俗共赏的作品有明显区别。

杜：《随想曲》是我校低音提琴专业的教授陈子平委约的，他要去美国演出，托我写一部新作品。国内专为低音提琴创作的作品非常少，想到他是去美国演奏，我有意用了一些泛调性的、比较现代的手法。但其实我还写过比《随想曲》还要复杂一些的室内乐作品，有一首弦乐五重奏采用了不少新技法，后在叶小纲的建议下改写成钢琴与弦乐作品，编制是一提、二提、中提、大提，另加两个贝斯和钢琴，并且改名为《布达拉宫之梦》，以原有的五重奏做底稿，整理改编之后展开得更充分一些。2015 年中国交响乐团演奏过一次，之后我又做了一点修改，看看能否找机会再演一次。

四、乐之维：把握结构与时间的分寸感

班：您曾经对您的学生瞿小松讲到过音乐的结构感、时间的分寸感，或时间上的恰到好处。大型的音乐作品犹如建筑，其结构层次之间的关系是在时间中建构起来的，您是如何把握这种分寸感或结构感的？

杜：这就是我们为何要学习作品分析的原因，我们要分析古典乐派、浪漫乐派以及近现代作曲家的经典作品，这些作品都是经过时间考验的，在音乐结构上非常严谨、完善或者说专业化，我们要学习他们是如何安排结构框架的，什么样的音乐采用什么样的结构才是合理的。2018年8月底的一个晚上我在国家大剧院听了上海爱乐乐团2019年音乐季的开幕音乐会，第二场是马勒的第一交响曲，乐队规模很大，有六支圆号、四支小号，但在段落结构的安排上有一点松散，段落之间快慢强弱的交替显得拖沓、不够紧凑，四个乐章下来快一个钟头，听着很费劲儿。马勒的作品与俄罗斯乐派很不一样，俄罗斯音乐在结构上很严谨，没有任何多余的"话"，听起来非常集中。这种结构是从海顿、莫扎特、贝多芬的古典交响音乐传承下来的，在长期的实践过程中，大家公认这种结构是比较合理的。大多数交响音乐都采用奏鸣曲式，它有两个对比主题，这恰到好处，因为如果主题太多会分散听众的注意力，一个主题出现之后，你要去经营它、深化它，从各个侧面将其立体化，充分挖掘它的可能性，这样才能让观众对这个主题有深刻印象，被主题所感染，不能刚把一个主题介绍给听众就扔在旁边另起一个主题，那就跟"拉洋片"一样了。

班：您写过大量的舞剧音乐，如《鱼美人》（1959）、《红色娘子军》（1964）、《玄凤》（1996）、《牡丹仙子》（2004）、《凤凰涅槃》（2011），能否谈一谈在创作中如何处理好音乐与舞蹈、戏剧的关系？

杜：舞剧音乐有自己的艺术特点，与写交响音乐不一样。我们在写作的时候，首先是把舞剧中的重要人物先抽出来，为这些人物创作主题。例如《鱼美人》中有三个主要人物：鱼美人、猎人和山妖。鱼美人的主题柔美纤细，像水中的女神；猎人的主题是彪悍的，充满阳刚气质；山妖是一个阴险的反面人物；还有一个人物是善良、和蔼的人参老头，他始终在帮助鱼美人

和猎人。我们写鱼美人和猎人的音乐时很顺利，当时的苏联总导演古雪夫听了很满意，但写山妖时遇到了困难，主要因为最初的山妖主题过于脸谱化，一连换了五六个方案，以致整部舞剧的音乐都快写完了，山妖的主题还没拿出来。后来我想了一个办法，就是先用一个打击乐的特性节奏做铺垫，然后在这个节奏背景上出现山妖的主题，这样就把山妖凶狠阴险的性格刻画出来了。人物主题设计好了，一成不变也是不行的，随着人物和剧情的发展，主题也要不断发展和变化，到最后，这些主题会越来越立体化、越来越饱满，人物形象也就更丰满了。

班：这些音乐写出来之后，舞蹈家在编舞时会不会要求您在某些段落上做出调整或修改？

杜：有时候会有的。比如哪段音乐略微长了一些，哪段又短了一点，都会适当做一些调整，但是《鱼美人》中像《水草舞》《珊瑚舞》这类比较完整的音乐是不需要改动的。为了能及时做出修改，我们必须先写出钢琴谱，舞剧导演用钢琴谱的音乐给演员排练，排练过程中会注意音乐与舞蹈的关系，看看哪些地方需要调整。当然，并不是每一段都要调整，如果我们写的音乐非常完整，形象上与剧情内容也很贴切，就不需要再改动。基本上我们很少回过头来再改，因为我们的舞剧大多是分段结构，比较传统，可以一段一段地切开来写，不像一些现代的舞剧是一气呵成、中间不分段落的。

五、构思新作：与冼星海的不解之缘

班：您写过各种体裁的音乐作品，唯独没有写过歌剧。美国长寿翁作曲家卡特在90岁时写了他的第一部歌剧《接下来是什么？》，多有意味的题目！据我所知，您早就有创作歌剧的心愿，目前是否已找到心仪的剧本？

杜：我正在构思一部关于冼星海在苏联的经历的歌剧。我在莫斯科留学时，在一家乐谱书店偶然遇到曾照顾过冼星海的苏联女士莱娅，估计国内只有我一个人见过这位女士。冼星海1940年离开延安赴苏联，为一部反映敌后游击队抗日的新闻片配乐，但第二年就爆发了苏德战争，他既不能公开身份，又没有条件回国，生活一下子就变得穷困潦倒。他曾经想搭乘来苏联访问的林彪的飞机回国，但遭到拒绝。后来他被迫撤退到哈萨克斯坦，粮食匮乏又疾病缠身，为了生存下去他不得不把自己值钱的手表、毛衣、大衣都当了，处境很惨。在这种情况下，他认识了会讲英文的莱娅，她是出生在美国的苏联犹太人，19岁才随父母回到苏联。她对冼星海的生活非常照顾，在得知他是一位作曲家之后，将其介绍给哈萨克斯坦的一位音乐家，并由其为冼星海安排生活，这样才让他的处境有了起色，两个人在这个过程中也慢慢产生了感情。

在莫斯科的乐谱书店里，莱娅看到我后轻声问："你是中国人吗？"我说："是啊。"她又问："你是学音乐的吗？"我说："是啊，我在柴科夫斯基音乐学院学作曲。"她听了很高兴，接着问："你知道中国有位作曲家叫冼星海吗？"我说："当然知道，他是我们国家著名的作曲家，写了很多音乐作品，尤其是《黄河大合唱》"。（我在育才学校就会唱"风在吼，马在叫"）她接着又问我："你愿不愿意去看看冼星海的骨灰放在哪里？"我说："当然愿意啊！"就这样，我们一起打了一辆出租车，在车上我才知道她就是在冼星海去世前陪伴在他身边的莱娅。在陈列艺术家骨灰的大厅里，我看到了冼星海的骨灰盒，上面用俄语拼写的他的笔名"黄训"，我郑重地向冼星海的骨灰三鞠躬。遗憾的是，当日从郊区墓地回来，我和莱娅匆匆忙忙告别，没能留下她的地址，所以后来和她就没有更深一步的联系和交往，可是这段往事一直在我的记忆里。后来《人民音乐》杂志委托一位俄籍华裔音乐家左贞观先生调查冼星海在苏联的情况，他亲自去了哈萨克斯坦采访过莱娅的亲戚，后来发表了两篇相关文章。

班：或许正是因为这次偶遇，您才对冼星海一直"情有独钟"，我们知道您曾为电视剧《冼星海》写过配乐，现在构思的这部歌剧，是您个人的创作意愿，还是有歌剧院委约？

杜：没有委约，完全是我自己的想法。目前剧本是我跟一位女诗人合作在写，我把整个结构告诉她，我们一道来写，写完之后我再来调整。中国歌剧舞剧院听说我在写歌剧，愿意与我合作，我说等剧本写出来给他们看看。题材上肯定没有问题，江泽民、习近平在访问哈萨克斯坦时，都充分肯定了冼星海在中哈文化交流中做出的贡献，哈萨克斯坦还将阿拉木图的一条街命名为"冼星海大街"，并为他立了塑像。我们构思的剧本中有这样一个场景，冼星海临终前住在克里姆林宫医院，正值1945年苏德战争结束不久，窗外在兴高采烈地庆祝胜利，到处都是焰火啊，合唱啊，而窗内的冼星海却已奄奄一息，他没能享受到胜利的果实。就在这强烈的对比之下，冼星海过世了。这个场景很揪心，也很有戏剧性。

六、心系未来：建立"中国乐派"需要几代人的共同努力

班：近些年来国内一直有关于创建"中华乐派"或"中国乐派"的提法和争论，您作为音乐界的老前辈，怎么看待这个问题？

杜："中国乐派"当然是一个很宏大的题目，我们现在提是可以提，但这不是三两天的事情，恐怕要经过多少代人的努力和积累，才有可能建立起在世界上有一定影响力的中国乐派。目前我们尚处于过渡阶段，还在学习国外新的技法。而"中国乐派"首先要有我们自己民族的、现代的、站得住的作品来说话，光靠演唱、演奏是不行的，像郎朗、吕思清等演奏家都是世界一流的，但建立真正的"中国乐派"还是需要有厚实的、由中国作曲家创作的作品，这些作品要经得住时间考验，并真正获得世界的承认，这才是最重要的。没有站得住的作品，所有的演奏、分析和评论都是别人的。所以说，"中国乐派"的形成至少需要好几代人的努力。

班：在当下活跃的国内作曲家中间，您觉得哪些比较有影响力？

杜：北京这边的叶小纲是一个有想法、正当年的作曲家，他的《大地之歌》直接挑战马勒。马勒的这部声乐交响曲，歌词选用了李白、王维等人的唐诗。但这些诗词经过法文和德文的两层翻译之后，很多内容都走样了。由中国作曲家来"正本清源"可以说是义不容辞，要和马勒相比，虽然要靠时间来印证，但他有这样的雄心壮志是很不容易的。叶小纲还写过第五交响乐《鲁迅》，有独唱、朗诵和乐队，歌词都来自鲁迅本人的著作，像《阿Q正传》《祝福》《狂人日记》等作品。上海那边的许舒亚也是一位有影响的作曲家，还在上学的时候他和叶小纲就在美国亚历山大·齐尔品协会作曲比赛中获奖。现居海外的周龙、陈怡也很有影响力，一直都在写作品。我们学校的郭文景和秦文琛也是才华出众的作曲家。郭文景没有出国留学，完全是我们自己培养出来的。秦文琛是从德国留学的，学习了很多现代技法，但他一直在探索

怎么和我们民族自己的传统相结合，作品很有新意。我听过他的唢呐协奏曲《唤凤》，高、中、低三支唢呐与乐队一起演奏，有独特的表现力。当然，要建立"中国乐派"只靠这几位作曲家是不够的，还需要后面的年轻人继续巩固和发扬。

文化部曾请我和卞祖善、唐建平等六人去听一位青年作曲家的作品，他叫龚天鹏，一个非常有才华的年轻人，曾在美国茱莉亚音乐学院学习钢琴和作曲。我们听的是他的第九交响曲《启航》。我对他说，我要90岁了还没写到第九交响曲，真是望尘莫及啊！他在《启航》中用到了合唱，应该是对贝多芬《第九交响曲》的一种呼应，歌词取自革命先烈李大钊的诗词。我听过之后觉得里面有两个问题：一是对《国际歌》《大路歌》等曲调的借用，有流于标签化的倾向，没有很好地融到自己的音乐里去；二是配器的某些细节还不够细致。我给他的建议是，你未来的创作道路还很长，有的是时间，要试着放下自己的光环，总结自己的经验与得失，才能在创作上更上一层楼。

班：您从事作曲教学已近70年，对当下作曲专业的学生和年轻的音乐评论者有哪些建议和期望？

杜：年轻一代学作曲的同学比较敏感，普遍对国外作曲技术的学习热度更高一些，对国内音乐的关注反而不够。这也没什么问题，他们有的是时间来进行各种创作实验。这中间肯定有好的，也有失败的，甚至只是"一次性的"作品。年轻人要在这个过程中不断总结自己的创作经验和音乐理念，思考作为一个中国作曲家如何能写出现代的、动人的中国音乐，相信在这样的过程中他们会逐渐完善自己的创作。

好的音乐作品也需要评论家们的介绍和推广，鼓励和帮助作曲家们总结创作上的经验。理论家们也很重要，他不仅仅要介绍作品，还要给予一定的批评和指导，帮助作曲家看清自己的方向，否则写出的作品听众都不喜欢，只是作曲家在那里自我欣赏，变成孤家寡人是不行的。音乐就是要跟大家见面，艺术就是要有感情的交流。作品中既要有自我的表现，也要为大家说话。在创作过程中，有时会很顺利，有时则会很艰难，甚至会走一些弯路，这都是很自然的事情。在这种情况下，理论家们要指出一条更正确、更宽广的道路让他们走下去。评论家既要鼓励他们写出好作品，还要指出他们创作中的不足，帮助他们走向更广阔的创作道路。这样，通过几代人的努力和付出，才能逐渐建立起我们的中国乐派，才能得到世界的认可和欢迎，否则就只是说说而已。

访后跋语：

  给音乐家做专访总有不可避免的缺漏，因为文字只能如实地记录"说"，对于"唱"却是无能为力。杜先生在交谈中提到的音乐，无论是自己创作的还是其他作曲家的作品，都是张口即唱，声情并茂。谈话时的杜先生还是恬淡温和、娓娓道来，但只要一开唱，立刻就变得神采奕奕、容光焕发，一边唱着一边像指挥家那样挥舞着拍子，整个人完全融进音乐之中，正可谓"言之不足故嗟叹之；嗟叹之不足故咏歌之；咏歌之不足，不知手之舞之足之蹈之也"。先生对于音乐的敏感与热情生动地体现在他的吟唱中，常给我一种返老还童的即视感。

  先生对于不同来源的音乐素材与风格有着极强的包容心，传统与现代、本土与西方、民间与学院都被他兼收并蓄在自己的创作中，并且不是简单的摘引或并置，而是带着鲜明的个性特征加以创造性地吸收与转化。当下在音乐学院作曲系中，有不少青年学生崇尚西方先锋派音乐的技法与叛逆精神，老一辈音乐家大多对此持怀疑的态度，但杜先生表现出难能可贵的理解与宽容，他更愿意给年轻人充分的时间与空间，让他们在不断的探索与实验中吸取教训、积累经验，最终找到适合自己的创作道路。先生曾对日本作曲家团伊玖磨的观点深表赞同，即"作曲家应该站在一个纵横交叉的中心点上，一边吸收传统，同时要眼看八方，来吸收世界的现代技法"。这种多元包容的态度也贯穿在他的作曲教学中。受莫斯科作曲教学体系的影响，杜先生对于传统作曲基础的要求非常严格，他相信只有打下坚实的技术基础，才有足够的专业功力去探索更具个性化的创新之路。同时他也清醒地看到苏联教学体系一味排斥西方新音乐的缺陷，鼓励学生广泛学习和吸收各种现代技法，只是他对于那种罔顾传统、只为标新立异的倾向持明确的批评态度。其学生中像王立平、徐沛东、叶小纲、瞿小松、刘索拉等都是极具个性、各有成就的作曲家，这与杜先生严谨而开阔的教学理念是分不开的。

杜先生创作的《鱼美人》（尤其是其中的《水草舞》）、《红色娘子军》、第一钢琴协奏曲《春之采》、第一小提琴协奏曲等，已成为海内外华人公认的音乐经典。其成功的原因，除了访谈中提及的旋律优美、色彩斑斓、结构严谨等艺术特色之外，还得益于先生始终坚守的两个创作理念：一是在细节上精益求精，每个音符都师出有名，一个不多，一个不少，其精练与细致经得住演奏家的反复推敲和理论家的条分缕析，这是当下许多作曲家都欠缺的艺术品质；二是自始至终心系听众，执着于创作"动情"的音乐，这在"谁在乎你听不听"的现代音乐主流中，显得有些不合时宜。但20世纪80年代以来，西方先锋派音乐的势头减退，新音乐的创作重新开始接纳调性、重视情感及与听众的交流，杜先生对音乐抒情传统的持守反而显现一种可贵的前瞻性。大浪淘沙，沉者为金，杜先生的创作生涯与艺术之路终将证明，曲之鸣心者方能铭心存世，成为代代相传的音乐经典。

原载于《中国文艺评论》2019年第1期。

保护、扶持文艺创作的独立思考和探索精神
——访剧作家胡可

徐 健*

胡可

1921年生于山东省益都县（今山东省青州市）。少年时代肄业于山东省立第十中学和第一中学。抗日战争爆发后，于1937年秋参加北平郊区的抗日游击队，同年12月到晋察冀军区。长期从事文艺宣传工作。1939年加入中国共产党。在抗日战争和解放战争期间，先后创作了多幕儿童剧《清明节》、多幕话剧《戎冠秀》、独幕话剧《喜相逢》等。中华人民共和国成立前后，创作了《战斗里成长》《英雄的阵地》《战线南移》《槐树庄》等反映部队和农村生活的剧本。出版有《胡可剧作选》和论文集《习剧笔记》《胡可论剧》《胡可戏剧杂文》等，以及散文集《敌后纪事》（与胡朋合作）、《走过硝烟》、《烽烟 戏剧 人生——胡可自述》、《老兵记忆》等。

曾任解放军总政治部文化部副部长、解放军艺术学院院长。曾任中国戏剧家协会副主席，并被选为第一届全国人民代表大会代表和第五届全国政治协商会议委员。中国戏剧家协会顾问。2016年12月，当选为中国文学艺术界联合会第十届荣誉委员。

---
* 采访人单位：文艺报社。

一

徐健(以下简称"徐"):胡可老师,您能回忆一下,当年是怎么走上革命道路的吗?

胡可(以下简称"胡"):这要从我的中学时代说起。1934年,我考入济南省立第一中学,当时我二哥胡旭在济南乡村师范插班。第二年,爆发了震惊全国的"一二·九"运动。运动波及济南,济南各个学校相继罢课,准备游行。我表现积极,被推举为班级代表参加学校罢课组织。没想到这一活动被当局用提前放假的办法给压制下去了。压抑中我回到了老家青州。寒假期间,从济南第一师范毕业的大哥胡刚已在汶上县民众教育馆当老师,他给我讲了阶级和阶级斗争,讲了社会发展的历史规律,讲了封建社会、资本主义社会和社会主义社会,这些内容对我是一次思想的启蒙。1936年回到学校后,我就开始寻找当时的进步书刊阅读,像邹韬奋主编的《生活星期刊》、张仲实的《唯物论辩证法讲话》、艾思奇的《大众哲学》等,脑子里有了马克思主义的基本观点。这一年的秋天,我因在壁报上撰写反对当局压制抗日运动、对日妥协的错误政策的文章而被训育主任训斥,我同他辩论并做出了自动离校的举动。现在想起来,当时的行动十分幼稚和冲动,以致被学校开除。离校后,我在一中就读时的同学高敦武经常来看我,跟我讨论时局。一次,他忽然问我愿不愿意参加共产党,我说当然愿意,就是没有门路。他说他可以介绍一个人同我联系。1937年,我在正谊中学读书的时候,每到周末,一位自称姓杨的同学常约我出去散步。他向我谈党的宗旨,谈当前的斗争方针,谈抗日民族统一战线,并把党的秘密文件交给我带回住处阅读。现在回想起来,那时是党对我这样一个左翼青年的教育阶段、考察阶段，并不是真正的入党，但我自认为已经是"党员"了。这位姓杨的同学我以后再也没有见到过。

济南求学的三年，使我逐渐卷入抗日救亡运动的浪潮之中，并初步树立了革命的理想，成为一个向往中国共产党、愿把自己的一生献给革命事业的人。同时，当时进步的电影、戏剧也培养了我对戏剧的兴趣。山东省立剧院演出的田汉的话剧《回春之曲》《湖上的悲剧》，文学杂志上刊登的曹禺的话剧《雷雨》《日出》，都深深地打动了我、吸引着我。1937年7月7日晚，16岁的我离开济南，登上了去北平的火车。一个月后，我在地下党员二哥胡旭的带领下成为了北平郊区抗日游击队的一员。

徐：抗日游击队的经历，也可以看作是您接触社会的开始吧。在那一段时间里，您承担了哪些任务，又是怎样从游击队员变成一名文艺战士的？

胡：北平郊区抗日游击队由"七七事变"之前潜入关内的少数东北义勇军和北平城里出来的一批进步学生作为骨干组成。后来他们突袭了北平德胜门外的河北省第二监狱，释放了所有的犯人。这些犯人大部分参加了这支游击队，其中的政治犯许多是多年的老党员，很快就成了游击队的骨干力量。普通犯人的情况虽然不同，也在抗日救国的号召下凝聚在一起。所以我一进游击队，就遇到了各种各样的人，他们的来源也比较杂。我当时在三总队担任文书，负责编造花名册和登记枪支弹药。当时"起枪"（征集索取老百姓藏匿的枪支弹药）是一项迫切的任务，我也是在这个过程中识别了各式枪支。1937年冬天，日军对游击队的围攻步步紧逼，我们开始向西部山区转移。"进山"途中，为了争取短暂停留、顺利通过，游击队必须跟当地豪绅搞好关系，联欢、演节目是搞好关系的重要方式。那时，北平的青年学生都看过《放下你的鞭子》，有人还演过，但是我们的队伍里面没有女演员，怎么办？有人就提议"小胡，你来演小女孩"。这个戏我看过，小女孩唱什么歌我也会。于是，我就借了老百姓的花衣服，头上梳上一个小辫儿，在与当地豪绅的联欢会上演出了这个戏。这段经历，我还从来没有跟人提起过。

12月11日，我们到达了晋察冀军区司令部所在地阜平县城。当晚在县城戏楼前广场上召开了纪念广州暴动十周年、西安事变一周年和欢迎我们这支游击队的群众大会。聂荣臻司令员在会上讲了话。这是我第一次见到聂帅。

也正是在这次欢迎会上,我看到了刚刚成立的抗敌剧社的演出,大幕上"抗敌剧社"四个大字是舒同写的。在阜平住下来后,我被送到新成立的军政学校学习,校长是孙毅。我是一大队二班的学员。四个月的学习锻炼,我这个自由散漫的小游击队员开始具有了革命军人应有的素质,有了组织纪律观念,习惯了军队的紧张生活。在这方面孙毅校长的表率作用对我影响最大。从他身上我看到了我心目中的中国工农红军的形象。1938年春,我毕业后就被分配到了军区政治部宣传队——抗敌剧社,从此成了一名八路军宣传员。1939年,经社长白瑞林的介绍,我加入了中国共产党。

徐: 您与戏剧的真正缘分应该是从抗敌剧社的演剧开始的吧。您还记得当时您演出的角色吗?

胡: 来到剧社后,我在一出叫作《警觉》的戏里顶替了别人的角色,由于口齿清楚、"会作表情"而受到重视,自此在每出戏里都能担任角色。那时,剧社演出频繁,我演了好多角色,有不少是正面形象,如《顺民末路》《游击队》中的游击队长等。后来,在《我们的乡村》中扮演了一个落后农民,大家觉得我也可以演丑角,于是此后分配角色时,便不再让我演正面人物。如《王老五逛庙会》中,让我扮演了串场人物王老五。作家徐光耀曾说,王老五这个滑稽老头给他留下了深刻的印象。抗战中期,敌后根据地还上演了一些中外名剧,反映了干部观众希望开阔视野的要求和较高的欣赏需求。1941年,剧社排演了《日出》《雷雨》。我在《日出》中扮演胡四,在《雷雨》中扮演鲁贵。后来,还在俄国名剧《大雷雨》中扮演了儿子奇虹、在苏联名剧《前线》中扮演了米朗、在苏联名剧《俄罗斯人》中扮演了伪市长哈里托诺夫等。那时,在山沟里演出这样的大戏是难得的盛事,观众就是我军指战员、驻地老乡们。

徐: 看史料您还演出过日本鬼子?

胡: 演过。1941年太平洋战争爆发后,我军开始进行"对敌政治攻势"。一次在平山县演出牧虹写的独幕剧《糖》。当时"在华日人反战同盟晋察冀支部"支部长宫本哲志自告奋勇演了剧中的日军宣抚官。后来,我接演此角,就模仿他的姿态、动作、语言、腔调,因而与以往的日本鬼子模式有所不同。"对敌政治攻势"回来,"在华日人反战同盟支部"又自编自演了话剧《前哨》，我曾去观摩，看到日军内部的官兵关系、姿态动作、说话语气。这之后，我在丁里创作的话剧《子弟兵和老百姓》中饰演日军司令官，便把观察得来的对日本军人精神气质的感受和姿态动作等都用在了人物塑造上。这个形象得到了侯金镜的高度评价，他说"胡可演的日本鬼子是一绝"。过去，边区演出日本鬼子大都是公式化的，而我的表演是来自生活的。

徐：也就是在抗敌剧社的时候，特殊的战争环境和工作需要，促使您拿起笔，尝试着剧本的创作。您还记得当时创作第一部作品的情形吗？对您话剧创作影响最大的人有哪些？

胡：我是1940年开始写剧本。第一个戏是根据河北望都县柳陀村群众为了给被日寇杀害的59位乡亲报仇，青年集体参军组成"柳陀排"的真实故事而编写的独幕剧《五十九个殉难者》。这个戏没有演出。后来陆续写了几个独幕剧。其中为进行"对敌政治攻势"，我写了一个戏叫《黑老虎》，但是剧本遗失了，写的是我军地下人员"黑老虎"被敌特抓住，敌人准备去报功领赏，审问中"黑老虎"讲了该敌特累累罪行及家庭亲属情况和日寇必败的战争形势，敌特由主动变为被动，为"留条后路"，便把"黑老虎"放走。我写的第一个被演出的戏是儿童剧《清明节》，是给剧社小同志们写的。该剧根据我在部队体验生活时听到的敌占区儿童的生活情况，和敌人诱骗敌区儿童到边区刺探我军情报的事件虚构而成，演的是儿童剧，却是由儿童演给大人们看的。

在文学方面，对我影响较大的是鲁迅和张天翼，特别是鲁迅先生的杂文。在戏剧创作上，对我影响较大的是田汉和曹禺。读小学四年级的时候，青州第四师范附属小学校长刘松塘是个话剧爱好者，他亲自演出了田汉的《颤栗》，还组织学生演出田汉的《南归》、熊佛西的《醉了》等剧，我被选中扮演日人菊池宽的《父归》中的弟弟一角，《醉了》中的张七一角。在济南读初中时，看了田汉的《回春之曲》的演出，我对田汉就敬仰万分，将他视为我的引路人。后来读了曹禺的《雷雨》《日出》，更是激动不已。我对他们二人崇拜之至，把他们视为我的老师。中华人民共和国成立后，我写的戏都得到过他们的指教。他们爱护创作者，从不做过火的批评。曹禺甚至总是替作者说话，因为创作的甘苦他最能理解。田汉也不在创作者面前摆架子。记得一次田汉把我叫到他的家中，让我介绍军队战争年代戏剧创作的情况。田汉一边听我讲，一边做笔记，整个过程非常自然，没有一点架子。

徐：在抗战中的敌后根据地，文艺工作者同人民群众一同经受着战争的考验，您跟人民群众产生了深厚的感情，话剧《戎冠秀》就是在这样的背景下创作的吧？

胡：战争环境动荡不安，军队居无定所，剧社巡回演出更是四海为家。我已记不清曾投宿过多少村庄、接受过多少房东大娘大伯的热情照顾了。反"扫荡"中，我们去被敌人烧杀过的村庄慰问受难的乡亲，蓬头垢面的老大娘一面向我们哭诉，一面刨出烧糊的粮食给我们做饭吃，那闪闪的泪光，使我终生难忘。在敌占区活动时，有一家掩护我的是一位老奶奶，整天笑嘻嘻的，牙齿都没有了。因为邻家和炮楼上的人们有来往，每听到邻院有什么动静，她便爬上房顶观察。一天，她笑嘻嘻地跟我说"藏一藏吧"，便领我到场院东屋的夹壁墙里待着。等我事后走出来，见场院里扫过的浮土上满是鸡爪爪印子，竟是一副久无人迹的景象。我望着老奶奶的慈祥笑容，望着她挂在门框上的那一对鸡爪子，感动得不知道说什么好。像这样的例子太多。人民群众是真正的英雄，是抗日战争的主要力量，我十分想念抗日战争中的老乡们，想念战争中牺牲的战友和同志。正是在同人民群众的接触中，我的思想发生了转变，过去身上知识分子身份的优越感逐渐消失了。

1944年初，边区召开群英会表彰反"扫荡"中涌现的战斗英雄、民兵英雄、劳动模范。我作为剧社的创作人员，列席了这次大会。在众多人的发言中，最后发言的戎冠秀大娘给我留下了深刻的印象。我记得，当时她站在讲台上，把两只大手搭在一起，拉家常似的叙述自己掩护八路军病号和抢救八路军伤员的经过。她讲得没有一点拘束，也没有一点虚夸。整个会场鸦雀无声，大家深深地被她母亲般的对子弟兵的疼爱所打动。她在掌声中走下了讲台，我看到许多战斗英雄都离开了座位，簇拥上前把她围了起来，就像儿子们回到了母亲的身旁。会议临近结束，剧社给了我一个把戎冠秀的事迹编成戏剧的任务。为了深入了解戎冠秀的身世和熟悉当地的环境，我和准备扮演戎冠秀的胡朋一起，陪着戎冠秀回到了她的家乡——平山县下盘松村。那段时间，胡朋跟戎冠秀住在一起，同吃同住同劳动，我主要是访问周围的人，白天访问，晚上点着油灯写。正是在深入生活中，我了解到戎冠秀不仅是一位好心肠的大娘，也是当地最早的一位共产党员。她的正直、无私、无畏，引起了我的由衷敬爱。该剧写成后被抗敌剧社演出了，抗战胜利后，还曾在张家口公演过。由于这次创作，我同戎冠秀大娘建立起了深厚的情谊。中华人民共和国成立后，我的另一部作品《槐树庄》主人公的性格也是以她为原型的。

徐：抗战时期，晋察冀根据地的文艺团体多，戏剧活动频繁，文艺创作较为繁盛。作为亲历者，有没有给您留下深刻印象的文艺或者演出活动？

胡：1940年，由华北联大文艺学院等四个文艺团体联合演出的根据高尔基小说改编的大型话剧《母亲》，给我留下了深刻的印象。这出戏和我没有直接关系，我在其中演过群众，参加过舞美工作，只能算个目击者。1939年下半年，晋察冀根据地成立了边区文、音、美、剧各协会，并把军区成立的日子"十月革命节"定为边区艺术节。在华北联大文艺学院院长沙可夫的倡议下，1940年第一个边区艺术节演出的就是《母亲》。

当年战争环境下，在偏僻的山区，演出这样一出描写外国故事的大戏，是难以想象的。导演团由华北联大文艺学院、联大文工团、西北战地服务团、军区抗敌剧社四个单位的专家崔嵬、丁里、牧虹、凌子风、韩塞、汪洋等组成，崔嵬担任执行导演。剧中，胡朋饰演母亲尼诺夫娜，崔嵬饰演父亲米哈伊尔，丁里饰演儿子伯惠尔，凌子风、韩塞饰演工人恩特莱，牧虹饰演农民代表罗平，张铮饰演女青年莎馨加，陈强饰演西淑夫。这些同志不少来自大中城市，见过洋人，看过外国电影，模拟外国人的姿态、动作，像不像观众都会认可。困难主要在舞美，特别是服装布景，几位来自城市的女同志献出了自己的床单、毛毯，制做成俄罗斯妇女用的大披巾，用土布做成法官穿戴的黑袍方帽。布景需要的外国式样的座椅和"憨里气"的煤炉都从附近教堂搬来借用，演毕归还。该剧在抗敌剧社的篷帐舞台上演出，观众人山人海，引起轰动。11月10日，演出第三天，军区司令员聂荣臻同志还专门接见了《母亲》的全体演职人员。记得他在讲话中提到："对于军队来说，战斗力是包括军事政治文化多种因素的，军队战斗力的提高一定要有文化上的提高，包括文学艺术工作在内。"

徐：当时，在华北的穷乡僻壤，抗敌剧社还演出了《日出》《雷雨》这样

265

的"大戏"。看资料说,演出《日出》的时候正好是冬季,而且是三天时间突击排演的。您能介绍一下当时的情况吗?

胡:事情发生在1941年初旧历年前,晋察冀根据地反"扫荡"之后。这次反"扫荡",是"百团大战"过后,针对敌寇对我晋察冀根据地的报复"扫荡"而进行的。反"扫荡"过后,军区首脑机关转移到平山西部山区,在这里召开了包括冀西、冀中、冀东、平西、平北各分区领导人参加的军区党代会。会期很短,与会人员必须在旧历年前赶回各自的驻地。会议期间,聂荣臻司令员把抗敌剧社的社长汪洋同志找了去,说:"代表们要求看一出好戏。黄敬同志提出,三天后要看你们演出的《日出》。时间短、来不及,拿着剧本上台也可以。三天后代表们要赶回各自的地区,下次开会就不知谁能来谁不能来了。"汪洋表示坚决完成任务,急忙赶回剧社,连夜向剧社全体同志做了传达和动员。

那时,同志们反"扫荡"过后刚在这个距军区驻村不远的小山村落脚,让三天演出,不要说《日出》中城市大旅馆的布景和剧中各类人物的服装,当时连《日出》的剧本也没有。怎么办?好在这里离华北联大驻地不远,于是派会骑马的白万才同志连夜奔赴联大文艺学院的驻地找沙可夫同志,经沙可夫同志翻箱倒柜找到《日出》剧本,连夜赶回。几位对《日出》有印象的同志连夜商定剧中人物扮演者。黎明前见到剧本,来不及刻写翻印,便拆开剧本,由同志们各自抄写各自的台词,分别按各场情节自行对词排练;导演汪洋则依次审看各幕的主要场景,将各场衔接。最难的是剧中各类人物的服装和城市大旅馆的布景。记得当年来自大中城市的女同志们纷纷捐献出参军时带在身边的彩色衣物以供改做,并根据上级拨给的几匹白布连夜剪裁绘制剧中人物的服装、制作旅馆的布景。记得那两个单人沙发是用牲口的鞍架翻过来绑上背包、蒙上色布做成的。这样昼夜兼程、连夜突击,三天过后,这出名剧得以在老山沟里、在剧社的篷帐舞台上如期演出。

在天寒地冻的数九天气,露天演出这出春夏季节的戏,对演员们是极大的考验。台下看戏的是穿着棉衣棉裤的观众,而穿着角色服装的演员却必须在寒冷中坚持;演员在后台还可以围着木炭火盆取暖,前台则只有台口的几个土坑里有炭火。剧中人物均衣衫单薄,陈白露的服装还露胳膊露腿,且停留场上时间最长。加以三天三夜的疲劳，大家演完首场便不想再动。别说整理服装道具、拆掉篷帐舞台，连走回驻村的一里地都感到困难。

三天的突击，只要求演员在台上能背下剧中人物的台词，还谈不到艺术质量。后来经过排练，此剧曾成为剧社的保留剧目，并在调整演员后于1943年初的晋察冀边区参议会上再次演出。而剧中"小东西"的扮演者方璧同志、小顺子的扮演者崔品之同志已在1942年的"对敌政治攻势"中牺牲，只能由他人顶替。边区参议会演出后，剧中方达生的扮演者吴畏同志又在当年秋季反"扫荡"的一次突围中牺牲。他们三人都是我所在的剧社文学组的成员。

二

徐：中华人民共和国成立后，您发表演出的第一部作品是话剧《战斗里成长》，这部作品不仅被搬上了电影银幕，还被翻译成了多国文字，并在苏联、匈牙利、罗马尼亚、日本等国上演。当时这部作品的创作背景是什么，经历了怎样的写作过程？

胡：土改以后，农民子弟踊跃参军，在这一形势下，晋察冀军区政治部要求我们写一个有助于教育新战士的戏剧。我那时是创作组的组长，立即组织大家投入创作。那时写剧本都有明确的目的性，就是要"从主题出发"写作。这个故事怎么写呢？胡朋说起了之前被派到某区做群众工作时，在一次控诉敌伪罪证的群众集会上，一个妇女发现坐在台上的八路军干部正是她失散多年的丈夫；我则想起了在部队里常有父亲和儿子同在一个连队的事，也有兄弟二人先后参军在战斗中相遇的事。就这样，战斗生活中积累起来的故事一个个涌现出来。我把这些故事说给大家听，最后编写出了一个为了报仇父子相继出走，在部队相逢不认识，最后全家团圆的故事。剧本是分幕执笔的，最后由我统一，取名为《生铁炼成钢》。初稿写出来，还没有来得及修改，就接到攻打太原的任务。我把它揣在挎包里，带到了太原战役前线。这期间，我深入部队一线，住在太原东山猫耳洞里，记录下在部队每天的见闻，剧本虽有改写的想法但是一直未能动笔。

北平和平解放，我随着军区机关进驻北平，抗敌剧社改编为华北军区政治部文艺工作团，创作组的老同志陆续走上了新的岗位。我也被调到华北军区宣传部从事专职写作。因为有太原前线的生活感受，乃考虑将《生铁炼成钢》进行改写。我把原来写的前两幕压缩成第一幕的两场，在戏中增写了第二幕、第三幕，这样剧本就着重反映了部队生活，并改剧名为《战斗里成长》。剧本完成后，交给军区政治部宣传部张致祥部长审阅，第二天他跟我说可以出版，我便把剧本交给了丁玲同志，并得以在《人民文学》发表。该剧由华北军区文工团首演，刘佳担任导演。此后，不仅国内多个文工团演出了这部戏，而且被翻译到国外，有不少国家演出了该剧。就这样，《战斗里成长》竟成了我的代表作。

徐：这之后您又创作了话剧《英雄的阵地》和《战线南移》。

胡：1946年11月28日，晋察冀野战军三纵队八旅二十三团一营在保北战役中坚守易县刘家沟村，获得"钢铁第一营"的称号。我同这个营关系密切，当年我下部队体验生活就是在这个营。我对他们比较熟悉，觉得记述他们的功绩，描写他们，是我不可推卸的责任。于是，我向领导请示，重访了这支老部队。这次回去，好像是回到我的老单位探望，见到营里的官兵有一种久别重逢的感觉。见到我的每个熟人也都抢着向我讲述他们的经历和感受。半个月的时间里，大家谈到的刘家沟战斗的经过和惨烈的情景，我所熟悉的同志们的经历和感受，在我的脑海中一直积聚难忘，并思考怎样通过戏剧加以反映。只是由于忙于执行新的任务，写作的计划一度搁置。直到完成《战斗里成长》之后，我才得以把"钢铁第一营"的材料重新进行思考。我是这样计划的，我要写出解放军的革命英雄主义精神，还要写出这场固守战中的军民关系，写出人民群众对战争的贡献。于是，我把刘家沟设计为一营住过的村庄，房东大娘的儿子是一营负伤的老兵，在村里担任民兵队长，房东女儿对通信员心存爱慕，村妇救会主任是一位军属，丈夫不久前在战斗中牺牲。整个固守战，民兵也投入战斗，妇女们负责照顾伤员。故事发生在一个农家院落，时间从早晨到傍晚的一天之内，完全符合"三一律"的要求。这个戏写出后取名《英雄的阵地》。此剧经过多次审查，多次修改。我自己觉得写这个剧本下了大功夫，虽然也演出了，但没有达到预期的效果。

《战线南移》是从朝鲜战场回来后创作的。我是1952年春去的朝鲜战场，那时战争最艰苦的岁月已经过去了，敌我双方处于阵地对峙的阶段。战争的

保护、扶持文艺创作的独立思考和探索精神——访剧作家胡可

规模虽然不大，却是地地道道的现代战争。出发前，主持军委工作的北京军区聂荣臻司令员找我们几个准备入朝的人谈话，他向我们介绍了朝鲜战场的形势和战争特点，希望我们不但要了解步兵，也要了解其他兵种，不但要了解我们的战士，也要了解我们的干部和指挥机关，不但要反映志愿军的英勇，也要反映他们如何在战争中学会和掌握现代战争的本领。我正是按照聂帅的要求去朝鲜体验生活的。我不赞成只靠访问进行写作，认为创作必须亲自接触、亲身体验、亲自认识。在朝鲜战场，我跟着部队开上一线，跟着他们打下无名高地，亲历了战争的全过程，看到了战争的各种场面，也学习到了现代战争的一些知识。我的创作素材是亲自体验得来的，故事的虚构也以我的真实感受为基础。回国的第二年，我写出了《战线南移》，在这个剧本里，我回答了我们为什么能战胜强敌这个问题，也歌颂了从战争实践中锻炼出来的一代军人。

徐：《槐树庄》在您的创作生涯中也是一部非常重要的作品。您能谈谈这部作品的创作背景和演出情况吗？

胡：战争年代我长期生活在农村，参加过减租复查和土地改革，也写过农村戏。中华人民共和国成立以后，我对我国农业合作化运动十分关注，很想写一出农村戏，而苦于接触农村机会不多。直到1958年我被任命为河北省军区石家庄军分区副政委，才有了接触农村的机会。而那时正是"大跃进"年代，我国农业合作化运动已由初级社阶段进入高级社阶段，有的农村已成立人民公社了。1958年秋天，我接到北京军区的命令，为纪念中华人民共和国成立十周年，要我为新成立的战友话剧团写一个剧本，须于次年2月完成，以便排演。我本想过个一年半载，多少了解农村情况后再考虑创作的，但作为军人须服从命令，便立即动手。先是考虑以土地改革和农业合作化为背景，写几个农村人物的经历，以戎冠秀式的老党员为主人公。那时尽管对刚刚出现的人民公社还不甚了解，却觉得戏的结局应以人民公社为背景。在军分区进行创作时，构思和初稿一直得到熟悉农村情况的同志们的帮助。但对这种非军事题材和松散的构思，效果如何却心中无数。话剧团为进行排演，时来催稿，只能写一幕交一幕，全剧完成已是1959年4月，而此剧须于"八一"节前接受审查，为交稿、修改、听取意见，我多次往来于北京和石家庄。幸

269

福的是，此剧预演后被军分区首长肯定，被军内外观众认可，此后该剧多次演出，并且八一厂要我将此剧改编为电影剧本。电影由王苹同志导演，拍摄完正值1962秋党的八届十中全会刚刚开过，反映农业合作化的电影《槐树庄》受到重视，我作为编剧还获得总政和军分区的奖励，并在几年后的"文革"中未遭批斗。

"文革"中，原演出单位造反组织为"占领舞台"而对《槐》剧进行"改编"：删去原剧郭大娘儿子参军与牺牲情节和刘氏父子矛盾情节，让剧中崔治国作为刘少奇的化身被众人批判。此剧被不断"改编"，已面目全非。而说明书上却一直印着"编剧胡可"，使我感到懊丧和痛苦。粉碎"四人帮"后，我把原剧本收入我的剧作选，以示区别。原剧本存在的缺陷，谨供读者批评。

这部作品凝聚着我的喜悦和苦恼、追求和失误，就像一个有先天疾患的病儿，久久地拖累着我却又舍不得将其丢弃。此剧牵连着不同的历史时期，经历了被表彰、被篡改利用、被"编外"的命运，为我国剧坛所仅见。

徐：2019年是中国文联、中国作协成立70周年。70年前的7月，您作为部队文艺代表，参加了第一次全国文代会，您还记得当时的情形吗？

胡：第一次文代会召开的时候，北平刚解放不久，全国各地不少文艺家已开始汇聚到北平。当时我28岁，12年前，我参加抗日游击队就是从北平出去的，这次回到北平，而且能参加文艺界的盛会，兴奋的心情难以言表。在会上，我见到了毛主席、朱老总、周总理等领导人，见到了我崇拜的作家郭沫若、茅盾等。当时有种看法，认为这次大会是解放区与国统区两支文艺大军的会师，既有延安和各敌后根据地的文艺工作者，也有来自重庆等大后方文艺界的代表。还有另外一个"会师"，也是解放区各根据地、各野战军文艺工作者的会师。我是从晋察冀根据地走出来的，当时的晋冀鲁豫、山东解放区的文艺创作也比较活跃，特别是山东解放区，但是我们对他们的了解不多，各个根据地、解放区文艺创作之间的联系也是隔绝的。这次文代会上，大家聚到了一起，那种振奋的心情，是难以忘怀的。

文代会期间，还举行了规模较大的文艺展演，使我们看到了兄弟单位演出的戏。那时印象深刻的有陈其通编剧的五幕话剧《炮弹是怎样造成的》、李之华编剧的独幕话剧《反"翻把"斗争》、魏风编剧的《刘胡兰》等。我是搞创作的，感觉自己落后了，受到激励，发誓绝不提待遇、绝不提要求，发奋搞创作。

三

徐： 2019年是中华人民共和国成立70周年，共和国的文艺也走过了70年。作为亲历者，您认为话剧在共和国的文艺中的作用是什么？您对话剧创作的认识又经历了怎样的过程？

胡： 把文学艺术作为宣传工具，比作投枪、匕首，比作战鼓、号角，这是革命者在战争年代特殊环境下形成的一种观念。那时，话剧是作为推动革命战争的武器来看待的，话剧也正因此而获得发展。中华人民共和国成立以后，话剧在全国范围内承担着宣传党的政策、团结教育人民的职能，并继续发展。但随着变化了的形势，新的矛盾也开始显现，这矛盾表现在整个文艺工作中，在话剧工作中表现得最为明显，那就是如何按照艺术自身的规律，更好地实现党对文艺的领导。其实，这一点在战争年代不存在或者表现得不够突出。但是中华人民共和国成立后，工具论的弊端、创作的矛盾逐渐暴露出来。那时，审查最多、要求最具体的就是话剧，话剧作者受到的约束也是最多的。党对文艺工作的领导简单地变成了出题目、提要求、审查把关，对文学艺术作为创造性精神产品的规律性问题谈得很少，这些都非常不利于话剧的繁荣发展。如何鼓励文艺工作者的创造精神，按照艺术自身规律来领导文艺工作、话剧工作，开始提到党的日程上来。

早在延安文艺座谈会上，毛泽东主席就已经讲了文学艺术是人类的社会生活在人们"头脑中的反映的产物"的道理，而且讲了"马克思主义只能包括而不能代替文艺创作中的现实主义"。1957年，他在《关于正确处理人民内部矛盾的问题》中提出了文艺上百花齐放、学术上百家争鸣的"双百"方针。这一方针是中华人民共和国成立后，根据变化了的新的矛盾对延安文艺座谈会讲话的重要补充。"双百"方针和"二为"方向放在一起，可以说互为条件、不能分割。但是这一点在实践时却走了一条曲折的路。1979年举行的第四次全国文代会上，邓小平同志代表党中央发表了《在文学艺术工作者第四次代表大会上的祝词》，重申了"双百"方针和"二为"方向，着重讲了正确理解党对文艺工作的领导问题,并指出:文艺这种复杂的精神劳动非常需要文艺家发挥个人的创造精神。写什么和怎样写,只能由文艺家在艺术实践中去探索和逐步求得解决。在这方面不要横加干涉。这段话使新中国成立以来长久困扰着我们的,特别是党提出"双百"方针以来长期纠结不清的党如何领导文艺工作的问题,终于有了结论。此后,我国的话剧发展进入了新的时期,出现了新的局面。

党的十八大以来,习近平总书记在文艺工作座谈会上的重要讲话和在中国文联十大、中国作协九大开幕式上的重要讲话,既是针对文艺现状而言,也是对我国文艺工作几十年来的经验教训的回顾和总结。他在讲话中要求我们把"以人民为中心"作为创作导向,要求文艺工作者不要当"市场的奴隶",不要沾"铜臭气",强调必须尊重文学艺术自身的规律,这对我国文学艺术的发展具有极强的针对性和指导意义。两次讲话也完全符合我国话剧的发展现状。

我国的话剧,已不是当初话剧传入我国时的模样。发展到今天,除了国家和各省市的话剧院团及军队的话剧团外,已有一大批民营剧团、业余演出作为基础,加以同国外优秀戏剧的交流,向电影、电视剧的借鉴,向我国戏曲传统的借鉴,我国话剧一直在发展中。导演的引领是重要的,而决定作品质量的是作品的人物和语言,这取决于一批敏锐勤奋的剧作家。《雷雨》《日出》等作品之所以常演不衰,根源于作品的质量,体现了作者对现实生活的感悟、对人物的熟知和对世界优秀话剧经验的领会,是这一切在作者头脑中深思熟虑的产物。文艺创作最应该保护和扶持的就是这种独立思考和探索精神、独创精神。正是这种独立思考和探索精神,使我们拥有丰富的文学艺术遗产。

徐:近十几年,您到剧场看戏虽然不多,却一直在关注剧本的创作,留下了很多的读剧心得,在对剧本的阅读中,您反复强调剧本的文学性。您认为文学与戏剧之间的关系是什么?

胡:文学是文字与读者的关系,面对的是读者;戏剧是综合艺术,涉及的领域多,面对的是观众。戏剧当中只有剧本是文学。这是讨论两者关系的前提。曹禺的《雷雨》《日出》最早都发表在文学杂志上,不是由哪个领导让他写,也不是哪个剧团请他写,他是用戏剧的形式写的文学作品。大家看到后,认为可以演出,才有了此后的导演、演员、舞美等。曹禺的戏剧是文学作品,汤显祖、关汉卿、莎士比亚、莫里哀、契诃夫、易卜生等的戏剧都是可供广大读者阅读的文学作品。在戏剧演出中,剧本是基础。

我国的话剧就总体而言也不是一直重视文学性的。话剧在我国得到发展,重要原因是它可以用来作为宣传的工具。战争年代的话剧普及到部队官兵和广大农民,强调的是它的宣传鼓动作用,虽然也追求人物和语言,却是通过人物语言去写问题、写政策,或者用作宣传报道,写某场战斗、某项运动,报道事实,见事不见人。后来剧作者们逐渐认识到要写人物,要写典型环境中的典型性格,要重视性格语言。这时才接触到剧作的文学性问题。

文学性来自作家对生活的感悟,来自作家的文思,来自作家头脑对生活原料的加工制作,来自作家的创造性劳动。而这种劳动由个人完成,别人无法代替。剧作者也是文学作者。希望戏剧界和领导戏剧创作的同志切实把剧作当作文学,使之通过人物形象给人以鼓舞、以信念、以美的享受,而不要把戏剧当成一般的宣传品,或者着眼于能否赚钱、能否获奖。

访后跋语:

这是一次穿越90多年历史时空的采访,凝结着一位年近百寿仍笔耕不息的老人一生的奋斗脚步与信仰追求;这是一次年纪相差一个甲子的对话,受访者用他的经历、感悟与思考向"好奇的"采访者诠释了一位历史见证者的人格魅力和精神风范;这也是一次充满收获和思想充盈的交流过程,三次登门拜访、近八个小时的录音、数万字的记录材料,留下的不仅仅是远去的历史、密集的文字,更是一段段真实的故事、一个个鲜活的生命、一幕幕值得历史永远铭记的精彩瞬间。这位老人、受访者就是剧作家胡可老师。

每次如约前来采访,胡可老师总是早早地就嘱托郭姐(保姆)把家门打开,他则站在客厅中央热情迎接着我,然后拉我一同走进他那间简朴而古旧的书房。这也是我三次采访印象最深刻的地方。书房的家具、摆设一切都停留在20世纪的模样,泛黄的旧书、老式的旧台灯、笨重的写字台也显示着这里与当下时代的疏离。但就是在这样的简单、朴实中,一种气定神闲、从容不迫的气场蕴藉其中。它带领着来访者远离外界的浮躁与尘嚣,静下心来,感受来自人生和命运的跌宕与真实。

胡可老师习惯坐在写字台前的椅子上,双手则搭在身前的拐杖上,看到我一切准备就绪后,一句"咱们开始吧!"就成为我们每次采访的"发令枪"。听胡可老师讲述历史、回眸创作,是令人激动且兴奋的。尽管年事已高,但他的思维清晰,精神矍铄,不仅对于每个历史事件的细节,包括时间、地点、人物、场景都能准确还原,而且富有代入感,很多时候伴随他的回忆,听者仿佛同他一起走进了烽火硝烟的战争年代,看到了抗敌剧社里青年戏剧人革命的激情与理想的光芒,感受到他在敌后根据地、战场上与人民群众、革命战士之间结成的深厚感情与友谊,也真切体悟到一代戏剧工作者、文艺工作者为新中国文艺事业所做出的巨大贡献。

沉浸于回忆中的胡可老师,眼神刚毅,言语铿锵,是那样地严肃、严谨,虽然一些历史往事已经跟不同的采访者讲述了许多次,也写进了他的多部回忆录和文章中,但每每讲到那些牺牲的同事和战友,每每讲到那些为了抗战和革命事业奉献一切的人民群众,他的眼眶中还是衔着泪水,语速放缓,言谈中充满着怀念和感激。这是真情的自然流露,也是他对理想与信仰最本真的表达。"人民群众是真正的英雄。"人民是抗日战争、解放战争的主要力量,也养育了像胡可老师这样一代优秀文艺工作者。

原载于《中国文艺评论》2019年第2期。

京剧是一门『讲究』的艺术
——访京剧表演艺术家叶少兰

任飞帆[*]

1943年出生，祖籍安徽太湖。著名京剧表演艺术家、国家一级演员。出身于梨园世家，国家级非物质文化遗产传承人，美国富布赖特国际学者。历任中国戏曲学院研究生导师，班宁顿学院戏剧系名誉教授，北京军区政治部战友京剧团导演、编导室主任、艺术指导。第九、十届全国政协常委，第八、十一、十二届全国政协委员，全国政协京昆室副主任。荣获首届中国戏剧梅花奖、中国金唱片奖等。代表作品有《群英会》《罗成》《周仁献嫂》《吕布与貂蝉》《白蛇传》《柳荫记》《西厢记》《桃花扇》等。

---

[*] 采访人单位：人民日报社。

一

任飞帆（以下简称"任"）：叶老师您好，感谢您在百忙之中接受我们的专访。您出生在梨园世家，祖父是富连成的社长叶春善，您的父亲是"叶派"创始人叶盛兰先生，能谈谈您是如何走上从艺道路的吗？

叶少兰（以下简称"叶"）：从我的曾祖先辈开始，就一直从事京剧事业。父亲叶盛兰是京剧艺术大家，广受戏迷喜爱。我从很小的时候，每天看开箱，看取行头，知道了什么叫蟒，什么叫箭衣，什么叫大靠软靠，什么叫褶子，真是大开眼界。那时候，我虽然还没有学戏，但特别喜欢听父亲和他的朋友们聊戏里面的事情。无论大人吊嗓子，还是分析戏情戏理、说武打场面，我都站在墙根饶有兴致地听半天，大人们如果需要刀枪把子，我能迅速拿来还不出错。大姑爹茹富兰先生发现我对京剧感兴趣，就和父亲商量让我学戏，七岁那年教了我一出戏《探庄》开蒙。

任：您小小年纪就学戏是不是很辛苦？

叶：从我家到茹先生家，要出棉花五条，走裘家街，再穿过西草厂和前铁厂，到海北寺街9号院。那时候我一边学戏，一边在小学读书，年岁小好像也不知道叫苦叫累。我对学戏练功有股劲，总是兴致勃勃，乐此不疲，果然"兴趣是最好的老师"。茹先生当时已在教戏方面有极高威望，自己学生还顾不过来，更何况给小孩子启蒙没名没利，还得付出极大精力。但茹先生从不敷衍，极其负责。老先生不是上来就给我们教唱和身段技巧，而是从最基本的地方入手。比如怎么压腿：如是压旁腿，别腆肚子，别撅屁股，立腰，亮出胸脯；如是压正腿，该怎么勾脚面。练好腿功，在台上会大有用处，所以练功虽然疼也得忍着。压完腿之后就是悠腿,然后踢腿、正腿、旁腿、斜腿、偏腿等等,因为每个动作的要领不同,所以老师讲解得非常细致。

我十岁进入中国戏曲学校正式开始学习。父亲与戏校教戏的师兄弟们感情很好,他在我入学时就托付各位老师一定不要娇惯我,不要碍于面子放松对我的要求。确实,老师们对梨园子弟要求也更加严格,经常说:"你和别人不一样,你是门里出身,就应当学得快,学得好,不要给大人丢脸。"

我在学戏上并不是个聪明孩子,学起来不是很快,但我却极其认真,这很大程度上是向我父亲学习的。在我小时候做手术割扁桃体时,老嫌时间过得慢,生怕缺课太多赶不上。然后我就给自己补课,把高富远先生教的六段曲牌自己小声儿一天唱三次。回学校时,属我满功满调唱得响。

任:您在回忆儿时经历时多次谈到您的父亲,请问叶盛兰先生对您的从艺道路产生了哪些影响?

叶:在我眼里,叶盛兰是一个慈祥的严父。父爱如山,他不仅给我亲情之爱,而且一生为人处世侠肝义胆,包括对艺术的热爱、钻研精神和辉煌成就,也如一座高大的宝山一样,是我一生学习的榜样,是鼓励、护佑我向前的动力和后盾。

我刚开始学习,只能跑龙套,父亲就教导我说:"龙套也得认认真真,一台无二戏嘛。"所以我跑龙套时也勒头吊眉,不敢有一点马虎。直到今天,我一散戏还没卸妆,就要和鼓师和琴师仔细念叨念叨,再找找毛病,要是没问清楚,一宿睡不着。譬如许多观众都对战友京剧团《吕布与貂蝉》中的四个小马童印象深刻,说他们齐整、精神、神采飞扬,甚至一站门,观众就鼓掌喝彩。有人表示不理解说:"戏迷看的是好角儿,少兰何必那么较真,对小马童也抠得那么认真……"此话不然。要想吕布有光彩,吕布的贴身护卫就一定要精神、漂亮,这样才能水涨船高。后来这四个小马童很多演员都担当过,个个如此,没人含糊。

作为演员,我一向觉得一心不可二用。从事京剧事业,努力学还不一定能有所成就,哪还能兼顾着其他?这个道理也是父亲教导我的。他说:"我是一个演员,我就要把我全部精力,都用在咱们的专业上面。一定要把戏排好、练好、演好,我要对得起观众,不能让人家戳我的脊梁骨。""我就是一个演戏的，靠能力吃饭。""咱们要把时间用在学习练功上，用在提高文化艺术修养上。"他还总爱说"书到用时方恨少"这句话，告诫我要好好把时间珍惜利用起来，好好研究咱自己的玩意儿，为观众排出好戏来。

父亲身体力行地告诉我作为一个京剧演员的本分。戏曲界老先生和老前辈们一辈子也没得过什么奖，到今天谁不记得他们的名字？我认为，演员的流派与他的名气名号，包括品牌效应，都是与作品联系在一起的。所以，做事要像老前辈那样，不但继承他们的技艺技能，还应该继承他们的道德风尚品质，全心全意一门心思扑向事业。

我1943年出生在北京，1953年进入戏校，19岁毕业开始了教学生涯。所以，1962年至1964年是我向父亲学习、交流最多的一个时期。父亲常常和我说到他创造舞台人物形象的一些心得：如何使之合理、生动；怎么才能好看、好听；怎样合理使用技巧；哪些戏应如何处理；等等。若干年后，我对一些叶派剧目的改动处理，许多来源于父亲当年的启发。父亲经常和我说："苏联的戏剧导演斯坦尼斯拉夫斯基的表导演体系，有很多理论和京剧的表演要求是相通的。我们在舞台上表演，也同样是讲理的，讲究塑造人物和技术的合理运用，不许'想怎么演就怎么演'，那种卖艺行为很不可取。应当是用自己掌握的'四功五法'技术技巧，为剧中不同的故事情节、不同的人物个性服务，对技术要有选择、有根据地使用，心里明白、清楚、有谱儿，表演才能传神，观众才能跟你入戏。"又说："京剧和话剧不同的是，京剧是写意、夸张、程式化、舞蹈化而又是有生活依据的。"

父亲结合他在不同剧目中的创造和表演入情入理地分析教导，再加上在戏剧学院学习的表演理论知识，让我对京剧、对京剧小生表演艺术，对父亲的艺术创作理念有了进一步深刻的理解。那一阶段也是父亲给我讲他艺术心得最珍贵的一个时期。

二

任：您多次在采访中提到京剧是一门"讲究"的艺术，如何理解"讲究"二字？

叶："讲究"可以说是京剧的最大特点。生旦净末丑，分行分路极其细致；唱念做打舞、手眼身法步，每个行当的基本功训练，从一戳一站，一个指法，到各种脚步，不同的人物会有不同表现。

比如旦角中：妇女称为青衣；没有出阁的少女是花旦；老年人称为老旦；能骑马打仗的巾帼英雄，称为刀马旦；表现古装仕女是花衫；丑行兼工，展现幽默的丑旦等。不同角色有不同的基本功训练、不同的表现形式，她们的走、坐、卧、行动，一举一动，都得在行当的规矩之内。花旦有花旦的手势、脚步，青衣有青衣的身段和表演。程砚秋、梅兰芳、尚小云等不同的流派大家，虽然都是青衣，有不同的流派特色和艺术特点，但是他们都要运用青衣的身段来表现、展现人物个性。

我从事的行当是小生，这里面也有很多讲究。小生因为是青少年，所以要用真假声区分老生、旦角，但不能带有脂粉气，真假声一定要宽厚、圆润、悦耳、动听，要有阳刚之美。因此前辈给小生创造了真假声结合的小嗓，成为舞台上的艺术声腔。人们都说叶派的声音清新健美，就像早晨的空气一样健康，听起来很美。小生中又有更加细致的分类，比如表现读书人的文小生，《梁祝》中的梁山伯、《西厢记》中的张生、《白蛇传》中的许仙等都属于文小生，文小生也叫扇子生。扇子生有很多讲究，他的走法就跟周瑜、吕布不一样，他不是武将，是文人，他的步伐、动作等要温文尔雅，带有文墨气，包括扇子的打法，我们叫文扇胸武扇肚，扇子还分密股扇子和稀股扇子，不同人扇子也不一样。一般文人用稀股扇子，一面作诗，一面作画，画的都是山水画，这个扇子不仅仅是纳凉的工具，更重要的是一个赏玩的文物，所以就在胸前扇，动作幅度很小，但又不能贴着身子，放在哪里合适，都是有标准的。同样是文小生，不同人物展现出来也不同，许仙不是穿着厚底靴，他的鞋底很薄，我们叫福字履，走的是碎步，因为他只是一个药店伙计，身份不高，这和梁山伯、张生的走法又不一样。小生还有怀才不遇、落魄的，带有酸腐气的那种书生，他衣不遮体，肚中饥饿，非常寒酸，鞋帮都不整齐了，走起来鞋不跟脚，那个脚步就叫拖沓步。

京剧的服装道具也都有自己的规矩，我们叫"宁穿破不穿错"，可以没有新衣服，但不许随便代替。我曾经跟影视工作者交换过意见，现在古装影视剧中的很多服化道都不对，和历史不相符。比如清朝官服前的补子，应有文官武官和品级区别，文官绣飞禽，武官绣走兽，不同品级绣不同鸟兽。这是中国历史文化，必须表现准确。

任：京剧有这么多"规矩"，对于普通观众来说，欣赏门槛是不是比较高？

叶：京剧确实有其独特之处，它不是话剧，不是电影。京剧是舞台艺术、表演艺术，也是"角儿"的艺术。电影是导演艺术，演员可能没有进行过电影训练，导演挑到你了，觉得合适，就会启发演员。演员不会武术，但导演拍一下晃手、踢腿，局部的两个兵器在动，再加上快、慢镜头，就可以组合成一个画面、一个内容。京剧是观众在舞台上看一场完整的演出，这里既无虚也无假，观众就要看真功夫，演员要是没有受过训练，没达到标准，就上不了台。京剧不是话剧。话剧表现台词是生活化的，越生活化越真实越好。京剧是虚实结合的，虽然它是虚拟的，但它是讲理的艺术。每一句为什么这么唱，为什么是这么一个唱腔，为什么这里有这么一个技巧，都得要讲出道理来，演员心里都得有谱。每种艺术形式都有其自身的特点，我相信观众只要花一点心思了解到京剧的特点，就会深深爱上它。

京剧是我们老祖宗留下来的宝贵财富，我多次到国外讲学、交流，看到太多京剧魅力征服国外的艺术家们的情况。比如说到京剧中的打背躬，可以把内心独白直接唱出来，对手戏演员就当作没听见，观众也相信。戏剧家布莱希特就非常欣赏这一点。京剧舞台布置简单，但不受时空限制，所以要靠演员高超技巧去表现一些具体场景，比如过水、上轿、骑马、坐船等。演员说这是船，通过动作展现风浪大小；演员说这是轿，上下起伏表示他心里着急；演员说要开门，把门闩跟门带两手一分，一抬腿门槛就出来了，观众就相信这是个门；天气变化，说来雨就来雨，说挡风就挡风；吕布要趟赤兔马，手一捋马鬃，抬得高高，说明那马高，捋马鬃捋得很长，说明那马长。上马的时候往上看，跨腿骑马之后往下看，观众完全相信赤兔马就是这么高这么大，马的各种动作——奔腾、勒马、回转，都通过演员的形体来展现。外国艺术家对此都连声感叹，赞不绝口。

我访问希腊时，希腊艺术家对我们说，本来认为希腊戏剧独一无二，没得可比，但是看了京剧以后，佩服得五体投地，认为京剧真是太伟大了。法国文化部前艺术总监在和我们交流的时候，特别提了个希望，他说对于中国国粹京剧，他抱有无限的敬仰，希望永久保持好国粹京剧的艺术本色。我曾经作为戏曲界唯一的代表去美国做交换学者，不仅去了大家熟识的常青藤大学，也去了享誉世界、以戏剧教育为主的班宁顿学院。每到一处，都会受到学生的热烈欢迎。一位著名的女歌唱家为了学习《柳荫记·思兄》的一段唱腔，一路追随我回家，后来又主动担任司机的角色，送我去下一个演讲现场。我们的京剧不仅吸引外国的演艺界同行，他们社会的各界人士也非常踊跃地买票听讲座，包括不少小学中学的校长们，也纷纷和我联系，希望我能进校园给孩子讲演传播京剧知识。我举了这么多例子，就是想说京剧艺术是伟大的，需要我们从业者好好继承、传扬。

三

任：继承和创新一直是戏曲艺术如何更好发展的争论焦点，对于这个问题您怎么看？

叶：我一直坚信，只有扎实继承，才有创新的成功。如果演员心里没谱，演不明白，交代不清楚，观众就无法理解。所以我就谈这个继承的重要性。没有扎实的基本功，你就没有革新创造的手段。

比如说今天我要创新，如果不知道京剧的特色、标准、要求，手里没有艺术手段，就调动不了精华，这个戏排起来可能就变成了话剧加唱。我听到一个笑话，某位导演导一场戏，觉得锣鼓太吵，要去掉。真是让人哭笑不得。京剧的动作程式，有相关配套的锣鼓程式。把敲击音乐拿掉，演员该怎么上场？不同的人物有不同的锣鼓节奏，帝王将相怎么上，民间百姓怎么上，什么是大锣敲击的，什么是小锣敲击的，敲也不是瞎敲，从轻到重，打出一个什么气氛节奏来，这个脚步就要随着它的节奏，踩在那个锣鼓点上。人物着急报信，锣鼓点叫冲头；仓皇逃走，叫扫头；等等。这里面讲究可太多了。再比如很多人问为什么演员背后要插四面旗子，那叫大靠，是大将在战场上艺术化的挡箭背旗。大将出征之前都有起霸的程式，展现整装待发的必胜气势。有人要用西方铠甲取代大靠，那么，威风凛凛的起霸程式特色就不存在了。京剧脸谱同样不能乱改乱画。霸王为什么是倒垂脸？包公为什么额上有一个月牙儿？忠烈、善良的人物脸谱往往比较完整，残暴奸佞之人勾的则多是碎脸。这些细节无不在精微处体现着人物的年龄、性格、身份。我在美国讲学的时候，就告诉观众京剧的脸谱都有故事，和美国万圣节的鬼怪脸谱不同。包拯是黑脸，代表公正无私、黑白分明，日能断阳，夜能断阴；关羽是红脸，代表忠肝义胆；勇猛暴躁，常常是黄底子、绿脸；表示阴险奸诈的是白脸，比如董卓、赵高。我听不得一些所谓改革者说，对京剧不熟悉，不喜欢，但就想改造它。由于他的认识不够，把精华看成了糟粕，把特色弄丢了，就容易走偏。

有一次，我带全国政协的一个团专门到联合国教科文总部去访问，其总干事这样一段话让我深受启发："创建非遗的意义首先是要保护古老的艺术表现形式，因为它囊括了那个时代的历史和文化，也把不同人类族群的实践经验、生活方式、艺术素养，通通融入其中。传统文化艺术都面临着既要保持自身的品质品格又要跟上时代、既要继承保护又要创新发展的局面。但任何传统文化都不允许改变所申报的非遗标准。"总干事还对我说："你们用国粹这个词称呼京剧简直太合适了，因为很难找到其他艺术形式能像京剧那样代表中国文化精髓了。"京剧作为非物质文化遗产，不仅属于中国，更属于世界，不但咱们要保护，整个世界都要保护。

任：当前有许多年轻人以自己的方式创新京剧，这件事情您怎么看？

叶：咱们要重视这个继承发展，只有按规律办事，才是科学的、合理的，才能发展。继承不是原地踏步、墨守成规。一成不变，这不是我的态度，我一再强调扎实的继承，没有继承就没有成功，就没有发展。但是继承为了什么？就是为了发展。这京剧200多年来啊，不管是慢是快是大是小，没有停止过发展，否则就没有梅兰芳60多岁排《穆桂英挂帅》，这出戏到今天还常演不衰。我演的《壮别》，是父亲创作的。原来《三国演义》里没有《壮别》，现在这个《壮别》无论是台词还是表演，观众欢迎的程度、喜爱的程度，是发展来的。我忠实地、努力地、扎实地去继承，深刻地去领会，才有条件把这《壮别》给恢复了。我父亲只演过两次，就再没有了，这是在1959年排的，没有录像，什么都没有。我拿什么恢复呀？我是凭着当时看过的印象和对于整个艺术规律的把握，有了规律我才知道应该怎么去取舍。我并不排斥创新，曾经的《沙家浜》《红灯记》，现在我们排的新编历史剧、现代戏，还有以京剧为旋律的京歌、诗歌京剧、音乐京剧、交响京剧等，只要是积极、健康、向上，人民大众喜闻乐见，我不反对。因为继承是发展的根，继承是发展的本，没有真正扎实的继承、学习和苦练，就不会有成功的发展。要高举发展的旗帜，你就必须老老实实先去继承、去学习、去认识，学深了，弄懂了再发展，否则在导向上会出问题，对民族文化的精髓会有伤害。

任：那您认为如何才是扎实继承？

叶：除了我刚才说的要尊重京剧艺术本体、尊重艺术规律外，还要特别重视那些有着丰富创作经历的艺术家。我们先后考察了多个世界著名民族剧院，最让我感动的是在乌克兰大剧院看古典芭蕾舞剧排演，每个演员都像正式演出一样严肃认真，没有人迟到早退。排练场最前排的中间位置有一把很旧的皮椅子，表面都磨白了，但每天有人把它擦拭得干干净净：这把椅子没有人坐，它象征着创造剧院艺术风格的艺术家。尽管创建者不在了，但他曾经坐过的位置在，他的艺术精神还在。每一个演员不仅是在排练，更是面对他、面对艺术传承的责任，因此所有人都全力以赴。

尊重的不仅仅是流派创始人，戏曲里分行分路，无论哪行哪路都有专家，包括我们的画服道盔等有经验的师傅，这出戏里怎么摆，哪里要什么道具，都在他们心里，这是专业。比如从小和我父亲一起长大的白二大爷，他曾经在富连成学艺，专门学习服装管理。从我父亲出科就一直跟着，直到进了中国京剧院。实际上，他也是中国京剧院舞美队的元老之一。白二大爷工作兢兢业业、勤勤恳恳。靴底，永远白净，彩匣子、彩盒，一切化妆用品搁在哪儿，都有规矩，干干净净、透透亮亮，不管到哪里演出都纹丝不乱。大衣箱出箱入箱都有规格；化妆镜子放在哪；镜前灯是什么角度，角度不同化妆的效果就不同，灯放在哪里，够不够亮；化妆台是不是挨着风口；等等。这不是好"角儿"摆谱，而是科学的管理方法。一切都为了一个目标，那就是保证演出质量。行话里"一棵菜"是指全班每一个人都要诚实敬业，通力合作，各个优秀，才能让每一场演出精彩，让班社具有市场号召力。

我希望在继承、创新、发展、弘扬的道路上，我们的艺术团体要同掌一面旗，为这个共同的事业继承发展，担当责任，为同一个目标向前冲，而不是各行其是，各有认识，各有理解。在文艺工作座谈会上，习近平同志的一句话，我非常赞同。他说我们啊，每个人，每个艺术工作者都要把自己的发展前途融入总体的事业当中，大家要有一个共同的目标，才能有一个共同的方向。许多年轻演员要强，说要发展，要努力，要提高，要当"角儿"，这都是对的，应该鼓励。但大家也应该同时想到，这一切努力不仅仅是为了自己，更是为了整体事业更健康更向上地发展。

任：都说京剧是"角儿"的艺术，但一出戏要想成功，需要全体工作人员通力合作。

叶：没错。现在大家都嚷嚷着要当"角儿"，做"角儿"，你理解什么是真正的"角儿"吗？"角儿"不是说唱了两出戏，观众喜欢，就可以的。"角儿"的标准很高，以前叫挑班的，必须有独立的市场能力，能够召集一个剧团的演员，并负责所有开销，比如租剧场、地毯、大幕、服装道具、宣传、海报等等。所有的演职员都是当天开份。所以要没有艺术实力，没有独立的市场，没有票房，一天你也挑不了班。我父亲一个月唱28天戏，每天这戏都不重复、不翻头，才能养活一个剧团。于是他要不停地拿出上座的新剧目来。从我出生几个月起，母亲就抱着我跟着父亲走南闯北。无论是四大名旦，还是四大须生，这些好"角儿"我见得太多了，小时候，我也很想当个"角儿"，但是我从来没想到我能成"角儿"，因为觉得太难了，但是我始终刻苦努力，朝着这个最高的目标去努力！

你看现在京剧舞台上天天演的，《穆桂英挂帅》《秦香莲》《赵氏孤儿》《白蛇传》《柳荫记》《群英会》《杨门女将》等，都是前人创作的传统京剧精华，至今常演不衰，成为不朽之作。这就是观众的选择，观众的意愿。可是当下为什么有的戏花了那么多钱编排出来了，宣传打响了，国家奖项、支持资金也拿了，可是演了几场就刀枪入库、马放南山，我心疼啊！就是因为没有在市场赢得老百姓。观众是我们的衣食父母，没有观众就没有我们这门艺术的存在。现在据说要排一个新戏，需要多少集装箱的车来运送道具，要有多少演员参与，需要多少经费负担吃住行。装台好几天就演一场，有的票房有问题，还要花钱组织观众来看。好不容易排出这些大场面，拿下边去演，下边根本没有这个条件，就只好凑合了。台没那么大，去掉这个减掉那个，这个戏还有质量吗？没有质量。拿到下面去为老百姓服务，就成了一个形式了，就没什么意义了。

四

任：您是戏曲界德高望重的前辈，对戏曲发展有什么建议呢？

叶：我现在偶尔还在台上演出，也参加录像、拍电影，留资料。对于我来说，当前最主要的任务是，传。要想传得好，我得自己先下功夫。只有我自己本身继承好了，才能给学生做正确的讲解和示范。我现在天天都看之前的资料。京剧《群英会》我看过父亲从青年到晚年的所有场次，他还手把手教过我，我本人也演过无数场了。但我每演一场，都要重新看一遍父亲唯一的一个影像资料。每一次看我都有新的收获，然后就纳入演出实践当中去。直到现在，每演一场我都是从零开始，熟戏当生戏演。我每演一场戏，都当作第一场，开始背戏、排戏，带上音乐，所有演员。有人说还有这个必要吗？您都演得烂熟了。我说，有。虽然我们已经演了100场了，但作为今天的观众，他是第一场，所以一个演员要对艺术、对观众负责。再熟的戏都要带着百分之百的新鲜感和责任心去演。我认为现在的演员，目标就是为观众演好戏。千万不要太注重奖项，千万不要为得奖去排戏、为得奖去努力。

另外，在戏曲教学上，理论和实践同样重要。在过去，许多艺术家十八九岁就唱出个所以然了，就红了，就有影响了。这是因为他已经有多年的舞台经验，有观众了，有独立剧目了。今天学戏的学生中专毕业以后，要去上本科，拿硕士学位，再毕业就快30岁了，错过了实践的黄金时期。京剧的唱念做打舞、手眼身法步，从孩童时期就得开始练功，而且要不断通过舞台进行实践。京剧靠什么？靠的是真功夫，不仅仅是文凭。我并不反对在文化理论上的充实提高，拿我来说，上戏剧学院系统地学习戏剧理论，学习哲学，指导了我一生的艺术生活。戏曲演员在大学里学习，跟学编剧的、导演的、作曲的、舞美的要有不同，他们应该去实践，在实践当中加深认识，知道如何更好地创作人物。

任：您传承的是叶派艺术，请您谈谈叶派的特点以及对流派的看法。

叶：生旦净末丑都有各自技巧，就叶派小生来说，其演唱十分讲究"龙音""虎音""凤音",既是发音,也属技巧范围,都要合理利用。之所以我今年将近80岁还能活跃在舞台上,要归功于叶派小生艺术的科学方法。有那么多人络绎不绝地在学习叶派艺术,有不计其数的观众喜爱叶派艺术,都说明叶派艺术适应时代、体现了时代精神,也满足广大观众的审美需求,叶派小生还原了扮演男人的儒雅之气和阳刚之气的本色。我们常说,流派,流派,不流则无派。要有追随者、继承人,更要有广大观众的喜爱、认同。

我后来继承发展叶派艺术时一直强调,注重形象思维与逻辑思维的紧密结合。形象思维应当是"做",逻辑思维是"怎么做"或者"为什么做"。演戏为什么有时比较苍白?或者有种匠气的卖艺之感?就是因为他没有演出人物。我的父亲总教育我说:"要做一个明白的演员,不做一个糊涂的戏匠。"他的意思是,要做一个有技术、有文化、有思想的人。这个人要懂得舞台上的技术,能够为故事情节、人物个性服务,懂得一个演员的眼睛要紧紧盯住艺术的高标准,并为之奋斗,如此才能适应时代,成为人民喜爱的演员。

访后跋语:

记得第一次邂逅叶少兰先生就是在舞台上。那是在梅兰芳大剧院,扮演《柳荫记》中梁山伯的叶先生一亮相,所有华彩就聚焦在他身上,让人挪不开眼睛。第二次和叶少兰先生相见,是去探班彩排,叶少兰先生和杜近芳先生坐在台下最中间,趴在桌子上认真记着台上的问题,与其他人要不跷着二郎腿悠闲地听戏,要不低头刷着手机形成鲜明对比。第三次终于与叶先生有了比较直接的接触,那是梅葆玖先生去世,作为新闻记者的我需要第一时间出一篇报道,我知道叶、梅两家不仅父辈交好,二人也是几十年的好友和舞台合作者。我怀着忐忑的心情拨通了叶先生的电话,听得出他在电话那头极力压抑情感,给我讲了几件梅先生演出和生活中的轶事。通话的最后,是一声长长的叹息。

这一次来到叶少兰先生家里采访,我知道先生素来认真严谨,丝毫不敢怠慢,下了地铁骑上一辆共享单车就飞奔目的地。但因为路不熟,仿佛走进了死胡同,面前就是要去的大楼但隔着栅栏怎么都过不去,于是又绕了一大圈找到入口，好在没有迟到。踏进先生家门，桌子上已经摆好了一杯绿茶，温度正好，满头大汗的我忙不迭地喝了一大口。叶先生待我坐稳平静，拿出几张自己早已经拟好的提纲，我们开始了正式采访。

上午的采访将近三个半小时，叶先生没有休息过。我一个年轻人聚精会神地听着，到后来都觉得腰酸背痛，不时地偷偷变换着姿势放松，而叶先生始终坐得一丝不苟。采访老艺术家，有时候比较不方便的是成稿后的审定，他们不善用电子设备，所以得辗转让他们审看，再沟通内容。叶先生有微信就方便很多，我把稿子直接传给他，再通过电话得到反馈意见。出于职业习惯，通常我会先把文章校对几遍，争取不出错误。但这洋洋洒洒近万字的稿件，难免有疏漏，叶先生一一找出来订正，不知道年近八旬的他对着小小的手机屏看了多久、多少遍。

我曾经窝在图书馆里从头到尾细细翻阅先生的自传《岁月：叶少兰从艺六十年之感悟》，虽然只有几次接触，但自传中一个个铅字，也在一次次接触中立体起来。这就是叶少兰先生，做事认真到有时甚至觉得他不近人情。但正是这份执着，不负父亲叶盛兰先生的殷殷期望，成就了当下京剧小生里十有八九都宗法的叶派。也正是这份执着，让叶先生表面上虽然淡然，但他以一颗拳拳之心，投入一生热爱的京剧事业，同时也对身边人保持着一份熨帖的关注。

原载于《中国文艺评论》2019年第4期。

艺术性和大众性的和谐统一是音乐创作的核心

——访音乐家何占豪

禹 洁[*]

1933年生，浙江诸暨人，著名作曲家、指挥家，上海音乐学院教授，历任中国音乐家协会理事、上海音乐家协会副主席，多次受聘任全国金唱片奖评委、金钟奖古筝专业评委会主任。何占豪作品中最著名的小提琴协奏曲《梁山伯与祝英台》（合作）曾多次获中外唱片公司颁发的金唱片奖、白金唱片奖。何占豪的主要作品还有弦乐四重奏《烈士日记》、交响南音《陈三五娘》、管弦乐《胡腾舞曲》、越剧清唱剧《莫愁女》、古筝独奏曲《茉莉芬芳》、古筝协奏曲《临安遗恨》《西楚霸王》、筝乐诗《陆游与唐婉》、二胡协奏曲《乱世情》《别亦难》《英雄泪》《重上井冈》、二胡协奏与合唱《鉴湖侠女——秋瑾》、柳琴协奏曲《花》、箜篌协奏曲《孔雀东南飞》《清照情怀》、小提琴协奏曲《盼》等。1995年，其作品《临安遗恨》《茉莉芬芳》获文化部教育司颁发的"优秀创作奖"。多年来，香港、澳门、台湾地区、上海、杭州等地，另有新加坡都曾举办"何占豪作品音乐会"专场，何占豪亲自担任指挥，合作的乐团包括中国交响乐团、上海交响乐团、中央歌舞剧院交响乐团，以及浙江、杭州、福建、厦门等省市交响乐团，上海民族乐团、香港中乐团、台北市立"国乐团"、新加坡华乐团等。鉴于何占豪对中国音乐事业的突出贡献，2013年，中国文学艺术界联合会、中国音乐家协会授予何占豪金钟奖"终身成就奖"，2014年，上海市委宣传部授予何占豪"上海文艺家终身荣誉奖"。

---

[*] 采访人单位：北京大学。

艺术性和大众性的和谐统一是音乐创作的核心——访音乐家何占豪

一、《梁祝》的创作与演绎

禹洁（以下简称"禹"）：何占豪老师，您好！2019年适逢《梁山伯与祝英台》（以下简称《梁祝》）问世、首演60周年，可否介绍一下《梁祝》是如何诞生的？为什么想到采用小提琴协奏曲的方式创作和演绎？

何占豪（以下简称"何"）：当我还是上海音乐学院管弦系的学生时，当时学习小提琴演奏的内容都是外国乐曲，我们去乡下慰问演出时，发现农民难以理解，他们更加热爱自己的民族音乐，特别是戏曲音乐。在这样的情况之下，上海音乐学院管弦系领导刘品先生认为小提琴要使人民喜闻乐见必须民族化，号召同学们自己动手创作。1958年秋，在先生的创意下，成立了"小提琴民族化实验小组"（以下简称"实验小组"）。我就用越剧的素材创作了弦乐四重奏《梁祝》（后来称为"小梁祝"）。而后，中央领导来视察时，听到"小梁祝"，认为用外国乐器演奏中国戏曲，这是一条音乐创作的路子，建议探索下去。第二年时值新中国成立10周年，决定在四重奏《梁祝》的基础上创作小提琴协奏曲《梁祝》。

禹：原来《梁祝》的诞生，经历了从弦乐四重奏的雏形到小提琴协奏曲的历程。您刚才提到的"小提琴民族化实验小组"是个什么样的组织呢？具体在《梁祝》的创作和演绎中，担当什么样的作用呢？

何：这个实验小组是贯彻领导关于小提琴民族化的一个先进集体，他们里面的成员都是当时又红又专（德艺双馨）的成员。第一，《梁祝》的题材是小组讨论，向领导建议的，从"小梁祝"到"大梁祝"（小提琴协奏曲《梁祝》）。第二，当时选拔担任小提琴演奏的成员都是小组成员，是这个小组中业务（演奏水准）最好的成员。第三，还有专人负责小提琴民族化的理论探讨，比如小提琴民族风格的演奏，是这个小组进行精心讨论、实践、总结的成果，实事求是地说，《梁祝》中小提琴民族风格的演奏手法是小组总结的成果，是小组集体的贡献。

禹：近年来，有越来越多的艺术家以《梁祝》为原型进行改编、演绎，出现很多新的版本。您认为哪些二度创作是新颖的或者值得肯定的，能给您留下深刻印象？

何：所谓二度创作，分两方面看待。第一方面从演绎形式上看，每个乐器在表现情感方面，有长处和短处，要根据乐器自身的特点进行改编。作者和演奏家都可以参与改编，改编的核心是要扬长避短。一首深受广大群众欢迎的好作品，演奏家往往想用自己擅长的乐器来演奏。不同的乐器有不同的改编方式，如果乐器本身表现力强，能表现喜怒哀乐各种情感，演奏家可尝试演奏整首乐曲，纵观古筝和二胡长处比较多，因此古筝版《梁祝》、二胡版《梁祝》，这样的改编方式受大众认可、喜欢较多。如果乐器表现力在某些方面有强有弱，演奏家可以选择本乐器容易表现的曲目片段来改编。从声乐和器乐对《梁祝》改编的各种版本来看，演奏家、演唱家都选择自己最适合表现的方式进行创作，我觉得都很好。第二方面是演奏层面。演奏体现了演奏家对原曲的理解，有高低之分。不同的人演奏相同的乐曲，有的感人，有的不太感人。演奏家很在乎作曲家的说法，其实我的标准也不一定对，但以我的经验来说，可从三个方面衡量演奏水平的高低。首先是基本功，即音准、节奏、音色，好的演奏水平对基本功的要求比较高，如果演奏家的音准不好、节奏不准、音色很难听，那就是基本功不到位。其次是情感，《梁祝》里面有人物、有情节，要准确表现曲中人物深刻的情感，需要投入情感。有的演奏家或许技巧并不是很好，但能够深刻地表达情感；有的演奏家技巧很好，演奏得也挺好听，但听着就是不让人感动，就是因为没有把握好作品中的情感。最后是风格，《梁祝》有比较浓厚的民族风格，但有的演奏家是外国人，不懂中国话、不懂中国的民族音乐语言，就很难细腻地刻画出乐曲的民族风格。因此，大家可以从基本功、情感、风格三方面去衡量比较演奏的优劣。

禹：《梁祝》有很多乐器版本，最初是小提琴协奏曲，现在民族乐器版本改编后产生的新版本有古筝版、二胡版、柳琴版，您觉得演奏家如何才能更好地演奏《梁祝》呢？

何：首先，每个乐器都有自己的音乐语言，得看哪一种乐器的音乐语言适合表现哪一种情感。比如大管、圆号之类的乐器，听起来像个老人，表现《梁祝》快板就不合适，而柳琴则像小姑娘，要表现老人的特点也很困难。其次，每种乐器有自己独特的表现力。古筝和柳琴都是颗粒性的乐器，《梁祝》原本是用小提琴这样线条感乐器来表现的，如果纯模仿小提琴的演奏处理，颗粒性乐器的独特表现力就发挥不出。比如《梁祝》的主题部分，如果古筝模仿小提琴的演奏方式用大段的摇指演奏，那也不如用弹拨和滚奏相结合的方式，辅之揉弦技术，这才有民族乐器自己的独特韵味，这是属于古筝、柳琴自己独特的音乐语言；再如，扬琴也是颗粒性乐器，如果用古筝这种的演奏方式也不行，采用两手配合和弦的方式更好听，这也说明不同的颗粒性乐器中表现力的内部差异。演奏家最了解自己乐器的音乐语言，演奏一个乐器擅长的音乐旋律或者演奏某一首民歌、某一种戏曲时，一定要自己积极尝试、探索，用本乐器的音乐语言来演绎，才能比较恰当、准确地表达这个乐器的音乐感染力，更好地表达内心的情感。

二、我的音乐创作重视社会功能

禹：您当年在下乡期间连续写了26首作品，比如写农村妇女在编织出口工艺品草包时的欢乐心情的《织草包》，还有一首《小熟田间好景象》，还以自拉自唱的形式来演绎。听说陈毅同志看了之后对此提出了一些意见，这对您之后的创作是否产生了影响？后来您又创作了哪些作品？

何：当年，我们这批年轻人刚开始不愿去上海郊区创作，认为当地民歌不够丰富。音乐学院的领导用"哪里有人民，哪里就有民歌，上海郊区也是很好的"这句话鼓励我们去郊区，当时我们很年轻，也受农村刚渡过困难时期开始欣欣向荣的景象所感染，创作热情高涨，72天内写了26首作品，其中两首是专门为女生小提琴齐奏写的自拉自唱乐曲。周恩来总理当时提出文艺要"三化"，即革命化、民族化、大众化。现在看来，我们坚持大众化这个方向是对的，当时下乡去搞创作就是希望为广大农民服务，特别是创作用当地方言演唱的音乐作品。这些作品在农村很受欢迎，我内心也为在音乐"大众化"道路的成功探索而暗自得意。我们这批年轻人回到城里，在全院下乡作品汇报演出时，女同学们为了保持农村演出时的"原汁原味"，不但自拉自唱，竟全体赤脚上台，很土、很有味道，台上热情表演，台下掌声热烈，外加一片笑声。时任上海音乐学院党委书记钟望阳同志肯定了我们的努力，他认为"很有生活气息""为农民服务的作品，就要使农民喜闻乐见"。不过上海音乐学院前党委书记孟波看了演出后，对这一创作风向持不同意见，并把这一情况汇报至时任国务院副总理兼外交部长陈毅同志。陈毅同志常年在上海以音乐会招待外国元首等国际贵宾，而上海音乐学院实验小组的协奏曲《梁祝》、弦乐四重奏《烈士日记》、小提琴齐奏《四季调》《姐妹歌》等节目在很长一段时间里成了音乐会的保留曲目。陈毅同志对《烈士日记》这个作品很认可，（认为）既能表现革命的内容，又属于高雅的艺术形式。所以他对实验小组的民族化探索颇有好感，还曾赞扬实验小组的音乐民族化探索和《梁祝》协奏曲的创作，并把毛泽东主席关于中、西医要互相学习的论述引用到音乐上，要求大家既要尊重、学习民族音乐传统，又要努力学习西方的音乐艺术成就。

我记得有一天，院办公室突然通知我，要我和实验小组等女同学一起，向陈毅同志汇报下乡新创作的小提琴齐奏作品。我觉得有点奇怪，两首小作品怎么会闹到中央领导那儿去呢？内心十分紧张。我们抵达锦江饭店附近，看到时任上海市委宣传部副部长、上海音乐学院前党委书记孟波先生，心想，或许老领导担心实验小组的探索偏离轨道，有意让我们直接听取陈毅同志的意见吧。当时，我们先演奏了纯器乐作品《四季调》，再演自拉自唱的乐曲《织草包》，同学们知道自己"嗓子不灵"，有点不好意思在领导面前放声演唱。演毕，大家围坐在陈毅同志身边听他的意见。丁芷诺同学拿出了一个小本本，一手握笔，摆出要做一字不漏记录的架势，被陈毅同志发现了，他用四川口音风趣地对丁芷诺说："你可不要记哦，你记了我也不认账！"紧张的气氛瞬间一扫而光。陈毅同志表示，两首作品比较而言，他更喜欢听《四季调》。我是《织草包》的作者，也是《梁祝》的作者之一，所以紧挨着陈毅同志坐，他对我说："你为什么要写自拉自唱的作品？"我回答："为了让农民喜欢。"他告诉我们："你们到农村去，写一些农民喜欢的、能够接受的作品是应该的，但不能所有作品以农民喜欢不喜欢作为艺术创作的标准。音乐与别的艺术不同，是一门有高度技巧的艺术，国家花很多钱培养你们，你们也是经过多年刻苦学习才掌握了这些知识、技巧，应该发挥你们的特长，不能丢了你们的专长。"我认真地聆听他的教诲，感到惭愧不安。后来，孟波老师送大家到电梯口，并特意叮嘱我："好好领会陈毅同志的讲话，你以后还是应该多写像《梁祝》《烈士日记》这类的作品。"我也明白了领导害怕我为了普及群众而放弃高雅艺术创作的忧虑。后来，孟波老师代陈毅同志又特别嘱咐我，要保持原来这种高雅的风格，继续创作。这些话对我以后的创作有很大影响，后来我创作了一系列大型协奏曲，如《陆游与唐婉》，兼顾大众性和艺术性；古筝版《梁祝》难度较大，为了让更多少年儿童感知中国民族音乐的魅力，我又改写了古筝少儿版《梁祝》。

禹：听闻您现在仍然笔耕不辍，还在坚持每天创作，您能告诉我们您的创作宗旨或主线是什么吗？

何：作为作曲家，每一个作品必须考虑到作品的社会功能，创作是为人民、为社会，这点很重要。文艺有娱乐的功能，更有身心修养的功能，通过文艺来陶冶情操、感悟人生、净化心灵、鼓舞斗志，我现阶段的创作仍很注重音乐作品对社会、对人民的积极影响。至于创作的主线，我认为作曲家在不同时期会有不同的感受，创作就是将自己当时的感受用艺术的方式表达出来，艺术作品是文艺创作者的精神产品，作者通过创作来鞭挞假恶丑、歌颂真善美，每个作品都要明确颂扬什么，反对什么。拿《重上井冈》来说，尽管这部作品是中央民族乐团委约我创作，但主题是我思考的。当年在井冈山革命根据地，三位党和军队的领导人被敌人发现了，为了掩护他们，朱德同志的妻子伍若兰被捕，她宁死不屈，坚决拒绝反动派的无理要求，选择毅然赴死，保全革命成果，为革命献出自己的生命。20世纪60年代，朱德同志重回井冈山，离开的时候将井冈山的一盆兰花带走，家中也一直摆着兰花。伍若兰为革命英勇就义的故事，深深打动了我，于是我有感而发，创作了《重上井冈》。如今是和平时代，百姓们过着美好生活，然而，我们要思考美好生活是如何来的，是历史上的这些英雄人物用生命换来的，他们为国家和黎民百姓的美好生活，甘愿奉献生命。作为艺术家的我，就要用文艺来歌颂他们，充分体现艺术的社会价值。

再举个我创作《西施》的例子。因我的老家在浙江诸暨，很多人想让我写西施，我一直思考着从什么角度来创作西施这个题材。仅仅描绘她沉鱼落雁的美貌？还是写她为了祖国去敌国做卧底？我对西施的理解是这样的：西施当年只是农家浣纱女，主动去吴国做卧底、传递敌情的可能性很小，但是她离开了自己深爱的家乡，尽管吴王对她万般宠爱，住在金碧辉煌的宫殿，我猜测她内心是有"宫怨"的，她盼望早日回家，与自己的爱人范蠡重聚，"宫怨"表达了西施对战争、对侵略行为的愤恨，这就是爱国之心。在《西施》的创作中：第一部分慢板写西施对爱情的渴望和未来的憧憬，并遇到了伴侣范蠡；第二部分快板写她在浣溪戏水；第三部分写吴、越两国战乱，本要逃难的西施被越王献给吴王而伤心欲绝，她在吴国享受到的一切恩宠都不能引起她的快意，只盼望着回家；第四部分写越国战胜吴国后，西施与范蠡携手，消逝在太湖中，她痛恨战争摧毁自己的青春，去追求自己的幸福。我希望通过《西施》这部作品表明战争是残酷的和人们对战争的厌恶，传达以西施为代表的人民群众希望生活和平美好、远离战争，却要承受战争带来的苦难，因此我们要反对战争，揭露那些妄图发动战争的丑恶行径。历史上所发生的故事必须用现代正确的世界观去分析、去阐述，这是创作的要点，我希望通过创作，体现艺术作品的社会作用和社会功能，给大家以启迪。艺术作品不是靠讲道理，而是把这场真实的历史故事用音乐表达出来，让人们感受到战争的罪恶和残酷。我每天看时事新闻，如今仍有很多发达国家凭借先进的武器侵略他国，造成多少人民的苦难，我们要记住历史教训，一定要追求和平，坚决反对战争。

禹： 何老师，您有众多描写女性题材的作品，如《梁祝》《孔雀东南飞》《清照情怀》等，因此有人认为您擅长创作女性角色题材的作品，对此您怎么看？

何： 其实我写男性题材也很多，如岳飞、项羽，不过，写女性题材的作品确实比较多。原因之一是我年轻时参加越剧团，越剧经典作品中揭露封建社会对女性迫害的题材比较多，如梁山伯与祝英台、莫愁女、白蛇传、孔雀东南飞、唐婉等，令我印象很深。其实我非常同情女性的历史遭遇，对这种男女不平等的社会现象很不满，接触这类题材多了，使我特别为女性抱不平。现在，我看到一些电视剧宫廷戏中描绘很多女性为皇帝争风吃醋，便觉得反感，那些创作是把女性描绘成为男人的工具，令人叹息。

禹：您是从什么时候开始有这样强烈抱不平的心理的？

何：我年幼时就有这样的心理。长大之后，我逐渐知道，女性在社会上起的作用比男性大，受的压力种类也比男性要多。比如女性要承受生育之苦，更要承担更多的养育之难。所以，我想用音乐作品来告诉世界，如果没有女性，世界还会那么美丽吗？人性如此，应该以正常的眼光去正视。"女为悦己者容"，女性也喜欢被人关注，我们要摒弃封建社会留下的那些摧残、压迫女性追求自我的遗毒。此外，对于那些有才能的女性，我更愿意用音乐作品去歌颂，比如女革命者秋瑾、刘胡兰等，她们为革命献出了生命，我就要通过音乐创作去歌颂她们。

三、外来形式民族化、民族音乐现代化是我创作的座右铭

禹：在各个场合，您常提外来形式民族化和民族音乐现代化，您觉得这两者的关系是什么呢？

何："外来形式民族化，民族音乐现代化"这句话像座右铭一样伴随着我的创作。下面，我通过具体的音乐作品来阐述我对这两句话的理解。

"外来形式民族化"是指形式是外来的，民族化是指民族的内容和民族的音乐语言。以小提琴协奏曲《梁祝》为例，协奏曲的形式是外来的，民族的内容是采用梁祝这个中华民族传统的故事，民族的音乐语言是采用越剧素材来创作。

"民族音乐现代化"是以民歌和戏曲为例，通过吸收外来艺术的发展经验，使得本民族的形式更富有现代性。早期的民歌一般是表现人民群众日常生活中的喜怒哀乐，主要以独唱作为演绎形式，通过学习吸收歌剧这种外来艺术的形式，进一步扩展为重唱、合唱，演绎形式得到丰富和发展。尤其在歌颂祖国等重大题材的表现上，合唱的形式更适合。《黄河大合唱》就是其中典型的例子，它用合唱这种外来形式表现民族抗日战争的故事，在表达歌颂

祖国的情感上更显气魄。

其实，进一步分析，《黄河大合唱》也可以看作"外来形式民族化"，合唱的形式是外来的，民族化也有体现，民族的内容是抗日战争，民族的音乐语言是运用了丰富的民族音调。因此，"外来形式民族化，民族音乐现代化"这两句话既有侧重，也有联系，不要割裂来看。

想真正做到"民族音乐现代化"，乐器也要进行改革。有些乐器改革得比较好，比如柳琴，过去叫土琵琶、柳叶琴，以前我在越剧团也弹过。柳琴按照十二平均律进行改革，有了半音和较宽的音域，表现力得到了增强。2018年9月24日，柳琴交响乐版《梁祝》在北大首演，我原本没想过用柳琴去演绎整首乐曲，印象中柳琴的音色比较尖和亮，力度似乎也不太够，之前我不能想象用柳琴演奏《梁祝》里悲的部分，如楼台会那一段，如果演奏家自己没有想法，我根本想不到可以用柳琴来弹《梁祝》。这个版本真是个意外，后来仔细一想，柳琴也有它擅长的部分，经过不断地进行乐器改革，现在的柳琴音色甜美、音域宽广。柳琴作为音色富有青春气息的中国民族乐器，能把祝英台这个年轻女性的特点也凸现出来，在演绎《梁祝》三载同窗这一段活泼的小快板时，柳琴表现得更出色。柳琴的音域较宽，能用小提琴的原调性演绎，与交响乐团合作，这是它的优点。柳琴演奏家也有自己的演奏体会，更熟悉自己乐器的音乐语言，在演奏中加入了自己的二度创作和体会。因此，《梁祝》柳琴这个版本，我觉得还是不错的。

此外，箜篌改革得也很好，不仅有了十二平均律，还有泛音；扬琴也改革得不错，但止音还没有做到，校音的科学性还有待提高。但有些乐器的改革还不够好，比如古筝，它始终坚持着传统音律的五声音阶。一方面，古筝易上手，学习的人多，市场满足了，就不想改革了。另一方面，也许是演奏家、专家会担心改革后自己要重新学习。比如《渔舟唱晚》里有一个不是五声音阶的音，齐奏时不可能音准，这种问题会导致只能独奏，不能合奏，西洋交响乐根本无法接受这种10个人10种音的问题。音乐是听觉艺术，民族风格不能以音不准为代价，乐器演奏不能保证音准，就是音乐文化的落后。七个和弦，古筝只能弹两个，而且如果古筝要演奏协奏曲，曲中一旦需要转调，还必须要移动琴码，这在演奏过程中其实是有些尴尬的。这些年我为古筝写了很多协奏曲，我迫切希望这个乐器能进行更好的改革。

禹： 那您认为中国民族乐器如何成为国际性乐器呢？

何： 一般来说，国际性乐器是指情感表现功能比较多方面的独奏乐器。如今看来，小提琴和钢琴作为各个国家、民族独奏乐器来演奏的机会比较多，各国作曲家将它们作为独奏乐器来写作的作品也比较多。首先，乐器其实是没有民族性、地方性的，如果一个乐器所演奏的音乐能够深刻地表达人的情感，那这个乐器就能被世界各族人民所欢迎。最初某个乐器可能是某一个民族创造的，但它与另一个地方的民族音乐语言相结合，就可能变成另一个民族的乐器。胡琴并非汉族的乐器，唐朝以后才逐渐流传到中原广大汉族地区，受到了汉族同胞的热爱和欢迎。久而久之，所有中国人（包括汉族）都认为胡琴是我们的民族乐器。胡琴中有一种品种叫板胡，板胡流传到河南成为河南梆子的特色乐器，板胡流传到浙江绍兴，就成为绍剧的特色乐器。再比如说，给刚出生不久的孩子听小提琴版的《梁祝》，不告诉他小提琴是外国的，他一定会认为小提琴是中国的。因此，我们可以这样认为，一件乐器与某个民族的音乐语言或某个地区的音乐语言相结合，它就可能成为某个民族的民族乐器或者某个地区的特色乐器。其次，每个乐器都会有自己的弱点，即便是被誉为"乐器之王"的钢琴，它擅长表现恢宏、激烈的情感，比如钢琴协奏曲《黄河》，但是在表现柔情、悲哀这些方面可能在某种程度上不如我们中国的民族乐器。故而，我们也要认识到中国的民族乐器既有优点也有缺点，我们要保留优点，克服缺点。

禹： 民族乐器真正成为国际性乐器，您认为它需要一个什么过程，目前进展到了什么程度，需要做什么样的努力？

何： 我们中国的民族乐器有自己独特的表现力，音区、音色和表现情感方面的功能各有不同。我个人认为中国乐器中古筝是最能深刻而细致地表达人们的情感，特别是东方人的情感，如果它能改造成七声音阶甚至十二平均律，就可能首先进入国际性独奏乐器的行列，并且不亚于小提琴、大提琴、钢琴这类乐器，可惜改革的现状不能令人满意。乐器改革需要作曲家、演奏家、乐器制作家三方面的密切合作。为了加快乐器改革的进程，希望有更多的民族乐器走向国际，有关领导部门应该重视这个问题。

四、我希望年轻人认真学习传承民族的音乐语言

禹：您曾表示 60 年过去了，《梁祝》还那么红，您对此并不开心，因为这说明好的作品没出来。在您看来这背后的深层原因是什么？

何：世纪交替之时，香港中乐团举办中国世纪十大最优秀作品评选，《梁祝》排在首位。记者对我进行采访，他们以为我会很高兴，我说我其实并不开心，他们对此感到惊讶。我说："我感谢广大群众对我作品的喜爱，但我并不高兴，这十个作品没有一个是年轻人的作品。"对于这个结果，后来我想，毕竟是青年投票，浪漫的恋爱大家都要谈也愿意听，所以大家都选《梁祝》。记得有一次开会听一个歌剧作者谈到，每年我国的歌剧产品数量在世界居首位。但我认为，文艺作品不是以数量多少来衡量是否优秀。习近平总书记 2014 年在文艺工作座谈会上强调"改革开放以来，我国文艺创作迎来了新的春天，产生了大量脍炙人口的优秀作品。同时，也不能否认，在文艺创作方面，也存在着有数量缺质量、有'高原'缺'高峰'的现象，存在着抄袭模仿、千篇一律的问题，存在着机械化生产、快餐式消费的问题"。我也认同总书记提到的有"高原"缺"高峰"的现象，而且"高原"也不多，我迫切希望年轻人能超过我们。

禹：您认为该怎么样来改变这种状况呢？

何：一个作曲家怎么才能写出人民群众所欢迎的作品呢？我认为这涉及两个问题，第一是情感问题，第二是语言问题。要解决情感问题，作曲家要和老百姓共呼吸、同情感，要爱老百姓所爱、恨老百姓所恨，就是要深入生活，了解群众，关心群众生活，关心国家大事，关心世界大事。比如欧洲的难民问题，全世界都同情，战争害了千千万万的老百姓，我的思想就和人民群众一样，有一种反战思想，写的题材就会从这方面来考虑。仅这样还不够，写作的时候还必须有真情实感、情真意切，作品首先要感动自己，才能感动群众，才能获得老百姓对作品的共鸣。第二是解决语言问题，每个国家的文学语言都有自己的传统，每个国家的音乐语言也是一样的，反映你的情感要老百姓听得懂的音乐语言，听得懂的音乐语言不是个人创作的，是群众、先辈们创作的，所以中国的音乐语言就在戏曲、民歌里，要首先学习人民群众

的音乐语言，人民群众才能懂你自己创作的音乐语言。

禹：像您那个年代的作曲家，有一股很强的内在激情，希望展示中国音乐、展示民族优秀传统文化的自信心。而之后有一批赴海外学习音乐理论的作曲家，在创作技法方面有了长足进步，但其作品并没有达到《梁祝》《黄河大合唱》的成就高度，没有写出世界人民认为中国最有代表性的音乐作品，您觉得原因是什么？

何：我个人认为原因是年轻一代对民族音乐语言的学习不够重视，也不理解。借此也谈谈我对民族音乐语言的看法。文学是一种语言，音乐也是一种语言。文学的语言是表达人的意图、感情，比较具体。音乐的功能也是表达人的感情，甚至音乐能把文学不能表达的感情表达出来。中华民族是有音乐才能的民族，我们有很多优秀的民族音乐，都是人民大众创造的，而不是哪个作曲家创造的。中国地大物博，各民族的民歌丰富多彩，每一个地方都有各自的风格。据我了解，我们的民歌好像比外国民歌丰富很多。中国的戏曲也是世界上独一无二的，比如《梁祝》里楼台会那段互相倾诉的慢板这么凄美，这不是我何占豪写的，而是我们的先辈演员创造的。同样，《梁祝》里的许多精彩的素材也不是作曲家脑子里固有的，也是从民间音乐中提取的。如此丰富多彩的民族音乐，如果年轻一代要学现代的而轻视这些，认为这些太古老、太传统，真的是个悲剧，其实这是种错误的观念。这也许不能怪他们，这种现象是时代造成的。过去我们曾封闭过，开放之后，大家都一涌而出，在国外看到现代的音乐品种、现代的音乐技巧，就眼花缭乱了。他们囫囵吞枣，通通拿来，还误以为这些东西能拯救中国的音乐，殊不知外国的音乐有精华也有糟粕。有些人认为西方音乐技术是高超的，看不起我们民族音乐，所以不学民族音乐语言，实在是个错误。如果年轻一代只学音乐技巧，而忽视民族音乐语言的学习，是写不出好的作品来的。

禹：您作为上海音乐学院的作曲系教授，上课时会不会强调和鼓励学生多学习一些民族的音乐语言？

何：一个时代的社会风气，无法靠一两个人来扭转。音乐学院里轻视民族音乐的风气也非一日之寒。以前，拉小提琴的学生可以昂首挺胸，拉二胡的人却要低声下气，从上海音乐学院院长贺绿汀起就批判这种风气。比如你学民族乐器，别人象征性地迎合一下，但如果你是学西洋乐器的，他们就会很关切地询问，这种没有民族自豪感和自信心的现状，一时半会儿很难扭转。回想《梁祝》刚创作出的时候，上音作曲系给出的评价是"经得起听，经不起分析"，曲调单一，一直都是徵调，缺乏变化，没有复杂的和声，他们只从技术上评价。记得《梁祝》50 周年时，上海各界都庆祝"梁祝日"，到处都在办座谈、放映，但音乐学院连座谈会都开不起来，他们都觉得"学《梁祝》做什么，已经过时了"。之前有个香港记者也说我的作品虽然受欢迎，但大多是"下里巴人"，《梁祝》《烈士日记》都是陈毅同志会见外国元首、政要时必点的音乐作品，难道那些外国名流也都是"下里巴人"吗？其实我认为，现在倡导和世界接轨、向外国学习，现代的青年特别是留学过海外的，是有才能的一代，他们的音乐技巧比我们强多了，如果他们能够很好地学习民族音乐的语言，就会创作出更好的作品，就会超过我们老一辈作曲家，对国家做出更大贡献。

禹： 现在您仍然忙碌在传承、讲学一线，主要做哪些工作？目的是什么？

何： 我首先是宣传我们中华民族是有悠久历史传统的民族，是一个有音乐才能的民族。世界上没有另外一个民族像我们这样有这么多优秀的戏曲、民歌。我写的《梁祝》中每一段主题都能找到来自民间和传统的源头，二胡《别亦难》、古筝《茉莉芬芳》《临安遗恨》也是如此。我们的祖先给我们留下了众多优秀的音乐财富，我们现在的成就实际上是踩在巨人的肩膀上，我希望年轻一辈能从我们的音乐宝库中汲取他们需要的东西，创作更多人民群众喜闻乐见、优秀的音乐作品。其次，高雅音乐需要普及，而且要层层普及。比如，我和助手创办了很多大师班，就是要先把各个地方教音乐的老师们的水平提高，如果老师握琴的姿势都不对，给孩子示范了错误动作，那就不行了。我希望提倡一个音乐教育的观念，专业人士眼光要往下看，先帮助基层老师提高他们的水平，再让他们去教小孩子，才能让孩子接收到正确的内容。我曾担任上海音乐学院附中校长，"文革"结束后很多人来考试，六七十个人报名只招五个，当时有的考生握小提琴的姿势都不正确，但都很有才能，能拉帕格尼尼作品的人都有。小提琴教研室的老师认为握琴姿势不对，改正很困难，教不了。我当时说："如果这些学生姿势正确，为什么还要你们教？"

为此，我和教研组的这种矛盾还闹到了上海音乐学院院长那里，最后院长还是支持了我的决定，五个人成功被录取。

我认为作为作曲家和教育家一定要爱护、爱惜青年人才。曾经有个学生是我从贵州招来的，出自农村，专业课考了第一，极有音乐才能，但他对文化课不重视，四门文化课不及格，根据校规校纪应该退学。如此优秀的人才如果退学了，我会很心疼，所以我特意去找语文老师"求情"，问能否给他的语文作文成绩加上四分，这样他就及格了，没想到文化课老师强烈不支持，后来我写信给这个学生的父母。虽然某些老师坚持要这位青年退学，但校领导最后考虑给他一个努力的机会，留校察看半年。果然，他倍加努力，后来文化课考试都及格了，还去深圳参加比赛得到中国作品第一名的优异成绩。这位学生的女儿如今也成为了小提琴家，周游世界。可见，爱护青年人才对发展我们民族的音乐事业有极大的好处。青年人可能犯这样那样的错误，但关键时刻如果有人推一推拉一拉，那他未来人生的路将会是天差地别的。我也是个从农村出来的很普通的人，是好的领导、老师培养了我，所以我也要成为一个好的老师，培养更多优秀的下一代。

最近我们在组织筹备一场古筝比赛，我把那些难度高但传唱度广的乐曲诸如《梁祝》《茉莉芬芳》都改编成少儿版，让青少年从小就能接触到好听的音乐。除了邀请古筝专业领域的专家当评委外，还邀请一些音乐老师做导师评委，我们用这样的方式一层层做提高与普及的工作，这将对我们国家的音乐事业发展有很大帮助。

禹： 何老师，最后希望您谈谈对青年人的希望和要求，对大学生、小朋友或者家长，您有哪些建议？希望您对民族音乐的传承作一个总结，给我们一些方向性的指引。

我自认为没资格提这些，还是要听一听老一代领导人和前辈的箴言。比如毛主席提的"一手伸向古代，一手伸向西洋""要两个一瓶醋（都要学好），不要两个半瓶醋"。"一手伸向古代"，就是指现在的中国人要有文化自信，要认识到中国在文学艺术上有深厚、优良的传统，是有音乐才能的民族，大家要有自信，更要很好地学习、继承。"一手伸向西洋"，就是要学习现代的、国际上先进的音乐艺术的经验、技能、技巧，广泛地吸收别的国家、民族的优秀创造，用来提高我们的民族音乐。就好比科技方面，我们吸收先进经验，然后创造更先进的东西，创造后提供给世界。期待大家努力为中国的民族音乐创作更多优秀的作品，让中国音乐艺术成为世界艺术之林百花齐放中的华贵牡丹，展现中华风采！

访后跋语：

两个多小时的访谈，转瞬即逝。87岁的何占豪先生平日演出、讲座的任务依然繁重，得知他在采访前一日演出结束后拿到访谈提纲，当晚便在家中认真准备的事，我从心底被中国老一辈艺术家的认真与执着所打动，深深钦佩。

当我还是中福会少年宫小伙伴艺术团民乐团弹拨乐首席的小朋友时，有幸与音乐家何占豪先生相识。先生对音乐演奏的严格要求又不失诙谐幽默的个性令我印象颇深。我们曾在上海音乐厅、上海大剧院等地有过多次同台演出，我也曾作为唯一的柳琴演奏者参加先生指挥的《浦江花絮》的录音。此后，在先生的关心、鼓励之下，我经过先生推荐加入了中国民族管弦乐学会，还多次在全国比赛上海选拔赛和上海市的各类艺术比赛中获得金奖，这对热爱民族音乐的年轻人而言真是一种莫大的鼓励。

从初识先生至今已逾20年，其间我从上海到北大求学并留校工作，始终不变的是坚守传承中华文化和中国民乐魅力的初心。长大成人后，我逐渐理解了音乐家何占豪先生关爱、提携普通年轻人的一片赤诚之心。感念师恩，致敬经典，在2018年9月中秋节举办的"化蝶情——何占豪与《梁祝》60年北大纪念音乐会"上，先生与北大师生分享了创作《梁祝》的心路历程，从他还是一名大学生时，为了让人民听懂、喜爱中国音乐而创作《梁祝》的雏形开始，讲到之后为献礼庆祝新中国成立10周年而勇敢接受创作小提琴协奏曲《梁祝》的巨大挑战，废寝忘食、与"小提琴民族化实验小组"同人们不断地推敲、修改，最终成就《梁祝》成为享誉世界的中国音乐代表作的经历，那份孜孜以求的执着与对中华民族音乐的真情令人动容。音乐会上，先生还亲自指挥中国交响乐团，携手著名小提琴家吕思清演绎经典小提琴协奏曲《梁祝》，并由我在北大首演柳琴交响乐版《梁祝》，体现北大人传承先生对"民族音乐现代化"事业的孜孜探索，传递中西音乐文化的和谐交融。

2019年适逢新中国成立70周年，《梁祝》问世、首演60周年。承蒙《中国文艺评论》杂志的信任，我采访了何占豪先生，深入地了解到先生完整的创作心路历程。先生年轻时受到陈毅同志的指点和感召，"音乐与别的艺术不同，是一门有高度技巧的艺术。既要尊重、学习民族音乐传统，又要努力学习西方的音乐艺术成就。音乐创作要为人民，还要保持原来这种高雅的风格。"此后"外来形式民族化，民族音乐现代化"成为先生一生音乐创作的座右铭。先生热忱地投入民族交响乐的创作中，创作了大量用古筝、二胡、柳琴、扬琴、箜篌等民族乐器演奏的协奏曲，成为中国民族音乐发展历史上的一面旗帜。在创作题材上，先生始终坚守着爱国情怀，强调创作要考虑社会价值和社会效用，为人民服务、想人民所想是音乐创作的立足点，关切音乐作品对社会、对人民的积极影响，创作了大量音乐史诗如《蝶恋花》《重上井冈》《临安遗恨》《西施》等。最令人感动的是，先生至今笔耕不辍、推陈出新，只要在家时，每天仍然坚持创作五六个小时。

作为功成名就的音乐家，先生仍愿意投入大量时间在音乐的普及教育，关爱年轻人，尤为令人感佩。2019年即将在澳门举办的首届何占豪古筝作品国际大赛，就是在先生指导下一个很好的推动中国民族音乐发展的契机。

在访谈中，我深切感受到先生肩负传承中华文化和民族音乐魅力的使命和担当。他身体力行、守一不移地将之践行，而先生那希冀中国乐器中能够在未来推出一两门世界级的民族乐器，让更多的世界人民欣赏、喜爱中国音乐的"中国音乐梦"，亦值得我们学习、思索、践行、传承。

回顾此次访谈的深入探讨与顺利开展，与朋友们的鼎力支持是分不开的。北大新闻与传播学院校友、中新社记者马元豪先生在多年学习钢琴的基础上，充分运用他新闻采写的专业优势，与我共同深入参与到访谈问题的前期设计中，得到了先生的首肯。何占豪工作室王静女士提供了何占豪先生诸多珍贵历史照片和影像资料，令我们有机会了解到艺术家前辈当时所经历的真实场景和事件，是极具纪念意义的。与何占豪先生的访谈虽告一段落，但先生崇高的艺术精神感召和激励着我，我与先生的音乐传承之路仍在进行时，如乐随行：

何期天籁付弦心，
占尽人间几多情。
豪气从来歌宛转，
乐以载道共繁星。

原载于《中国文艺评论》2019年第5期。

"银幕大将军"的共和国情结

——访电影艺术家李前宽

赵凤兰[*]

1941年生于大连，祖籍山东蓬莱，1959年考入北京电影学院美术系，1964年分配至长春电影制片厂。历任美术助理、场记、导演、总导演。第八届全国人大代表，第九、十、十一届全国政协委员，第八届中国电影家协会主席，第四任中国电影基金会会长。现任中央文史研究馆馆员、中国文联荣誉委员、中国电影家协会荣誉主席，中国电影基金会总顾问。中国电影百年华诞时被授予"国家有突出贡献的电影艺术家"称号。与夫人肖桂云联合执导的电影有《开国大典》《决战之后》《重庆谈判》《七七事变》《佩剑将军》《黄河之滨》《红盖头》《金戈铁马》《旭日惊雷》《世纪之梦》《星海》等。作品曾多次荣获中国电影金鸡奖、大众电影百花奖、中国电影华表奖及中宣部"五个一工程"奖。建言献策建立"电影频道"和"中国电影博物馆"，以及国务院出台关于繁荣中国电影产业的十项措施，为繁荣中国电影大发展做出贡献。多次担任国内外电影节评委和主席，推进中国电影"走出去"工程和国际文化交流。

---

[*] 采访人单位：中国文化传媒集团。

一、什么也阻挡不住一个有志青年的梦

赵凤兰（以下简称"赵"）：李前宽老师好！您是受人尊重和热爱的老一辈电影艺术家，也是重大革命历史题材电影的领军人。您用艺术的手段真实记录了共和国成长画卷中的重要历史时刻，为影坛留下了珍贵的历史记忆和丰富的视觉文化遗产。据我所知，您年少时痴迷于绘画，一直有着画家梦，能谈谈您是如何走上电影之路的吗？

李前宽（以下简称"李"）：受父亲和哥哥姐姐的影响，我打小就喜欢画画，经常走到哪里就画到哪里。八岁那年正值共和国开国大典，我在爸爸给我买的小黑板上，画的第一幅画就是天安门，这也许冥冥中为我日后拍摄《开国大典》埋下了伏笔。上初中时我加入了学校的美术组，画的画还参加了在莫斯科和华沙举办的国际儿童画比赛。此外，我还特别喜欢看电影，学校组织包场看电影的事常由我这个文体委员来张罗，一来二去跟电影院的人混熟了，看电影也不花钱了。总之我自小又爱画画又爱看电影，数理化成绩不大好，文史地还不错。高中毕业那年，北京电影学院美术系首次面向全国招生，我觉得又有电影又有美术就报了名，同时还报考了沈阳鲁迅美术学院。

1959年6月24日中午，这是一个让我一生铭记的日子，我收到了北京电影学院的准考证。然而，对于一个多子女的贫困家庭来说，全家九口人就只靠父亲每月的62块钱的工资养活，况且到月底了哪有钱进京赶考？北京电影学院第二天就要开考了。可我认准的事就执意去做。我妈懂得知识对人的重要，她东拼西凑给我借了40块钱，我借了块手表，揣着两个大饼子，背上画夹子一路飞奔到电车站。我永远忘不了那天，我那小脚妈妈追到车站送我

的那一幕，她喊着"孩子回来"，又从兜里掏出几张两毛、五毛、一块的零花钱，说"穷家富路，全揣上"，在我妈目送我坐上电车远去的那一刹那，我的眼眶顿时湿润了，那个画面永远定格在我的脑海中，成为日后激励我前行的强大精神动力。

待我从大连一路颠簸辗转到北京，电影学院已经开考一天了，我错过了素描和设计两门专业课考试。在我诚意满满的央求下，负责招生的老师十分痛快地批准让这个"大连来的小子"跟着摄影系补考，就这样，我顺利地通过了学校的初试和复试。然而，在被正式录取前却有一段小插曲，差点使我与电影学院失之交臂。由于我同时考上了沈阳的鲁迅美术学院和北京电影学院，学校老师以保省里的重点、优先考虑第一志愿为由，扣下了北京寄来的录取通知书，要我放弃北京电影学院，就近选择鲁迅美术学院。我顿时傻眼了，我妈倾全家所有支持我到北京考学，如果去不成，我恐怕得找毛主席评理去。于是我迅速写了两封信，一封寄给鲁迅美术学院，表示家境困难不去了，另一封寄给北京电影学院，询问是否考取。北京电影学院教务处迅速回信，告知我已被录取并附上一张新生须知，我的电影之路从此开启。

现在想来，真是什么也阻挡不住一个有志青年的梦，一个人强烈的精神追求与现实碰撞时迸发出的能量是强大的，当年我凭借的只是一种执拗的性情和单纯朴素的愿望，一是觉得北京是首都比沈阳大，二是我既爱画画也爱电影，选择北京电影学院，既满足了我对绘画的追求，又契合了我的电影梦想。我始终认为，人这一生，选择比努力更重要，坐标和方向一定要明确，后来我选择爱人肖桂云也是这样，认准了的事雷打不动。我到北京电影学院入学那年恰逢新中国成立10周年大庆，作为文艺大军中的一员，我在天安门广场接受了毛主席的检阅。在学校，我和导演系60级的肖桂云相识相知，毕业后我俩先后被分配到长春电影制片厂，之后我又从电影美术转为电影导演，至今干电影这行正好一个甲子60年。

赵：的确，人生只有一个甲子。有着60年电影生涯的中国"第四代"导演在中国电影历史的坐标上被看作"破冰"的一代，也是中国首批系统学习电影专业知识的一代。能谈谈您当年的学习和工作经历吗？在您眼中，"第四代"导演是怎样的一个群体？

李：这个问题问得好！我们"第四代"导演的艺术生涯处于中国电影史的重大历史转型期，相比我们的前辈艺术家，我们在"文革"前的困难时期系统学了五年的电影专业课，从这个角度来讲我们是幸运的。我在北京电影学院上学那会儿，全校师生总共才四五百人。我除了跟其他班同学一起听电影史课、哲学课、表演课等大课外，还深入学习了几年的美术专业课，学校请来给我们上课的老师全都是大师级的人物，有李苦禅、傅抱石、蒋兆和、侯宝林、赵丹、谢晋等，机会难得。当时学校学习苏联教育体系，因为托尔斯泰、柴可夫斯基、肖斯塔科维奇、谢罗夫、卡西莫夫等文艺巨匠曾创下了人类艺术史上的高峰，我们的老师也是从苏联莫斯科电影学院毕业的。毕业后，正当我们年富力强之时，"文革"开始了，新中国的电影事业也蒙受劫难，我见证了几个大的政治运动，也目睹了长春电影制片厂的灾难和辉煌，不过对于从事文艺工作的人来说，这些坎坷也是一种磨砺和锻炼，使我们更懂得珍惜今天的大好时光。"文革"后，我们赶上了国家开始拍摄第一批故事片，当时全国只有长影的《战洪图》《青松岭》《艳阳天》和上影的《火红的年代》这四部电影，我很荣幸在长影这个"新中国的电影摇篮"，跟在导演苏里、袁乃晨、刘国权、赵心水等许多从战争年代走来的老艺术家身边学习，从当场记到副导演，在电影厂跟在大师身边学习工作，从20世纪70年代至今我一直没闲着，一辈子干着自己喜欢的事，我觉得很幸运。可以说，"第四代"导演是承上启下、勇于担当的一代，我们的人生虽不曾逃脱历史的风雨和劫难，但时代的创痛、生活的苦难却加深了我们对生命的觉醒和对电影艺术的珍爱，使我们在反思"文革"、诗化电影和重大革命历史题材电影上做出了创新性的尝试。

赵：从20世纪60年代到改革开放以来，苏联蒙太奇学派、意大利新现实主义电影、法国新浪潮、巴赞的纪实美学等电影理论，以及《阿拉伯的劳伦斯》《巴顿将军》等欧美电影陆续涌入我国，当时的电影人一如刘姥姥进大观园，目不暇接，获得了前所未有的开放视野和创作自由度。您在创作上受到过这些欧美影片的影响吗？

李：早在电影学院读书那会儿，我就看过法国新浪潮、意大利新现实主义、苏联现实主义作品和早期一些经典大师的纪实美学类作品、英国早期名著作品，欧美及苏联的电影大师像特吕弗、罗西里尼、库里肖夫、爱森斯坦等人的作品，还有欧美的一些现代作品，像《巴顿将军》《阿拉伯的劳伦斯》等。后来我来到长影工作期间，越发加深了对这些经典影片的认识。大卫·格里菲斯的《一个国家的诞生》、好莱坞的《乱世佳人》、希区柯克的悬念片、秀兰·邓波儿的儿童片、查理·卓别林的喜剧片，以及《魂断蓝桥》中音乐与人物的结合、罗伯特·泰勒和费雯·丽的表演，苏联电影大师爱森斯坦导演的影片《伊凡雷帝》里的大场面和主演尼古拉·切尔卡索夫的表演，都带给我强烈的震撼和创作冲动，心想原来电影还可以这样拍。对于一个渴望在电影事业上大施拳脚的年轻人来说，这些参考片无疑是最好的学习对象。我由衷感到，中国导演应该向这些优秀的世界电影大师及他们的经典学习，找到自身的差距。相比这些国外的电影，当时我国的电影拘泥于中国传统的叙事手法，通常是严丝合缝地讲述一个完整的故事，而西方电影所呈现的是一种开放性结构，我们应吸纳和借鉴国外的成功经验，在追求中国传统叙事美学的同时，尝试影片结构的开放性和表现形式的多样性，争取导演思维上的解放和作品风格类型的百花齐放，以满足不同观众的需求。感悟大师的经典是一个潜移默化的过程，后来我的作品中，以及我在拍摄战争场面时，受这些世界电影大师的影响是不奇怪的。

二、导演对剧本不能只做物理反应，而要做化学反应

赵：谈谈您的第一部电影吧。自您和爱人肖桂云在《佩剑将军》中首度合作后，"李前宽、肖桂云"这两个连在一起的名字便与共和国的革命历史题材电影紧紧连在一起。《佩剑将军》是一部"武戏文唱"的创新之作，它呈现了不同于以往革命战争片的哪些"异质"特征，又是在怎样的语境下诞生的呢？

李：我们二人的电影夫妻店这块牌匾是《佩剑将军》编剧张笑天给张罗开的，这部电影曾创下了当年最高拷贝的纪录。长影曾有个不成文的规矩，一个新导演独立拍片前必须与老导演联合执导一部作品，我虽当过几部影片的副导演，但职工证上还写着"美术助理"，没有"驾驶证"就意味着没有单飞的可能，但肖桂云之前拍过两部戏曲片，已拥有独立导演的身份。基于对

我俩的信任，由张笑天编剧、以淮海战役为宏阔背景的历史故事片《佩剑将军》便落在了我们肩上。《佩剑将军》一以贯之地承袭了长影探索革命战争题材影片的传统，同时结合新的创作手法和时代特征进行了富有现代意味的突破。它一改过去革命战争片直观再现历史的模式，不再大而全地去表现不同阶级营垒如何对峙、敌我军事力量如何角逐，以及如何从战略高度来揭示作品主题等，而是将"中正剑"作为贯穿全剧的道具，使战争中有谍报和悬念，悬念中穿插阴谋和爱情。两个将军也个性鲜明，一个是儒将，另一个充满野性。我力求将这些不同元素交织在一起，赋予严肃正剧以惊险和抒情色彩，同时以"武戏文唱"的方式唱出武的味道、文的风采，刻画出一场波澜起伏、扑朔迷离、斗智斗勇的心理战。尽管由于各种原因，《佩剑将军》在艺术上存在着疏漏和稚拙之处，但它为我日后驾驭《开国大典》《七七事变》等大戏积累了宝贵经验。

赵：继《佩剑将军》之后，您又陆续拍摄了《甜女》《黄河之滨》《田野又是青纱帐》《开国大典》《决战之后》《重庆谈判》《七七事变》《金戈铁马》《旭日惊雷》《世纪之梦》等共和国系列影片。这些影片俨然如一根红线贯穿我国社会发展和革命历史长河的流径。您用镜头执着地书写国家和民族的时代镜像和历史命运，是否心中存有浓郁的"共和国情结"和"英雄情结"？

李：作为新中国阳光下成长起来的电影人，我们这一代人对共和国有一种特殊的感情。将镜头聚焦在国家和民族的命运，为创造历史的人民呐喊，为引领人民走向光明的缔造者留下诗篇，是我们的神圣使命和责任。一个从事电影艺术创作的人，对国家和人民有着本色情感，否则是拿不出体现国家意识和人民情怀的作品的。如果把这称为"共和国情结"的话，那我的"共和国情结"正是通过一系列作品来体现的，这些作品又正好形成了一个"共和国系列"，连缀起来刚好是我们中华民族近百年沧桑巨变的历史长卷。从我们所拍摄题材的历史脉络来看：有揭示全面抗战的《七七事变》《红盖头》；有描写解放战争的《佩剑将军》《金戈铁马》；有抗战胜利后中国何处去的《重庆谈判》；有描写新中国诞生前后"天翻地覆慨而慷"的《开国大典》；还有表现新中国成立初期隐蔽战线敌我斗争的《旭日惊雷》和改造国民党高级战犯的《决战之后》。除了重大革命历史题材影片外，我们还拍摄了反思"文革"和"大跃进"浮夸风,展现农民悲剧命运和农村变迁的《黄河之滨》,聚焦农村改革风情画卷的幽默喜剧《田野又是青纱帐》、甜美而凄苦的《甜女》,以及揭开三峡工程神秘面纱的工业题材影片《世纪之梦》、反映农村教育的《鬼仙沟》等。如今,我们准备老骥伏枥再拼搏一把,筹拍一部表现电影人艰辛创业的《东方欲晓》,将此片献给新中国电影摇篮的开拓者们。整体来看,我们拍摄的这些影片虽然题材不同、内容各异,但都体现出对国家命运和民族情怀的关注与思考,也是我们的"中国梦"具体到艺术作品上的反映。始终将镜头聚焦到国家命运和民族历史上,用影像紧跟时代足迹,讴歌时代风云变幻的正气歌,这是我们作为导演的选择。如果说我对这组反映民族沧桑和国家命运的影像长卷还有什么遗憾的话,那就是我的"帝国阴谋"三部曲还没实现,我原计划拍摄《九一八事变》《伪满洲国》,1937年日军全面侵华的《七七事变》已拍,"帝国阴谋"其他两部还没完成。

至于"英雄情结",相信每一位像我一样的导演都怀揣着"英雄情结"。英雄是不同时代民族群体中的英杰和楷模人物,他们是激励人们开拓进取、砥砺前行的强大精神动力。习近平总书记曾在多个场合强调:一个有希望的民族不能没有英雄,一个有前途的国家不能没有先锋。中华民族是崇尚英雄、成就英雄、英雄辈出的民族,和平年代同样需要英雄。记得2018年夏天,我们到粤港澳大湾区去调研,那时粤港澳大桥还未正式通车,我们得以享受绿色通道先行体验这一"超级工程",我到桥上一看,简直太震撼了,不愧是改革开放40年来中国交通建设史上最伟大的成就。当时我们采访了大桥的设计者,一位中科院的院士,这个人得了癌症,还在海底干活,他的家在上海,而他在桥上一待经常几个月不回家。他在现场反复观察勘测,不断破解大桥建设中需要考虑的频繁的台风、纵横交错的航道、水域泥沙堆积等技术课题。我一边跟他交谈,一边在心里默默向这个人致敬,在我心中,他就是新时代的英雄,与献身战场的英雄一样伟大,他的形象甚至比大桥还高大。这是一个英雄辈出的年代,不同时代有不同时代的英雄。文艺作品是铭记、颂扬英雄的最佳载体,文艺工作者要善于发掘平凡生活中值得敬仰的英雄,用优秀的文艺作品表现英雄、礼赞英雄。

赵:您那部主旋律的代表作《开国大典》用纪实的手法和俯瞰历史的

视野,将淮海战役、北平和平解放、国共和谈、百万雄师过大江等重大历史事件提炼概括为一部英雄史诗,尤其是其中还穿插了大量真实的历史镜头。您觉得在电影里加入历史资料片的美学意义在哪?您是如何构思这部影片的呢?

李:《开国大典》是1989年长影厂为庆祝中华人民共和国成立40周年创作的献礼影片,我们是怀着对老一辈革命家、对后代负责的精神来拍摄它的,国家、民族、历史赋予的使命感使我们不敢有丝毫懈怠。影片无论题材的分量,还是人物和事件的数量,在中国电影史上都是空前的。要把握和处理好这一题材,导演必须站在时代的高度,用独特的自我意识对巨大的历史内涵加以审视,以大思路、大气魄、大手笔去洒脱地驾驭、处理好这一题材,通过对主要人物思想感情和内心世界的深入挖掘,革命与反革命两种力量的生死搏击,形象化地揭示出以蒋介石为代表的国民党逆潮流走向失败,以毛泽东及其战友为代表的共产党顺应历史潮流走向胜利的必然规律。

《开国大典》七八万字的剧本,我们当年是一口气看完的,看完后我夜不能寐,内心很激动,有压力更有动力,有一种抑制不住的创作上的兴奋。我首先想到的是,"开国大典"那场戏怎么拍啊?总不能在天安门广场前恢复1949年的盛况吧。也曾设想花钱在地质宫前广场上搭建一个天安门广场。然而,即便耗巨资搭建,广场上的数百万群众和接受检阅的陆、海、空战士的真实面貌却是用多少钱也再现不了的,因为那种历史真实的震撼力是巨大的,如果耗巨资制造出一个"假"象,也是现实主义创作原则所不容的。于是我产生了一个大胆的设想,让历史资料片参与创作。因为历史资料片都是前辈们冒着生命危险在战火硝烟中抢拍下来的真实影像,尽管都是些黑白片,画面信号不好,却强烈地吸引着我的目光,为什么?因为它真实。为此,我尝试着将珍贵的历史镜头与我拍摄的镜头衔接起来、融为一体,使之变成新的镜头语言。但历史资料片与新拍摄的具有诗情的画面是两种截然不同的影像风格,很难和谐地统一在一起,需要我们在浩瀚的资料片中筛选出所需画面,从整体结构和节奏上有章法地进行布局和衔接,通盘考虑镜头的景别、机位和长度,通过影片色彩的渐变,将每个镜头连接得严丝合缝,有节奏地凸显出情节的震撼性、真实性和文献性。事实证明,这种结合是可取的,《开国大典》从开篇到结尾，共有 40 多处资料片镜头与我拍摄的新镜头融为一体，这种"真"与"假"相互碰撞后的"化学反应"，生成出一种真实性与假定性、纪实性与表现性相结合的纪实美学风格，赋予了影片历史厚重感和真实质感。

赵：的确，有些宏大的战争场面无法复现，也难以用电影手段来驾驭。我想知道，在您拍片的那个年代科技和特效还不甚发达，更没有今天的 3D、4D。您当年如何用镜头来表现千军万马英雄史诗般的磅礴气势，并在"史诗"中发掘"诗情"的因素？

李：对于文艺创作来讲，光有现实主义的写实那叫自然主义，光有浪漫主义的诗情不接地气，有史无诗、文献性太强会缺乏艺术魅力，故作诗意而忽视史实也不能称其为史诗，唯有"史"与"诗"相结合，使历史的纪实性、文献性与诗化的写意性、表现性水乳交融，同时把创作者的主观情感、思想表达和艺术体验渗透其中，艺术化地再现历史，使之升华为更高意义的象征，才能创作出富有艺术魅力和感染力的史诗性作品。换句话说，就是既依赖现实中的史料，又要摆脱史料的束缚，在概括提炼史料的基础上，发挥艺术家丰富的想象力和源于生活的浪漫诗情，强化作品的表现性和写意性，使现实主义和浪漫主义相结合。

从导演的角度来说，剧本写好后，严丝合缝、不越雷池地照拍那谁都能当导演，导演对剧本不能只做物理反应，而要做化学反应。何为化学反应？就是将剧作中的人物及思想内容，通过排演调度等电影综合表达手段变成导演的镜头语言。那些一个字都不肯让导演改动的编剧，至少还不真正认识电影。电影固然是建立在剧本基础上的二度创作，但纸质的文学形象和视觉的银幕形象仍是两种不同的样式，仅限于文字上的照搬或"切豆腐块"必定流于图解，这就要求导演必须用电影的语言来尽可能完美地体现文学剧本的内在要素，找到原先在剧本上没有的艺术效果。比如，在拍摄《开国大典》时，我们力求使镜头语言既是实的，又是虚的，既是现实主义的，又是浪漫主义的。在"百万雄师过大江"那场戏中，我们不仅启用了纪录片中战士运大炮战船的真实历史镜头，还在长江边上的河汊里安置了几十条当年的风船，在长江对岸搭建了一个规模很大的江防阵地碉堡、坑道等，又特别增加一组百万大军强渡长江的特技镜头，通过几十个镜头的蒙太奇组接，才在宽银幕上体现出革命军队以摧枯拉朽、势不可挡之势抢渡长江天险的英勇气势。

再比如毛主席从西柏坡转移到北平这本是一场过场戏，但我觉得很重要，这是中国历史一个节点，从此革命由农村进入城市。要浪漫化处理，给观众留下视觉冲击力。比如，剧本提示，车队停下，毛泽东的女儿李讷问："爸爸，我们这是去哪儿？"毛泽东说："进城，因为我们胜利了！"李讷又问："为什么去北平？你不是说胜利了回延安吗？"毛泽东说："因为北平比延安大。"这场戏我在长春机场拍的，我找来120辆军车在二里地外排成横排向镜头开来，并在军车后面放上60个烟点把树挡掉，在镜头前挖了个坑，用四个火枪把镜头前的空气打热，以形成热浪，用长焦低角度拍摄，使画面上留出大片的天空，形成人民军队千军万马朝北平进发之势，象征革命胜利的潮汐势不可挡；毛泽东与女儿李讷对话的画外音则造成颤响，飘荡着如海鸥般划过的回声。这组浪漫写意的镜头其实源自我对生活的想象。我从小在大连海边长大，常躺在海滩上听海鸥划过天际的鸣叫，感受海浪不断袭来的无穷力量。我把这种感觉带进电影，那100多辆战车，隆隆地震撼大地的声响如同革命车轮以不可阻挡之势滚滚向前的历史潮流。我想谁也不会认为120辆军车迎面齐发违反了交通规则，因为这是艺术、是诗情。此外，我在影片中设计让毛泽东和他的战友们迎着阳光拾级而上登上天安门城楼台阶，让蒋介石在中山陵走下台阶，一个上去一个下来，力求使影片既真实又符合历史象征意蕴，体现出镜头语言的诗情画意和表现性、象征性。

赵：我注意到，您在塑造毛泽东、蒋介石等人物形象时，比较注重历史真实和人物个性的"形神毕肖"，没有对站在革命对立面的蒋介石进行脸谱式的简单抑贬，而是将之塑造成一个有着七情六欲的正常人。您为此有没有承担什么风险？

李：我们曾经历过"四人帮"时代的所谓"三突击"式的创作。新时期电影创作的氛围还是较为宽松自由的，这使得我们敢于实事求是地面对严峻的历史。要拍好这些人物，我得事先研究他们，琢磨他们的思想、性情以及战略战术，拍出他们在历史兴亡成败中的喜怒哀乐和七情六欲，力求把史实还给历史的同时也把真实的人还给历史。伟人的气度就是跟凡人不一样，毛泽东之所以了不起，是因为他在最困难的时候能看到希望，他写字跟他做人一样潇洒，写的字龙飞凤舞、汪洋肆意，从来不写在格里，也不循规蹈矩、不按常理出牌，一坐下来就靠着椅背支起二郎腿，边看书边下意识地嚼茶根，抽烟时洒脱地弹烟灰，想说就说、想干就干；而蒋介石则完全不同，他坐椅子从来不靠在椅背上，腰板总是挺得特直，写字笔直字方、一望成行，全在格里，做人做事信奉中正之道，循规蹈矩、一板一眼，不越雷池、不离法度，甚至不抽烟、不喝酒、不喝茶，只饮白开水。

我在影片中给予这些历史人物以公正而不失本色的真实刻画，说实话，当时也是顶着风险的。可我不是在杜撰，我表现的是历史中的真实人物形象。对于毛泽东的刻画，毛主席卫士李银桥的回忆录里白纸黑字就是这么写的。蒋介石的人物塑造也是我们深入生活、了解原型后的结果。记得有位老同志对我们讲过一句话："你们拍电影，不要把蒋介石写得太愚蠢了，他那么愚蠢，我们那么多年都没能把他打倒，我们岂不是也愚蠢？我们就是打败了他，有什么伟大？"这话虽然很幽默，却一语破的，抓住了要害。我们确实是在按照艺术规律办事，既没有把毛主席神化，也没有把蒋介石鬼化。记得我们影片在香港上映时，观众反映影片没有脸谱化地表现老蒋，让他们看到国民党内部还有那么多复杂的斗争这一历史真实。一个导演要坚守是要付出代价的，但我相信，按照艺术规律进行的创作终归会留在历史上。

三、如何才能拍出叫好又叫座的主旋律电影

赵：不知是天性所致还是职业使然，我觉得您身上也有一种"大将军"的豪气，所以您拍摄的电影大都气势磅礴、阵容强大。《开国大典》云集了138位真实的历史人物，《决战之后》刻画了几十个个性鲜明的国民党高级战犯，就连反映农村变革题材的《田野又是青纱帐》也描摹了40多个人各其貌的小人物。如此宏阔的大场面、错综复杂的历史史实和头绪众多的人物交织在一起，处理不好就容易成"大杂烩"。您如何驾驭宏大场面并突出主题，处理好宏观与微观、整体与细节的关系？

李：我觉得拍电影和画画、雕塑一样，要站在一个制高点上，用博大的胸怀和将军的气度处理我们面对的题材。米开朗基罗在创作前，总是凝视着一块大理石，直到他从中看到形体后，就把一切多余的东西都毁掉，让隐藏

在那块石头里的东西展露出来，这体现的正是一种审时度势的气度。说到胸怀和气度，我想起1974年，我去北京金鱼胡同李苦禅老师家拜访，李老不仅为我画了一幅画相赠，还把他珍藏多年的《松鹰图》拿出来与我分享，我顿时被眼前这幅气势恢宏的艺术佳作所折服，虚心地向李老请教，问这画是从哪儿起笔，又在哪里收笔。坐在藤椅上的李苦禅喝了一口茶说："画家画大画，就好比大将军指挥打仗，大将军在山岗上骑一匹高头大马，看眼前纵横几十里的地盘。大将军胸中有千军万马，看眼前地盘觉得不够摆的。画画就应该有大将军的博大气度，那样，你再回头看眼前这纸，就觉得纸太小了，这时'气'也就来了，气赶笔跑，画里有画，画外还有画，气势博大。"拍电影就和李老画《松鹰图》一样，都应用大将军的胸怀去驾驭，以开放性的思维去整体考量宏观布局与微观细节的关系，决不能小家子气地照猫画虎。当年拍《佩剑将军》时，我和肖桂云住在9.6平方米的斗室里，在缝纫机上分镜头，分出了《佩剑将军》中的千军万马。9.6平方米就像住火车卧铺，感觉连空气都不够用，但我们胸中波涛汹涌、万马奔腾。拍摄《佩剑将军》时我们调动了15000人，一个师的人做配合，三个县的上万名民工做群众演员；《开国大典》的拍摄动用了15万人次的群众演员，请来了130多个演员参加剧组工作。我们用大将军的气度拍摄我们需要的场景，不惧有多少人。在拍戏现场我就是指挥打大仗的将军。

再比如，《决战之后》是一群"和尚戏"，涉及邱行湘、王耀武、沈醉、杜聿明、黄维等40多个战犯的改造过程。要让观众坐得住，我们要有清醒的大构思，要善于抓戏抓核，不必把"功德林"里如何改造战犯的过程，以及诸多事件和人物俱细俱全地展示出来，而是把笔墨放在杜聿明、黄维等几个国民党高级将领真实心态的揭示上，这样，影片在整体结构上就能兼顾群体组合与独特视角，显得主次分明，错落有致。《开国大典》是一部革命历史长卷，我们以宏观把握与微观展示相结合的方式，始终抓住毛泽东和蒋介石的对应关系，将宏大的历史场景与微妙的人性、个性细节互为映照、经纬交织，使众多的人物和事件按照这种对应关系繁而不乱地穿插、铺排，力求在形式上既有油画般深沉浓重的笔触，又有国画般恣纵流动的骨法勾勒，还有水粉画的细腻韵味，在浓墨重彩的恢宏长卷和须眉毕现的工笔中，将人所共知的史实提升到史诗化的高度。电影《田野又是青纱帐》虽然是一部涉及农村改革的现实主义题材作品,但我仍带着历史的高度和文化意识去俯瞰这场改革,将剧中人物置于既能展示时代风貌,又能体现改革开放特征的不同环境里,力求营造出东北农村大地上一派生机勃勃的景象和一群活色生香的典型人物,并将能够体现农村改革大潮里朝气蓬勃的新鲜事物贯穿其中,活力四射的年轻大学生、忙于铲除旧物的推土机、青纱帐在阳光下泛起不同光斑等,这些符号都象征着农耕文明下新旧思想的碰撞和真实农村的改革变化。影片表现了一天中榆树屯村的36个普通人,启用的都是清一色的大明星、好演员,像赵丽蓉、宋丹丹等在影片中只有一句台词。1987年,夏衍主席选中此片赴苏联进行破冰后的文化交流,影片在莫斯科放映时,受到苏联人民的欢迎。

赵: 再来说说您那部《七七事变》吧。它体现出了中华民族的自强不息与尊严,传递出"宁为战死鬼,不做亡国奴"的呐喊,我理解这是伟大的"民族之魂"。您是如何通过电影来表现和传播民族精神的呢?

李: 在我看来,民族之魂就是民族精神,它不是喊口号喊出来的,而是通过一个个生动鲜活的形象和细节体现出来的,我尽可能在作品中努力彰显这种精神。比如在拍摄《七七事变》时,我把战争的焦点对准了佟麟阁、张自忠、赵登禹三位民族英雄,尽可能艺术化地再现历史真实,泼墨式地挥洒宏伟画卷,工笔式地勾勒人物,细腻地雕刻人物的闪光点。赵登禹是个孝子,在上战场前,赵登禹的妈妈把他爹的奖章取下来挂在儿子身上,然后在赵登禹脑门儿上亲了一口说:"走吧!"这个细节就体现了民族精神;日方给宋哲元母亲送来花瓶做寿礼,宋母拒绝并当场将之摔碎,认为这是黄鼠狼给鸡拜年,接了这份礼怕是日后进不了祖坟;佟麟阁的父亲面对儿子倒在血泊中,把泪吞进肚子,劝儿媳不要难过,他的死值得,把自己的棺材让给儿子;张自忠说别人的部队可以打胜仗,唯独自己的部队不能打胜仗,要以死来表白自己的赤胆忠心;双目失明的士兵流着泪抚摸卢沟桥上的石狮子;等等。这些人物既有个性又有共性,构成了《七七事变》的感情网和坚不可摧的民族精神。时任国务委员李铁映到《七七事变》剧组来探班时,曾在卢沟桥拍摄现场为剧组写了"为中华民族之魂呐喊"的题字。在我看来,"民族之魂"应是每个文艺工作者进行艺术创作的核心价值观。如今,美国大片正调动一切力量表现美国精神，中国电影理应讴歌并向全世界传播自己的民族精神。

记得《七七事变》在香港首映时，曾有位美国之音的记者问我："您和您太太拍了那么多共产党打国民党的电影，今天您带着这部国民党打日本人的《七七事变》到香港搞首映，怎么解释您的创作？"这个记者的提问很有挑衅性，但提的很有水平。我回答说，我们是拍了些共产党打国民党的影片，有时候该打就得打，不打怎么会有新中国呢？但是，我们中华民族的历史是浩瀚而又复杂的，其中既有共产党打国民党的历史，也有国民党和全国人民一起抗日的历史，这叫抗日民族统一战线。作为一名中国导演，我要把镜头聚焦在中华民族真实的历史上。我们民族把那些抗击外寇、战死疆场的人都视为民族英雄，从不以党派论高下，只以民族情怀为原则。北京有佟麟阁路、赵登禹路、张自忠路，一直以战死疆场的国民党将领的名字命名至今。凡是同仇敌忾、抗御外寇而血洒疆场的民族英雄，中国人民不会忘记，中国的电影也不会忘记。

赵：据说您为了拍好这些影片，经常实地采访、体验生活。您觉得体验生活是否是创作好一部现实主义题材的前提？能具体谈谈您是如何深入生活的吗？

李：还是那句老话，艺术家只有深入生活才能创作出无愧于人民、无愧于历史的时代经典。久映不衰的好影片，其奥妙在于真实可信，而真实的前提是深入生活。我们是在红旗下长大的一代，淮海战役打响时，我们是刚进小学校园的稚童，为了在银幕上再现《佩剑将军》中淮海战役的真实一幕，我们采访了当年参加徐州战场起义的领导者和参与者，参观了"淮海战役纪念馆"，查看了有关档案和历史资料，深入实地去考察，再不断从剧本中汲取力量，仿佛与当年的战士共同经历了一场激烈的鏖战。拍《开国大典》时，老一辈领袖健在的已经不多了，前辈摄影家在战火中拍摄下来的历史资料是我们今天造不出来的，我们反复看这些老照片、纪录片和资料书，通过各种直接或间接的方式采访同时期的真人，比如采访毛主席的秘书叶子龙和蒋经国的同学，到当年攻打上海的主将聂凤智家里拜访，还寻访到开国大典时站在毛主席身后的赛福鼎，问他当年在城楼上是怎么抽上莫合烟的。拍《重庆谈判》时，我们采访了周总理的副官以及张治中的副官、儿子、大秘书等人，赴重庆实地考察并查阅了大量历史资料，组织主要演员现场体验、深入生活。

拍《决战之后》时，我们采访了当年的国民党在押战犯，到功德林看守所所长姚云家里了解情况，晚年的姚所长已记不清太多往事，倒是他儿子说了句："当时我们家就住在'功德林'，所里要为战犯们改善生活，结果那些战犯连杀猪都不会，闹得猪满院跑，都跑到我们家里来了。"这一聊，便引发出影片中战犯们围追堵截一头猪的"杀猪"戏，营造出喜剧正演的反色彩喜剧效果。国民党战犯与日本战犯在煤堆里打起来的那场戏中，国民党将领将此事告诉了杜聿明，杜聿明边扫地边问："弟兄们吃亏了没有？"貌似又回到当年的战争情境中，于是那位国民党军官立正："报告杜长官，在这场中日大战中，我部大获全胜。"杜聿明放心地说："好！"这些生动的细节都来自生活。

赵：确实，影视作品唯有揭示生活本质、表达内容真实、巧妙运用细节，其精神内涵、艺术质感和审美品质才能有所附丽。以您一个"甲子"的从影经验来看，如何才能拍出叫好又叫座的主旋律影片，塑造出有血有肉、富有感染力的人物形象呢？

李：主旋律作品要拍得好看就六个字"尊重艺术规律"。主旋律一旦成为电影，就应该按照电影的规律来要求，突出其思想性、艺术性和观赏性，且愈是政治性强的影片愈要讲究艺术性。通常而言，主旋律作品大都是讴歌英雄、弘扬民族正气的正面题材或现实题材，这类题材在艺术上往往难以找到合适的表现形式，想要拍好它，就要在艺术性、可看性、故事性和塑造人物上多下功夫。可如今，社会上一涌现出某个英模人物，创作者就必须赶在几个月内拍摄出来，这是违背艺术规律的。尊重艺术规律的做法首先是创作者爱这个题材，然后要深入生活、细细打磨，最后再用恰当的艺术手段和形式将作品鲜活地呈现出来。而不是直奔主题大喊大叫，主题思想是让人喊出来的谁爱看啊？观众对这样的主旋律作品颇有微词不是没有道理。电影创作者若不能把握艺术样式和规律，拍不出气韵生动、鲜活感人的人物形象，那等于把好的题材给糟蹋了。

文学艺术说到底是人的艺术，正所谓"文学"即"人学"，电影也是"人学"。从古至今，那些能给观众留下强烈印象的好作品，不就是一个又一个独具风采、极具个性的典型人物深入观众心里的结果吗？从早期的白毛女到董存瑞，从《平原游击队》队长李向阳到《上甘岭》的张忠发连长，以及《复活》《战争与和平》《钢铁是怎样炼成的》等国外文学作品中的人物，无不给观众留下难以磨灭的印象，正是这些生动鲜活的人物形象，构成了作品的灵魂和电影的根。相形之下，那些因形式而丢失人物灵魂，或光追求美的感觉而人物立不起来、观众记不住的作品不过是徒有其表。过去观众常常能记住电影中的人物，却叫不出演员的名字，如今反了，能叫出演员的名字，可他们演了什么作品、塑造了什么具体的人物形象观众却不知道。再比如有些英模人物，他们的英模事迹报告会使人声泪俱下，一旦将他们搬上银幕，观众看起来就特别理智，因为导演导得理智、演员演得也理智。本来很感人肺腑的故事、挺震撼人心的客观生活，一经过滤后就不是那个味道了。画面倒挺干净唯美，但一点儿也不真实，既没有光的追求，也没有造型的艺术，与其这样，还不如看报告文学、听英模事迹报告会呢。文艺作品是讲究味道的，现实主义题材尤其要真实，要用真情实感拨动观众心弦。一旦成为白开水就不能称其为文艺作品了，"直白露"成就不了艺术作品生动的气韵和有震撼力的艺术效果。因此，艺术家在创作时要尊重生活、尊重历史、建立情感，钻进去再退出来，按照艺术规律把现实主义和浪漫主义融为一体。

四、推动电影艺术发展要站位高远、视野开阔

赵：您除了执导拍摄重大革命历史题材、农村题材、工业题材电影和电视剧作品、大型晚会外，还在中国电影基金会工作过。听说您是倡建中国电影频道第一人、倡建中国电影博物馆第一人，并促进了中国电影产业政策的出台，能谈谈这方面的情况吗？

李：我当过 13 年中国电影基金会会长，一直在从事电影公益事业。倡建中国电影频道，是我作为全国人大代表在 1993 年的全国两会上提出的。当年国产电影的生产规模很小，主要集中在几大国营电影制片厂，全年电影产量仅几十部，电影厂的日子过得紧巴巴的，有时连发工资都困难。相形之下，电视行业的发展却异常迅猛。当时，来自日本、巴西等各个国家的电视剧和丰富多彩的电视节目牢牢锁住了观众视线，分流了一定数量的电影观众。为此，我在八届二次全国人代会上提出议案，建议在中央电视台建立一个专门的电影频道，将活跃的电视平台利用起来，使之成为展示和宣传中国电影的

一扇窗，让全国观众足不出户就能通过荧屏欣赏光影艺术。我的这一议案得到国家领导人和有关部门高度重视。第二年，中央电视台将CCTV-6创建为电影频道。观众通过这个桥梁，了解了国内电影领域的发展态势和电影界的动态，观看了历史上许多优秀的国产电影，观摩了世界丰富多彩的电影，极大地丰富和拓展了观众的国际视野和对电影文化的认知。此外，由于电影频道收购了各电影制片厂的影片版权，使得众多优秀国产影片和经典老电影得以在电视平台销售，由此解决了电影制片厂的经济困难，催生了电影工作者的创新活力，为新片的再生产提供了有力保障。后来我又建议把这个频道变成中国的HBO，像美国的电影台一样，打造面向世界的中国电影台，建立自己的国际传播渠道，24小时播放中国电影。因为当时很多中国电影，外国人是看不到的。虽然我国每年引进很多美国大片，但在国外的垄断下，中国的电影很难进入国外大影院。而电影频道和电影台又是两个概念，美国的HBO是通过卫星覆盖全世界的，如果建立了电影台，外国观众在家就能随时收看中国电影。目前这一愿望还未达成，我期望建设一个中国的HBO，同时通过网络等新媒体平台促进中国电影的国际传播力度和能见度。

　　后来我到国外参观交流，发现世界各国都有自己的电影博物馆，于是又萌生了建立中国电影博物馆的念头。1998年，我当选为中国电影家协会副主席，便牵头联合张瑞芳、孙道临、秦怡、于蓝、于洋、谢铁骊等29位电影前辈，给中央领导写信，提出建立中国电影博物馆的构想，得到国务院和北京市政府的大力支持，由我兼任电影博物馆建设筹备组组长。博物馆起初选址在北影厂旁边，后来由于占地面积太小，改到大山子，在2005年中国电影百年华诞时开馆。中国电影博物馆的建立，展示了中国电影从1905年开山之作《定军山》问世以来所走过的百年风雨历程，架起了中国电影与世界沟通对话的桥梁，成为电影界集会、研讨、庆典和观众参观、观影、体验电影制作乐趣的重要场所。馆内还珍藏了大量电影拷贝、手稿、电影海报和电影器材等珍贵藏品。我和肖桂云当年拍摄《开国大典》《七七事变》时的海报、分镜头、台本和取景框也收藏其中。

　　促成中国电影产业政策的出台是我当选中国电影家协会主席以后的事。当时国家刚提出电影产业这个概念，还没有出台相关配套政策。我们与美国在电影发行放映和银幕块数上存在明显差距，美国的银幕数有四万多块，我们才 6000 块，且分布很不均衡，多数集中在沿海城市的商业区，中西部地区分布很少。如果没有国家意识和政策作为支撑的话，电影市场将无法做大。在 2009 年 3 月 4 日全国政协第十三届二次联席大会上，作为电影界的政协委员，我建言中央支持电影产业，给予政策支持和倾斜，推动相关政策的出台。后来中央出台了 2010 年 9 号文件（《国务院办公厅关于促进电影产业繁荣发展的指导意见》）。此外，在中国电影基金会工作期间，我几乎每年都参与组织海峡两岸暨港澳地区的电影文化交流和展映，倡导并实施内地主流电影走进港、澳、台大学校园，推动"亚洲电影大奖"落户香港。海峡两岸暨港澳地区尽管地域不同，在文化认同和价值观方面存有差异，但共同传承着中华民族丰厚的文化基因，是中国电影大家庭的重要组成部分。我希望把这些电影优势资源整合起来，增强中国电影在全世界的传播力和影响力。

赵：没错，中国电影产业需要热心人士的推动和社会各界的大力支持。在高度市场化的今天，您觉得国产电影的发展还存在哪些不足呢？

李：如今，中国电影的发展速度很快，票房收入以 30% 的速度逐年提高，涌现出了一大批新人新作，银幕总数位居世界第一，但在国内外有震撼力和影响力的精品力作并不多，亟须从电影大国向电影强国迈进。目前我国电影的现状是：佳片少、庸片多，时不时有黑马，却没有黑马成群；电影的剧本质量欠缺，很多电影拍完就直接进了库房。同时，高度市场化、娱乐化的时代，造就了一批喜欢商业大片和时尚的年轻观众，他们占据了电影市场的主流，倾心于短平快的消费和浅显的网络文化。电影评论界和媒体界关注的大多是商业片和娱乐片，这对于中国电影的发展并无助益。中国电影要做大做强，需要电影人摒弃浮躁和投机心理，沉下心来认真思考和做事，在影片的质量上多下功夫，培养一批懂艺术、善管理、会经营的复合型人才。电影创作者和主管领导都要站位高远、视野开阔，尤其是领导要站在时代高度，要比艺术家看得更远，号召艺术家放眼全球、撒开视野，提升整个电影行业的前瞻思维和创新意识。此外，政府要掌控一些主流院线，抓导向性工作，不能任其自流、什么挣钱拍什么、通通推向市场。现在社会上存在一种倾向掩盖另一种倾向的现象，通常在谈票房时掩盖了我们国家的重大题材，而重大题材指望民营公司去做是不现实的，因为他们需要的是少投入、多赚票房，电影厂也玩不起、不具备投拍的能力。当年我们拍《开国大典》时，国家投入60%的经费，剩下的部分由长影自筹，现在几乎没有这种可能。中国特色的社会主义电影事业不能纯靠市场。将来，体现国家意志的重大革命题材还需要国家投入。

赵：文艺评论与文艺创作历来被视为鸟之双翼、车之两轮，电影创作的繁荣离不开理论、评论的支撑，请您谈谈评论对电影创作的影响。

李：中国电影的创作是一翼，评论是另一翼，大鹏展翅高飞需要两翼同步舞动，才能飞过高山、越过平原、跨过大河。习近平总书记曾言，有高原但少高峰。中国电影要出精品、出高峰，就必须站在制高点上放眼全球，让作品与世界接轨，与人类文明史上的精品力作一决高下。如果仅有创作的高峰，而没有评论的高峰，是出不了真正的高峰的。当前，我国的电影作品在国际上立得住的不多，电影评论也是吹捧的感情文章、红包文章多，缺乏有水准的批评文章。有的创作者甚至完全听不得批评，这不利于中国电影的长足发展。通常来讲，搞创作的人是忽略理论的，评论家若能在理论上说出个一二三，点拨出作品不足的症结在哪里，拿出有分量、有见地的深刻建树，让创作者从中受益，将对中国电影的优化和繁荣大有裨益。毕竟，搞创作的人希望能读到好的评论文章，搞评论的人也希望能看到好的作品。中国电影的高峰离不开文艺评论，好的文艺评论能引领提高文艺创作的方向，给创作者以导向，对当下繁荣文艺创作起到激励、引导和点醒的作用。创作和评论，大鹏一翅不可缺也，必须双翅和谐地展翅高飞，新时代的中国电影事业才能奏出华彩乐章。

访后跋语：

我跟李前宽、肖桂云导演伉俪相识于在河北北戴河举办的"人民与英雄——中国主旋律创作的初心和使命"文艺峰会上。作为主办方特邀嘉宾之一，我恰巧与他们夫妻二人同分到第一会场的电影组，共同探讨"中国的主旋律电影发展之路及当代电影的原创问题"。在会谈间隙，我看见李导一直低头在纸上勾画着什么，时不时冲着不远处饰演电影《张思德》的吴军看上两眼，又匆匆埋头继续勾画。我凑近一看，原来李导正偷摸给吴军画速写呢。短短几分钟后，一幅"神形毕肖"的吴军速写图便呼之欲出，人物的神韵和特征瞬间被勾勒得栩栩如生。末了，吴军欣喜地拿着自己的肖像画与李导合影留念。我想，李导正是用这样的眼力和心力在大银幕上勾勒毛泽东和蒋介石的吧。于是便促成了这次访谈。

半年之后，当我拿着"长枪短炮"赶到李导家时，李导的爱人肖桂云已在门口热情地迎候。走进一间满是书籍、照片和绘画作品的房间，我感到一种扑面而来的艺术气息。书柜上、墙上全是二人画的画，以及拍电影时的工作照、生活照等，那是他们相濡以沫共同筑起的文化往事和爱的记忆。"我拍的题材很严肃，但我本人特不严肃，老长不大，像老顽童，感性、喜形于色、不会装蒜。别人说您都快 80 了还那样，我说即便 90 我还这样呢！我本色就这样。哈哈！"一见到我，李导便谈笑风生地恣意袒露着他的性情，全然不用我费力去观察和揣测。他是个浑身充满活力、直言快语、很有感染力的人。采访是在边喝茶边聊天的氛围下进行的。谈到中国电影的前世今生，他兴奋地手舞足蹈、慷慨激昂；聊到电影的艰难、人生的蹉跎，他又颔首低眉、瞬间泪目。

当李导激情满怀地向我讲述如何塑造毛泽东、蒋介石和佩剑将军时，我仿佛看见眼前的他已穿越时空，正身着戎装骑着一匹棕红色的高头大马，高举着长剑，英姿勃发地指挥着千军万马，嘴里还高喊着："冲啊！"是啊！他不同样也是个大将军吗？是个能够指挥千军万马的银幕大将军，而且还是个会画画的大将军。会画画使他的电影充满了艺术和史诗气质，写意、留白、气韵、象征这些绘画元素在他的电影里得以淋漓尽现。他和肖桂云是电影界的画家，画坛的导演，两人琴瑟和鸣、比翼齐飞、如影随形。"这些画都是我那哥们儿画的，以前她名字排我前边，后来她一直排我后边。"李前宽指着肖桂云的画亲热地称她为"哥们儿"，肖桂云则在一旁静静地为"哥们儿"牵衣角、倒茶。

2019 年是李前宽和肖桂云从影一个甲子 60 年，也是他们金婚 50 年，两个连在一起的名字共同筑起了一个时代的电影文化符号。在此，我借用一句话祝福他们：前折蟾宫桂，云开天地宽。

原载于《中国文艺评论》2019 年第 6 期。

开掘戏剧艺术超越时代的精神价值
——访戏剧导演艺术家罗锦鳞

赵建新*

罗锦鳞

1937年出生，1956年至1961年就读于中央戏剧学院导演系，毕业后留校任教。中央戏剧学院导演系教授、博士生导师。历任中央戏剧学院导演系主任、副院长等职。罗锦鳞先生是当代著名戏剧导演艺术家，导演作品有《俄狄浦斯王》《安提戈涅》《特洛亚妇女》《地母节妇女》《榆树下的欲望》《晚餐》《万水千山》《爱情的传说》《鸟》等近百部，体裁丰富，成就斐然。1986年，他执导的《俄狄浦斯王》是国内第一次公演的古希腊戏剧；1989年，他开创了用中国戏曲演绎古希腊悲剧的先河。此后，他在此领域深耕不辍，享誉海内外，代表作品有《美狄亚》（河北梆子）、《忒拜城》（河北梆子）、《城邦恩仇》（评剧）等。2009年，因其在中希文化交流领域的独特贡献，雅典政府授予其"希腊文化大使"称号。近些年来，年逾八旬的罗锦鳞先生致力于国内各类戏剧学术交流活动，对古希腊戏剧艺术的传播更是不遗余力。

2019年3月21日，在首都剧场附近的一家酒店大堂里，笔者如约与罗锦鳞先生见面。此时，适逢罗老执导的话剧《晚餐》在北京人民艺术剧院的实验剧场上演第11轮，话题自然从这出当代希腊名剧谈起。

---

* 采访人单位：中国戏曲学院《戏曲艺术》编辑部。

一、最原始的就是最丰富的

赵建新（以下简称"赵"）：《晚餐》自 2010 年开始，每年都会复排上演，它已经成为北京人民艺术剧院（以下简称"北京人艺"）的保留剧目，也是北京人艺自成立以来演出的唯一古希腊悲剧风格的作品。在大家的印象中，您一向以导演古希腊戏剧为业内所熟知，而《晚餐》是一部当代希腊作品。据说此剧原作是一部现代戏，剧情借用"戏中戏"的结构，展现了一个现代剧团在排演阿伽门农家族的故事时，饰演剧中人的演员把剧中故事与当下生活相互纠缠、无法摆脱情感困境的过程，但观众在北京人艺实验剧场看到的《晚餐》却删掉了现代人的部分情节，如此改编的用意何在？从古代到当下，跨越 2500 多年，作为一个擅长执导古希腊悲剧的中国戏剧导演，您是如何解读这部当代希腊作品的？

罗锦鳞（以下简称"罗"）：虽然《晚餐》是希腊当代剧作家卡巴奈利斯的作品，却取材于古希腊悲剧，其情节延续"古希腊悲剧之父"埃斯库罗斯的三联剧《阿伽门农》《奠酒人》《复仇女神》的故事，讲述了阿伽门农、克吕泰涅斯特拉、埃癸斯托斯和卡桑德拉四人死去后，其灵魂和阿伽门农的两个女儿伊菲格涅亚、伊拉克特瑞以及儿子俄瑞斯特斯相聚在一起，共进晚餐。在这一场人鬼同台的"晚餐"中，每一个杀死别人和被别人杀死的灵魂，原谅了彼此的罪恶，却对因为杀人而背负沉重精神负担的孩子们无能为力。最后，阿伽门农和妻子克吕泰涅斯特拉亲眼看着三个孩子精神崩溃，最终走向灭亡。

中国观众要记住古希腊繁冗的人名本已很困难，再加上《晚餐》的原始剧情结构在古代和现实之间相互交织，演员跳出跳进，中国观众要进入剧情多少会有些障碍。我想不如删繁就简，以单一的古希腊悲剧风格呈现这部剧作或许更显纯粹。另外，这出戏和北京人艺上演过的其他外国剧目如《洋麻将》《哗变》等风格不同，作为尝试，也不易过于晦涩难懂。最重要的是，当我尝试这样改编时，发现这并不妨碍这出戏的当代价值和现实意义，它虽然在讲述阿伽门农家族的古老复仇故事，但其间展现的人在自我选择过程中所要承担的责任以及其后无法解脱的情感困境，无疑也能激起当代人的共鸣，只不过我们大多数人的内在世界很多时候被庸常的生活所遮蔽，戏剧却要用极端的情境把人类的这些情感激发出来，让观众对剧中人的行为和选择感到"恐惧"和"怜悯"，以便"陶冶"和"净化"自己的情感，这便是亚里士多德《诗学》中所谓悲剧"卡塔西斯"之作用。实际上，亚里士多德在两千多年前确立的这些悲剧美学原则，在今天仍然适用。这些年来，我无论走到哪里都会适时地对观众和学生普及这些内容，尤其是上演《晚餐》的这10年中，每场演出开始之前，我都会用几分钟的时间给观众讲一讲古希腊的戏剧文化，让大家多少了解一点背景知识，这或许对理解这个作品能起到一定的作用。

赵：谈到《俄狄浦斯王》，便让人回想起33年前您为中央戏剧学院（以下简称"中戏"）八四级导演干部进修班（以下简称"干修班"）和专修班执导此作时的经历。那是国内首次公演古希腊悲剧，对中国戏剧艺术的发展产生了重要意义。请您谈一谈当时执导此作品的初衷和背景。

罗：《俄狄浦斯王》是古希腊戏剧家索福克勒斯的代表作，首演于公元前431年。可惜的是，这部为亚里士多德所称道的"悲剧艺术的典范"，很长时期内一直没有在中国公演。此前我所知道的国内演出古希腊悲剧的记录有两次，第一次是20世纪30年代的国立戏剧专科学校曾演出过《美狄亚》，第二次是1979年北大历史系的业余剧社演过《俄狄浦斯王》。这两次演出因为都是校内学生演出，没有对外公演，所以影响不大。

1985年，中戏导演系八四级干修班和专修班的学员们即将毕业，我开始着手准备他们的毕业演出剧目，当时有《哈姆雷特》《俄狄浦斯王》两个剧目备选。学员们最后选择了后者，因为它从来没有正式演出过，大家觉得更新鲜。但当时我还是有些顾虑：首先，我们一直认为《俄狄浦斯王》宣扬的是宿命论，这和长期以来社会上一直主张的"人定胜天"的观念有所抵触。其次，中国人对毛泽东的经典语录"言必称希腊"耳熟能详，"希腊"在很多人的固有观念里并不是个很光彩的词儿，排演这出戏在意识形态上是否有所禁忌。最后，1979年10月，希腊国家剧院曾经来华演出了埃斯库罗斯的《被缚的普罗米修斯》和欧里庇得斯的《腓尼基少女》两部古希腊戏剧，但由于舞台手段陈旧，视觉色彩单调，当时的反响并不是很好，很多观众都说看不懂。人家希腊人排自己老祖宗的戏中国人都不太买账，现在由我们自己来排，是不是更有隔靴搔痒之感？观众能否认可？

正在我犹豫不决的时候，时任中央戏剧学院副院长丁扬忠教授打消了我的顾虑。他说，老祖宗的戏早就该演了！院长徐晓钟教授也给予了我很大支持。有了领导的"尚方宝剑"，我决定带领学生排演此剧。

但领导的支持并不能解决所有的问题。这部创作于2500多年前的剧作，此前国内从未公演过，没有任何资料可以借鉴，舞台呈现的细节难以想象，台词如何从诗体转换为散文体也毫无经验。好在20世纪80年代中国社会正处于巨大的变革期，思想解放运动云起潮涌，国外各种戏剧流派纷纷涌入，"先锋""实验"大行其道，"再现""表现"各执一词。我不想保守，但对创新也非常审慎。为了探索出一条适合古希腊悲剧的演出形态，我让五个同学分别用先锋的、实验的、现实的等不同表现手法分组排练《俄狄浦斯王》的片段，再拿到一起评判分析，最后确定了我自己的导演思路，那就是——用传统的相对写实的古希腊悲剧形式来排演。之所以做出这样的决定，也是鉴于当时人们对古希腊悲剧还比较陌生，我们希望以一种稳妥的方式再现这出经典悲剧，以免误导观众。

演出风格确定后，我们在1985年下半年开始排练，1986年春天在中戏实验剧场首演。谁料首演后一炮打响，原定只有五场的演出不停加演，最后演了20多场，引起了不小的轰动。时任希腊驻华大使雷拉斯看了演出后，认为此剧是他看过的外国人演的古希腊悲剧中最好的。1986年5月，剧组受文化部委派，组成了"中国戏剧演出团"赴希腊参加第二届国际古希腊戏剧节，班里的32个学生全部登台演出，引起轰动。当时法国科学院院士、古希腊文学专家彼特里迪斯撰文盛赞此剧，认为"也许只有像中国这样具有古老文化的民族才能理解古代希腊的智慧和文化传统"。这次演出为国家争得了荣誉，也开启了我导演古希腊戏剧的艺术历程。回国后，我们又继续公演了20多场，引起了戏剧界和学术界的持续关注，成为那个时代的一段特殊记忆。

30多年过去了，现在回首那次演出，我觉得它之所以受到欢迎，自然和当时社会的思想解放背景有关，除此之外，还有一个重要原因就是，我们找到了彼时古希腊悲剧在中国演出的合适形态。也正是因为这次演出，奠定了我此后执导古希腊戏剧的基本原则：一是要让中国观众能看懂、能接受；二是要尊重古希腊戏剧的传统，如歌队等；三是要保持古希腊戏剧简洁、庄严、肃穆的风格。

当然，演出成功更重要的原因是经典剧作自身的魅力。在《俄狄浦斯王》上演时，戏剧界正在进行"写实""写意"之争。有意思的是，无论是写实派还是写意派，大家对《俄狄浦斯王》都表示认可，前者从其基本故事形态中找到了理论依据，而歌队等舞台形式的处理也让后者大有惺惺相惜之感。其实写实和写意并不矛盾，古希腊戏剧作为西方戏剧的源头，既有写实，也有写意，但又非写实或写意等此类简单的概念所能涵盖。正如晓钟老师观看此戏后的评价："最原始的就是最丰富的！"

赵：后来您又执导了哪些古希腊戏剧？

罗：《俄狄浦斯王》在国内一共演出了40多场，产生了很大影响。1988年，我又应邀为哈尔滨话剧院排演了《安提戈涅》；1991年，我为中国煤矿文工团排演了《特洛亚妇女》；2004年，我又为武汉人民艺术剧院导演了古希腊喜剧《地母节妇女》，这也是在中国公演的第一部古希腊喜剧。这几部戏都曾到希腊访演，反响很好。2018年，我和女儿罗彤合作，把阿里斯托芬的《鸟》搬上了国家大剧院的舞台。在这出戏中，我将古希腊喜剧"简洁、夸张、幽默、讽刺、机智和滑稽"的风格和中国戏曲"虚拟、象征和写意"的风格相融合，并引入剪纸艺术，把《鸟》排成一部富于神话色彩的、抒情诗化的浪漫喜剧，观赏性强，但又不失高雅，努力探索希腊和中国文化的融合。

二、以戏曲演绎古希腊悲剧的三次尝试

赵：从1989年至今，在这30年间，您用中国戏曲排演了三部古希腊悲

剧，分别是《美狄亚》（河北梆子）、《忒拜城》（河北梆子）、《城邦恩仇》（评剧）。您的专业是话剧导演，此前执导的古希腊戏剧也都是话剧的形式，是什么契机促使您从话剧转向了戏曲？

罗： 1988年，我带着《安提戈涅》剧组到希腊演出，时任欧洲文化中心主任的伯里克利斯·尼阿库先生向我建议：中国和希腊都是文明古国，都有各自的戏剧艺术传统，如果用你们中国人独特的戏剧艺术——戏曲——来排演古希腊悲剧，那会是一种什么艺术效果？尼阿库的建议让我眼前一亮，顿时觉得这可能是一条东西方戏剧艺术的融合之路。恰在此时，河北省河北梆子剧院的裴艳玲派人找到我寻求合作，我当时便觉得机会来了。河北梆子的特点是唱腔高亢、沉郁、悲凉，和古希腊悲剧在风格上有相似之处；而且作为地方戏，河北梆子与京昆相比，包容性更强，自由度更大，可以尝试移植外国剧目。我和裴艳玲一拍即合，决定用河北梆子来排演一出古希腊悲剧，剧目选的就是《美狄亚》。

《美狄亚》一共排了三个版本。除了1989年河北省河北梆子剧院一团的版本外，1995年我又为该剧院的青年团排过一版，2003年又为北京的河北梆子剧团排了第三版。在第二版中，主演彭蕙蘅荣获第13届梅花奖。第三版中，主演刘玉玲获得了二度梅。三版《美狄亚》都曾出国访演，尤其是青年团的这一版，先后赴意大利、法国、塞浦路斯、哥伦比亚等许多欧洲、拉丁美洲国家演出达200余场。美狄亚这个角色融合了戏曲旦角中的青衣、武旦，甚至彩旦等行当，唱念做打一应俱全，情感浓度极高，表演难度很大。刘玉玲和彭蕙蘅这两个"美狄亚"也各有特点。彭蕙蘅的年龄较刘玉玲有优势，体力充沛，所以第二版比第三版的武戏多，其表演立体出色；刘玉玲则长于声腔，其唱腔把梆子和部分西洋唱法相结合，具有"京梆子"的特色。

赵： 此后您又执导了河北梆子《忒拜城》，这出戏的创作初衷是什么？

罗： 2001年，我接到欧洲文化中心的邀请，希望我能围绕该届戏剧节的主题"忒拜城"排一部新戏，我便确定了《安提戈涅》这个剧目。这出戏的编剧是当代著名剧作家郭启宏，他根据《七雄攻忒拜》《安提戈涅》修改创作了河北梆子版的《忒拜城》。打个不太确切的比方，如果说当初排演的《美狄亚》是"传统戏"，那么《忒拜城》就是"新编历史剧"。

《美狄亚》基本上是按照传统戏的样式排演的，而《忒拜城》"新编"的东西比较多。比如说，当我们把这个故事的历史背景设定在春秋战国时期，服装就按照那个历史阶段的特点设计了宽口大袖，不再是传统戏服的样子。在舞台方面，设计者苗培如根据剧情设计了七座城门，可以自由升降。为了增加气势，舞台后面还设计了高平台，突出层次感，而且方便群众场面的调度（但是这样的舞台布景对戏曲演员的演出造成了一定程度的困难，演员穿厚底靴上下台阶，不是很适应）。在布景设计上，主体图案选用了汉砖的回形纹饰，富有时代特点。

当年《美狄亚》的歌队处理曾广受赞誉，但排《忒拜城》的时候歌队又有了变化。《忒拜城》乍一看好像取消了歌队，实际上歌队的成分和功能还是间接地保留了。当时我和郭启宏商量，可以化用"隐形的歌队"：一部分是交战双方的士兵（分属哥哥和弟弟两个阵营）和忒拜的城民；另一部分是伴随死者灵魂登场的"精灵"——她们帮助观众分清阴阳两界，也制造出富有观赏性的舞台均衡，增加了舞台的美感，同时又表达了对死者的同情和爱戴。至于歌队所承担的对剧情和人物的评述内容，我们安排了"先知"这个人物来完成，也起到了画龙点睛的效果。《忒拜城》常演不衰，至今在各类国际戏剧节已上演了18轮。

赵： 后来您又排了仍旧取材于古希腊悲剧的《城邦恩仇》，不过这次用的不是河北梆子，而是换成了评剧。您前面有了两次用河北梆子执导古希腊悲剧的经验，可以说已是得心应手，取得的成就也有目共睹。在这种情况下，您为什么又要选择评剧这个剧种？在此过程中有没有不同的感受，舞台处理上有何区别？

罗：《忒拜城》之后，我跟郭启宏便有了改编《俄瑞斯忒亚》的想法。但这是个三联剧，每部分的故事都过于单薄，戏剧冲突不强，很难吸引观众。我跟郭启宏商量，把这个三联剧做成一部戏可能会有所改观。但这个想法在当时没有实现的条件，我们就暂且放下了。后来，曾参与过《忒拜城》创作的时任北京河北梆子剧团副团长王亚勋调到了中国评剧院当院长，想排一出新戏，就动员我把《俄瑞斯特亚》排成评剧，但我当时就拒绝了：评剧怎么能演古希腊悲剧？此后无论王亚勋怎么劝说，我都没有同意。其实我的担心也不是没有道理,此前东北有评剧团演过《列宁在十月》,因为有些不伦不类,一时成为戏曲界的笑话。

王亚勋在评剧院当了八年院长后,适逢全团改制,三个团合并成一个团,演员资源大大丰富,于是他又来劝我:您别总是拿老眼光看评剧,评剧并不保守!评剧有那么多成功的现代戏如《金沙江畔》《刘巧儿》等,为什么我们不能尝试呢?后来,经过慎重考虑,2013年底,我终于答应执导此剧。

第一步当然是剧本的一度创作。在改编移植时,郭启宏集中戏剧冲突,把篇幅冗长的三联剧删减压缩成了"火""血""奠""鸩""审"五场戏,情节更显紧凑。另外,他想通过《城邦恩仇》做"雅梆子"的尝试,唱词融合古诗词的韵味与古希腊的诗意,兼顾抒情性和戏剧性,为导演的二度创作打下了扎实的基础。

排练过程中我一直思考,《城邦恩仇》到底该怎么排?它在舞台上最终要呈现怎样的风格?如果说《美狄亚》是"传统戏",《忒拜城》是"新编历史剧",那么第三部戏的创作思路是什么?我当时便有了一个大胆的想法,能否让演员穿上希腊服装、按照希腊方式来演?让戏曲演员的手眼身法步与希腊服装相结合,一开始产生这种想法的时候,我都被自己吓了一跳,马上就否定了。后来又想,正如王亚勋所言,评剧没那么多规矩,既然《金沙江畔》中演员穿过藏族服装,《阮文追》中演员穿过越南服装,《春香传》中演员穿过朝鲜服装,为什么我们不能穿古希腊服装?当然,说来容易做来难,戏曲演员一旦穿上了古希腊服装,一开始根本不能适应,举手投足无所适从。尤其是歌队,因为这个戏的场次多,换衣服根本来不及。最后,干脆选用了一组中性服装,歌队无论演长老、士兵、法官,还是鬼魂,都穿这身服装,饰演的角色靠演员的形体而非服装来表现。实际上,在戏曲中这种情况比比皆是。

在《城邦恩仇》这出新评戏中,戏曲的唱念做打各有偏重。在"唱"上,《城邦恩仇》虽有创新,但仍能让人听出是评剧而不是歌曲;在"念"上,努力实现诗化表达,演员采用富有韵律的朗诵体,借鉴了歌剧和话剧的表演方法;"做"则采取了生活化的方式,例如柯绿黛失子之痛时的表现是生活化的,程式化痕迹较少;而"打"则几乎全以戏曲的把子功和毯子功为主。

整出戏我坚持了这两条原则：第一，一定要保持庄严肃穆的基调；第二，加强雕塑性，人物造型要有古希腊雕塑那样的美感和质感。为了强化这样的风格，我从西洋歌剧中借用了一些手段和技巧。例如阿伽门农上场时，用一个小车台组成一个盾牌的画面，阿伽门农一站，车台就把他推了上来，极具庄严气势。这种上场方式既非话剧亦非戏曲，而是源自歌剧。

黄楷夫在舞美设计中化繁为简，用古希腊的雕塑图案做出一个装饰性极强的表演场地，场景无论室内室外，都是在这个区域内表演。但是2015年在希腊演出的时候，这样的舞台布景无法适应当时的演出场地，于是演出时索性不要布景，反倒充分发挥了戏曲的表演特点，人物上场方式完全按照戏曲样式，强化程式，突出中国戏曲艺术的特色。

评剧《城邦恩仇》自2014年6月18日首演以来，获得了很多国家奖项，也曾到希腊访演。无论国内还是国外，此剧反响都很大。回首这出戏的演出经过，似乎可以用"土洋结合"来概括它的风格。无论是与"传统戏"《美狄亚》相比，还是与"新编历史剧"《忒拜城》相比，评剧《城邦恩仇》已经走得更远了。我不敢说它是完美的，但它的创新为戏曲走向现代探索了一种可能性。三出戏曲剧目，基本做到了"一戏一格"。

三、西戏中演：要融合不要拼贴

赵：以中国戏曲改编移植西方经典剧作，戏剧界习惯称之为"西戏中演"。目前以戏曲形式排演古希腊戏剧的案例，大概只有陈士争的《巴凯》、孙惠柱的《王者俄狄》和您执导的《美狄亚》《忒拜城》《城邦恩仇》这五部戏。在创作过程中如何把这两种截然不同的戏剧艺术融合到一起？您秉持的导演原则是什么？您如何看待"西戏中演"这种创作现象？

罗：《美狄亚》一开始上演的时候，也有很多不理解甚至反对的声音——这还是河北梆子吗？后来这出戏几乎囊括了所有的奖项，成为河北梆子这个剧种的代表作，人们也就慢慢认可了。做一件别人从来没有做过的事，一开始让所有人都喜欢是不可能的。我做这样的戏主要有两个目的：一是希望借用古希腊悲剧让中国观众看到改进的、有创新的中国戏曲；二是希望外国观众能在自己熟悉的故事题材中欣赏到中国戏曲。现在看来这三部戏都基本达到了这样的目的，做到了你中有我、我中有你。我要的是"咖啡加牛奶"式的融合，而非异质文化元素的简单拼贴。

赵：如何才能实现这种"融合"而不落入"拼贴"的俗套？

罗：以《美狄亚》为例。在确定剧目后，我和编剧姬君超首先面临的难题是如何在保留中国戏曲韵味的前提下展现古希腊悲剧精神。在这之前，我的学生曾用京剧演出过莎士比亚的悲剧《奥赛罗》，但演出效果并不理想。例如，如果人物上身是英国装束，下身却是中国裙子，舞台背景是写实的海水，前景却是虚拟的程式，会让人觉得别扭。最让人忍俊不禁的是外国人名要以京剧的腔调唱出来，结果演员刚一张口，台下就笑倒了一片。这就是中国戏曲和西方话剧的简单拼贴，导致风格不中不西、不土不洋。

融合则是要真正实现两种戏剧艺术精神气质的深度结合，而不应止步于文化元素的简单拼贴。从美学上讲，古希腊悲剧的风格是简洁、庄严、肃穆，中国戏曲的特点则是写意、虚拟、象征。在思考河北梆子《美狄亚》的风格定位时，我发现中国戏曲和古希腊悲剧有诸多共通之处。例如：两者都讲究简洁；都诞生于古人的祭祀活动，古希腊演员戴面具，而我们戏曲演员也有类似面具的表现形式——勾脸；古希腊戏剧有歌队，而中国戏曲也有相对应的"龙套"或"帮腔"。所有这些艺术形式上的相通之处，都成为我们跨越文化障碍的制胜法宝。

在改编移植的过程中，可能牵扯到的不是细枝末节，有时候是叙事方式和结构的大幅度改造。例如，为了让中国观众接受这种比较极端的"杀子"剧情，也为了进一步深化人物的行为动机，我在《美狄亚》原剧本前增加了两幕戏，交代了美狄亚和伊阿宋的故事前史，第三幕才进入了原剧本。在戏曲程式化动作的运用上，《美狄亚》更是穷尽了各种可能性。例如：美狄亚"杀子"的戏是通过戏曲的"跑圆场"等程式化身段实现的；当伊阿宋看见美狄亚杀死自己的儿子后，他先是一个吊毛，紧接一个后空翻，随后又用戏曲传统身法一步步向儿子走去，当确认儿子死后，他便用戏曲中的"梢子功"甩起头发，以此表达内心的极度痛苦。这些戏曲的特殊手段极为恰切地外化了人物此时的心情，观众无论中外，都能理解和体会。此外，在展现美狄亚帮助伊阿宋夺取金羊毛的情节时，我们还设计了乘船、放鸽、战龙、斗怪、武打、水旗、翻滚等场面，运用了传统戏曲中常见的各种武打特技。这些在传统戏曲剧目中惯常使用的程式化动作，一旦化用到了古希腊悲剧故事中，让人顿生新鲜之感。

《美狄亚》最出彩的是对歌队进行了戏曲式的改造，把"帮腔""龙套"与古希腊戏剧的歌队结合。歌队由六到八名女演员组成，服装统一，动作整一，和乐队分坐于舞台台口的两侧，成为舞台造型的组成部分。她们时而歌唱，时而舞蹈；时而融入戏剧冲突扮演剧中人物，时而又在戏外发表评价，连接剧情；时而代替布景道具，时而承担戏曲中"检场人"的角色。她们在剧情内外跳出跳进，灵活多样，成为《美狄亚》最大的特色之一，也成为该剧不可或缺的有机组成部分，大大丰富和拓展了原古希腊悲剧歌队的功能。

在《忒拜城》中，融合的实现方式主要体现在"鬼魂"的运用上。古希腊戏剧里面没有鬼魂，但在中国戏曲很多经典作品中，"鬼戏"比比皆是，《牡丹亭》《窦娥冤》《李慧娘》等无不如此。《忒拜城》最后的高潮段落，鬼魂和精灵相继出现，指责克瑞翁的暴虐，人间冥界，善恶对峙。还有王后为安蒂和海蒙主持的"冥婚"这场戏也别出心裁，浓郁的悲剧氛围中寄托了浪漫的理想情怀。这些鬼魂和冥婚的场面让人鬼互动，生死相依，情感愈加浓烈，这样的处理观众并不觉得突兀，反倒使主题得以深化，增加了戏剧张力，使剧情的震撼力和感染力大大增强。而所有这些，无不是来源于戏曲这个母体。

另外，为了调节悲剧气氛和戏剧节奏，我有意增加了"大头兵"这个喜剧角色。他完全属于武丑"开口跳"的行当，通过他的插科打诨的说唱和闪跳腾挪的舞蹈化动作来实现其戏剧目的。

在评剧《城邦恩仇》赴希腊参加埃斯库罗斯戏剧节时，我专门找来了曾和我长期合作过的技导王山林进行戏曲身段设计。他根据舞台特点，设计出了俄瑞斯特斯骑马上场的戏曲化动作，用时髦的话说，毫无违和感。

其实不只是戏曲演出，即便在话剧中，我也会考虑恰切地运用戏曲元素塑造人物。例如当初排《俄狄浦斯王》时，当俄狄浦斯王自我惩罚挖掉双眼时，我让演员化用了戏曲中"摔僵尸"的动作，极具震撼力。

四、激活古希腊经典戏剧的当代价值

赵：无论是话剧还是戏曲，您作为当代有影响的导演艺术家，一直在古希腊戏剧这一领域深耕不辍。这些剧作都是 2500 年前的希腊人写的，其中的故事和人物也都是古希腊神话中的。您在执导这些作品时，如何超越历史的局限和文化的阻隔，赋予这些作品以当代价值，并能达成与中国人精神世界的互通？

罗：1986 年我带学生赴希腊演出时，在一次记者招待会上，有媒体问我：在中国这样一个无神论的社会主义国家，为什么会演出这样一出戏？前面说过，其实我在决定排演该剧时就有这样的顾虑，好在经过思索后，我对这些古老的经典有了新的认识。

古希腊戏剧的文化母体是古希腊的民主社会制度，它是西方现代民主精神的源头。虽然古希腊戏剧距今已有两千多年的历史，很多戏剧故事和人物看上去和现代人及当代生活相去甚远，但它们蕴含的精神价值却早已超越了时代局限，对今天的观众仍有启示意义，尤其是那些大家耳熟能详的伟大的悲剧经典。例如《俄狄浦斯王》，虽然它是一部命运悲剧，写的是人的命运最终无法挣脱神谕，但在悲剧发生的过程中始终弘扬着人的力量。俄狄浦斯王的行动表面看是逃避，但谁能说他不是在积极地反抗？在与神谕的不断对抗中，俄狄浦斯王渐渐发现了真相，并通过自我惩罚来为自己的罪行承担责任，哪怕这种罪行是无意识的。在今天的社会中都已很难看到这种积极而宏阔的个人主体性，但在《俄狄浦斯王》中表现得淋漓尽致，主人公勇于为个体行为负责的担当精神早已超越了两千多年的历史时空，足以使当代那些精致的功利主义者们汗颜，我们有什么理由认为它们早已过时了呢？

《安提戈涅》表现的"自然法""人间法"的冲突的现实意义并不强，但我在执导该剧时，有意另辟蹊径，在克瑞翁这个人物身上寻找当代的契合点。克瑞翁的刚愎自用和专横跋扈，是源于权力对人性的扭曲。现实生活中有很多类似克瑞翁这样的人，甚至人人都可能成为克瑞翁。如果不加以克制和警醒，我们身上的"克瑞翁"就会以一种堂而皇之地借口冒出来，戕害人性，破坏社会。而当克瑞翁的人性恢复之时，悲剧已经造成。这出戏上演后，很多观众都看懂了，觉得时代感很强。

《美狄亚》是一出表现人类极端情感的悲剧，现实生活中很少会有为了报复丈夫而杀子的妻子。1989年排演《美狄亚》时，我便考虑到如果能让当代人理解和接受这个戏，可能要在伊阿宋这个人物身上做文章。伊阿宋并不是一般意义上的负心男，他作为王子曾经拥有过权力，所以一旦失去王位继承权后，对权力的渴望更是难以抑制。对伊阿宋而言，欲望窒息了他的爱情，为了重新获得权力，他可以抛弃患难与共的妻子，而且假以堂皇的理由。在改编这出戏的过程中，我感到对伊阿宋的权力欲望刻画得越深入，美狄亚的复仇动机就越扎实，这实际上取得了一举两得的功效——既丰富了美狄亚的形象，也通过深化伊阿宋这个人物接通了与现代人的情感联系，其警示意义自不待言。

我在导演古希腊戏剧时形成这样一种执导理念：主题不仅需要强调和深化，也需要拓展和延伸，使其与当代观众的审美相契合。具体如何实现这一目的？就是要学会"强调""冲淡"。"强调"是突出、强化某个拓展或延伸的主题，"冲淡"是淡化、弱化原剧中的某种既有主题。在《美狄亚》中，我们冲淡了"喜新厌旧"这种爱情背叛的世俗主题，强化伊阿宋"为了权欲可以出卖一切"的欲望主题，批判他的权力至上论、他的背信弃义和出卖灵魂，当然也歌颂了美狄亚对纯粹爱情的坚守。

五、要坚守戏剧的本体

赵：作为一个有成就的戏剧导演，您认为当下的戏剧舞台存在哪些问题？

罗：当下舞台艺术创作存在的最大问题就是急功近利，急就章比较多。主要有两个原因：一是急于且盲目贴近意识形态宣传。舞台艺术承担意识形态宣传功能毋庸讳言，但问题是如何宣传。虽然大家都明白不能让政治口号简单地取代艺术创作，但真正要落实到创作中，那种模式化的人物、生搬硬套的故事情节仍旧比比皆是。二是一味地节省制作成本。导演拿到剧本后，从分析文本到把戏"立"在舞台上，导演和演员之间需要磨合，演员和演员之间需要磨合，舞台细节需要调整和处理，没有两三个月的时间很难完善。

一句话，好戏是"磨"出来的。但现在制作人出于控制成本的考虑，留给导演二度创作的时间特别短，往往是半月二十天就要上台，这就很难保证艺术质量。现在国家对舞台艺术创作的扶持力度不可谓不大，但为什么精品力作却不多，上述这两个原因是最主要的。

赵：您认为一个戏剧导演应该具备什么素质？您对年轻的从业者有何寄语？

罗：一个好的戏剧导演需要很多素质和能力，例如文学修养、理性分析、感性思维、团队合作等，这些导演课上已经说得很多了，毋庸赘言。中央戏剧学院老院长欧阳予倩先生当年曾给我们说过这样一句话：一个中国戏剧导演如果不懂戏曲，那他就很难成为一个合格的中国戏剧导演。我把这句话送给年轻的导演同行，希望他们能从中得到启发。

我和戏曲的缘分由来已久。我母亲马宛颐当年是北京的京戏名票，唱青衣，曾在吉祥戏院登过台。唱《汾河湾》时，母亲演柳迎春，我就演薛丁山。虽说因为母亲的缘故，我对京剧也算耳濡目染，但真正接近戏曲艺术，还是到了中央戏剧学院以后。那时候的中戏虽然以话剧教学为主，但也非常重视戏曲教育。欧阳予倩先生专门从北方昆曲剧院请来昆曲名家侯永奎和马祥林来教我们戏曲身段和折子戏，又从中国京剧院请来退休老艺人教我们文武场，学习工尺谱。当年我文场学的是京胡，武场学的是小锣。身段课和折子戏每周两次，文武场每天都练，连续学了两年。毕业后，按照学院的规定，我们留校的青年教师还必须到专业的戏曲剧团见习两年。我当时见习的剧团是北京青年河北梆子剧团。从 1961 年到 1963 年，我一直跟着这个团在排戏。

除了给我们请专门的戏曲老师来上课，欧阳予倩先生还亲自带我们去剧院看戏，像程砚秋、荀慧生、裘盛戎等人的戏我们都经常去看。看完了戏，他就带我们去后台，当面向这些名角儿请教，亲耳聆听他们在舞台上塑造角色的感受。直到现在，我还记得当年裘盛戎先生在后台对我们讲的人物塑造方面的"诀窍"。裘先生是个净角儿，演的都是王公将相等大人物，但他个子不高，演起这些人物来没有身材上的优势。为了让自己"显得"高，他就费尽心思地琢磨身段技巧，终于找到了让观众觉得自己"身材高大"的办法：出场时要尽量让膝盖蜷曲，身体往下收，要先"矮化"自己；等到亮相的锣鼓一响，双腿一下蹬直，身体瞬间挺拔，前后对比明显，观众顿觉人物变得高大了。如果是对手戏，配戏的人如果比自己魁梧，这时候就要沉住气，亮相后先要盯住他的眼睛，然后视线从上到下，慢慢移到他的胸前，给人一种俯视对方的感觉，这样无形之中就把对方给看"小"了、看"矮"了，从而显出自己的"高大"来。这些戏曲舞台上人物塑造的辩证法，对我后来的导演经历影响至深。

除了欧阳老院长，焦菊隐先生在戏剧民族化方面的探索对我影响也很大。焦先生曾给我们上过一年半的课，他尤其强调要善于从戏曲艺术中学习舞台节奏。他说节奏是戏剧的呼吸和生命，虽然话剧舞台上没有锣鼓经，但话剧演员心里要有锣鼓经。他所说的这个"心里的锣鼓经"，就是指的台上的心理节奏。

在中戏学习戏曲时其实并没有什么具体目的，完全是听从学院的安排，后来真的用上了，纯粹是无心插柳柳成荫。回首这些年执导戏曲的经历，对照欧阳老院长的要求，我似乎敢于承认自己是一个合格的中国导演了。

遗憾的是，现在在话剧表导演的教学中已经不那么重视戏曲了。在这种情况下，现在的戏剧导演要想达到欧阳予倩先生当年提的要求，付出的努力可能就要比我们那个时候更多，否则可能就会出现很多话剧导演执导戏曲作品时经常犯的毛病——用话剧强行改造戏曲，使戏曲话剧化。即便像我这样有多年经验的导演，也不敢说自己什么都懂，很多时候仍然需要专门的戏曲专业人士来帮助自己，以防走弯路。例如戏曲作曲和技术导演，就是我执导戏曲作品时不可或缺的"左膀右臂"。当年的《美狄亚》，就是作曲姬君超和技导王山林与我一起共同努力的结果。

我是一个比较尊重传统的人。在执导话剧时，我希望能化用戏曲的养分；在执导戏曲时，我希望能让传统走向现代。中国的话剧要走向世界，必须走融合戏曲传统的道路；中国的戏曲要为大众和市场所重新接受，必须走创新之路。古希腊悲剧和中国古典戏曲，它们看似南辕北辙，但实际上都是戏剧的源头，殊途同归。我这些年游走于话剧和戏曲舞台之间，先后带各种剧团出国演出过几十次，外面热热闹闹的东西也算见了不少，各种戏剧观念也让人眼花缭乱。但万变不离其宗，舞台上无论如何花哨，我们都要清醒地认识戏剧的本体到底是什么,戏剧的主流是什么。那些张口非冲突化、闭口非文学化的说法,我始终保持警惕。也许有人会说我保守,但我宁愿说自己是坚守。坚守戏剧的本体,回归戏剧的源头,才能看清戏剧的未来。

◇◇

访后跋语:

罗老师精力充沛,说话时腰杆儿挺得笔直,双眼炯炯有神,丝毫不显老态。熟悉他的人都清楚,他发微信的频率很高,从1992年就开始用电脑了,打字很快,而且使用五笔。他一年到头总是往返于各类剧组和讲堂,不停地导戏、上课,日程安排得很紧。我们约定访谈的时间也是他忙里偷闲挤出了中午休息的空档。

见面的那天,他上午参加了国家大剧院的舞美会议,下午还要去《晚餐》剧组,晚上又要在戏开场之前为观众讲解古希腊戏剧,我们根本想象不出这是一位已经83岁老人的状态。当笔者问起他是如何保持这种活力和激情时,他笑谈,秘诀就是每天都要干活儿!每天都干活儿了,每天都过好了,一生就过好了!罗老师向笔者透露,他正在酝酿一个更宏大的古希腊戏剧题材,目前剧本尚在构思阶段。说起这些,罗老师依旧雄心勃勃,两眼放光。我们期待着!

原载于《中国文艺评论》2019年第8期。

歌声飘四海 大爱育英才

——访女高音歌唱家、声乐教育家郭淑珍

宋学军*

中央音乐学院声乐歌剧系教授、硕士研究生导师。1952年毕业于中央音乐学院并留校任教。1953年至1959年1月公派赴苏联莫斯科柴可夫斯基音乐学院学习，获优等毕业证书及优秀演唱家称号，其名字被镌刻在学院的大理石金榜上。其教学成果《声部确定及训练的科学》曾获得"国家级教学成果一等奖"（1997年）。她倡建的中央音乐学院歌剧中心（2004年）已排演了《狄多的仁慈》《茶花女》《魔笛》《蝴蝶夫人》《叶甫根尼·奥涅金》《阿依达》《伊奥兰塔》7部歌剧。她曾获得第六届世界青年与学生联欢节（苏联）古典歌曲声乐比赛一等奖和金质奖章、首届国家金唱片奖、宝钢教育基金全国优秀教师特等奖、全国模范教师、中国音乐金钟奖终身成就奖、全国百名英才教育十大英才、全国高等教育名师、第六届奥斯卡国际歌剧奖、特殊金歌剧职业生涯成就奖等多个重要奖项和称号。

---

* 采访人单位：中央音乐学院。

一、喝"洋墨水"的民族歌唱家

宋学军（以下简称"宋"）：郭淑珍老师，您好！您是一位蜚声海内外的著名女高音歌唱家，也是一位受人敬仰、爱戴的著名声乐教育家。请您首先谈一谈自己是怎么走上音乐专业道路的。

郭淑珍（以下简称"郭"）：我出生在天津。天津是一个发达的工商业城市，又是一个有着深厚传统文化底蕴的历史名城，特别是近代，也是各种俗曲、小调、曲种的荟萃之地。我家中虽然没有从事文艺的，但是我的母亲喜欢唱歌，会吟唱很多民间小调，喜欢听京剧。受母亲影响，我从小也喜欢唱歌，爱看戏，是个小戏迷。中学时代我曾参加过青年会合唱团，演唱过亨德尔的《弥赛亚》等西方乐曲，也接触到了一些进步的文艺作品。

我的性格比较外向，天生的嗓音条件非常好，很喜欢唱歌，喜欢文艺，因此中学毕业后就去报考了国立北平艺术专科学校（以下简称"艺专"），而且也考上了（1946年）。但是父亲不同意我学声乐，认为唱歌的是戏子、下九流。我当时在经济上还不能独立，只能遗憾地放弃了这次学习机会。第二年，我原本要去北京考助产士学校。一同前往的还有几个准备报考艺专合唱团的同学。他们不认路，让我带他们去考试，到了艺专我发现还可以现场报名，便又动了心。主考官赵梅伯教授认出了我，问我去年是不是考过，为什么没来上学？我说是考过，可是家里不同意。教授问，那现在呢？我撒了个谎说家里已经同意了。教授说，同意了就好，你上次的成绩名列前茅，这次就不用再考了，直接来上学吧。回到家后，我让我的一个表舅去向父亲说情。表舅很有文化，他说声乐是艺术，你女儿很有天赋，不要耽误了。后来父亲也就默许了，我才得以进入艺专学习。

1949年10月，艺专并入新成立的中央音乐学院，我也和音乐科的师生一起，来到了当时还在天津办学的中央音乐学院。

宋：您从中央音乐学院毕业留校后不久，就作为新中国第一批公派留学生赴苏联学习，您能谈一谈那段经历和感受吗？

郭：我是1953年10月出国到莫斯科柴可夫斯基音乐学院学习歌剧与音乐会演唱的。我的老师是苏联人民艺术家卡杜里斯卡娅教授，她唱得好也教得特别好，经验丰富。苏联的音乐教育水平相当高，也非常成体系。除了专业课，他们也很重视学生的艺术实践和全面的文化修养。我的基础不错，学习也非常刻苦，1958年我以优等生的成绩毕业，并荣获"歌剧和音乐会优秀歌唱家"称号。我的名字还被镌刻在莫斯科音乐学院的金榜上，成为唯一获此殊荣的中国音乐家。

我当初是作为中央音乐学院教师选派出国学习的，毕业之后自然也要回母校任教。但是卡杜里斯卡娅教授认为我是一位很好的歌剧和音乐会歌唱家，希望我能够更多地在舞台上演唱。为此，她还特别给我们学院的赵沨院长写了一封信。赵院长之前曾在文化部工作，非常了解声乐表演艺术人才的成长规律，在他的安排下，我的编制虽然还在音乐学院，但只需承担少量的教学工作，同时兼任中央歌剧舞剧院（现中央歌剧院）独唱演员。

宋：声乐表演艺术的技艺性、实践性很强，教师个人的舞台实践经验十分重要。您作为一位女高音歌唱家，长期活跃在国内外的声乐舞台上，用中、俄、德、意、英等多种语言演唱艺术歌曲、歌剧选段。您虽然喝的是"洋墨水"，但您并不排斥中国民族歌唱艺术，而是将西方美声唱法与民族声乐艺术有机结合，洋为中用，古今交融。您是怎么做到的？

郭：我认为，学习美声唱法，应该能够演唱好西方歌曲，也应该能够演唱好中国歌曲，而作为中国人，我们的观众主要还是中国人，即使我们出国去学习，最终的目的还是要为中国人演唱。中国人有自己独特的传统文化和审美观念，要想演唱好中国歌曲，要想让中国观众能够接受和喜爱美声演唱，就要"古为今用，洋为中用"。而两个"用"字意义不同，第一个"用"是继承，继承本民族博大精深的传统文化，第二个"用"是借鉴，借鉴外国优秀音乐元素和经验。也就是说，在声乐演唱中，有向西方声乐演唱技术的学习和借鉴，也有对中国优秀民族声乐艺术的传承和发展。

在这方面对我影响最大的一件事，是1950年7月我参加了中央西南民族访问团。当时学校刚刚正式开学一个月，有十多个同学参加了此项工作。这个团有三个分团，分别是去西康、云南、贵州，我随二分团文艺组去云南，团长是著名社会学家费孝通先生。我们主要是慰问演出、调查采集少数民族音乐舞蹈，同时也进行一些音乐创作。我们既表演《兄妹开荒》《夫妻识字》等群众喜闻乐见的节目，也演唱作曲家们现场创作的新歌。访问团中，除了像我这样的文艺工作者，还有一些是去宣传民族政策、开展社会调查的社会科学工作者。有一次在火车上，我受邀为团员们演唱了一首《黄水谣》，没想到大家却说我唱的"洋腔洋调儿"。我有些不服气：第一，我唱的是中国歌；第二，我唱的是中国词；第三，我是中国人。但是后来真正到了少数民族地区，与当地的老百姓接触以后，我才逐渐意识到，用美声演唱好中国歌曲并不容易，不仅有吐字、行腔的问题，还包括对情感的抒发与表达。

音乐最重要的就是表达情感，声乐艺术的美在于把作品中的深刻含意准确地表达出来，而要想让中国观众能够与你的演唱产生共鸣，就要有民族的风格、民族的情感在里面。民族的风格和情感，与演唱中的吐字、行腔等有着密切关系。而在这方面，我们的戏曲艺术，特别是京剧，有很多值得我们学习和借鉴的长处。"文革"时期我被下放到"五七干校"，与京剧表演艺术家李世济成为了朋友。我有意识地跟她学唱戏，向她请教京剧中的咬字和行腔，她也跟我学唱歌，学习美声演唱技巧，我们两人在艺术上相互切磋，都有很大收获。

宋：能够看得出来，您真正有意识地把美声唱法与中国民族歌唱艺术结合起来，也是经历了一个思想转变和在艺术上不断实践的过程。您借鉴中国传统声乐技法，根据中国语言的声韵特点，创造性地解决了用美声唱法演唱中国歌曲时普遍存在的发声、吐字和行腔之间的矛盾和问题。您的演唱吐字清晰，融情于声，声情并茂，形成了独具特色的演唱风格。在您的保留曲目中，中国歌曲占有相当比重，如《蝶恋花》《玫瑰三愿》《阳关三叠》《塞外村女》《我站在铁索桥上》《玛依拉》等。您曾受邀到中南海为毛主席演唱歌剧

《小二黑结婚》中的著名唱段《清粼粼的水来蓝莹莹的天》，也曾以一首怀念周总理的歌曲《敬爱的周总理》，令世界著名指挥家小泽征尔泪流满面，而您的那首《黄河怨》，已经深入人心，成为不可逾越的时代经典。您能谈谈您和《黄河怨》的不解之缘吗？

郭：我在中学时代就曾观看过抗敌演剧队来天津表演的《黄水谣》《黄河怨》等抗日歌曲，我觉得它们的旋律朗朗上口，曲风很新鲜，歌词很感人，音域也适合自己演唱。但是那时的我，对作品的思想内涵还无法深刻理解。我第一次接触到全本《黄河大合唱》，是在苏联留学期间（1953年），由苏联音乐家用俄语演唱的版本。听完之后我感到非常震撼，但又总觉得他们用俄文唱起来有些味道不对，自己暗下决心以后要用中文来唱。1956年，我和著名指挥家李德伦一起受邀与苏联国家交响乐团、苏联国家合唱团合作，在莫斯科的柴可夫斯基音乐厅演出《黄河大合唱》。同在俄罗斯留学的著名指挥家严良堃负责这次演出的排练和独唱者的艺术指导，他认为，对作品的感情处理要有一个布局，一开始要唱得非常压抑，要把声音控制住，气息要很长很匀。"风啊，你不要叫喊！"以下这三句，每句都要用一口气很轻地唱出来，这样才能使前后形成强烈对比，把后面悲愤的情绪充分发挥出来。唱好歌曲的前几句是非常难的，要唱得轻、唱得长，既要控制声音，又要使人感染到那深埋在心中的悲和恨。他的这些想法和我不谋而合。这次演出经历，让我对这首歌曲有了更进一步的理解和喜爱。我后来还请严良堃将乐队总谱缩为了钢琴伴奏谱，以方便在不同的场合演唱。第二年，我参加了在莫斯科举行的"第六届世界青年与学生联欢节古典歌曲比赛"，按照章程参赛者必须演唱一首本国的咏叹调（歌剧或康塔塔中的一段），我选择了《黄河怨》，并最终以出色表现荣获比赛一等奖，这也是中国歌唱家在国际比赛中获得的第一枚金质奖章。之后，我还曾分别于1962年随中国青年艺术家代表团赴香港，与钢琴家周广仁合作演出《黄河怨》，1977年随中国艺术家代表团访问联邦德国，与钢琴家刘诗昆合作演出《黄河怨》，1985年受邀与指挥家林克汉合作，在香港荃湾大会堂演出千人合唱版《黄河大合唱》。而在这些演出中，最令我难忘的是1975年的那次与中央乐团的合作。

1975年是冼星海逝世30周年，他的夫人钱韵玲给中央写信，希望能够恢复《黄河大合唱》的演出。"文革"期间,《黄河大合唱》被当作"修正主义""国防文学",只能留曲不留词,十几年间无人再唱。钱韵玲的信最终得到了中央的批复。而当我接到参加音乐会选拔的通知时,正和我们学院师生一起在京郊昌平"开门办学",已经有很长时间不唱歌了,不知道嗓子是否还能胜任,而且这次是冲破"四人帮"的阻挠与干扰,使用原词原曲复排,自己心里既兴奋又很有压力。一次试唱后,我还是觉得不满意,当我把这种忐忑的心情告诉我们的赵沨院长时,赵院长没有多说什么,只是淡淡地说了一句:"我有一张唱片,法国人唱的流行歌曲,声音一般,但那感情……"貌似不经意的一句话,却让苦苦思索的我豁然开朗。唱歌主要是为唱"情",而歌唱者要想打动观众,自己首先要动心、动情才可以。为了能够真正理解这部作品所蕴含的思想情感,我把歌词一句一句像过电影一样在脑子里放,整整三天都没有睡好觉。我想到了自己成为亡国奴的亲身经历:家乡天津沦陷后,全家人害怕日本兵的迫害而被迫逃难,途中还遭遇了飞机轰炸。这让我对"命啊,这样苦!生活啊,这样难!鬼子啊,你这样没心肝!宝贝啊,你死得这样惨!"这句歌词有了切身的感受。我还认真阅读了冼星海《黄河大合唱》的创作札记,其中写道:"《黄河怨》代表被压迫的声音,被侮辱的声音,音调是悲惨的,是含着眼泪唱的一首悲歌。假如唱的人没有这种感情,听众必然没有同感的反应。"联想到当时的时代背景,我理解《黄河怨》所描写的不仅仅是一个被蹂躏的妇人的悲哀,也是一个受到列强侵略的民族的伤痛,其所唱的不仅仅是一个中国妇女的哀歌,更是被压迫的中华民族奋勇反抗的呼声。因此感情一定要深沉、饱满,还要有起伏、有层次、有戏剧张力。在艺术处理上,我想到了俄罗斯民歌中用轻声表现俄罗斯妇女内心痛苦的演唱手法,在俄罗斯漫长的封建社会,妇女的命运也很苦。我还想到了现代京剧《智取威虎山》中李勇奇母亲哭诉家史唱段,结合了传统戏曲中的"哭头""哭音""散唱"等技巧。我在演唱开头部分时,连续4个小节、12拍不换气,并且使用弱音处理,而这些则需要有强大的呼吸和强有力的身体机能的支持(很少有人能够做到)。另外,我还曾建议指挥把"宝贝呀,你死得这样惨"一句中原有的小提琴的跟唱拖腔去掉,我认为这里没有小提琴伴奏,清唱起来更有利于情感的抒发。

在中央乐团排练大厅正式选拔时，我把自己的所有感情都投入演唱之中，唱完后自己的手都是冰凉的，半天没有缓过神来，排练厅里也一片肃静。担任评委的李德伦第一个走过来向我祝贺，连声说："你唱得真是太好了，都把我唱哭了。"

那次中央乐团为纪念聂耳逝世40周年、冼星海逝世30周年而举办的音乐会，让我能够与指挥家严良堃再度合作，我们在民族文化宫、首都体育馆、北京展览馆等当时北京最著名的场馆连演多场，场场爆满，盛况空前。我的演唱不仅感动了现场观众，也得到了音乐界专家的好评。音乐评论家李凌为此还写过一些评论。我觉得他评论得非常准确到位，也让我很受教育。他在一篇文章中是这么写的：这首歌曲，情感很深，变化很大，艺术形象非常突出。但是由于层次较多、起伏太大，特别是后段，音乐语言有点像"散板"，不易处理。他认为我对《黄河怨》是下功夫的，把这首歌曲分得很细，一句一句地细心分析，使得每一句的不同意境得到了细致的表现，又能把它们连成一片，层次分明，做到整体的完整。他说我不是在唱，而是在用话语倾诉。这些话都带有强烈的音乐律动的感染力，使听众在不知不觉中被艺术所征服。许多人听了我的《黄河怨》都有这种感想：郭淑珍不仅把《黄河怨》唱活了，而且唱深了，把词曲作者最深的艺术想象力完整、深刻地表现了出来。我唱完这首歌曲时心情也久久不能平复下来。而听众的心情也是长时间不能平静。

宋：2019年是《黄河大合唱》创作80周年，您受邀参加了多场纪念活动，并以92岁高龄再度登台演唱其中的《黄河怨》，您认为这部经典力作具有什么样的现实意义？

郭：习近平总书记曾经多次指出，一个国家、一个民族不能没有灵魂，中华文化就是中华民族的灵魂。黄河是中华民族的象征，《黄河大合唱》是一首激励中国人民英勇抗战的经典歌曲，也是一部讴歌不屈不挠的民族精神的光辉篇章。这部被周恩来总理誉为"为抗战发出怒吼，为大众谱出呼声"的恢弘史诗，在新时代依然是一首思想性与艺术性俱佳、鼓舞人心催人奋进的经典艺术作品，依然是一部能够触动人的心灵、唤醒民族魂魄的生动教材，依然葆有重要的艺术价值和社会价值。

虽然年龄越来越大，身体和精力都已不如从前，但我还一直坚持登台演唱《黄河怨》，并把自己的这部代表作倾心传授给学生们。特别是 2015 年，为了纪念中国人民抗日战争暨世界反法西斯战争胜利 70 周年，我倡导并组织音乐学院师生在国家大剧院举办了以"铭记历史 珍爱和平"为主题的专场音乐会。从提议到演出不到半年时间，我带领管弦系和声乐歌剧系 300 多名学生加班加点地进行排练。为了能够让年轻学生真正理解这部音乐史诗，我带领他们一起看抗日电影，阅读历史文献，还请来自己的老搭档严良堃，从咬字、换气到音准、节奏直至情感的抒发和表达，对学生们进行逐字逐句的指导，让他们无论是在歌唱技艺还是思想品德上都有了很大的提升。演出当天，当我们两位年龄相加已 180 岁的耄耋艺术家携手登上国家大剧院的舞台时，观众们都起立鼓掌，有的甚至流下了眼泪。

2019 年是《黄河大合唱》创作 80 周年，我连续受邀参加了在延安等地举行的多场纪念活动。来到革命圣地，走进一座座窑洞，我才知道，老一辈革命家是怎么奋斗的。这让我更加深刻地感受到今日幸福生活的来之不易，也让我更多了一份力量、一份勇气、一份为国家培养合格音乐人才的责任。作为一位音乐教育工作者，一位 1952 年入党的"新"党员，我深感自己有义务有责任继续努力将《黄河怨》演唱和传承下去。

二、不拘一格降人才的声乐良师

宋：郭老师，您的前半生，可以用歌声飘四海来形容，在积累了丰富的舞台实践经验之后，又逐渐把工作重心转向声乐教学，在三尺讲台一站就是半个多世纪。您呕心沥血、不拘一格培养人才，曾经做出了许多在声乐教育界引起轰动的事情，能给我介绍一两件吗？

郭：我认为声乐表演是一门科学，教师在教学中不能仅凭感觉和经验来判断，还要科学从教、因材施教。

20 世纪 70 年代初，我有一个学生叫邓韵，是原广州军区歌舞团的独唱演员，当时已经小有名气，但是由于患了严重的职业病——双侧声带小结，每演完一次都要休息两天才能再唱。她曾一度失去歌唱的信心，多次打报告请求改行。后来单位让她到北京请专家诊治，她几经周折最终找到了我。我起先并没有答应，因为觉得她已经是一名较为成熟的歌唱演员，如若让她重新调整自己的演唱方法,不知她是否能够适应,也不知最后的效果会怎样。但是邓韵却非常坚持。经过一段时间的观察,我觉得她的声音条件不错,但不会唱,发声有问题。我首先纠正她的演唱方法,对她施以科学的发声训练。半年后,邓韵的喉门打开了,呼吸通顺了,共鸣位置找到了,声音宽厚了,歌唱起来不再痛苦了,显示出自己的声音本质。根据听觉经验,我判断她应是女中音而不是之前一直唱的女高音,于是带她去我们学校的嗓音研究中心做医学检查。检查结果表明,邓韵的声带结构确实属于女中音,于是我建议她改声部,这在当时的声乐界引起不小震动,很多人都认为不可思议。我在我的老师沈湘教授的支持下,顶住舆论的压力,继续对她进行艰苦的训练。邓韵也克服了生理和心理的障碍,与我密切合作。经过技术上的重新改造,当邓韵以女中音的身份重新登台演唱时,面貌焕然一新。她惊喜地感到自己的歌唱更加自如了,音色有了光泽,音域也明显增宽。而这种鲜明的变化,也令众人惊叹不已。后来成为美国大都会歌剧院签约演员的邓韵,逢人便说:"是郭老师给了我第二次艺术生命,她不愧是一位妙手回春的声乐良师。"

因材施教是教学之本。对于声乐学生来说,"材"首先指的就是声部。声部确定是声乐教学中的重要一环,关乎整个教学成败,也关系到演唱者的艺术生命。如果教师只是偏重于感觉和经验,习惯于以自己的听觉判断学生的演唱,而学生仅是凭着感觉和爱好歌唱,由于方法不对而把自己声音的真实面目掩盖了,就很容易引起声部的误判。我就接触过很多这样的人,嗓子给唱坏了,非常痛苦,如果发现得早还可以改声部重新训练,发现得晚就会彻底葬送艺术生命。而我之所以能够把声乐教学与艺术嗓音医学结合起来,也是与我在苏联的学习经历有关。莫斯科柴可夫斯基音乐学院有专门讲授艺术嗓音医学的课程,上课时老师通过各种图片和模型,让同学们了解发声器官腔体的大小、硬腭的深浅及喉位的高低等对歌唱的影响。另外,学校的喉科医生也会为每位声乐学生进行声带检查,让我们对自己的"乐器"有一个客观认识。人的发声器官都是长在"肉"里的,看不见也很难摸到,单凭听觉上的判断和主观臆断,可能会不够科学,也很难说服学生。因此平时上课,我也经常会带学生去做嗓音的检查和测试,咨询嗓音医学专家的意见。

我认为,声部确定有四个步骤。第一是纠正演唱方法。许多声部判断错误是由于错误的歌唱方法使然,要通过正确的演唱训练,使演唱者显现自己的声音本质及其生理的自然状态。纠正演唱方法,需要耐心以及严格的指导和把控。因为当演唱者已经形成自己的演唱习惯后,要改变他原有的反射系统、在大脑中形成新的条件反射非常难,这将是一个艰难和曲折的过程。第二是根据听觉判断演唱者的音域、音色和换声区。当学生的演唱方法正确(能够感觉到自己真实的音色、音域和换声区)以后,教师要反复听辨学生的音域、音色、换气区,初步判断出学生的声部属性以及正确的音域范围。第三是临床检查。当学生已经纠正演唱方法,教师根据学生练声情况初步判断出学生声部属性和声音特征后,通过嗓音医学手段检查,了解演唱者发声器官(如咽喉的大小、脖子的长短、声带的长短薄厚以及喉结的位置)的生理结构特点。第四是综合分析。根据听觉经验的判断和临床检查的结果进行综合分析,将听觉审美经验和医学科学数据有机结合,最终确定其声部属性。而一旦确定学生的声部需要调整,就要严格监督学生由浅入深、循序渐进地进行训练,同时还要帮助他们克服心理、观念和听觉审美上的障碍,要求他们主动配合并完成老师的作业,逐步习惯正确的演唱方法,适应新的声音,接受并爱上自己新的声部,产生演唱这个声部的欲望。我的"声部判断及其训练"这一教学成果,曾在1997年被国家教育部评为全国优秀教学成果一等奖。

我的另一个比较有名的学生是吴碧霞。她原本是中国音乐学院的一名民族声乐专业学生,年纪轻轻即已蜚声歌坛。她在攻读硕士学位时(1998年),她们学院的院长金铁霖希望她能够接受一些美声训练,让我担任她的硕士导师。我从她的实际情况出发,采用美声的技术、方法施以教学。不到两年,她就在第一届中国国际声乐比赛中夺冠并获得"最佳中国作品演唱奖"(2000年),之后又连续在第八届西班牙比尔巴厄国际声乐比赛(2000年,第一名)、第四届波兰玛纽什卡国际声乐比赛(2001年,第二名)和第十二届柴可夫斯基国际音乐比赛(2002年,声乐组银奖)等一系列国际声乐比赛中取得了骄人成绩。如今她已成为中国音乐学院声乐系教授。声乐界将之称为"吴碧霞现象"。其实对我而言,这种"跨界"学生,吴碧霞并不是头一个。在"文革"后我首批招收的学生中,有一位叫吴霜,她是著名表演艺术家新凤霞的女儿。受家庭影响，吴霜从小喜欢唱戏唱民歌，但是当时音乐学院的一些老师对于她要学习美声演唱并不看好。而我认为，吴霜有着别人没有的便利条件，如果把西洋美声科学的发声方法和民族民间的吐字咬字，包括情感的抒发很好地结合，是一件不得了的事情。另外，20世纪60年代，京剧表演艺术家李少春也曾向我学习美声演唱技法。后来他将这种新的练声方法用在儿子李宝春的训练上，取得了非常好的效果。直到现在，定居台湾的李宝春来北京演出，都还邀请我去观看。

我认为美声和民族在唱法上虽有很多的不同，但艺术终究是相通的。学习美声唱法能为民族唱法带来很多启示。接受的东西多了，想象力自然丰富，在音乐上的表现手法也就不再单一了。

宋： 从教半个多世纪，您培养了方初善、邓韵、温燕清、张立萍、王秀芬、韩芝萍、潘淑珍、郑莉、王静、幺红、孙砾等一大批享誉海内外的优秀歌唱家。而您早期的学生孟玲，也已成为解放军艺术学院的声乐教授，其门下的刘和刚、王宏伟亦为观众们所喜爱。您可以说已是桃李满天下，那么在教学中，您最看重学生的哪些品质和素养？

郭： 声乐是门科学，没有捷径可言，只有经过严格、规范、扎实、勤奋的学习和训练，才能真正掌握它。而要想把歌唱好，首先人品要好。一个好的歌者，要真诚，要很朴实，不哗众取宠，要与人为善，对人要宽容，要认认真真、很严肃地去对待自己所从事的专业。同时还要勤于思考，善于学习，有扎实的演唱功底和较为全面的文化艺术修养。我要求我的学生要努力学好各门功课，不能有旷课，上课要坐在第一排。

当然每个学生的情况各有不同，无论是生理上还是心理上的。声乐的发声乐器就是人体本身，因此在教学中更要因材施教，对每一个人都要采取不同的教学方法。我会根据每个学生的特点和不同的声部，采取不同的授课方式，留不同的作业和曲目。即使是同样一个问题，我也会根据学生的学习程度、理解和接受能力以及性格等方面的不同，采取不同的办法、使用不同的语言来解决。艺术强调个性，我希望他们每个人都能够成为最好的自己，而不是刻意地去模仿别人。我要求他们要用"脑"学习，用"心"歌唱，用"情"动人。

三、浓得化不开的歌剧情结

宋：您早年在苏联留学时，曾成功主演了柴可夫斯基的《叶甫根尼·奥涅金》（扮演塔姬雅娜）和普契尼的《绣花女》（扮演咪咪）等著名歌剧，这让您有了一个浓得化不开的歌剧情结。您能谈一谈您在歌剧人才培养上是怎么做的吗？

郭：我认为，歌剧是一门综合艺术，是一个国家的艺术实力的重要体现。随着经济的发展和国家文化大发展大繁荣战略的提出，我国各地都在建大剧院，可是却鲜有好的歌剧演出。原因很多，其中最重要的一点就是歌剧表演人才的缺乏。歌剧演员不仅要有唱功，还要会肢体语言和舞台形象的塑造，同时更要具有丰富的文化修养。优秀歌剧演员的稀缺可以说是一个世界性的问题，而歌剧人才的培养单靠课堂教学是远远不够的，他们还需要一定的舞台实践。于是在2004年，我创建了中央音乐学院歌剧中心，希望通过自己的努力，为学生们搭建一个艺术实践的平台。至今我们已成功用原文排演了《狄多的仁慈》《茶花女》《魔笛》《蝴蝶夫人》《叶甫根尼·奥涅金》《阿依达》《伊奥兰塔》7部歌剧。剧组在北京、上海、广州、福州、深圳、宁波、武汉、天津等国内多个城市的著名剧院演出，受到业内人士和广大观众的好评。其中，《叶甫根尼·奥涅金》（中俄合作）和《阿依达》曾分别参加第一、二届中国歌剧节，并获得多个奖项。《叶甫根尼·奥涅金》还曾于2010年赴俄罗斯参加在莫斯科举办的俄罗斯"汉语年"活动。

歌剧表演考验的是一个歌唱者的综合能力，声、台、形、表，手、眼、身、法、步，一个都不能少。除了自己的演唱，还要和乐队配合，与其他角色进行交流与互动。演员们在关注声音和演唱技术的同时，还要考虑上、下场的动作，舞台上的站位与走位，形体表演，对手戏，人物塑造（心理和情感表达）等方面。可以说，从语言到声音再到表演，对于声乐学生的训练是全方位的。比如，舞台上穿着燕尾服怎么坐，怎么看指挥，怎么跟灯光，这些都需要老师的指导和自己的切身体验。

歌剧唱段是用声音塑造人物，演唱者脑子里一定要有人物的形象和画面感才可以。因此我还要求学生要多看画展，多看电影、戏剧、舞蹈等视觉艺术。我当年在苏联扮演《叶甫根尼·奥涅金》中的塔姬雅娜时，也阅读了大量普希金的文学作品（包括中、俄文），以及同时代的文学家和评论家的著作，并且多次到莫斯科和列宁格勒的著名画廊和博物馆，观看苏俄艺术大师的画作，等等，这些都是为了帮助自己从心中找到与塔姬雅娜的契合点，更好地去塑造人物。演出后，一位苏联著名评论家认为我扮演的塔姬雅娜，"是普希金和柴可夫斯基心中的理想人物"。

教育是植根于内心深处的爱，教师的责任不仅要教书，更要育人。能够对得起事业，对得起自己，把自己的东西贡献出来，就是人生最大的幸福。

访后跋语：

与郭淑珍教授相识已有20余年了，由于工作的原因，我们多有接触，特别是近几年，交往愈加频繁，也让我更加敬佩于她的人品和学识。郭老师待人诚恳、宽厚，尽管我们隔着专业、差着辈分，但谈话的内容却十分广泛，有时一聊就是几个钟头。

虽然已过鲐背之年，但郭老师说起话来依然中气十足，语速快，语气长，密密匝匝如连珠炮一般。而她那热情开朗、好强率真的性格，则让她做起事来风风火火，不达目的绝不罢休。如今，她还坚持每周两天到学院上课，工作日程几乎都被教学和排练填满。她的直言不讳、严格厉害是学院里出了名的，而她的真诚豁达，对学生的细心、周到，也是大家的真实感受。学院里的晚辈们私下里都叫她"郭老太太"，也有学生直呼她为"郭奶奶"。这其中有几分景仰，也有几分敬畏。

古人云，善歌者使人继其声，善教者使人继其言。郭老师既是一位勤学好思、与时俱进的声乐艺术家，也是一位金针度人、桃李成蹊的声乐教育家。作为新中国培养的第一代女高音歌唱家，她虽然"喝的是洋墨水"，却一直保持着一颗中国心。她学习继承了俄罗斯美声学派的精华，融合了中国民族声乐艺术的特长，并在此基础上进行发展和创新。她兼收并蓄、博采众长，同时又独辟蹊径、自成一家。作为一位人民教师，她将自己所学的声乐技术和多年的舞台实践经验，毫无保留地传授给学生，身体力行，言传身教，精雕细琢，全情投入。她不仅严格要求学生，更是自己率先垂范。她认为，教师教书育人的天职注定要一生学习。从艺从教70多年，她从未有过丝毫松懈。她视工作的辛苦为人生的乐趣，那种对艺术、对工作的忘我投入，连学生们都自叹不如。她一直保持着每天读书读报的习惯，音乐、舞蹈、戏剧各种演出，她都经常会到现场去观摩。无论是中国的外国的，传统的现代的流行的，甚至是一部戏里的A角和B角，电视里播放的《中国好声音》这样的选秀节目，凡是能够吸收借鉴的她都乐于接受。

她常常告诫学生，想当艺术家就先要学会做人。音乐是心灵的艺术、情感的艺术。音乐表演的最高境界是人（歌唱者）与人（观众）之间在心灵和情感上的沟通与契合。歌唱不是单纯地发出好听的声音就可以了，其最终要落到情感的抒发与音乐内涵的表达上，也就是演唱技术必须要与音乐表现相结合。唱声是为唱情，是为了要感染人、打动人，而要把歌唱得字正腔圆、声情并茂、文质彬彬、意境悠长，则需要演唱者具有渊博的学养和高尚的品行。

她自勉，"华龄未敢虚度，老年更应奋发"。

*《中国文艺评论》编辑附言：我刊自创刊之初，就有意为郭淑珍先生做一期专访，经多方努力，逐步积累了一些采访资料。近期，在中央音乐学院孙媛媛教授热情引荐下，我刊编辑与郭淑珍先生当面交流，深入沟通，并在郭淑珍先生提议下，最终由宋学军老师完成了这篇专访，特在新中国70华诞之际刊发，以飨读者。

原载于《中国文艺评论》2019年第9期。

用中国音乐的母语和世界对话
——访作曲家赵季平

余亚飞[*]

作曲家、教授、博士生导师。现任中国音乐家协会名誉主席，陕西省文联主席，中国音乐著作权协会主席，第十一届、十二届全国人大代表及主席团成员，第十三届全国人大代表，国家有突出贡献专家。历任陕西省戏曲研究院副院长、陕西省歌舞剧院院长、西安音乐学院院长、中国音乐家协会主席、中国共产党十五大代表。多年来他创作出大量优秀音乐作品：《第一交响曲》《第二交响曲——和平颂》；交响诗《霸王别姬》；交响音画《太阳鸟》；交响组曲《乔家大院》；民族管弦乐《庆典序曲》《古槐寻根》；大提琴协奏曲《庄周梦》；管子协奏曲《丝绸之路幻想组曲》；二胡协奏曲《心香》《第二琵琶协奏曲》《第一小提琴协奏曲》；舞剧《大漠孤烟直》《花儿》；陕北秧歌剧《米脂婆姨绥德汉》；交响京剧《杨门女将》；室内乐《关山月》；歌曲《大江南》《断桥遗梦》《好汉歌》《远情》《关雎》……先后为电影《黄土地》《红高粱》《菊豆》《大红灯笼高高挂》《霸王别姬》《秋菊打官司》《梅兰芳》《孔子》，电视剧《水浒传》《大宅门》《乔家大院》以及新版电视剧《三国》等创作音乐。两度获得中国电影金鸡奖最佳音乐奖，获得法国南特国际电影节最佳音乐奖，中国电视飞天奖优秀音乐奖、飞天奖突出贡献奖，四度获得中国电视金鹰奖最佳音乐奖，六次获得中宣部"五个一工程"奖，获得中国金唱片艺术成就奖、中国音乐金钟奖声乐作品大奖、二十世纪华人经典作品奖，荣获2017中华之光——传播中华文化年度人物大奖。1997年，由美、英、法联合制作，美国著名导演阿兰·米勒拍摄的纪录片《中国音乐家赵季平》在全球放映。2000年，受德国柏林爱乐乐团邀请以中国作曲家的身份参加柏林森林音乐会，第一次将中国音乐作品展示在这个著名的世界级音乐舞台上……他在中国音乐创作领域独树一帜，被誉为中国乐坛最具中国风格、中华气质和民族文化精神的作曲家，是目前活跃在世界乐坛的中国作曲家之一。

---

[*] 采访人单位：上海音乐学院。

一、生活实践是艺术的源泉

余亚飞（以下简称"余"）：赵老师您好！感谢您接受此次专访，您曾多次提到您的音乐创作成就得益于父亲赵望云先生对您的影响，您能谈谈这些影响具体体现在哪些方面吗？

赵季平（以下简称"赵"）：我的艺术审美和音乐追求直接受到了我的父亲赵望云的影响。我就是在他的画案旁边长大的，这种艺术熏陶是最直接的。他的作品都和老百姓的生活息息相关，他的视角关注的都是老百姓。他的作品几乎没有那种名山大川，多的是冀中平原、关中大地、河西走廊、祁连山和当地老百姓。可以说，老百姓就是他的视觉中心，他观察老百姓的视角是一种平视，是一种温暖、一种热爱的视角。而我的音乐观则是直接源自我父亲的这种"以人民为中心"的艺术美学观。我至今还记得1972年时，他给我画了一本册页，封面上写了一句"生活实践是艺术的源泉"的话。他对生活的那种热爱，无疑是对我最直接的影响。

在大学毕业后，我被分配到了陕西戏曲研究院。当时，我父亲被下放在泾阳县云阳镇农村。我记得我坐早班车去那里找我父亲，他正在地里摘棉花。父亲得知我被分配在戏曲研究院，高兴地对我说："那地方好啊，那是你的另一个课堂，你要面对着民族音乐，认认真真地学习，将来一定会有好处。"我父亲的话确实对我影响巨大。从那以后，我在戏曲研究院一待就是21年。这21年灌在我耳朵里的民间音乐，让我受益终生。

值得一提的是，在20世纪40年代，豫剧、京剧在西安受到人们的喜爱，当时有一个豫剧剧团的创始人是我父亲的好友，京剧名角尚小云和我父亲也是挚友。我就是在这样的环境中成长，只要一听到豫剧、京剧就会觉得格外亲切。可以说，我父亲的艺术观对我的熏陶贯穿了我的少年时期和青年时期。

余：您曾说过："创作应该用现实主义精神和浪漫主义情怀观照现实生活，用光明驱散黑暗，用美善战胜丑恶，让人们看到美好、希望、梦想就在前方。"您能否结合自己的创作实践谈谈创作与生活的关系？

赵：每创作一个大型题材，我都会到生活中去观照现实，我的创作要反映我对现实生活的一种理解和一个作曲家应该反馈给人民的一种感受。如我写的《和平颂》《风雅颂之交响》就是对当下人民的关照。我希望能让人们感受到中华民族所处的时代。无论到了什么时刻，中国人"大我"的这种精气神儿都不能丢，我们不能回避现实而只沉醉于风花雪月的"小我"情怀。

当下音乐创作领域存在一些艺术和生活脱节的现象，有的已严重不食人间烟火了，我觉得这本身就是个不小的问题。我始终认为，我们应该和老百姓同呼吸、共命运，跟我们的民族同呼吸、共命运。这样艺术家写出来的作品才能够接地气。当然，我还有一句话，就是"我们的作品一定要有学术价值"。像《风雅颂之交响》，它在技术上的和声、它的复调、它的配器等，这些都是可分析的。我们的创作不是把外来的东西生吞活剥，而是要吸收进来了以后，变成我们自己的语言，并且这些艺术语言的表达要和人民生活紧密相连，这是非常重要的。

中国现在的作曲家，我觉得还是要过"生活"这一关。只有深入民间去体验生活，写出来的作品才能接地气。音乐史上的贝多芬、莫扎特、柴可夫斯基等作曲家，他们的作品都具有独特的旋律特点和民族风格，都是他们对生活的深刻体验之后的结晶。我不赞成在自己的创作中一味地追求模仿当下西方的先锋音乐，在没有任何生活体验的基础上，写无调性、无旋律化的作品。这种现象实际上也是一种文化不自信的表现。我觉得还是要自信，对自己本民族的音乐文化要有一种责任和担当。

余：您创作的作品具有写实性特点，大多真实地反映历史，表达普通百姓的人情冷暖。如历史性题材《和平颂》就属于代表作之一，按我的理解，这部作品更注重的是对历史的人文关怀。您是如何评价这部作品的？

赵：我在《和平颂》总谱的扉页上写的是"献给南京大屠杀遇难同胞"。

作品写的是南京那个黑暗的历史时期，日寇入侵南京，我们中华儿女所遭受的残暴的一页。像"二战"期间欧洲也经历过这样黑暗的历史，欧洲作曲家写了大量的反映这类历史的作品。而我们在这方面还比较欠缺，因此，我觉得我们需要把这一历史的课补上，要有音乐作品来反映南京大屠杀历史，悼念遇难同胞。

  2002年我到南京采风多次，在侵华日军南京大屠杀遇难同胞纪念馆看了大量史料，我的灵魂受到了冲击。就在2003年的某一天，我们在南京中山陵8号听朱成山馆长讲述历史时，他一直强调长江边发生的故事。我当时就突然想到，要把金陵大江写到作品里，因为江本身就是人的象征。2004年3月，我才写完了整个总谱。当年5月，交响乐《和平颂》在南京首演，当时有一批南京大屠杀幸存者来到现场听，很多老人听了泪流满面。《和平颂》共有五个乐章："金陵·大江""江泪""江怨""江怒""和平颂"。第一乐章是"金陵·大江"，可以从音乐中领略到南京这块土地的美丽，这里住着爱好和平的中国人。第二乐章是"江泪"，从低音的推进中可以感觉到阴风在吹着，突然日寇的铁蹄就闯入，在高潮部分，一把二胡突然响起，带着泪水在倾诉，对历史的见证和对历史的诉说。到了第三乐章"江怨"，听到沉重的脚步声，代表中华民族近百年来受到的屈辱，受了那么多的苦难，像纤夫一样脚步沉重地向前。第四乐章"江怒"，一开始能听到一种呼喊声，全民族都在抗日，最后取得了胜利。我们胜利以后并不是冤冤相报，而是唱响和平颂。第五乐章是"和平颂"，呼唤和平的钟声朗朗敲响的时候，天使般纯洁的童声徐徐升腾，继而汇入众声的中国歌谣"茉莉花"的主题，在恢弘壮丽的气势中，将音乐推向高潮。最后你会听到，弦乐变成了弱音器，一开始是几个人在哼鸣，慢慢变成一群人在哼鸣，最后是一片人在哼鸣。这是从内心发出的对人类的爱，以震撼人心的效果，警醒世人以史为鉴，呼唤世界永久和平。总之，日军侵华的历史是不能忘记的，但是我们呼唤和平，这是作为一个中国作曲家对历史应有的人文关怀。

  余：您个人除了创作了不同体裁的作品之外，还参与团队合作的创作，如《华夏之根》（2004年）、《敦煌音画》（2012年）、《丝路粤韵》（2015年）等，能否结合这些作品谈谈您团队合作创作的初衷和感受？

赵：我们这些作曲家的年龄相仿，志同道合，艺术取向一致。团队合作的过程很愉快，即使我们在创作中发现乐章之间的连接或者是乐章内部的结构有问题，我们都能够很好地沟通和调整。如我们团队写乐章《华夏之根》时，曾经共同到山西采风，过黄河、走运城，收获非常大。我负责写的是"古槐寻根"，这个作品现在应该是中国和世界各国民族乐团必演曲目之一，而且我把手稿捐赠给了上海音乐学院图书馆。捐赠当天，周小燕先生还专门到现场发表了热情洋溢的感言。从《华夏之根》到《敦煌音画》，再到《丝路粤韵》的团队创作，我们整体的音乐创作思路清晰，有团队创作的精神，都算是成功合作的范例吧。

二、追求影视与音乐的艺术融通

余：从1984年您为电影《黄土地》作曲以来，先后为多部影片作曲，其中为《红高粱》《大红灯笼高高挂》《霸王别姬》《孔繁森》等影片所作的音乐多次在国内和国际电影节上获奖。您创作的电影音乐已经成为几代人的文化记忆。您能否谈谈您的电影音乐创作的难忘经历或心得体会？

赵：1983年底，广西电影制片厂有一个青年摄制组，其中有陈凯歌、张艺谋、何群等人，当时正在筹备拍电影《黄土地》。他们来到西安准备在陕北取景和采风，想找一个跟他们年龄相仿、艺术主张和美学观一致的人写这部电影的音乐。我记得当时是下午三四点钟的时候，他们来敲我们家所在的筒子楼的门，当时是第一次见面，我就把1981年完成的《丝绸之路幻想曲》放给他们听，我见陈凯歌露出会心的微笑，从那时起我们开始了日后的合作。1984年1月2日，我们一早从西安出发，到陕北采风一走就是一个多月。这段采风的经历挺有意思，过程非常艰苦，但是收获颇多。我们坐的是一个四面漏风的破面包车，陕北零下二十几度的天气冷得刺骨。在安塞我们无意间找到了民歌手贺玉堂，那时他还是县法院民事诉讼厅的一个工作人员，他得知我们想听民歌，便从下午一直唱到天黑，他激动地告诉我，这样的歌，他可以给我们唱两天两夜。那天夜里他唱《光棍哭妻》唱到声泪俱下，我们被他的歌唱深深地打动了。于是，贺玉堂所唱的民歌和一路采风搜集到的民间音乐成为了我的电影音乐创作的重要素材。后来我们还到过米脂采风，又从榆林辗转到佳县。我印象非常深的是我们讨论剧本，每天夜里都讨论到1点左右。我们一起走村串户，采集民歌，观察老百姓的生活。就是在这样的环境下，我们共同完成了《黄土地》的创作。我们在陕北采风一个月以后回来写的第一首歌就是《女儿歌》，张艺谋听完这首歌后很感动，因为他女儿刚出生。歌录出来了以后，第一次听是在外景地延安青化砭，陈凯歌让大家把灯全关了，整个野地里一片漆黑，然后放《女儿歌》。等大家听完以后，灯一开，好多剧组人员都热泪盈眶。

1987年，张艺谋又带着《红高粱》的剧本来找我，于是有了《红高粱》里的电影音乐。从1983年约定之后我们便开始了一系列的合作。1988年，我和陈凯歌、张艺谋同时在深圳拿到了金鸡奖。后来我又和张艺谋合作，完成了《菊豆》《大红灯笼高高挂》等电影音乐的创作。再到1992年，我完成陈凯歌的《霸王别姬》的电影音乐。我们这代人的合作非常难得，也算是风云际会的一个传奇吧。

余：您曾经说过："艺术创作不要'走马观花'，而要'下马看花'。"能否谈谈采风对您的影视音乐创作的重要性？

赵：我觉得采风应该像习总书记说的那样，不仅要"身入"，更要"心入""情入"。只有身入，才能走进人民的生活，才能深入人心，投入真切的情感。所以我出去采风，就要求自己必须要"三入"。我到哪里，我的情是随着老百姓而变化的，我的心是和老百姓在一起的。如果没有这些，我也写不出《妹妹你大胆往前走》，更写不出《好汉歌》。这就是用实际的东西证明了总书记对我们的要求是对的。

当然，这种深入下去的采风不是你到一个地方，走马观花式地到处看看就可以，而是要"下马看花"，要和老百姓心贴心，去发现宝贵的艺术源泉。就像当年我们拍《黄土地》，住在陕北农村不是一两天，而是一住就一个多月。那段日子，每天大家除了赶路以外，就是在老百姓的窑洞里听民歌，去和老百姓拉家常。在艺术上，我与民族音乐的血脉贯通了；在情感上，我与普通百姓和人民的心紧紧相连，我知道他们想什么，需要什么，这些情感成为我所珍视的，并且在我随后的创作中体现出来。

余：您的部分影视音乐作品还体现了同乐异曲转化的特点，即同一作品体裁基础上创造新的体裁。如您在电影音乐《心香》的基础上创造了二胡协奏曲《心香》，又将电视剧音乐《乔家大院》转化为交响组曲《乔家大院》等。您为何要将这些艺术作品进行体裁性转化？

赵：首先这些影视音乐得到了观众的喜爱，人们对此有更多的审美期待和情感诉求。我记得当时电视剧《乔家大院》第一集刚播完时，我就接到一位朋友的电话，对我创作的电视剧音乐给予了充分的肯定。随着此剧的热播，剧中的音乐及主题歌也受到了人们的喜爱。许多同志包括《人民音乐》杂志原副主编于庆新在听完该剧的主题曲后，建议我把这些音乐写成组曲类型的纯器乐作品。而当时我已经有了将其写成多乐章器乐作品的构思。我把这些电视剧中的音乐主题提取出来，并以器乐化的思维进行二度创作。直到后来，这些作品相继应运而生。我把这个过程称为器乐化的创造性转化过程。这些转化后的作品同样上演率高，受到了业界的好评，也是对我这些影视音乐作品的另一种认可。

三、文化自信重在传承与对话

余：您创作的声乐作品中，古诗词艺术歌曲也得到了人们的认可。如《唐诗八首》系列，又如《诗经》中的《关雎》、古曲《幽兰操》《别董大》《永王东巡歌》、"楚辞体"《天地作合》等，这些曲目大多是女声独唱，体现了古典诗词中的阴柔美。您创作古诗词艺术歌曲的初衷是什么？能否谈谈这些艺术歌曲的传播情况？

赵：创作古诗词艺术歌曲的初衷就是希望我们中国唐诗宋词等优秀的传统文化能够得到更好的传承和传播。对于作曲家而言，我们可以用音乐去诠释、理解诗词的内涵，让音乐插上翅膀，然后通过歌唱家的演唱更好地传播。有幸的是，我创作的这些古诗词艺术歌曲都得到了流传，尤其是在中央音乐学院、上海音乐学院、中国音乐学院等专业院校以及其他综合类大学和师范大学等院校得到了进一步的普及。如《唐诗歌曲八首》在 2011 年中央音乐学院出版社出版发行，还先后成为各类演出和声乐比赛的常演曲目。我觉得这是非常重要的，让我们中华民族传统的优秀文化得到了更多的关注，通过音乐创作、歌唱表演、乐谱出版去体现这些东西，如我创作的古曲《关雎》《幽兰操》，就是让我们优秀的传统文化通过音乐传播得到更加广泛地传承。

余：您曾说过："文化自信不能单打独斗，更重要的是传承。"您认为中国音乐最急需传承的是什么？能否结合您的音乐作品具体谈谈？

赵：我认为中国音乐最急需传承的是文化自信。2017年，中国文联和中国音协委约我写一部自己民族的交响乐作品，以此向新时代致敬。当时我们经过反复磋商，我选择了《风雅颂之交响》。这部作品分为五个乐章：第一个乐章为"序——颂"，是乐队合唱；第二乐章为男高音与乐队的"关雎"，是我国最早的诗歌《诗经》的开篇；第三乐章是"玄鸟"，展现的是我们的祖先对英雄和幸福生活的歌颂；第四乐章以"幽兰操"为名，以女声独唱的方式表现古人精神情怀的追求；最后一个乐章是"国风"。2019年1月14日，这部作品在国家大剧院成功首演。此后，又相继在上海、苏州、香港等地巡演。2019年8月，去了新加坡演出。可以说，这部作品已经引起了观众的强烈反响。我觉得能够在首演以后引起大家的关注，能够让香港乐团、新加坡乐团都如此踊跃地来演出，这本身就是件好事情。面对世界，让世界听到和了解我们中国民族交响的声音和声音背后那种沉甸甸的文化自信。

在这部作品排练时，我就强调作品不是一般意义上的歌颂，而是要有内涵层面上的深层表达。中华民族具有数千年的文化底蕴，因此，"颂"要表现的是中华民族独有的精气神。如"幽兰操"是文人精神情怀的塑造，而"国风"则是一种浩浩荡荡的人文内涵的表达。

余：在中国音乐的国际传播方面，您是"中国音乐走出去"的先行者。您认为中国音乐走向世界应该传播什么？中国音乐的创作者们还需要在什么方面下功夫？在国际传播方面最需要做的是什么？

赵：1994年，我的《第一交响乐》由葡萄牙里斯本交响乐团演奏并录制成唱片，在全球发行。2000年6月我创作的交响音乐《太阳鸟》、交响叙事曲《霸王别姬》由柏林爱乐交响乐团在一年一度的"森林音乐会"上演出，受到热烈欢迎。这是中国音乐作品在此活动中破天荒地首演。此外，我的室内乐作品《关山月——丝绸之路印象》在美国成功首演。

2014年10月15日，我有幸参加了在人民大会堂召开的文艺工作座谈会，在我看来，这个座谈会是习总书记给新时代谋划的文艺发展蓝图。这些年我在接受采访时常常提到一句话："不能光表态，更重要的是实践。"要像习总书记在文艺工作座谈会上讲话说的那样去践行；要静下心，去掉浮躁；要甘于寂寞地去写东西，写出能留下来的作品，用中国自己的声音讲中国自己的故事。能留得下来的作品比什么都好，所以我要抓紧时间搞创作。

我们的音乐要有自己民族的声音。不管哪一个民族，都有自己民族的音乐特色和语言。比如俄罗斯的一些作曲家的作品就具有鲜明的民族特色，如享誉世界的普罗科菲耶夫、肖斯塔科维奇、柴可夫斯基等作曲家，他们的作品都有浓郁的俄罗斯风格。我们自己也应该拥有中国自己的风格。我始终是这样认为的，也是这样践行的。

在国际传播层面，最重要的还是多创作能体现中国精神和文化自信的作品。2014年以后，我写了《第一小提琴协奏曲》，2017年在国家大剧院首演。用小提琴协奏曲的形式来表达人类的博爱与情怀，讲述所有跌宕起伏终将归于平和包容之道。国家大剧院将这部作品带到了北美各国巡演，反响强烈。之后，杭州爱乐乐团还把作品带到了韩国和日本去巡演。我还写了大提琴协奏曲《庄周梦》，这是个哲学命题的作品，其中民乐版本已经在14个国家巡演。总体来说，我这些年一直都在深入创作实践，最终就是希望向世界传递中国声音。

余：您的儿子赵麟作为新生代作曲家之一，这些年他也写了不少优秀的民族音乐作品，这无形中也是一种中国音乐的接力或传承吧。对此，您有什么体会？您对年轻一代作曲家有什么建议？

赵：我曾跟赵麟说："你跟我一样，你也要补课。你要到生活中去，像你爷爷那样到祁连山一线去采风。你爷爷那时候到祁连山，一去就是半年。"那个年代非常艰苦，我父亲坐着毛驴车能走一天，但是他们有一种信仰，他们并没有觉得是艰苦，他们觉得那是一种艺术上的追求和享受。后来，赵麟到祁连山一线去采风三个月，他回来以后就写成了大提琴和笙的协奏曲《度》，由马友友、吴彤与纽约爱乐乐团一同首演并引起轰动。2018年他又写了大提琴和琵琶协奏曲《逍遥游》，2019年3月份在美国纽约爱乐乐团首演，反响强烈。从他的作品构思和思想内涵，我觉得都是反映中国的东西，而且既有中国精神，又有新的手段。在北京演出的时候，马友友还来问我："您觉得这个作品怎么样？"我说："这个比《度》还要好。"马友友会心一笑。在国外演出时，马友友还特地在台上把作品做了一个英文解读。可见，只要作品好，传播方式好，产生那么强烈的反响也就不难理解了。

我要求学生要把每一个作品写得接地气，又要有学术含量。不能是凑数的"做活儿"，这种"做活儿"的作品肯定不行。赵麟这一代人是这样做的，我对我的博士生也是这样要求的。在我看来，这是一种文化传承。我觉得我们应该走这条传承之路，我都走了快60年了，而且我坚定不移，这就是文化自信。中国音乐要走向世界不是一代人能完成的，要几代人孜孜不倦地去努力攀登！

现在年轻一代的作曲家有技术，但是缺少语言。希望新生代的作曲家到生活中去，多向民间学习。既要有生活，也要有技术，两手都要抓，两手都要硬。只有这样，他们的路才能越走越宽，否则，只会越走越窄。

访后跋语：

5月末，我从上海飞抵古城西安，一场大雨刚邂逅这座古城，我顿然感觉有一丝凉意。然而，一见到景仰的赵季平先生，一股暖流便油然而生。他如约接受我的访谈，整个访谈过程轻松愉快。当晚，我在微信朋友圈写下这几句话："赵季平先生的音乐为何总能打动人心？今天我似乎已找到了答案。除了他'身入，心入，情入'的创作追求之外，还与他'平入'的真诚待人息息相关。赵先生百忙之中，依然应诺为晚辈答疑解惑。余虽未能'四入'，心向往之。"

赵季平先生的"平入"体现为心平气和、平易近人的学问真谛，使我切身感受到艺术家于微细处大写的"人"的温暖。而他"身入，心入，情入"的创作实践和成果是大家有目共睹的。愚以为，赵季平先生的"三入"有三个来源。一是发端于他父亲赵望云先生的艺术基因传承。赵望云先生是长安画派的奠基人，提倡"为大众而艺术"的艺术取向，并且热爱秦腔、豫剧、京剧等戏曲艺术。赵季平先生在父亲的耳濡目染之中，自然而然地选择了"艺术为大众"的艺术追求。二是得益于他在音乐学院的专业学习以及在戏曲研究院的韬光养晦。1964年赵季平先生以优异的成绩考入西安音乐学院，在此期间，跟随郭石夫、屠冶九、饶余燕等老师学习作曲。1978年，赵季平先生又进入中央音乐学院继续研修两年。那两年的记忆，他用八个字总结：如饥似渴，胜过五年。此外，自1970年起，赵季平先生在陕西省戏曲研究院默默耕耘了21年之久。数十年如一日地扎根传统，俯下身子向民族音乐学习。这些经历对他日后的音乐创作产生了重要影响。三是缘起于20世纪80年代初他的电影音乐采风和创作。1984年元月，他与广西电影制片厂《黄土地》青年摄制组陈凯歌、张艺谋、何群等人到陕北采风。零下20度的严冬，他们经铜川，过黄陵，穿延安，到佳县，住窑洞，采民歌。正是在那样十分艰苦的环境下的采风，才有了后来家喻户晓的《黄土地》电影主题曲《女儿歌》。此后，赵季平先生和张艺谋、陈凯歌等合作，相继完成了多部电影音乐，为中国电影注入了新的活力，正如导演张纪中所说："他给中国电影带来了无法抗拒的音乐力量。"在电视剧配乐方面，他也笔耕不辍，这些经典影视剧音乐都是基于他多年的民族音乐积累和艺术创造。

当然，赵季平先生的音乐创作不只是影视剧音乐，他还创作了民族管弦乐、交响乐、协奏曲、室内乐、艺术歌曲、合唱、舞剧等众多体裁的经典作品。这些作品之所以总能在国内外得到流传并引起强烈反响，归根结底是赵先生秉承"一生择一事"的艺术执念，即他始终坚守"用中国音乐的母语和世界对话"。

赵季平先生为中国音乐创作开启了一条由"中国"而"世界"的成功路径，开创了一个"既是中国的，也是世界的"新乐章！

"操千曲而后晓声，观千剑而后识器。"（刘勰《文心雕龙·知音》）祝愿赵季平先生创作出更多、更好地与世界对话的中国好声音！

原载于《中国文艺评论》2019年第10期。

用西方油画语言为中国人造像

——访画家靳尚谊

赵凤兰[*]

1934年生，河南焦作人。1953年毕业于中央美术学院绘画系，1957年结业于马克西莫夫油画训练班，并留校在版画系教授素描课，1962年调入油画系第一画室任教。曾任全国政协常委、中国美术家协会主席、中央美术学院院长、第四届国家教委艺术教育委员会主任、中国油画学会副主席。现为中国美术家协会名誉主席、中国文学艺术界联合会荣誉委员、中央美术学院教授、中央文史研究馆馆员、北京靳尚谊艺术基金会顾问。作为美术教育家，他曾主持中央美院第一画室及油画进修班的教学工作；在全国率先设立了建筑和设计专业，完善了中央美院的教学体系和学科布局。在70年的绘画生涯中，他深入研究西方素描和油画艺术的造型规律，同时锐意探索具有中国特色的油画艺术，创作了《塔吉克新娘》《晚年黄宾虹》《八大山人》《画僧髡残》《瞿秋白》《孙中山》等一大批融西方油画技法和中国人文精神于一体的油画代表作，成为中国油画古典写实学派的领军人物，作品多次获得国内外大奖，并被中国美术馆等机构收藏。他先后被意大利博洛尼亚美术学院授予荣誉教授，被中国艺术研究院特授中华艺文奖终身成就奖，获"中央美术学院杰出教授""徐悲鸿——教育教学奖"。2016年，靳尚谊艺术基金会在北京成立，用于支持美术教育事业、艺术展览交流，扶助艺术人才，资助艺术文献画册出版等。

---

[*] 采访人单位：中国文化传媒集团。

一、冲着"公费管饭"偶然走上艺术之路

赵凤兰（以下简称"赵"）：您是继徐悲鸿、林风眠、吴作人、罗工柳、董希文之后的中国第三代油画家，也是中华人民共和国成立后国家培养的第一批艺术专业的大学生。据我所知您走上艺术之路纯属偶然，能回忆下您当年在国立艺专与绘画结缘那段往事吗？

靳尚谊（以下简称"靳"）：我的童年是在抗日战争时期度过的，那时年纪尚小，还谈不上规划将来想做什么、学什么专业，只是懵懵懂懂对绘画有一种天然的喜好。在上图画课时，我比其他同学画得像、画得准，平时也经常临摹《三国演义》《七侠五义》《封神演义》等连环画中的人物。上初中时，由于父亲去世，我投靠到北平的外婆家，就读于北平私立九三中学，这所学校的美术老师水平很高，她很喜欢我画的画，我也很乐意上美术课，可从来没想过会报考美术院校。因为那时年轻人的理想是工业救国，学艺术的大多是有钱人家的子弟。当时中学里流传着这样一句顺口溜："男学工、女学医，花花公子学文艺。"像我们这种家境贫寒的人根本不具备学艺术的条件。

我初中毕业那年正值 1949 年北平和平解放，当时整个社会经济状况不好，物价上涨，粮食困难，我的家庭也陷入困境。当时，我父亲的一位朋友在国立北平艺专教书，还有一个亲戚也在艺专学习美术，他们了解到我的情况后劝我说，"国立北平艺专正在招生，还公费管饭，你对画画感兴趣，又有天分，何不试试呢？"在他们的鼓励下，我产生了报考国立艺专的念头。可艺专是干什么的，考试需要哪些条件，我却一无所知。那个读艺专的亲戚叫

我考前准备一下，在假期画个素描石膏像练练手，可我压根儿没见过素描，也不知道石膏像是什么样。于是他借来一个外国人模样的石膏像，告诉我它叫"阿克利巴"，又给我找来几根木炭条和一个馒头，叫我用木炭条画画，用馒头擦，这是我第一次见到石膏像和画素描的工具，也是我考前唯一的一次练习和准备。凭着这一点点准备，我真的考上了国立艺专，在被录取的100名考生中，我的文化课合格，素描成绩排在甲等的最后一名，第20名。

1949年秋季，我进入国立北平艺专一年级的预科班。当时的国立艺专是五年制大专，招收初中毕业生，1950年与华北大学三部美术系合并改为中央美术学院后，变成三年制大学。这样一来我等于上了两个一年级，在艺专读预科时我学的是素描、水彩、图案、雕塑、设计等基础课。改成美院后我选了绘画系，学的是绘画、水彩、线描，主要创作年画、连环画、宣传画。那时还没有油画课，学院主要培养以年画、连环画为主的普及型人才，因为这些人才在社会上的需求量大。1953年，在我本科毕业留校读研究生之际，美院又一次调整，开始招收五年制学生，下设油画系、国画系和版画系。1955年春季，我考上了油画训练班，之后留校任教，从此开启了我的油画之路。我完全没有想到，从15岁那年偶然走进国立北平艺专校门的那一刻起，我将在这所学校度过我的少年、青年、中年、老年，乃至终生。

赵：看来当年的艺考远不像今天这般竞争激烈，您既没见过素描，也非"花花公子"，命运却把一个寒门子弟带进艺术之门，这种偶然有时候也是必然。那在美院学习期间，您在素描方面的启蒙老师是谁？徐悲鸿当时是中央美院的第一任院长，您有没有受到过他的亲授和点拨？

靳：我的素描启蒙老师是孙宗慰先生，他是原中央大学艺术系的毕业生，是我国20世纪40年代很有成就的油画家，也是徐悲鸿院长的学生。由于我入学前没有真正的素描基础，在第一年的素描课中，孙宗慰先生教给了我最基本的素描知识和方法，他认真负责的教学给我留下了很深的印象。进入高年级后，李瑞年、戴泽、李宗津、董希文分别教授过我素描。李瑞年先生的教学非常生动，他要求我们画素描要"拉过来""推进去"，特别强调素描的空间关系；李宗津先生是同学们非常喜欢的一位老师，他常把自己画的人像素描和自画像带到教室给我们看，对我们有很大的启发和帮助；董希文先生在我读本科和研究生期间教过我素描，在他的悉心指导下，我对素描的认识和实践都有明显提高。

作为院长的徐悲鸿虽然没有对我亲授过，但我们之间有过一次短暂的接触，给我留下了深刻的印象。当年我们每次画完素描都要由科代表和老师进行排序和分数评定，有一次画完素描后，科代表在排列成绩时把我的素描排在前头，这时徐悲鸿院长来到我们教室，他仔细观看了每个同学的作品后，把我的素描拿到后边去，把另一个同学金宝生的素描排在了前面。当时我的素描画得比较细致，也很准确，但造型有些死，显得生硬；而金宝生画得比较概括、生动。通过这件事，我理解了徐院长对素描的要求，他追求素描的艺术性和绘画味道，哪怕画得再准确，笔触死、腻是不行的，这一点对我触动很大，这是我跟徐院长唯一的一次接触。后来徐院长就再也没来过，但他的素描作品一直悬挂在高年级的教室里，我常去看，也很喜欢。后来他的身体不大好，便以讲大课的方式给学生讲授艺术方面的知识，我曾在美院的操场上听过一次他讲的美术史课，那仅有一次的教诲令我终生难忘。

赵：中华人民共和国成立初期，为了学习西方油画，中国美术界采取了"走出去"和"请进来"两种方式，中央美院开办的由苏联专家马克西莫夫主持教学的油画训练班就属于后者。作为"马训班"的学员，您最大的收获是什么？您认为苏联专家的教学对当时中国的美术教育产生了哪些影响？

靳：中华人民共和国成立初期中国油画的整体水平很弱，全国上下都在研究基础。那时我国没有美术馆，更没有展览，苏联展览馆（1958年改名为北京展览馆）1954年才刚刚建成，建成后举办了一个大规模的"苏联经济及文化建设成就展览会"，其中的文化板块展出了大量的油画、雕塑、版画作品，这是我第一次看到大规模的欧洲油画原作，此前我只看过徐悲鸿院长画的一小幅油画和院办悬挂的几幅油画静物，以及罗工柳、冯法祀、吴作人、董希文、李宗津等老师画的历史画。当时中国能画油画的人没有几个，所以一听说有展览，全国爱画画的年轻人都跑来看，眼界为之大开。展出期间，老师让我们去临画，我恰巧选了马克西莫夫的那张《铁尔皮果列夫院士像》，没想到他后来真的成为了我在油画训练班的老师。

油画训练班共招收了20名学员，都是从全国各个艺术院校、美术单位层层选拔上来的年轻教师和成熟艺术家,像冯法祀、詹建俊、侯一民、何孔德、秦征、魏传义、王流秋、高虹等。那年我21岁,是这个训练班里年龄最小的学员。马克西莫夫在油画训练班执教时才43岁,年富力强、精力旺盛。由于当时可资借鉴和教学的油画原作匮乏,马克西莫夫就经常和我们一起深入田间地头作画,通过示范让我们了解油画的物理性能和表现技法。每次他画画,我们都停下笔来高低错落地围挤在他身后,随着他画笔的转动,人群中不时传来阵阵赞叹。在学习期间,我最大的收获是对"什么是结构以及如何表现结构"有了清晰认知。马克西莫夫强调的"结构"这个词,我们当时还是第一次听到,在他的解释和示范下,我们慢慢理解了素描首先要把人的头、肩、胸廓、骨盆、腿、四肢的骨骼构造搞清楚,分清哪些是不变不动的地方,哪些是能变能动的地方,要找到它的中线,再把这些骨骼肌肉所形成的形和面通过体积空间和透视关系立体地呈现出来。听他这么一讲,我们理论上懂了,但还是画不出来,心与手还是有距离的。我们的画明暗体积都有,但就是感觉有些散,颜色浮在上面,缺乏质感。后来马克西莫夫给我的老师冯法祀改画,改一个男性人体的腿部,经他一改,画面颜色都吃进去了,骨骼肌肉都连贯起来了,看起来特别结实。我一看,噢!原来明暗、体积是人体的构造反映出来的,我们以前老是孤立地、表面地看人物形体,没有将人体的面与骨骼肌肉的形结合起来。而马克西莫夫是整体地、互相联系地看,从形体的本质和内在的结构来表现明暗体积。此外,他还就现实主义创作如何表现生活、反映历史事件、处理情节和营造意境等问题提出了具体指导意见,使我们深受启发。这时我才真正懂得西方素描和油画在色彩、造型及主题表现上的基本要求。可以说,马克西莫夫影响了整个中国的油画基础理念,为中国画家认识欧洲油画技法和造型体系打开了一扇窗,对中国现当代美术教育事业起到了积极的引领作用。20世纪90年代初我到莫斯科访问,本想去拜访马克西莫夫,但由于种种原因没去成,回国后没多久就听说他去世了。没能与他见上最后一面,成了我一生的遗憾。

赵: 马克西莫夫无疑是20世纪50年代影响中国绘画发展的重要人物之一,也深深地影响了您对素描基础和油画造型规律的掌握。之后您留校任教,创作了《送别》《我们的朋友遍天下》《毛泽东在十二月会议上》《长征》《毛主席在炼钢厂》等一批多人物情节历史画。能谈谈当年您在革命历史题材创作方面的探索吗？

靳： 从20世纪五六十年代开始，出于新中国成立初期各类历史博物馆建设的需求，人物情节画和革命历史题材创作占据主流，风景、静物、肖像类题材相对处于弱势。当时中国革命博物馆和军事博物馆刚刚落成，面临开馆，需要大量革命历史画，有许多是国家订件，大主题，稿费也高。而画风景、静物和肖像，只能搁在自己家里摆着，社会上不需要，也没人买。为迎接革命博物馆开馆，我接受订件任务创作了《毛泽东在十二月会议上》。这是一幅多人物历史画，为了恰到好处地表现毛主席在"十二月会议"上做报告的精彩瞬间，我收集了很多资料，设计了多种构图。最初的几张构图，人物的动作不明确，平淡无力，没有把毛主席作报告的精神传达出来。几易其稿后，我选择了毛主席讲话时手向前推进的动作，用这个有力的手势表现出革命者的气魄和革命的形势不可阻挡。当时许多报纸杂志都介绍了这幅作品，认为这幅作品生动再现了当年的历史场面与时代氛围，体现出了人物的精气神。这幅作品至今还完好地保存在中国国家博物馆里。而《长征》《送别》等其他几幅作品就没这么幸运了。《长征》原名叫《踏遍青山》，灵感来自毛主席的诗词"踏遍青山人未老"。画面中心的毛主席从山坡上走来，一旁的战士牵着马紧随其后，整个画面是低视角，背景是大面积天空，人的状态沉着自如、勇往直前，体现了革命人走向胜利的稳健步伐和坚定信念。这幅作品参加了1964年的"第三届全国美术展览"，只在少量报刊发表过，据反映情调有些低沉，后来在"文化大革命"期间丢失了，只保存了一张彩色反转片。《送别》是我在"马训班"毕业后为中国革命博物馆创作的第一张油画，曾作为"黑画"展览了一次，展览后就不知去向了。这些多人物情节画为我后来创作肖像作品奠定了基础。因为在学习苏联以前，我们对多人物情节的绘画是完全不懂的，但油画的基本模式就是情节性绘画，代表作是达·芬奇的《最后的晚餐》，即便是现代主义绘画也无法逃脱情节性绘画这一基本样式。也就是说，多人物绘画画好了，其他题材自然而然也就会画了。所以说，多人物情节性绘画是油画家成长的必经之路。

二、以肖像画为切入点，探索油画艺术的民族化

赵：刚刚听您讲述了许多关于多人物情节历史画的创作经历，那后来又是什么原因促使您把单个人物肖像作为探索油画艺术的主攻方向和突破口？在创作中您曾受到哪些油画家的影响？

靳：原因很简单，我感觉画多人物画吃力，画肖像相对省力，而且又能把油画的语言和特征充分表达出来，让它表现得更完美。其实早在"十七年"时期，我就画过多张人物肖像，个人觉得肖像画更适合自己，想集中精力在这方面做点深入探索和研究。另外，从西方绘画史来看，肖像画是极其重要的类型，这跟欧洲的文艺复兴和工业化体现出对人的尊重和重视有关。欧洲历史上几乎所有画家都画过肖像，肖像画往往代表了一个时代的最高水平。我想强调的一点是，历史上任何一个画种的兴起都不是孤立的，往往跟社会的需求和经济状况紧密相关，经济基础决定上层建筑，古今中外的艺术发展都逃脱不了这一规律。拿西方来说：文艺复兴时期出现了神话、宗教题材，这些都是教堂订件，就跟我们画观世音、灶王爷、如来佛一样，都是程式化的造型，不需要风格；17世纪英国资产阶级革命后出现了商人阶层，肖像画就发展了，技法也变了，开始写生了，涌现出伦勃朗、鲁本斯等肖像大师；随着19世纪工业化发展，人物画、风景画开始流行，出现了马奈、莫奈、塞尚等印象派；后来随着画廊的出现，商品画应运而生。从我国古代绘画史来看：人物画曾在唐宋时期达到鼎盛，主要以表现帝王、贵族人物为主；宋元以来人物画开始衰落，山水、花鸟画兴起。进入20世纪后，齐白石、傅抱石、黄宾虹、吴昌硕、李可染等国画大师把中国画推向高峰；中华人民共和国成立后，多人物历史画出现了；如今，历史画、肖像画、风景画百花齐放。由此可见，所有画种从诞生、发展到成熟都有其自身的发展逻辑和演进规律，都受政治、经济和社会环境的影响和制约。但不论古今中外，人物肖像始终是人类艺术的永恒主题，是绘画创作的流行品种。在我个人的肖像画创作中，我受欧洲肖像大师伦勃朗和委拉斯凯兹的影响较深。这两人是肖像画最重要的开创者，代表了油画色彩造型的两种类型，前者是颜色浓烈明艳的，后者是淡雅抒情的。我的画风跟委拉斯凯兹接近，偏柔和，不过我也喜欢伦勃朗

那种强烈的画风，但学不了，画不出来，这大概与性格有关。

赵：20世纪70年代末80年代初的西德之行和美国之旅让您真正有机会集中、零距离地观看世界油画经典。听说正是这两次经历，带给了您艺术上的开悟和跃进。

靳：是的。20世纪70年代末，我随文化部组织的中国美术教育考察团访问西德，这是我学习油画以来第一次走出国门近距离观看欧洲油画原作。我集中观看了文艺复兴和19世纪的德国画家莱伯尔、李伯尔曼等大师的作品，以及伦勃朗、维米尔、安格尔、鲁本斯、波提切利等欧洲其他国家的画家的油画原作后，开始对古典作品产生兴趣。之前，我和我的同事都不喜欢古典作品，认为古典作品很细、很腻，颜色也不好看，都喜欢印象派的作品。这是因为过去我们看不到原作，看的都是一些粗糙的印刷品。这次亲眼见到原作后，发现古典作品的美是惊人的，画面比印象派更强烈鲜明，轮廓边线十分清晰，黑白明暗对比强烈，画质非常细腻。尤其是伦勃朗的作品，用笔老道奔放，整个画面苍劲有力，色彩像宝石一样斑斓闪亮，还有凡·代克、波提切利的作品，冷暖颜色交织，也非常精彩，一改往日我对古典作品的印象。

80年代初，我和爱人赴美国探亲，待了大约一年时间，我把美国大大小小的美术馆、博物馆，以及各个历史时期主要画家的作品全看遍了，全面研究了欧洲从古代、中世纪、文艺复兴、印象派到现代主义油画的演变过程。此前，我以为自己的油画已经画得很好了，一对比才看出自己画的毛病：一是体积没有做到位，二是色彩有问题。虽然我学了多年油画，对素描的研究也算比较深入，但体积问题一直没有完全解决，色调也相对单一，没有认真对待边线处的明暗，使得形体单薄和简单化。这次在美国看了大量原作后，发现他们的作品不论什么风格，画面都很丰富，有一种浑厚、含蓄、醒目的画风和力度。我发觉这是东西方两个民族不同的观赏习惯所致。中国人表现事物是线描和笔墨，西方人则是面、光源和结构。西化的造型特点是通过明暗体积和光的虚实强弱来塑造形体，使画面形成一种立体、丰富、有厚重感的抽象美。东方绘画则是平面的，以线条艺术为基础，体现一种线造型的韵律感和装饰美。在色彩方面：西方人看的是环境色、光源色，表现人物和物体在不同光源下呈现的不同色泽；中国人画画看固有色，红就是红，绿就是绿，不去考虑颜色与周边光源和环境色之间的关系。我意识到，如果体积和色彩这两大问题不解决，我的画就达不到西方油画的水平，体现不出西画造型体系里所呈现的抽象美。后来，我尝试着给美国一个画廊的老板画肖像，用古典法和分面法把边线转过去，将体积塑造得更深入具体，效果一下子发生了重大转变，整个画面顿时丰富、厚实了。这是我西德之行和美国之旅的重要收获，也是我日后探索古典主义肖像的动因。

赵：正是基于对这些西方古典大师作品的重新认识和发现，您开启了属于自己民族风格语言的中国"新古典主义"画派。在您一系列作品中，《塔吉克新娘》是古典主义风格最具代表性的作品，您是如何运用西方的造型语言来表现这幅作品的光线、色彩和体积的？我感觉这幅作品也蕴含着您的一种艺术理想和人生理想。

靳：《塔吉克新娘》是我从美国回来后创作的一幅带有实验性质的作品，于1983年下半年完成，我想通过它实践一下西方强明暗体系在我的作品中如何表现。在去美国之前，我和油画家詹建俊曾一起到新疆深入生活，先后到乌鲁木齐、喀什、塔什库尔干、塔吉克地区逗留了一个多月，画了不少画，一大批素材还没来得及整理就出国了。回国后我根据其中的一幅写生作品构思了《塔吉克新娘》。新疆女孩的五官比较立体，当时我参照了一些照片，构思并设计了人物的动作和光线，想用侧光来体现人物造型。西方油画表现明暗体积的形式多为侧光和顶光，很少用平光。所以在这幅《塔吉克新娘》中，我采用了西方古典油画的画法和侧光的方式，设计让光线从一侧照进来，使人物沐浴在一半暗一半亮的强明暗对比中，同时借助丰富、有层次的光源色，对人物的面部光线、头巾的褶皱、服装的饱和度、饰物的色调变化做了精心描绘，尽量摒弃一些琐碎多余的部分，让复杂的颜色与体积空间从深沉的背景中凸显出来，使整幅作品在构图、造型、黑白、明暗上形成单纯而和谐统一的艺术整体，呈现一种抽象的美感。

你提到这幅作品中蕴含着我的艺术理想和人生理想，我想这与我当时的心态有关。虽然20世纪五六十年代的人们很穷，但生活安定，人们思想单纯，我们当时在学校学的西方绘画、文学、戏剧、电影、音乐，全都是19世纪的经典。可"文革"以后，我看到社会上暴露出一些不好的现象，人际关系也有些紧张，这对我的思想产生了很大触动，一时难以理解，心情也不太好。我无法改变这些现实，只能寄希望于自己的作品中，试图表现一种宁静、和谐、崇高、纯洁的理想美，冲淡一下自己内心的苦闷。塔吉克新娘纯洁动人的东方气质，略带矜持、羞涩的表情，予人一种美好纯洁的触动，也暗含了我的审美理想和人生理想，这种对理想美的向往，既是我一个画家的追求，也是人类共同的情感追求，于是我便通过油画把这种美表现了出来。这张作品完成后，受到业界广泛关注，很多报纸杂志都发表了，后来被中国美术馆收藏。当时，评论界给这幅作品冠以"新古典主义"，认为它标志着中国油画界"新古典主义"的开启。其实古典主义早在15世纪的欧洲就有，只不过中国在辛亥革命以后才有油画，却只引入了同时期的"印象派"风格，古典主义在中国是空白的。我也并不是为了创造什么风格而作画，只不过是为了解决油画中很基本的体积问题，才采用了古典主义的形式，以达到西方造型体系的审美要求。

赵：20世纪八九十年代是您油画创作的巅峰期，之后您又陆续用西方的油画语言创作了多张中国风的人物肖像，这些肖像都投射着中国人内在、含蓄、单纯、深邃的女性美、人性美，其中多张肖像都采用了平光画法，您为什么后来又选用平光来表现人物肖像呢？通常会选择什么样的人入画？

靳：采用平光是因为我想在中国元素的回归里找到自己的造型语言。《塔吉克新娘》完成后，我总觉得有些欧洲绘画的味道。特别是一个留法的朋友看了《塔吉克新娘》后说："作品很好，如果摆在欧洲博物馆里都是可以的。"我一听，觉得这不是我的最终追求，我想进一步尝试更具典型中国特色的人物肖像。加之中国人的面部轮廓比较平，更适合用平光来表现，于是我尝试着用古典的风格，以平光和半侧光等方式画了多张现代人物和历史人物肖像。《蓝衣少女》《果实》是我用当代城市女孩形象来探索古典主义风格的作品；《鲁迅像》《瞿秋白》《孙中山》是我用古典造型对历史人物的描画。这些人物肖像在创作时同时或交叉进行，使我在历史与现代的时空交错中摸索出自己的语言，拓宽了我用古典主义风格探索肖像艺术表现力的多样性。

至于选择什么样的人物入画，这是一种感觉，没有具体的模式和标准。我首先看这个人美不美，其次看他好不好画。这个美不美的标准很复杂，这里不是单指长相美不美,有的人长得美但是不好画,有的人好画但长得不是传统意义上的美,总之要长得有特点才好。人选定后还要进行摆姿,对方穿什么衣服、处在什么样的环境里、采取什么样的光线、做什么动作、想要画成什么风格,都要事先反复实验并设计好。在苏联的教学里,摆模特是一个重要的环节,也体现着画家的本领,苏联油画家马克西莫夫在教学的时候,光摆模特就要花很长时间,模特摆好后,基本就形成了自己心中想要的那个画面。至于好不好画,也因人而异,我感觉画欧洲人比画中国人要容易得多,欧洲人轮廓分明容易分面。中国人的五官比较平,更适合线描,皮肤也是黄黄的,画不好就容易流于琐碎,显得脏。总之,如何用西方油画的明暗技法和平光造型把中国人画得好看,我在这方面做了点深入研究。

赵: 后来您在探索油画与水墨相结合方面的步伐迈得越来越大了。在《晚年黄宾虹》《八大山人》《髡残》等作品中,您开始向中国传统文化掘进,用西方油画语言为中国古代文人造像,在中国古典精神的当代拓展和现代化创造上做出了尝试。我想知道,您在对中欧两种文化进行异质同构时,如何拿捏好尺度,使之既有中国元素,又不失油画的本体语言?

靳: 油画如何民族化,这是历代艺术家都在探索的事情,我的老师们像林风眠、徐悲鸿、董希文、罗工柳等都做过这方面的努力,我是在后期基本掌握了油画的基础后才开始尝试的。不过,想在写实的油画中体现写意的中国画味道很难。油画中国化不是用油画颜料临摹中国画,而是既要有中国的风格和韵味,又要不丧失油画的造型和色彩语言。此前我曾尝试将油画与永乐宫的壁画结合,创作了《归侨》《画家黄永玉》《思》《求索》等具有一定装饰性的作品,主要想研究一下中国传统艺术中的装饰韵味。后来一个偶然的机会,我看到一本黄宾虹的《抉微画集》,里面的每幅山水画都配有局部放大图,我从水墨画的笔墨中感受到了一种抽象的美,于是尝试着将油画与水墨相结合。我之所以选择画黄宾虹和髡残,因为他们都是山水画家,而且他们的山水画笔墨浓重,这种风格比较容易跟油画结合。我先后画了两张黄宾虹的像,第一张是黄宾虹手拿速写本,站在山水之间的画面,我参考了罗工柳60年代画的《毛主席在井冈山》,那幅画的背景颜色偏紫灰,有一种阴天的感觉,跟水墨画接近。画完展出后,我总体感觉画面弱了一点。后来我又画了一张晚年坐在椅子上的黄宾虹，背景是他的山水画局部，这次我将背景中的水墨处理得更加写意抽象，以点写代替扫笔，尽可能使水墨和油彩两种不同语言浑然一体。《髡残》是全身像，要将整个人置于山水之中，比画半身像难度更大。由于画面背景的山水笔墨比较重，为了统一色调，画里就不能有阳光了，要画出阴天江南山水的感觉。

画《八大山人》是因为我很喜欢他的画，他的花鸟画很空灵，笔墨很少，寥寥数笔非常精妙。我想在油画中也体现出这种空灵感，可油画的画面都得铺满，不能留白，怎么表现空灵呢？在创作前，我专程到他36岁之后居住的南昌青云谱去考察了一番，他晚年在青云谱道观出家，也是在那儿去世的。早前我曾和艾中信先生去井冈山时路过一次，那是一个很安静的道观，周围都是水乡，后来再去时，安静的环境没有了，道观还在，周边盖了很多房子，还建了他的纪念馆。我想，那就画他晚年坐在水塘稻田边的情景吧！但这样一画，画面又太实了，后来干脆去掉其他的元素，将水塘处理成一条江，江面与天空连成一片，形成一种深远的感觉。然而，要用厚重的、不透明的油彩来表现空灵的氛围，还必须采用实实在在的办法。虽然画面水天一色，但是天空和水还得区别开，同时又要和谐统一，做到既单纯又丰富，这样画起来就比较费事。这是我画得最艰难的一幅作品，色彩变化非常复杂，反复改来改去，画了整整两年。

赵：您在那30年后画风似乎变了，不再执着于古典理想美了，转而创作了《培培》《画廊经纪人》《蒙古族公主》等一系列较为平面的作品，甚至还花了一年时间临摹了三张维米尔的画。您几十年来都在摆脱中国人的线性思维，现在又画回线性作品，不再重视体积了吗？

靳：不是的，体积问题是我一直特别重视的，一些现代主义油画看上去平面化了，其实并不是，里面的明暗起伏全都有，只是体积感减弱了，但层次并没有减少，体积是油画的基础，不能缺失。我之所以转变画风尝试平面化的作品，主要跟我不断变化的心境有关。到了后期，我对原先古典主义那一套画法不喜欢了，开始喜欢色彩更强烈，画风单纯、平面一些，有点现代意味的作品。最主要的是，我想吸收西方现代绘画的特点，补上"现代主义"这一课。西方现代绘画的特点就是平面化，从马蒂斯开始，西方后印象派、现代主义画派、表现主义画派的作品都趋向线性和平面。马蒂斯的作品线条流畅，有强烈的造型感；阿梅代奥·莫迪利亚尼用线造型；埃贡·席勒注重线条和色彩的装饰效果；古斯塔夫·克里姆特早期的作品较为传统，后期也融入了象征性、装饰性。他们在不同时期对画风的追求也有所不同。我很喜欢席勒和莫迪利亚尼的画，但我的个性跟他们不一样，我画不出他们作品中的那种变形效果，只能在画风上更接近克里姆特。因为一个人再怎么探索，他的个性是改变不了的。进而从我国绘画的发展历程来看，我们没有经历较为完整丰富的现代主义艺术的启蒙与发展，就直接从传统写实跳过现代主义进入后现代，造成艺术语言、社会接受度上的断裂，这在中国是个很特殊的现象。现在的年轻人没研究过现代主义可以直接跳过去，可我不行，我是老一辈人，骨子里传统的东西比较多，我还要做学问，要一步步来，所以就要对中国传统艺术和现代艺术中的线、色彩和造型进行反复融合实验。

　　后来我又挪用了三张维米尔的画，是因为我很喜欢他的作品。虽然我去过欧洲多次，但一直没看到维米尔最重要的作品《戴珍珠耳环的少女》，所以专程去了趟荷兰海牙。当我看到这张原作时，突然产生一个构思，画中这位戴珍珠耳环的 17 岁少女如果活在现代会是什么心情？作为经历过几个历史时期的人，我对急速变化的社会有些不适应。当今时代发展了，可社会竞争激烈，生活压力大，让人的心情很不平静。我想把这种心境通过几幅画来反映，于是把维米尔的《戴珍珠耳环的少女》重画了一下，人物、构图都和原作一样，只是给少女加了只手，人的情绪变了，脸上露出惊恐的表情，取名叫《惊恐的戴珍珠耳环的少女》。另外两张风景画《新戴尔夫特风景》和《戴尔夫特老街》，是专门到维米尔的家乡去画的，地点、角度和原作一样，只是添加了点新元素，比如摩托车、新建筑、变老的教堂，以及现代的人，我想用这样一种传统和现代融合的方式来向维米尔致敬，也想试验下我的画能不能达到他的水平。

三、基础问题不解决，永远成不了一流的画家

　　赵：跟您聊了这些，我感觉您是一位对自身有着清醒认知的艺术家，也对绘画的基本功极其看重。您一生都在强调"打基础"，"基础不好，水平就

上不去"，这是您常挂在嘴边的话。相对于个性和风格而言，基础真的有那么重要吗？

靳： 中国不缺观念和思想，缺的是技术。我说的技术跟科学技术不一样，它不仅仅是画得好不好，还包括人的修养、画的格调，是一种全面的基础，基础问题是决定艺术水平的。油画看的是水平，不是风格，风格和形式的变化必须建立在扎实的基础之上，基础问题不解决，永远成不了一流的画家。因为油画的基础是写实，不会写实，那就什么风格都画不好。风格不是教出来的，是自然而然形成的，只有打下扎实的基本功，后面的问题才会迎刃而解。目前，我国油画的全国水平已比较平均，创作能力也很强，各式各样的人物画多起来了，人物的形也画得更准了。但每张画都没有特点，画里核心的东西没有，是因为许多画都存在基础缺失的问题。现在的美术理论界也把风格、个性提升到很高的位置，相当于成为了一种标准，使得我国油画的基础水平普遍不高，素描在整体上没过关。素描理解起来容易，但做起来很难，它主要涉及两点。一是体积和空间。我前面说了，中国这个民族天生在表现体积方面存在弱点，要改变过去"平面化"地观察形体和画"固有色"的习惯，需要时间。二是画面多人物之间的关系。当所有人物都处在同一光照下时，会有明暗虚实强弱和体积空间透视的变化，其间的关系很难把握。如果不重视这些基础，水平就上不去，高度达不到。现在美术界面临的最大问题是评价标准乱了套，评画一个人一个标准，许多人认为有新意的画就是好画，导致尖子出不来，画界有高原没高峰。我上学那会儿，所有老师对好画的认识都有一个相对统一的标准，很容易达成共识。如果对好作品的标准在认识上不能形成统一，那整体水平就上不去。现在有些画家不认为自己的画存在问题，传统的绘画没学好，就急着搞观念艺术。地基没打好就要架高楼，是经不起推敲和时间检验的。可能每个人认识不同，我的认识是片面的，但我就是这么做的。我始终认为，实现优秀风格的前提，是练就扎实的基本功。

另外，只有把基础打好，系统地了解了中国传统艺术和西方艺术，掌握了油画的原则要求和魅力后，才能看出画的好坏，明白自身的差距，知道该学习什么。在中国，研究西方油画基础和画种比较深入透彻的画家，我勉强算一个。我出国次数很多，可以说把欧洲大大小小的博物馆、各种风格画派的作品全看遍了，有些博物馆我反复去，不断地看原作，我研究的不是某个画家或某一时代的作品，而是一个画种几百年的发展演变，包括作品的风格特色和艺术高度。经过反复对比研究，我才知道什么画是好画。好画不在内容，在于表现的高度，这个高度，古典和现代一脉相承。我绘画创作几十年，一直在为我国的油画领域打基础，直到现在我还在研究造型、色彩、厚度、色调等基础问题，如今勉强算弄懂搞通了。但我年纪大了，精力也不济了，视力开始衰退，对色彩也没有那么敏感了，所以说我们这代人只能起到奠基的作用，不可能达到高峰，那就寄希望于以后的年轻人吧！但是他们的脑子必须清楚，标准得高才行。

赵：除了"打基础"以外，您曾在多个场合强调创新只是对艺术家的基本要求，那您觉得衡量一个油画家和他的作品优秀与否，最高标准是什么？

靳：这个标准很复杂，一个画家他起码要有辨识力，要能看得出各个时期、各种风格的画哪些好、哪些不好。现在的舆论常说"创新最重要"，什么是创新？在我看来，紧跟时代潮流、反映时代生活的艺术表现就是创新。这里包含两层意思：一个是反映的内容要是新的；另一个是艺术家用什么样的形式来表达，也就是内容与形式的关系问题。董希文先生当年教我说，你所创作的每张画都应该是不一样的，每张画都要有创新之处。可见，探索创新是每个人都需要去做的，它不是最高标准，而是对艺术家最基本、最起码的要求，若没点创新思维，干脆就别学艺术了。

赵：法国古典主义大师安格尔曾说："除了色彩，素描就是一切。"您如何看待当下国内的素描艺术？

靳：素描是造型艺术的基础，它的体积、空间、结构这些基本的原则性要求和用笔规律是不会变的，只是在构图形式和表现特点上存在差异。记得20世纪70年代末，我随一个艺术教育考察团访问德国，参观了古老的杜塞尔多夫美术学院，看到他们的学生都在画素描、画解剖。我好奇地问，"你们的素描教学有什么发展？"陪同我的德国教授回答："和200年前一样，以前怎么画，现在还怎么画！"这就是说，在绘画教学上，形式和风格可以变，但基础的原则是永远不变的。说到这，我想起20世纪50年代，中央美院为了素描"民族化"，曾推行过一次素描改革。由于我们原有的素描教学是西方的教学方法，要求画明暗、光影、体积。改革以后，就要削弱或摈弃西方素描传统中的明暗和光影效果，强调线的因素，突出"平面"感，创造具有民族特色的素描。要突出线的话就要用平光，而学校的天窗教室都是顶光，当时许多学生不知该怎么"民族化"。老师就让我们去研究荷尔拜因的素描。荷尔拜因的素描比较平，明暗弱一些，线也运用得很好，老师要我们借鉴他的这种方法来画。不过，这种素描"民族化"的改革和实验，大概进行了一年多就停止了。因为这种画法使素描的体积感表现不出来，所以很快又恢复了以前强调明暗关系、塑造形体体积的素描教学。这次的素描改革和实验对我们这一届影响不大，因为我们已学了一年多，初步掌握了素描的明暗和体积关系，而我们的下一班一入学就面临素描改革，结果直到毕业，素描的体积感也很难画出来。

后来，从 20 世纪 50 年代至 80 年代，素描应以线条还是块面为主，应"画方"还是"画圆"之类的问题，曾在美术界引起了一场又一场论战。当时的素描是徐悲鸿等一代艺术教育家从西方引进的，经过加入中国文化的理解和转化后，再来教学生。徐悲鸿先生曾对素描提出过很多好的见解，比如"宁方勿圆""宁脏勿洁"等。他认为素描在造型上，若为方形，格调就高，品位也高，若为圆形，则品位就低，就俗气了，这涉及艺术的格调问题。关于素描民族性，我认为首先要掌握素描的本质规律，尊重其"外来性"的本源特质，如果我们不懂透视与明暗画法，就无法在二维平面上创造出三维立体空间的真实形象。素描作为美术学院的基础教程，它的引入既促成了中国油画和写实雕塑的诞生，同时对中国传统的国画也带来了深刻的影响。它不仅是画家们借以研究物象或为创作和设计准备的素材，更是一门有独立审美价值的艺术种类。在中国，只要绘画存在，素描就不会消失。

赵： 当年照相机进入中国时，一度令绘画界恐慌，认为摄影将取代绘画，架上绘画将走向死亡。尽管后来摄影并没有杀死绘画，但写实绘画仍一度遭到重创。如今进入多媒体数码高科技时代，画家们越来越依赖相机，很少出去写生，照相机加画册已然成为视觉经验的全部来源。您如何看待这种油画"照片化"的风行？

靳： 摄影技术的发达的确威胁到了油画，但又不能完全替代油画，因为油画里有笔触、有变形等。虽然现在的相机、手机在色彩的还原上已非常接近实物，但与好的油画色彩还是不能等同。现在许多画家爱临摹照片，其实古典写实绘画跟照片是完全不一样的，他们不清楚里面的差别。拿古典作品来说，有些人以为画得细就是古典，这是错误的。古典的细致是很概括、很有表现力的，他们照着照片来画，虽然很细致，但不概括，表现力很弱，人物形象也简单化。照片上的色彩不是人们肉眼真实感知的，会丧失很多精妙之处，所以画照片永远达不到写生的效果。如今，很多人不大重视写生，有些美术院校在招考时出现一些奇特的现象，比如，美术专业考试科目是素描、色彩和写生，写生的对象一般都是模特、石膏像或静物。由于扩招太突然，学校的写生道具不够用，就干脆拍一个石膏像的照片放在考场，大家就以临摹照片代替写生。这种考试方式，根本筛选不出真正优秀的人才。写生的现场感和画面的丰富性是照片无法取代的，油画以写生为基础，这是西方传过来的，伦勃朗这些大画家常年坚持写生，相反创作很少。因为写生通常需要一次性完成，非常考验一个人的能力和水平。当年在延安，我走了30里地到农村去写生，用整整五个小时画了《延安老农》，虽然画完非常累，就像生了一场大病似的，但感觉自己的绘画技艺得到了明显提高，那是我画得最好且不可复制的一张写生作品。所以说，相机只是绘画的辅助工具，而写生却是一种必不可少的技能，离开了写生，就无法真正踏进油画的大门。从国际上来看，由于电脑、设计很发达，西方的油画已经发展到了极致，很难再往前走了，他们现在的前沿艺术不再是画，而是搞装置和观念艺术。中国的油画目前还处于上升阶段，虽然近60年来取得了很大发展，但距离西方油画仍有不小差距。油画进入中国也就100年时间，西方这个画种从出现到成熟用了500年。因此，中国油画是夹生饭，想要西方人承认中国人的油画画得不错，尚需要时间。

赵：中国油画的确还有很长的路要走。当今市场走向也一定程度影响了艺术家的创作思潮和审美取向。在您看来，艺术家该如何处理艺术与市场的关系？如何保持人格的独立和艺术的主体性？

靳：如何保持独立是由自己决定的，你想独立就独立，不想独立，别人也左右不了。关键的一点是，一个人为了卖钱画画是画不好的，只有为了兴趣去认真画，才可以画好。我出国很早，也有很多机会可以留在国外发展，美国曾经有一个画廊的老板想让我留下，要为我办绿卡，我婉拒了，选择了回到国内。因为我对画商品画没兴趣，我喜欢画我感兴趣的内容，我也不看社会上流行什么、推崇什么，我就按照个人的路子一点点往前走。我从不为了卖画而去画画，也从不关注我的画在艺术市场上价格的高低，我只是画我的画而已，我喜欢怎么画就怎么画，并享受这种艺术创造的乐趣。关于市场，我认为艺术市场的存在是正常的，但目前发展的还不是很成熟，艺术品价格在短期内飞涨是不理性的，市场的活跃喧闹从实质上看其实是一种假象，滋生了很多乱象，没有一个正常的标准。20世纪五六十年代没有形成市场，什么样的画找什么样的人画，谁画得好谁的价格就高，是有一定之规的，这和市场没有关系。如今，随着经济的快速发展，社会复杂、人心浮躁，快餐时代生产出的东西质量都变差了，美术界也出现了很多速成之作。艺术需要精益求精，艺术家不能被市场牵着鼻子走，忽视了对作品精神内涵和艺术格调的追求。目前我认为，中国的各个专业都需要安静下来耐心做学问，对于画家也一样，赚钱快的时代已经过去了。现在的年轻人生存环境比我们当年更艰难，通过卖画谋生存也正常，想赚钱可以，但前提是先把自己的艺术做好。认真做学问没坏处，慢一点也没坏处，越浮躁越做不好事情。

看来您不爱画商品画、不画应酬之作，也不愿意随波逐流。当别的艺术家纷纷利用急速飞涨的市场对作品进行"热炒"时，您却将自己珍藏多年的作品捐给博物馆"冷藏"。对此，您是怎么考虑的呢？

靳： 1961年第一次全国美展，伍必端先生与我合作了一张《毛主席和亚非拉人民在一起》，当时正值中国美术馆落成，这幅作品就被收藏了。改革开放后举办第六届全国美展时，中国美术馆又收藏了我的若干张画。2009年，我给中国美术馆捐赠了39件作品，2019年又捐赠了35件，一共捐赠了80多件作品。还有少量作品在中央美术学院美术馆、北京画院美术馆、中华艺术宫馆藏，画廊里也散落了些个别卖了的作品。我通常没有拿画去卖钱的习惯，为什么要将作品捐出来？其实很简单，作为一名艺术家，他的画最好的归宿就是这里，只有在美术馆它才能和大众见面，这是美术作品最重要的价值。

访后跋语：

在 8 月一个清风蝉鸣的午后，我到油画家靳尚谊家中拜访。如同靳老过去只能在画片儿上看到欧洲油画"原作"一样，平素里我也只能在报刊网络上看到这位油画大师的身影。这次见到真身，跟我在"画片儿"上看到的一样，风度卓然、沉稳内敛。他穿着一件简洁朴素的蓝色衬衫，虽已耄耋之年，但举手投足间却透着一股融汇中西的洋范儿，这是一种被艺术、被油画滋养出的文人气度。

采访是在靳老家的书房进行的。他一生都在追求笔下人物的体积空间，可他自己书房的空间却较为狭窄、简朴，书桌上、地上摆满了书报，竟没有悬挂一幅他自己的作品。整个下午，靳老"陷在"一个被书报围挤的老式沙发里，接受我长达四个小时盘根问底的访问，其间没喝一口水，我从他对待采访的态度看出他绘画的执着认真。

为了进一步了解靳老，我提出想到他的画室去看看，靳老欣然同意了。本以为大画家的画室应该是宽敞气派的吧！到那儿一看，他的画室也不过是 20 多平方米的弹丸之地。屋内一个偌大的落地长臂照明灯延伸到空中，画架上摆放着一幅未完成的沈从文肖像，旁边的地上堆放着数十种不同颜色的油彩，沙发旁、茶几上摆满了大大小小的画册。靳老穿着一件看起来大约十几块钱的老人汗衫，正手持黑卡、迈着弓步给一个藏族青年拍照，那种全情投入的创作劲头完全不像是一位 85 岁的老人，我似乎看到了他年轻时矫健的身影。后来，我也给靳老拍了几张肖像照，在我按下快门的一刹那，靳老低垂着眼帘，沉静松弛地坐在那里，神态像极了他笔下的八大山人。原来，他画的其实就是他自己。

在与靳老的交流中，他总是坦诚地正视自己的弱点，"我的水平不行，造型和色彩有问题""越画越觉得自己差很远""我算勉强掌握了油画"……一个已然成为中国画坛巨擘级的人物，常常将自己低到尘埃里，这是一个多么谦虚、能正视自己不足的人啊！

末了，我想请靳老发表下对美术评论的看法，他未置可否。在进一步聊天中我却发现，他常常给自己的画作当"裁判"，我想这种底气和自信来自他比一般人更多地遍览欧洲历代油画经典原作以及他对油画基础问题的反复研究。"《八大山人》色彩处理较好，但画面不够放松流畅。""《鲁迅》画面不够生动，背景和椅子没处理好。""《画家黄宾虹》是文人画，《晚年黄宾虹》是画出了一个文人。"哦！原来他还是自己画作的严酷批评家。

画如其人，靳老的为人跟他的画一样，丰富而单纯、内在而质朴、古典而写实。

原载于《中国文艺评论》2019年第11期。

做艺术上的『叛逆者』和『稳健者』
——访京剧表演艺术家尚长荣

胡凌虹*

京剧表演艺术家。1940年生于北京。现为中国文联荣誉委员、中国戏剧家协会名誉主席、上海市戏剧家协会名誉主席、上海京剧院艺术指导，首批国家级非物质文化遗产（京剧）项目代表性传承人。尚长荣工花脸，擅演的传统剧目有《连环套》《黑旋风李逵》《霸王别姬》等。在以《曹操与杨修》《贞观盛事》《廉吏于成龙》为代表的新创剧目中，尚长荣探索人性、激活传统，积极为传统艺术寻找新文化支撑，这三部作品被誉为"尚长荣三部曲"。他曾三次获得中国戏剧梅花奖，是中国戏剧界首位梅花奖得主，三次获得上海白玉兰戏剧表演艺术奖。2011年被国际戏剧协会授予"世界戏剧大使"称号。2014年获第六届上海文学艺术奖终身成就奖。主演的京剧电影《霸王别姬》《曹操与杨修》《廉吏于成龙》分别获美国金卢米埃尔奖、中美电影节金天使奖、京都国际电影节最受尊敬大奖、中国电影金鸡奖最佳戏曲片奖等多项国内外荣誉。

京剧表演艺术家尚长荣自称是一个"闲不住"的人。早些年，他一直打"飞的"，全国各地跑。如今虽已80高龄，依然从早到晚忙个不停，始终以饱满的热情去传承、发展戏曲事业。近些年，尚长荣积极参与戏曲电影的拍摄，乐于从一位"戏曲界的超龄服役的老兵"变身为"中国电影艺术界的新兵"，且取得了杰出成绩。2019年，第十届中国电影导演协会2018年度表彰大会授予他"传承国粹，精湛银幕"特别荣誉奖。而今他笑说自己已逐渐"重点转移"，"以前是在第一线舞台上打拼，现在确实要腾出手来在推动、传承上下功夫。所以近七八年来，我讲座也多了，对青年的教学、培养也增加了。这也是我们年长一点的戏曲人的一个担当。"可以说，京剧艺术如何传承、如何推动、如何出新，一直是尚长荣冥思苦想并积极实践的课题。

---

* 采访人单位：上海市文艺期刊中心。

做艺术上的"叛逆者"和"稳健者"——访京剧表演艺术家尚长荣

一、戏曲创作应"顺天应时"

胡凌虹（以下简称"胡"）：您从艺几十年，可以说目睹了京剧艺术的一段发展变革史，有什么特别深的感触？

尚长荣（以下简称"尚"）：京剧艺术的发展形成，不是由哪位凭空设想而成的，实际上是顺应了当时观众视觉听觉的需求。观众觉得单听一个剧种单调，京剧艺术的先贤们便融合了几个主要剧种之大成，形成了一种综合性很强的新的表演形式，晋京后形成了一个新的剧种，1876年上海的《申报》第一次出现"京剧"一词。所以应该说京剧是全国性的剧种，它的语言并非一种地方语言，它是顺天应时的产物。京剧发展到今天，回顾这段京剧历史，不是保守的，是不断发展的，但是它始终坚守着本体生命、遵循着本体风格而逐渐地与时俱进、去粗取精。特别是70年来在中国共产党的文艺政策的指引、推动之下，京剧艺术走在一条康庄大道上，虽然其中也有坎坷曲折，但终究是一条准确的路子。从宏观上来讲，现在是咱们国家极为繁荣、极为昌盛的时代，无论是第一线上的舞台，培养后生的学校，还是普及弘扬、对外文宣，各方面工作都做得非常务实。

胡：您并不以传统戏、现代戏和新编历史剧来划分戏，认为只有"好戏""不好的戏"之别，在您看来什么是"好戏"？

尚："好戏"就是演出时间久、有票房号召力、受观众欢迎的剧目。在20世纪上半叶，也就是我父亲办剧团的那个年代，京剧从业者们就已自觉不自觉地关注市场、关注观众、关注时代。叫座不叫座对于剧团十分重要，因为剧团是以票房维持生存的。剧团须根据观众欣赏需求的变化，适时调整、与之俱进。比如，周信芳先生的《明末遗恨》诞生于抗战时期的上海，由于戏中借明末故事痛斥当时上层统治者的腐败和不抵抗主义，对人民的爱国思想和民族意识起了很大的激励作用，因而受到了极大的欢迎。

我认为，要延长戏的艺术生命力，就必须要研究当代的观众想看什么戏、爱看什么戏，必须做到让观众喜欢。所谓"好戏"，受观众欢迎的戏，戏中传达出来的思想情感能与当前的时代、眼下的观众有共同点、契合点。好戏不仅使观众获得艺术享受，同时还能引发人们联系自身的生活经历和实践进行思考，从而得出启迪、警示，只有这样，观众才会满意。

胡：您的新编历史京剧"三部曲"之所以被观众认可，也是因为注重观众、注重时代吧？

尚：新编历史京剧"三部曲"被认为是三台"好戏"，就是因为延续了老一辈京剧艺术家不断探索的路子，传承了京剧不断创新的理念，顺应了时代发展和观众审美的要求。我将这个历程称为"顺天应时"。具体说来，《曹操与杨修》提出了如何对待知识分子、如何容忍不同意见的下属以及强者与智者之间如何相处的问题。这在30多年前曾一度引发轩然大波，具有划时代意义。《贞观盛事》提出了帝王和卿相之间应以什么样的心态、气度、精神来处理好纳谏、敢谏的问题，描绘了一幅盛世时代执政者的政治风貌。而《廉吏于成龙》则提出了执政者不仅应保持自身的清正廉洁，还应做到为官一方、保民安居乐业。"三部曲"分别被称作是"警世""明世""劝世"之作，均为跟随时代应运而生、抓住时代脉搏的作品，因此得到了观众的认可。

胡：很多人会觉得做演员很被动，但从您的创作经历中可以感受到很强的能动性。您曾说过"作为一个人，我与世无争；作为一个演员，我要奋力去争——争自己在舞台上、在艺术上的业绩。没有业绩，我无脸见爹娘、无颜对观众"。

尚：有人认为，三部新编历史京剧连续取得成功是因为我运气好。确实，遇到了那么多好时机、好剧本、好导演、好搭档，我的运气是很好，但我认为，生逢盛世，机遇面前人人平等，关键在于思想和艺术眼光，对题材、人物形象的选择，在于如何找到既取信历史又关照现实、既激活传统又融入时代的内容和形式。

《曹操与杨修》的文本是公开发表的，我并不比别人有优先权。20世纪80年代，好友史美强向我推荐在1987年元月号《剧本》杂志上刊登的《曹操与杨修》。一读之下，我立即被剧本深深吸引，但我当时所在的陕西京剧院无法排这部戏，于是我把院长的职务辞了，也放弃了优越的物质条件，于1987年10月怀揣剧本，听着贝多芬的《命运》坐绿皮火车来到申城，扣响了上海京剧院的门环，大家一拍即合。

记得排演时，马科导演曾对所有演职员说："尚长荣的脸皮最厚。他老是伸长了脖子，等着让导演给他抠戏。"虽是一句玩笑话，却也说出了实情。要在戏曲舞台上体验人物、塑造人物，光凭演员自己还不够，必须有导演的帮助。导演的精到见解往往会激发演员创造出更精彩、更符合人物的表演手段。但同时我认为演员也不能完全依赖导演，光等导演来给自己"喂饭"。

京剧是一门以演员为中心的综合艺术，作为戏曲演员必须发挥主体作用，充分调动主观能动性，参与到创作中去。在《廉吏于成龙》的"斗酒"中，京剧西皮的各种板式几乎被全部用尽，到后面于成龙与康亲王一决高下时，如何再能奇峰突起、再掀高潮呢？我建议尝试化用昆曲的"吹腔"，一试之下，效果令人惊喜。让花脸唱"四平调"，这是我一直想做的尝试。"四平调"是传统生行和旦行的腔，以前的净行是不唱的。但在《贞观盛事》中，我发现魏征当时修完奏本后陶醉于"翠涛"酒的舒畅心境，与"四平调"的抒情特征十分吻合，因此建议采用"四平调"，果然唱出了意境、唱出了意趣，得到了业内行家的好评。

戏曲创作过程中，编剧、导演等既有自己所擅长的领域，也有自己力所不及的地方——那就是在舞台上直面观众的经验。编剧、导演所设定的东西，并非全都是最佳的方案。因此，演员需要积极发挥自己的能动性，把舞台经验化作自己的思路、自己的见解、自己的行动，最终使戏趋向完美。

二、激活传统，融入时代

胡：您自称为"保守阵营里的叛逆者，激进队伍中的稳健者"，您是如何看待戏曲传统的？

尚：纵观中华民族的戏曲艺术，剧目丰富、风格多样，展现模式是世界上独一份的。西方歌剧就是歌剧，舞剧就是舞剧，芭蕾就是芭蕾，我们的戏曲包含着唱念做打、诗词歌赋，表现形式极为丰富。如果非要问有没有一个固定模式的话，那么绚丽多彩且歌舞并重就是我们中华民族戏曲艺术的模式，也是我们的优势。以前称京剧为北京 Opera，这是不确切的，就应该是中国京剧、中国川剧、中国越剧……。我们有独特的模式，不要妄自菲薄，把自己往西方的模式里去套。作为中华民族传统文化艺术，戏曲的程式、语言、旋律遵循着美学原则和精神内核，代表着中国传统的人文精神。这就是优秀戏曲的自信，我们的民族自信。

民族戏曲艺术要发展，其精髓不但不能淡化，反而应该强化，必须守护戏曲的本体生命、本体风格，保持其浓烈的风格和特色。京剧是以声腔呈味、以程式呈美的。京剧观众不光要看戏的故事情节，还要欣赏演员的"玩意儿"。京剧表演艺术以程式为基础，离开了技法——"四功五法"、唱念做打，离开了脸谱服饰等，京剧就不能称为京剧了。因此，京剧艺术传统技法的传承是根本。

胡： 现在有一种观点，认为继承传统就得原汁原味，否则容易被认为欺师灭祖，甚至会招骂，您怎么看这个现象？

尚： 确实有一种观点认为，戏曲就是不能改的。但是现今我们佩服孔孟之道，却并不是完全遵循孔孟之道；我们敬佩非常杰出的古代思想家，但是不能教条主义或形而上学地遵循他们的思想。民族自信并不等于保守、墨守成规。传统并非不创新，古典也并非不时尚。我们很多前辈，对传统有继承、有推动，更有胆魄去改革。他们当年太勇敢了，也是很超前的，尝试有成功也有不成功，甚至有失败，但他们都能审时度势，能够沿着一个比较正确的路不断向前，所以迎来了京剧艺术和诸多兄弟剧种百花齐放、百花争艳的阶段。回顾戏曲艺术的道路，本身也是在包容创新、兼收并蓄中发展演变的。

从京剧发展历程看，技法、程式、"玩意儿"也并非一成不变的。王元化先生认为，程式化同样给演员提供了创造性的广阔天地，正如格律不会拘囿好的诗人、骈体文不会拘囿好的作家一样。程式可以进行不同的组合、链接及创造，它们并不是演员的"手脚镣"，它们也能为演员提供自由的艺术创造空间，演员可以通过程式去进行艺术创造、表现个性。我认为，技法归根到底是为塑造人物服务的。如果不从体验人物出发，一成不变地生搬硬套，用老方法来塑造新戏中的人物，那是注定会失败的。比如曹操这个角色，在任何剧目中只要曹操出现，就永远处理成一张"大白脸"，一上场先是一端肩膀，然后奸诈地嘿嘿一笑，总是带有一种让人望而生畏、敬而远之的感觉，如此便走向了"死学活用"的反面，成为"死学死用"了。

所以，如果我们的步伐一直停留在吃前人留下的半碗冷饭，那一定是没前途的。我们要打开思路、打开眼界，不断学习古代、现代文化，中西方文化，让我们民族的文化、戏曲艺术永远青春鲜活，这样我们民族的文化自信、民族的戏曲艺术才会永远立于不败之地。

胡：您觉得应如何把握好传统与创新之间的这个度呢？

尚：用八个字，以我经常做讲座的标题来概括：激活传统，融入时代。想搞创新，先把传统学好，先问一下自己，传统文化的积淀够不够深，优秀的传统技法学得怎样。有的戏乡土气息浓厚，却用西洋乐器来伴奏，不伦不类。有些人从国外学了点东西，就草率地拿来改造我们的传统戏曲，怎么不像京剧怎么来。这些急于改造传统戏曲的人，如果只是以洋为美，作品热衷于去思想化、去历史化、"去中国化"，这样的所谓创新是绝对没有前途的。

戏剧创新必须"因剧制宜"。大玩"声光电"、搞"大制作"，这样的作品往往会丢掉戏曲的本体，放弃了戏曲以大写意技巧创造人物形象的特点和长处，也忽略了观众通过表演来认识并接受戏曲的需要。我们传统戏剧工作者切不要做花岗岩脑袋，顽固不化，也不要冲动、激进，一窝蜂地去猎奇，陷入走火入魔的境地。这两者都不可取。我们要在守护民族艺术的本质、风格的同时，用活传统戏曲的深厚技巧，推动其不断发展。戏曲要站得住、走得远，只有把历史的内涵和现实的针对性联系起来，在把握传统戏曲深邃底蕴的前提下，融入时代，适应新时期观众的审美需求和艺术品位。

胡：如何在创新中坚守京剧的艺术本体，同时又融入时代，塑造出符合当代人审美需求的人物形象？

尚：首先我会找到人物的历史定位，从而确定我的表演基调，这样才能进一步形成丰满的人物形象。比如决定演《曹操与杨修》后，我便在文字资料中开始了对曹操这个人物的寻找,从史书记载到历史评论,以及曹操的诗文,包括他颁发的政令、军令等。最后,我确定了从人性出发追溯曹操心路历程的创作思路。这一思路的确定是基于这样的理由:对于人性和人类情感的探究是现代艺术的基本主题,同时也是还历史人物本来面目的必由之路。对人物形象的理解和切入,我称为"内功"。"内功"的获得,主要还是遵循了前辈艺术家的传统。侯喜瑞先生给我教戏的时候,对于每出戏、每一个极细微的动作都能说出个"为什么",也就是寻找人物的心理依据。这种对人物的体认方式,在我们中国戏曲表演艺术中是固有的,是我们艺术传统的精华所在。

举一个例子,在一次央视春节晚会上,有一个节目是八位戏曲演员演绎八个包拯。我是最后一个出场,唱的是"打龙袍",最后有一段唱是这样:"龙国太待我好恩情,宫中赐我金珰翅,又赐尚方剑一根,三宫六院我管定,压定了这满朝文武大小官员,哪一个不遵,仗剑施刑!"我觉得唱词不太合理,就请我的一个师兄改一改。他直言,你胆子太大了。我回答道,一场戏面对的是一场观众,这个节目面对的是亿万华人,原来的唱词太糙了,不贴合当下。在我的坚持下,后来部分唱词改为了:"执法雪冤肩重任,压定了贪官污吏恶霸豪绅,哪一个不遵,我仗剑施刑。"这就符合了当时老包的心理,他面对的不是满朝文武大小官员,而是贪官污吏恶霸豪绅,这也是当初老包的初衷。

所谓"外功",是指形象展示于舞台的一切手段。在"内""外"功的关系上,我的观点是"发于内、形于外",做到"内重、外准"。在深切感受和把握观众脉搏的同时,以最灵活的方式,力求准确地拨动观众的心弦。在塑造"曹操"时,我突破了传统的净角行当界限,试图将架子花脸的做、念和铜锤花脸的唱糅合在同一表演框架内,努力形成粗犷深厚又不失妩媚夸张的表演风格。这里我力图避免长久以来形成的为技术而技术、以行当演行当的倾向,使行当和技法为塑造人物服务。

很多前辈艺术家所创造的人物不仅能在舞台上光彩照人地立起来,而且能作为经典传下去,关键的一条是他们都具有全面而扎实的"内""外"功底。今天,我们所缺乏的也正是"内""外"功俱佳的全才演员。

三、电影让戏曲经典别样重生

胡： 近几年，戏曲电影发展非常快，也取得了很显著的成绩。在您看来，戏曲电影对戏曲的传承和发展有着怎样的价值？

尚： 事实上，中国电影史发展的每一个重要节点都有戏曲的参与。中国的第一部电影就是戏曲电影《定军山》，在北京的丰泰照相馆诞生，京剧表演艺术家谭鑫培主演，那时是无声的。中华人民共和国成立之前，几位名家的演出，如梅兰芳先生、马连良先生，还有我们上海京剧院老院长周信芳先生等，都有过演电影的记录，还有其他很多兄弟剧种，也都有戏曲电影。到了今天戏曲电影更是蓬勃发展，这也是一种必然，顺应了这个时代的需求，人们不仅仅到剧场去看戏，还经常带小孩去看电影。

随着技术的进步，这些年来戏曲电影有了新的发展，有了一个新的展现模式。早年，忠实于舞台的戏曲纪录片，虽然完整再现了剧目全貌，但在艺术普及、传播影响力方面相对较弱；到了今天，戏曲与电影双向结合，在电影的技术手法和戏曲程式的结合上做了更多的尝试和创新，二者结合逐渐从一加一等于二过渡到远大于二的艺术效果，包括对电影的现代全景声技术的充分运用，将戏曲的唱念做打以更为生动的方式呈现在镜头前，把京剧艺术最美妙的瞬间以强有力的展现形式传递给观众，更能感染观众。这不仅有利于戏曲在更大范围内的传播，让更多不能或不方便进剧场的观众通过银幕欣赏戏曲，同时也有利于电影在类型与形式上的突破。中国古代、现代有那么多优秀的、富有正能量的故事，作为京剧人，我们有责任通过精彩的镜头、扎实的演技、先进的影像技术继续讲述这些故事，创作出更多好听好看、打动人心的优质作品。

胡： 您从2008年到2018年拍了四部戏曲电影：滕俊杰导演的3D全景声京剧电影《霸王别姬》《曹操与杨修》《贞观盛事》，郑大圣导演的京剧电影《廉吏于成龙》。在戏曲界您已经功成名就，为何还愿意跨入电影艺术界做一个新兵呢？

尚： 我第一次戴着眼镜看立体电影是20世纪60年代，在北京大观楼，看了上海电影制片厂摄制的电影《魔术师的奇遇》。当时我就说，戏曲拍立体电影肯定会好，可一旁坐着的戏曲同行非但没有鼓励我，还给我"撤火"。我觉得他们太保守，为什么不能试试立体电影呢？后来我有机会结识了滕俊杰、郑大圣等许许多多热爱戏曲的电影人，参与到戏曲电影的拍摄中。2013年，我与滕导、史依弘女士合作拍摄了中国首部3D全景声京剧电影《霸王别姬》。之前看3D电影《阿凡达》时，我很坚信，戏曲里真刀真枪拍出来肯定会更好。果然不出所料，在整个剧组精神饱满地投入以及新技术的充分运用下，最终呈现的效果果真不错！2014年《霸王别姬》应邀在美国好莱坞杜比剧院隆重首映。剧院门口的大街上到处都是影片海报。据说，为一部外国影片组织这样隆重的首映式，在好莱坞也是第一次。坐到杜比剧院观众席里，我被当时现场的氛围所感动和震慑，观众反响也极其强烈。五所美国高校将此片的拷贝作为学校的永久珍藏。2015年初，《霸王别姬》又幸运地斩获了由国际3D与先进影像协会颁发的金卢米埃尔奖。前不久京剧电影《贞观盛事》作为新中国成立70周年献礼作品上映，反响也很好。这些作品的拍摄让我更加坚信：将传统戏曲艺术搬上大银幕，不但可行，也非常重要。戏曲与电影的合作与探索之路是正确的、充满希望的。通过这些经历，我越发真切地感到，越是民族的、越是戏曲艺术的精品，就越能得到国际的认可。优秀的传统文化应当紧跟时代的、科技的步伐；作为戏曲人，我们应当潜心打造，探索、挖掘、尝试更多未知的领域，创作出更多、更好的银幕佳作。在"京剧经典传统大戏电影工程"的指导下，相信未来会有更多更优秀的传统剧目将通过银幕与大家见面。

胡：戏曲贵在写意，电影重在写实，在拍摄戏曲电影过程中该如何找到契合点？

尚：这确实是一个难题。戏曲和电影的表现手法有太多的不同，如何将戏曲的手眼身法步、唱念做打通过准确的电影手段在银幕上呈现，是我们一直在探索的。几十年来，我陆续拍摄过不少京剧电影，似乎已渐渐找到一些方向和窍门。在剧场看戏时，观众距离舞台10米之外，主要是听音，看宏观的场面，比较直观、有震撼力。但电影也有它的优势，可以有全景、中景、近景，甚至是大特写，甚至于一个眼神都展示得非常到位。剧场舞台是完整封闭的空间，细节方面不能强化、突出，而电影镜头在体现表演和调度的同时恰恰可以弥补这些缺憾，同时还能从细节处进一步深化人物的内心情感。比如电影《贞观盛事》的拍摄无疑是"经典别样重生"，很多以前连我自己都没有注意到的表演细节，借助特写镜头变得更为清晰，而在电影语言的编织下，也能看到时空迅速转换带来的快节奏叙事，在保留戏曲精粹的基础上令剧情更为紧凑、引人入胜。《贞观盛事》的第四场是体现魏征直言敢谏的重头戏，与李世民正面冲突的爆发，这是全剧矛盾的最高点。舞台剧由于距离限制，只能从宏观上展现魏征与李世民的冲突，而电影镜头的优势在这时便凸显了出来：可以在剧场看不到的微观细节中凸显人物的情感和情绪。舞台囿于空间，太多的布景会显得拥挤甚至喧宾夺主。但电影可以让画面、场景比舞台更辉煌、更富诗意，全面展现那个时代的色彩与特质，同时为演员在镜头前的表演提供更多助力，对"四功五法"的展示也提供了更大的平台和更多的可能性。

胡：戏曲演员去拍戏曲电影，您认为要注意些什么？

尚：作为戏曲演员拍电影不要怕烦。我记得京剧电影《廉吏于成龙》里有一个镜头，好像是拍了13条。剧中，于成龙要走了，他的仆人问三千死囚怎么办时，他很无奈，咬着牙走了。这个镜头是又要摇，又要拉轨道，又有闪电，各个方面配合起来比较麻烦。在拍摄过程中，不是这儿不合适，就是那儿不合适，所以最终拍了十多条。他们问我，您烦不烦？我回答，一点都不烦，只要能选出一条合格的就满足了。此外作为戏曲演员在拍电影时，在镜头面前绝对不能犯自然主义的毛病。我们拍的电影不是生活片，是戏曲片，而且是有唱、有念、有表演，是戏曲形式的电影，所以表演是不能够淡化的。

四、戏曲表演艺术家的技艺水准并不属于个人

胡：您怎样看文艺评论对于艺术创作的价值？

尚：戏曲要发展，需要的不是一言堂，而是各抒己见。梅兰芳先生就非常善于征求意见，他是伟大的智者。作为戏曲演员，我们的观念应该理直气壮去阐述，同时也要善于倾听各种不同的声音，有很多评论都值得去研究。我参演的几个戏，都出了集子，把不同的意见声音都收在里面，包括批评的声音。对于不同意见，剧组认真分析对方说的有没有道理，如果是对的，哪

怕不能做到闻过则喜，起码做到闻过即改。戏曲要发展，要允许创新，允许各种尝试，同时也要允许不同的声音、各方面的评论都存在，做什么事情都要做到客观，这样才能够走上一条康庄大道。

我73岁拍电影《霸王别姬》时，有专家朋友就跟我建议：你现在是73岁，你演的楚霸王可是30岁，不要过于稳重。这一句话马上提醒了我：演员年龄大了，在呈现艺术形象的时候不能出现老态，这点是挺关键的。《廉吏于成龙》上演之后获得了很多表扬，也得奖了。同时也出现了两三篇批评的、提意见的文章，有的分量还挺重的，我们创演团队就专心致志地学习，去征求意见。我们还专门去福州、泉州、厦门等地演出，因为于成龙"为官一任、造福一方"的故事就发生在福建，而且福建也是具有高水准创作的"戏窝子"。开研讨会时，我们特意说明是真心来听意见的，是专门来求教的。在那里我们广泛听取了意见之后，剧组又进行了修改完善。专门开座谈会找人提意见，恐怕有的院团不一定能做到这一点。现在有一些青年演员没成名的时候还能听得进去意见，有了一点名气就难以接受批评了，这样很不好。

胡：能不能接受批评，关键还是一个心态的问题。

尚：是的。现在戏曲发展很红火，摆在我们面前的问题是：要克服浮躁、深入基层、扎根人民，不能够因噎废食、闭关而自守，开放后会有各种正面的、负面的评价，就看你如何对待。要打造一个好的文艺作品，无论是领导、编剧还是导演、二度创作班子，都要像魏征那样敢于直言，敢于说真话，都要像李世民那样开明，善于听取各方意见，集思广益。

以前我们也走过弯路，也有过各种经验教训，回顾以往，远离浮躁、潜心创作、扎根人民，这样才能够创作出让广大观众喜闻乐见的优秀作品。所以作为戏曲人要自重、自强、自爱、自律，要远离功利主义、远离政绩工程的需要。我们现在的作品要对我们后代负责，既要对得起祖宗，也要对得住子孙。把这些问题看清了，就会自然而然地远离过度的大投资、大制作、大宣传、大炒作。

我总觉得，一个有成绩、有积淀的知名艺术从业者，技艺不属于个人。因为我们都是投身于文艺大道之行中的一分子，没有什么可自我吹嘘、自我膨胀的资本。北京话叫"门儿清"，现在叫"明白人"。在艺术上我们要做明白人，在人生道路上我们要做明白人，在政治上我们要做明白人。这样，做一件工作、从事一个专业，心胸就更开阔了，追求就更有动力了。

这些年，我也经常参与文艺志愿活动，到高校、社区、企业等做讲座，走进百姓的舞台为他们演唱。老百姓都非常热情，这也激励着我们这些平凡的戏曲工作者。这些年来，我更看到许多的基层剧团，在艰难的条件下依然秉持着戏曲人应有的社会责任与文化担当。生活经验和艺术经历告诉我们：民族艺术和老百姓有着天然不可分割的联系，老百姓需要民族艺术，民族艺术更需要老百姓。

胡：您在培养学生方面也花了很多精力，有什么好的教学经验可以总结？对于后辈有怎样的期望？

尚：若看到不好的节目、不理想的演出，看到不成熟的演员，我们不应该歧视、蔑视。我现在似乎有更多的同情心，希望点拨和指导他们正确学习、练功，指出正确的方向，帮助他们尽快改正缺点。至于那些恶搞的、走火入魔的，我们不能原谅。有些在戏剧方向上有不同见解的人，会片面地阐述一些背离我们当代艺术方向的观点，年轻人如果不"门儿清"，误认为这是可行的，容易走上歧途。其实学习任何一门艺术都没有捷径，就跟我们学书法一样，得从头学。传统京剧是根，你得有深厚的技艺基础，没有这个积淀，就无法长久。干我们这行，当一个合格的戏曲演员，那是必须要付出汗水、泪水的，甚至是流血、负伤，如同逆水行舟，不进则退。所以艺无坦途，贵在攀登。干戏曲这行肯定是清苦的，但真的沉浸其中，苦中也有乐。

上海京剧院近几年在经典剧目的传承与青年演员的培养上投入了大量精力，也为年轻人提供了许多展示平台。2014年起，历时三年打磨，上海京剧院推出青年演员挑梁的"传承版"三部曲。这三年中，我与这些年轻人朝夕相处，沿着精准传承的路子，把"上树"的招儿毫无保留地教给他们。课堂上我们谈戏、聊曲、讲前辈奋斗的故事。我期待着，他们不仅仅是学戏，更能举一反三，学会人物塑造的能力，提升文化修养，形成综合的演剧观，把所有的技巧、感悟、审美、判断力都融入日常演出甚至是日常生活中。我希望青年演员敬畏传统，对诸多流派怀揣敬畏之心，同时博采众长，在学习传统、研究流派中，打开思路，在激活传统的思路下排演新创剧目时，不仅有深厚的技艺展现，还有栩栩如生的人物呈现。每个演员都应该有自己的艺术个性和艺术风格。

我收学生不多，比较挑剔，相比天赋条件，我更看重的是品学兼优，尤其是德行。我很不喜欢那种师徒之间要跪拜磕头的模式。我特别喜欢的状态是，平时相处时都很宽松，但一旦工作起来，对艺术的追求都很严谨。随着年龄的增长，我更觉得在传承、教学上要多做一点工作，培养我们的京剧接班人，这是我——一个京剧事业的"老兵"——义不容辞的责任。

访后跋语：

首次采访尚长荣老师是在十多年前，他声如洪钟、思维敏捷、激情澎湃。近日有幸受《中国文艺评论》杂志委托，在上海京剧院再访尚老师，让人感慨的是，时光真的没有在他身上留下痕迹，他依然精力充沛，不曾停歇前进的脚步。跟尚老师敲定采访时间并不容易，虽年近80高龄，但他难得几日闲，拍京剧电影，盯电影后期，飞美国宣传，去外地做讲座、参加论坛，整日连轴转。前一阵又做了膝盖骨手术，这算是旧疾了。其实几年前在拍摄京剧电影《霸王别姬》时，尚老师的膝盖就有小小的受伤，而项羽是个盖世英雄，有很多的武戏，当时导演滕俊杰就建议道："尚老师，您的武戏全部请您的学生杨东虎来承担替身吧。"但尚老师却摇头坚持说："只要我能行，滕导你别管，我一打到底。"

一旦排戏，尚老师就全情投入，寻找人物、抠表演细节、琢磨台词……。《贞观盛事》里，曾有人建议把两段词改了，生怕被认为影射现实中的一些不良风气。尚老师回复道："我这人记忆力不好，改不了，一改在台上就只能胡念。"尚老师直接拒绝了，这在一定程度上也是实情。他向来不死背台词，在舞台上道出的，必定是经过他反复斟酌后认为的人物此时此境最合适的情绪状态。"台词忌背书，唱腔忌念经。若囫囵吞枣地背下台词，小和尚念经似地记住唱腔，然后毫无感情地在排练场上应付一下，是绝对不可能捕捉到人物最准确、最细腻、最微妙的情感状态的。"

不过，尚老师并不欣赏睁开眼睛就是戏，演戏演得傻了、木了。尚老师家里几乎没什么跟京剧相关的摆设，出了戏他就尽情享受生活，从生活中获得艺术灵感、汲取表演力量。访谈中，他颇有兴趣地聊起近期在追电视剧《特赦1959》；过了一会儿又开始反思、自责：现在太忙了，静下来看书少了。虽然早已功成名就，但尚老师很坦诚地说："某些时期，似乎有一点骄傲情绪，但是我不背以前的成绩包袱，直到现在，我仍然不成家不立派。"若是一定要艺术归类的话，他说，应是属于父亲那一派。其父尚小云是著名京剧旦角、"四大名旦"之一。父亲治艺、治学、治家的理念和作为对他产生了深刻影响。

尚老师自称一直是"不安分"的演员。他敬畏传统，又敢于探索创新，很愿意尝试那些新技术。在他看来，优秀的剧种需要通过现代化的表现形式让当代观众接受。这大概也是他状态能如此年轻、艺术之树常青的缘由之一吧。

原载于《中国文艺评论》2019年第12期。